X.media.press

Springer-Verlag Berlin Heidelberg GmbH

Jürgen Gulbins, geb. 1946, studierte Informatik an der TU Karlsruhe. Nach längerer Tätigkeit an dieser Universität ist er seit fünfzehn Jahren in der Industrie als Produktmanager und Berater tätig. Das Spektrum seiner Bücher deckt Themen ab wie UNIX, Internet, SAP R/3, FrameMaker und Dokumenten-Management. Nach dem Aufbau des IXOS-Competence-Centers in Walldorf ist er seit 1998 bei IXOS im Bereich der Produktdefinition und Architektur tätig.

Christine Kahrmann, geb. 1961, lernte ihr Handwerk als Setzerin bei der Nagel Fototype GmbH in Berlin. Seit 1989 arbeitet sie als freie Typographin. Satzarbeiten mit DTP-Werkzeugen und die Schulung von Setzern in DTP-Programmen wie QuarkXPress sind die Schwerpunkte ihrer Tätigkeit. Ihr Fachwissen zur Typographie und die Erfahrung als Setzerin tragen wesentlich zur Form und Kompetenz dieses Buches bei. Inzwischen ist sie im Projekt-Management tätig.

Jürgen Gulbins
Christine Kahrmann

Mut zur Typographie

Ein Kurs für Desktop-Publishing

Zweite, überarbeitete und erweiterte Auflage

Mit 156 Abbildungen, davon 29 farbig, und 40 Tabellen

Jürgen Gulbins
Kapellenstraße 15, 75210 Keltern-Niebelsbach
Juergen@Gulbins.de

Christine Kahrmann
Stadtgarten 9, 47798 Krefeld
info@kahrmann-projekte.de

Die Deutsche Bibliothek - CIP-Einheitsaufnahme
Gulbins, Jürgen: Mut zur Typographie: ein Kurs für Desktop-Publishing /
Jürgen Gulbins; Christine Kahrmann. - 2., erw. und überarb. Aufl.
Berlin; Heidelberg; New York; Barcelona; Hongkong London;
Mailand; Paris; Singapur; Tokio: Springer, 2000
(X.media.press)
ISBN 978-3-540-67541-9   ISBN 978-3-642-57294-4 (eBook)
DOI 10.1007/978-3-642-57294-4

Dieses Werk ist urheberrechtlich geschützt. Die dadurch begründeten Rechte, insbesondere die der Übersetzung, des Nachdrucks, des Vortrags, der Entnahme von Abbildungen und Tabellen, der Funksendung, der Mikroverfilmung oder der Vervielfältigung auf anderen Wegen und der Speicherung in Datenverarbeitungsanlagen bleiben, auch bei nur auszugsweiser Verwertung, vorbehalten. Eine Vervielfältigung dieses Werkes oder von Teilen dieses Werkes ist auch im Einzelfall nur in den Grenzen der gesetzlichen Bestimmungen des Urheberrechtsgesetzes der Bundesrepublik Deutschland vom 9. September 1965 in der jeweils geltenden Fassung zulässig. Sie ist grundsätzlich vergütungspflichtig. Zuwiderhandlungen unterliegen den Strafbestimmungen des Urheberrechtsgesetzes.

© Springer-Verlag Berlin Heidelberg 1992, 2000
Ursprünglich erschienen bei Springer-Verlag Berlin Heidelberg New York 2000

Copyright auf die Graphiken bei Angela Amon, Keltern

Die Wiedergabe von Gebrauchsnamen, Handelsnamen, Warenbezeichnungen usw. in diesem Werk berechtigt auch ohne besondere Kennzeichnung nicht zu der Annahme, daß solche Namen im Sinne der Warenzeichen- und der Markenschutzgesetzgebung als frei zu betrachten wären und daher von jedermann benutzt werden dürften.

Angaben zur Herstellung finden sich im Kolophon am Buchende.
Gedruckt auf säurefreiem Papier   SPIN 10867789 - 33/3111 - 5 4 3 2 1

Inhaltsverzeichnis

Vorwort   1

Einleitung   3

1.1   Was ist Typographie?   4
1.2   Typographie als Handwerk   5
1.3   Die Schrift   6

Schrift   9

2.1   Das Schriftzeichen   10
2.2   Zeichenmaße   12
2.3   Serifen   15
2.4   Das einzelne Zeichen (die Letter)   17
2.5   Schrifteneinteilung   20
2.6   Schriftnamen innerhalb einer Schnittfamilie   26
2.7   Spezialzeichen und Spezialschnitte   28
2.8   Laufweiten, Zeichenabstände   31
2.8.1   Unterschneiden   33
2.8.2   Ligaturen   35
2.9   Schriftauszeichnung   36
2.10   Wortabstände   40
2.11   Zeilenabstand und Durchschuß   42
2.12   Satzausrichtung   44
2.13   Initialen   47
2.14   Formsatz   49

Maßangaben in der Typographie   51

3.1   Typographische Maßeinheiten   52
3.1.1   Kegel- und Versalhöhen   54
3.1.2   Maßangaben im DTP   55
3.1.3   Weitere typographische Maße   56

Inhaltsverzeichnis

Der Satzspiegel 57

4.1	Proportionen der Seite	58
4.2	Festlegen des Satzspiegels	59
4.2.1	Stege beim Satzspiegel	60
4.2.2	Gestaltungsraster	65
4.3	Stilelemente im Satzspiegel	74
4.3.1	Schriftgrößen	74
4.3.2	Absatzuntergliederung	77
4.3.3	Grauwert einer Seite	80
4.3.4	Fußnoten und Marginalien	82
4.4	Feinkorrekturen	86
4.4.1	Absatzumbruch	86
4.4.2	Worttrennungen	87
4.4.3	Ästhetikprogramme	90

Die Schrift zum Text 93

5.1	Aussage einer Schrift	94
5.2	Werkschriften	98
5.3	Überschriften / Headlines	100
5.4	Welche Schrift zu welchem Zweck?	102
5.5	Mischen von Schriften	108
5.6	Ausnahmen	114

Schreibregeln 117

6.1	Zahlensatz	118
6.2	Absatz-Numerierung	123
6.3	Abkürzungen	124
6.4	Unterschiedliche Anführungszeichen	126
6.5	Zwischenräume	129
6.6	Verschiedene Textstriche	130

Tabellensatz 133

7.1	Reihensatz oder Tabelle	134
7.2	Tabellenkomponenten	134
7.3	Tabellenkonzeption	137
7.4	Tabellengliederung	140
7.5	Besondere Situationen	146
7.6	Diagramm statt Tabelle	148
7.7	Tabelle statt Liste	150

Inhaltsverzeichnis

Abbildungen 151

8.1	Anordnung von Abbildungen	152
8.2	Linienstärken	160
8.3	Geeigneter Detaillierungsgrad	164
8.4	Schrift in Abbildungen	165
8.5	Randbeschnitt	166
8.6	Halbtonbilder und Raster	168
8.6.1	Rasterzerlegung	168
8.6.2	Bildqualität in Farbtiefe	172
8.6.3	Technische Raster	175
8.6.4	Tonwertzuwachs	175
8.7	Komprimieren – aber richtig	177
8.8	Farbe in Dokumenten	181
8.8.1	Der Einsatz von Farben	181
8.8.2	Stimmung und Wirkung von Farben	183
8.8.3	Farben im Farbkreis	187
8.8.4	Farbharmonie	189
8.8.5	Farben in Diagrammen und Graphiken	190
8.8.6	Farben an das Ausgabemedium adaptieren	191

Von Zahlen zu Diagrammen 193

9.1	Verschiedene Diagrammarten	194
9.1.1	Kreisdiagramme	194
9.1.2	Balkendiagramme	196
9.1.3	Stabdiagramme	197
9.1.4	Figurendiagramme	199
9.1.5	Liniendiagramme	200
9.1.6	Netzdiagramme	201
9.2	Dreidimensionale Diagramme	202
9.3	Skalen	203
9.4	Weitere Regeln bei Diagrammen	204

Präsentationen 207

10.1	Vorüberlegungen zu Präsentationen	208
10.2	Von der Information zur Präsentation	209
10.3	Präsentationsmedien	211
10.4	Gliederung der Folien	213
10.5	Schrift in Folien	215
10.6	Makro- und Mikrotypographie in Präsentationen	217
10.6.1	Typo-Orthographie – Schreibregeln	218
10.6.2	Eine sorgfältige Vorlage ist die halbe Arbeit	219

Inhaltsverzeichnis

10.7	Graphiken in Folien	220
10.7.1	Bilder als symbolischer Hintergrund	220
10.7.2	Funktionsgraphiken	221
10.7.3	Weitere Prinzipien bei Graphiken	223
10.8	Überblendeffekte und Animationen	224
10.9	Weitere Tips für Präsentationen	225

Der Standardbrief 227

11.1	DIN-Brief	228
11.2	Umschläge und Falzarten	236

Von der Seite zum Buch 237

12.1	Arbeitsablauf einer Publikation	238
12.2	Die Teile eines Buchs	242
12.3	Titelei	244
12.3.1	Der Schmutztitel	244
12.3.2	Der Haupttitel	244
12.3.3	Impressum	246
12.3.4	Inhaltsverzeichnis	247
12.3.5	Vor- oder Geleitwort	249
12.4	Anhang	251
12.4.1	Bibliographie	251
12.4.2	Glossar	253
12.4.3	Register	253
12.5	Einband	256

Satz und Korrektur 257

13.1	Satzanweisungen	258
13.2	Korrekturen, Korrekturzeichen	262

Das Belichten 269

14.1	Die Belichtung	270
14.2	PostScript, PDF oder Dokument?	271
14.2.1	PostScript-Dateien	271
14.2.2	Adobe Acrobat – PDF	272
14.2.3	Dokumenten-Dateien	276
14.3	Schriften beim Belichten	276
14.4	Graphiken und Bilder	278
14.5	Angaben zum Belichten	279
14.6	Raster beim Belichten	280
14.7	Belichten von Farben	281

14.8	Belichtungsformular	282
14.9	Proof – Probedruck	282

Drucken und Binden 285

15.1	Verschiedene Druckverfahren	286
15.2	Druck-Vorbereitungen	287
15.2.1	Belichten des Films	287
15.2.2	Ausschießen	288
15.3	Drucken über Laserdrucker	290
15.4	Offsetdruck	293
15.5	Tiefdruck	295
15.6	Hochdruck (Buchdruck)	297
15.7	Druck-Weiterverarbeitung	299
15.7.1	Falzen	299
15.7.2	Zusammentragen, Heften und Binden	301
15.8	Printing-on-Demand	308

Digitale Formate – HTML und PDF 309

16.1	Digitale Formate	310
16.2	HTML – Hypertext-Markup-Language	312
16.2.1	Die Stärken von HTML	314
16.2.2	Restriktionen von HTML	315
16.2.3	Erstellung von HTML-Dokumenten	316
16.3	Adobe Acrobat – PDF	318
16.3.1	PDF-Erstellung für Online-Distribution	321
16.4	Konvertierungen: PDF von und nach HTML	323

Tips und Hinweise 325

17.1	Tips zum Thema Typographie	326
17.2	Zehn typische Sünden beim DTP	327
17.3	Tips zur Effizienz	333
17.4	Eine letzte Anmerkung	336

Anhang A 337

A.1	Alphabete	338
A.1.1	Griechisches Alphabet	340
A.1.2	Akzentzeichen	340
A.1.3	Römische Zahlen	341
A.2	Schreibregeln – Typo-Orthographie	342
A.2.1	Zahlensatz	342
A.2.2	Abkürzungen	345

Inhaltsverzeichnis

A.2.3	Anführungszeichen	347
A.2.4	Textstriche	348
A.2.5	Namen	348
A.3	Maßeinheiten	349
A.4	Schriftgrößen	354
A.5	Papierformate	356

Bibliographie 359

B.1	Bücher	360
B.2	Zeitschriften	373
B.3	Informationen im Internet	374
B.4	Typometer bzw. Typomaß	376

Glossar 377

Stichwortverzeichnis 419

Dank 429

Kolophon 430

Vorwort

IMMER mehr Menschen erstellen Dokumente mit dem Computer und praktizieren das Publizieren vom Schreibtisch aus, oder wie es sich inzwischen eingebürgert hat, *Desktop Publishing*. Der Anspruch an so erstellte Dokumente steigt. Neben der reinen Aufbereitung von Information übernehmen wir dabei Aufgaben, die zuvor von verschiedenen Personen erledigt wurden, seien es Sekretärin, Graphiker, Lektor oder Setzer. Wir gewinnen damit kürzere Durchlaufzeiten, geringere Kosten und die Möglichkeit, als Autorin

Vorwort

oder Autor stärker auf die Gestaltung Einfluß zu nehmen. Der Preis dafür ist, daß wir uns einen guten Teil des Fachwissens der zuvor Beteiligten aneignen müssen, um annähernd gleich gute Ergebnisse zu erzielen. Dieses Buch versucht deshalb, dem Nicht-Setzer und typographischen Laien die Grundzüge der Typographie und ihre Umsetzung in DTP-Programmen zu vermitteln.

Der Schwerpunkt des Buchs liegt auf der Erstellung von sogenannten *Technischen Dokumentationen*, wie sie bei der Produktion von Fachbüchern, Gebrauchsanleitungen, Datenblättern, Handbüchern, Reparaturanleitungen, technischen Berichten, wissenschaftlichen Publikationen und Ähnlichem zu finden ist.

Das Buch entstand durch die Zusammenarbeit eines Fachbuchautors und einer Typographin. Christine Kahrmann bringt dabei die Erfahrung und das Know-how der Typographin und Setzerin ein, der Buchautor Jürgen Gulbins bringt die Kenntnisse um die Probleme der Technischen Dokumentation und das Wissen über das Unwissen sowie die fehlende Erfahrung der entsprechenden Autoren mit. Natürlich haben dabei auch Vorab-Leser, Freunde und Gutachter zur jetzt vorliegenden Form des Buchs beigetragen.

Das Buch, bzw. die Vorlage dazu, entstand – wie es sich bei diesem Thema gehört – auf einem Arbeitsplatzrechner, sprich auf dem *Desktop* mit dem Programm *FrameMaker*.

Die Wurm-Graphiken möchten den teilweise trockenen Stoff etwas auflockern. Der Wurm ist zu einer Art Markenzeichen der Bücher des Autors geworden (die Autorin hätte sie lieber weggelassen). Im UNIX-Buch heißt er *Wunix*, im FrameMaker-Buch *Framix*, im Buch über Dokumenten-Management *Archivix* und im Typographiebuch entsprechend *Typix*. Die Figur stellt den Wurm dar, der in fast all unseren Arbeiten steckt und diese zuweilen mühsam macht und ein anderes Mal auch Witz und Humor in die Arbeit bringt. Der Wurm wurde von der Graphikerin Angela Amon gezeichnet. Viele Anregungen kamen von André Perez und Rupert Kiefl, zwei Graphikern der Firma IXOS, bei welcher der Autor im Bereich der Produktdefinition arbeitet.

Diese zweite Auflage nimmt als neue Themen Präsentationen, Diagramme und den Einsatz von Farbe auf und geht auf neue Techniken und Formate wie etwa HTML und PDF ein.

Keltern, März 2000   Jürgen Gulbins, Christine Kahrmann

Kapitel 1

Einleitung

Typographie

TYPOGRAPHIE ist für diejenigen, die sich noch nicht damit befaßt haben, entweder eine hohe Kunst, der man sich nur zögernd nähert oder etwas, was jeder beherrscht, der mit einem Computer arbeiten kann. Die Wahrheit liegt, wie so oft, dazwischen, und wie die lange Geschichte der Buchkunst zeigt, braucht man dazu keine Computer – auch wenn dieser Vielen erst die Möglichkeiten des typographischen Gestaltens in die Hand gibt. Die Ergebnisse sind viel zu oft typographisch erschreckend. So wie man den Umgang mit neuen Werkzeugen lernen muß und kann, so sollte man sich, wenn man selbst publiziert, auch die Regeln und die Fertigkeiten der Typographie aneignen.

**Kapitel 1
Einleitung**

1.1 Was ist Typographie?

Typographie ist das Arbeiten mit Schrift und freiem Raum. Wird ein Layout oder auch nur ein sehr einfaches Dokument mit einem DTP-Programm, wie beispielsweise mit QuarkXPress, PageMaker, InDesign, FrameMaker erstellt, so ist dies ein solches typographisches Arbeiten. Dies gilt auch für das Arbeiten mit Textsystemen wie etwa MS-Word, WordPerfect oder WordPro.

Von wenigen Werbedrucken und Kunstwerken abgesehen, dient ein typographisches Werk, sprich ein *Dokument*, der Vermittlung von Information. Dies hat zur Folge, daß sich die Typographie am Zweck und Inhalt des Gedruckten ausrichten muß.

Typographie ist damit das Werkzeug, mit dem der Text der Aussage entsprechend dargestellt wird. Bei technischen Dokumenten steht dabei beispielsweise die Wissensvermittlung, gute Lesbarkeit und ein hohes Maß an Übersichtlichkeit im Vordergrund, bei Romanen das mühelose, flüssige Lesen. Bei Werbung ist es der Blickfang und der Transfer der Werbeaussage bzw. der *Message*.

Ein Gefühl für gute Typographie zu entwickeln, ist schwierig und bedarf sowohl einer gewissen Begabung als auch viel Erfahrung und Übung. Oft ist ein bißchen Experimentieren erforderlich. Da Typographie eine Kunst ist, die nicht nur auf Erfahrung, sondern auch auf Geschmack und Ästhetik beruht, läßt sie sich nicht einfach in strikte Regeln und mathematische Formeln fassen. Die Optik, die Anmutung und teilweise auch nur unbewußt aufgenommene Eindrücke spielen darin ebenso eine Rolle.

Dieses Buch versucht deshalb, Ihnen eine Reihe von Regeln (z. B. die Schreibregeln) an die Hand zu geben und einige Faustformeln aufzuzählen (z. B. für ansprechende Seitenverhältnisse). Es will ihr Augenmerk auf Punkte lenken, die man als typographischer Laie zunächst übersieht, wie z. B. Schriftart, Zeichen-, Wort- und Zeilenmaße, sowie eine dem Inhalt angepaßte Formatierung. Viele der genannten Regeln beruhen auf Erfahrungen und sinnvollen Konventionen, die man im Einzelfall durchaus brechen darf, doch sollte man wissen, warum und was damit gewonnen wird. Im Normalfall sollte man die eingebürgerten Regeln befolgen, denn sie dienen dem Lehrsatz der Typographie, der nach Hermann Zapf lautet:

> »*Schrift ist die sichtbare Wiedergabe des gesprochenen Wortes. Ihre Aufgabe ist in erster Linie, daß ein Text ohne Mühe, ohne Umwege und ohne den Lesefluß hemmende unnötige Verzierungen dem Leser übermittelt wird.*«

1.2 Typographie als Handwerk

Typographie kann sowohl als Kunst wie auch als Handwerk verstanden werden. Da die meisten von uns weniger künstlerisch begabt sind, sollten wir Typographie als handwerkliche Aufgabe auffassen. Entsprechend sollten wir systematisch an typographische Aufgaben herangehen und die handwerklichen Regeln ansetzen.

Der erste Schritt bei der Erstellung einer Broschüre bzw. Publikation besteht darin, das Ziel der Arbeit festzulegen. Dies erscheint fast trivial und wird deshalb oft vergessen. Notwendige Fragen, die man zu Beginn einer Aufgabe beantworten sollte und die wesentlichen Einfluß auf die typographische Ausführung haben, sind:

- **Was will die Publikation erreichen oder vermitteln?**
  Handelt es sich primär um Werbung, um ein Fachbuch oder eine Anleitung? Dies bestimmt den Aufbau und die Stilmittel eines Dokuments. Hier sollten auch die wesentlichen Informations- bzw. Inhaltsbereiche definiert werden.

- **Wer ist der Adressat bzw. der Leser?**
  Die Zielgruppe und ihre Vorkenntnisse bestimmen zusammen mit dem Publikationszweck den Sprachstil, den Detaillierungsgrad, das Niveau und die Darstellung. Sie haben auch Einfluß auf die Typographie. Kinderbücher benötigen beispielsweise einen größeren Schriftgrad.

- **Was darf es kosten?**
  Dies gibt den finanziellen Rahmen vor. Bei knappem Budget kann oder muß beispielsweise auf Farbe verzichtet werden, und es erlaubt eventuell nicht, lizenzpflichtige Graphiken zu verwenden.

- **Welche Vorlagen und Richtlinien gibt es bereits?**
  In vielen Situationen ist das Layout oder die zu verwendende Schrift schon durch ähnliche Publikationen (z. B. in einer Buchreihe), durch Firmenkonventionen oder Vorschriften vorgegeben.

- **Wie sieht das Format und die Distributionsform aus?**
  Ist die Frage nicht bereits durch die vorhergehenden Schritte beantwortet, ist nun das Format festzulegen. Auch die Präsentationsform ist relevant. Für die Gestaltung von gedruckten Dokumenten gelten z. B. andere Gestaltungsregeln als für das Internet oder Präsentationsfolien.

Damit beginnt der eigentliche typographische Arbeitsprozeß.

**Kapitel 1
Einleitung**

1.3 Die Schrift

Freier Raum und Schrift sind wesentliche Hilfsmittel beim typographischen Gestalten. In zunehmendem Maße kommt Farbe hinzu. *Typographie* leitet sich aus den griechischen Worten *Typos* für ›Gepräge‹ oder ›Form‹ und *graphein* für ›schreiben‹ ab; es geht also um das Arbeiten mit Schrift und Form.

Schrift ist auch bei technischen Dokumenten zusammen mit Abbildungen der primäre Informationsvermittler. Ihr kommt damit bei allen Dokumenten eine tragende Rolle zu. Der richtige Einsatz und die korrekte Anwendung von Schrift bestimmen weitgehend das Aussehen und die Funktion eines Dokuments.

Vom Zeichen zum Absatz

Schrift, insbesondere als Einheit eines ganzen Absatzes oder einer ganzen Seite, erhält ihr Bild durch mehrere Faktoren. Die wichtigsten hiervon sind:

- **Das Bild der einzelnen Zeichen**
  Diese Form wird durch die Art, Größe und Farbe der Schrift sowie von der verwendeten Schriftfamilie bestimmt.

- **Das Zusammensetzen von Zeichen zu Wörtern**
  Hier spielt der Zeichenabstand und die Laufweite der Schrift im Wort eine Rolle.

- **Die Schriftauszeichnung**
  Dies sind der Schnitt einer Schrift innerhalb einer Schriftfamilie wie kursiv oder fett und eventuelle Zusätze zum Schriftbild wie z. B. Unterstreichungen.

- **Die Wortzwischenräume**
  Sie spielen eine Rolle, sobald man einzelne Worte zu Sätzen und Zeilen zusammenfügt, und sie beeinflussen die Lesbarkeit des Textes.

- **Der Zeilenabstand**
  Insbesondere bei mehreren, längeren, zusammenhängend gesetzten Zeilen beeinflußt der Zeilenabstand das Schriftbild und ergibt sich aus Schriftgrad und Durchschuß.

- **Die Absatzausrichtung**,
  auch *Satzausschluß* genannt. Man kann links- oder rechtsbündig, zentriert oder ausgeschlossen* setzen.

* *Dies wird als ›Blocksatz‹ bezeichnet (siehe Beispiel Abb. 1-1, oberer Absatz).*

1.3 Die Schrift

❑ **Die Absatzanordnung**
Dies ist die Positionierung des Absatzes im Satzspiegel und auf der Seite. So hat ein Text in der Hauptspalte ein anderes Gewicht als in der Randspalte, und eine Überschrift zu Beginn einer Seite wirkt stärker, als mitten in der Seite. Auch die Abstände zwischen Absätzen spielen eine Rolle.

❑ **Schriftart, Schriftgestaltung**
Inhalt und Funktion eines Dokuments stehen in direktem Zusammenhang. So sollte die gewählte Schriftart der Aussage eines Dokuments entsprechen, ein Geschäftsbericht erfordert beispielsweise eine andere Gestaltung als eine wissenschaftliche Arbeit.

Diese Schriftmerkmale sollen in den nachfolgenden Kapiteln diskutiert werden.

Auch bei der Schrift spielt das Distributionsformat eine Rolle. Wird z.B. HTML als Standardformat des Webs gewählt, so bestehen eine ganze Reihe von Restriktionen hinsichtlich der beim Betrachter voraussetzbaren Schriften. HTML ist eher für einfache, effiziente Informationsdistributionen ausgelegt als für typographisch

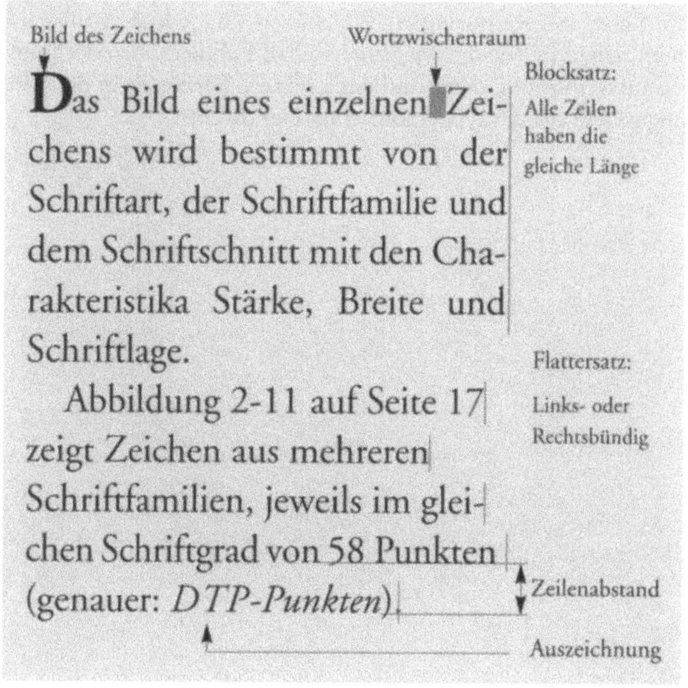

*Abb. 1-1
Komponenten des Schriftbildes*

**Kapitel 1
Einleitung**

*Das Thema
Distributionsformate
und dabei geltende
Aspekte werden im
Kapitel 16 behandelt.*

hochwertige Gestaltungen. So gestattet die Web-Sprache HTML ohne spezielle, relativ aufwendige Tricks nicht die Festlegung von Zeichen-, Wort- und Zeilenabständen. Diese Parameter werden weitgehend durch den Browser und die Benutzervoreinstellungen festgelegt, weniger durch den Autor des Textes.

Ist das Ziel hingegen ein Papierdokument oder – in der elektronischen Variante – ein PDF-Dokument, so ergeben sich damit weit größere Möglichkeiten und beim Leser deutlich höhere Erwartungen an die Typographie.

Veränderte Regeln für Werbung

Typographie wird natürlich auch für Werbung benutzt. Es gelten dann offenere Regeln. Sie soll auffallen, soll Ungewöhnliches zeigen und damit die Neugier des Betrachters wecken. Die Werbung hat sich in den vergangenen Jahren wegbewegt von der Informationsvermittlung hin zu eher plakativen Nachrichten – sogenannten *Messages*. Hier treten dann andere Charakteristika in den Vordergrund: der Blickfang, die Verfremdung oder die Wiedererkennung von Marken oder Trends. Dazu dürfen Schriften schwerer lesbar sein, ausgefallen auftreten, im Hintergrund verschwimmen oder dem Leser entgegenspringen. Wir sollten uns jedoch darüber im klaren sein, daß der überwiegende Teil an Publikationen der Informationsvermittlung dient und dann andere Regeln als in der Werbung gelten: die des typographischen Handwerks!

Kapitel 2

Schrift

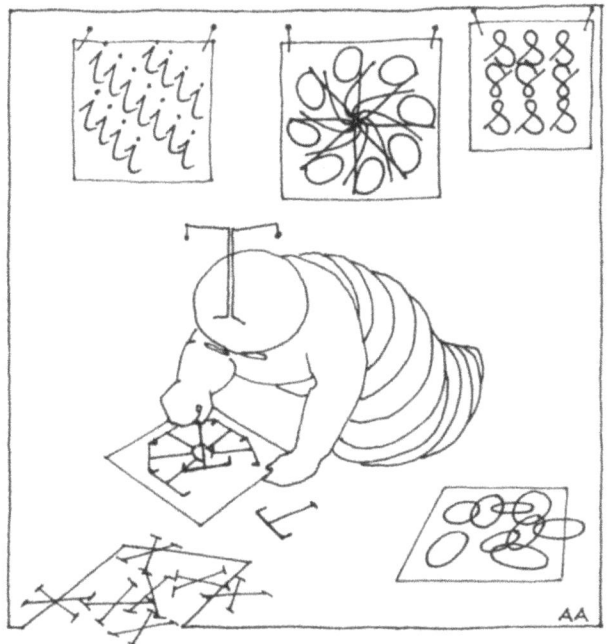

DIESES Kapitel setzt sich mit dem Hauptgestaltungselement der Typographie auseinander, der Schrift. Es erklärt die Begriffe um das einzelne Schriftzeichen und führt vom einzelnen Zeichen mit seinen Charakteristika bis zum Absatz als Schriftblock. Hier werden die Abstände zwischen Zeichen, Worten und Zeilen und ihre Wirkungsweise besprochen. Manch einer, der sich näher mit Schrift und Schriften auseinandersetzt, wird zum Liebhaber und Sammler von Schriften.

Kapitel 2
Die Schrift

2.1 Das Schriftzeichen

Obwohl heute im Druckbereich sehr viele und bei DTP-Programmen alle Schriften elektronisch erzeugt werden, leiten sich Maße und Begriffe in der Typographie historisch vom Bleisatz ab. Abbildung 2-1 zeigt vereinfacht zwei Buchstaben aus einem Bleisatz.

Als *Schriftkegel* wird im Bleisatz der Metallkörper bezeichnet, der das Zeichen trägt. Damit Schriften unterschiedlicher Schriftgröße nebeneinander in einer Textzeile gesetzt werden können, muß die Kegelhöhe aller Schriften gleich sein. Jedoch unterschieden sich früher häufig die Kegelhöhen verschiedener Schriftengießereien, so daß man gezwungen war, nur Schriften eines Lieferanten zu verwenden. Beim Photosatz spielt dies keine Rolle, da auf einer Satzanlage nur die Schriften eines Herstellers verwendet werden können. Auf DTP-Systemen lassen sich Schriften vieler Hersteller benutzen. Dabei ergibt sich manchmal das gleiche Problem, wie es aus den Bleisatzzeiten bekannt ist: Nicht alle Zeichen unterschiedlicher Hersteller stehen auf der gleichen Schriftlinie (zur Schriftlinie siehe Abbildung 2-3). Dieses Problem – früher durchaus existent – ist bei den meisten DTP-Schriften heute kaum noch vorhanden.

Tabelle 2-1** Siehe hierzu

Das Maß, in dem die Zeichen einer Schrift den (bei DTP-Schriften den virtuellen) Kegel ausfüllen, bzw. wieviel freien Raum

Abb. 2-1
Schrift im Bleisatz

Beim Bleisatz steht das Zeichen spiegelbildlich auf dem Bleikegel.

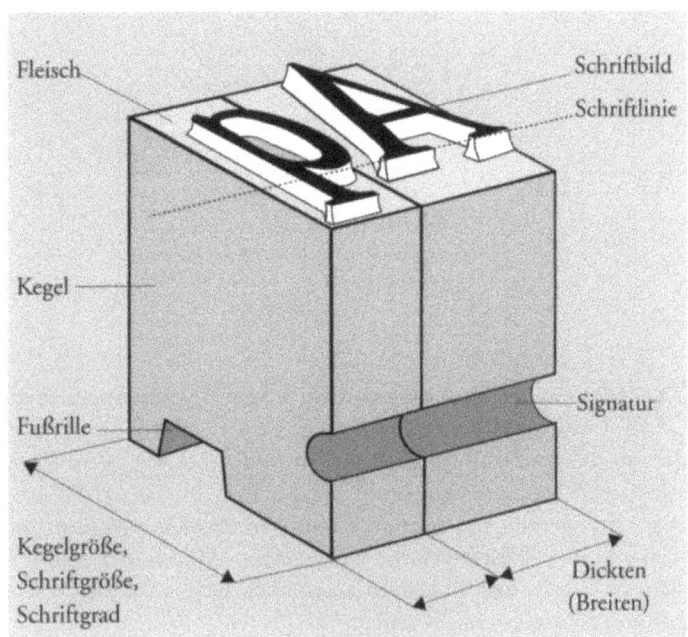

2.1 Das Schriftzeichen

sie unterhalb und oberhalb der Buchstabenlängen freilassen, unterscheiden sich durchaus von Schrift zu Schrift und von Hersteller zu Hersteller,* so daß beim Mischen von Schriften innerhalb eines Absatzes unter Umständen Größenanpassungen notwendig sind.

Unter der *Dickte* (englisch: *width*) versteht man die Breite des Schriftkegels. Sie entspricht der Standardbreite des Buchstabens. Die *Kegelgröße* gibt die Höhe des Schriftkegels und damit beim Bleisatz die minimale Höhe einer Schriftzeile vor. Sie ist auch bei DTP-Systemen so ausgelegt, daß sich die Buchstaben zweier Zeilen an den Ober- oder Unterlängen nicht berühren.

Bei den DTP-Programmen entspricht die *Schriftgröße* bzw. der *Schriftgrad* der Kegelgröße. Im Photosatz bezieht sich die Schriftgrößenangabe auf die Höhe der Großbuchstaben. Als Standard wird dort die Höhe des H gemessen.**

Unter dem *Fleisch* versteht man den freien Raum um das Schriftzeichen. Der schmale Abstand auf dem Schriftkegel vor und hinter dem Zeichen wird als *Vorbreite* und *Nachbreite* bezeichnet. Ebenso ist bei den meisten Zeichen oberhalb und unterhalb des Zeichens noch Fleisch vorhanden. Dies stellt sicher, daß sich Unterlängen und Oberlängen dicht untereinander gesetzter Zeilen nicht berühren. Bei elektronischem Satz ist es natürlich möglich, den Zeilenabstand so zu reduzieren, daß die Buchstaben übereinanderliegender Zeilen einander überlappen können. Man sieht dies heute häufig in den Titelzeilen von Tageszeitungen – schön ist es nicht! Der Innenraum eines Zeichens wird *Punze* genannt. Die Punze ist nicht nur der umschlossene Innenraum, sondern auch der offene wie beim ›A‹. Im Glossar des Buchs sind unter dem Stichwort ›Letter‹ noch die Bezeichnungen für die einzelnen Teile und Bögen eines Buchstabens zu finden.

* *Siehe Abb. 2-11 auf Seite 17.*

** *Siehe hierzu Abb. 2-3 auf Seite 12.*

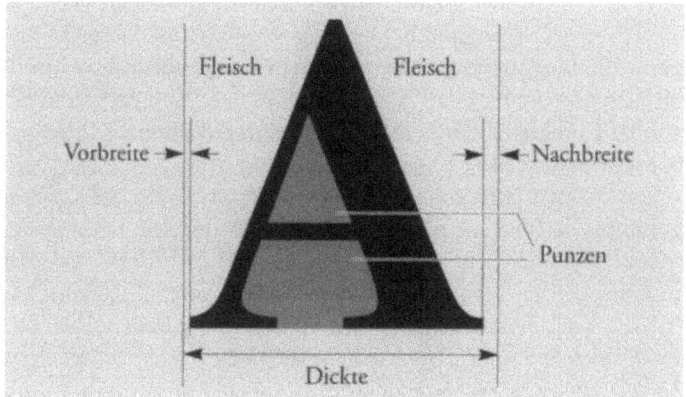

Abb. 2-2
Dickte, Vor- und Nachbreite eines Zeichens.

Kapitel 2
Die Schrift

2.2 Zeichenmaße

Die Graphik in Abbildung 2-3 zeigt die wichtigsten Größenbegriffe und Maße einer Schrift. Die *Schriftlinie* oder *Grundlinie* ist eine gedachte Linie, an der die Schrift ausgerichtet ist. Runde Formen müssen etwas über die mathematische Grundlinie (und x-Höhe) hinausreichen, um optisch auf der Grundlinie zu stehen bzw. um optisch die gleiche Höhe wie ein glatt abschließendes Zeichen zu haben. Deshalb ragt z. B. das ›o‹ geringfügig nach oben über die x-Höhe und nach unten über die Grundlinie hinaus.

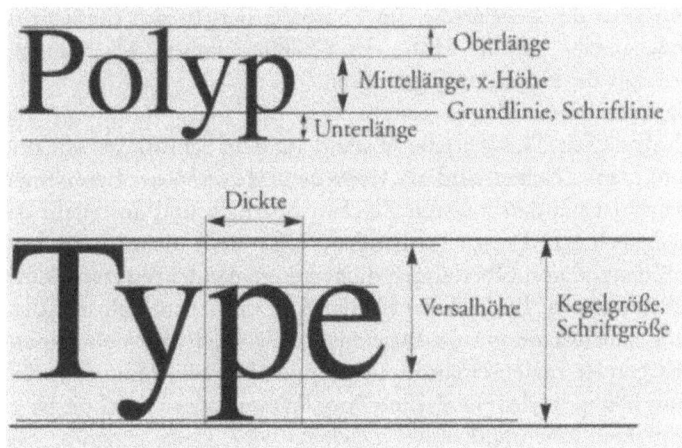

Abb. 2-3
Höhen und Längen in den Schriftmaßen

Werden in einer Zeile unterschiedliche Schriften oder verschiedene Schriftgrade benutzt, so muß das DTP-System alle diese Schriften auf die gleiche Grundlinie setzen! Dies ist bei Verwendung von Schriften unterschiedlicher Hersteller nicht immer sichergestellt, und es ist deshalb beim Mischen von Schriften Vorsicht geboten. DTP-Pakete mit typographischem Schwerpunkt, wie beispielsweise QuarkXPress, erlauben deshalb, eine Schrift gegenüber der Grundlinie nach unten oder oben zu versetzen, so daß beim Auftreten des erwähnten Problems die Schriften auf eine gemeinsame Linie gesetzt werden können.

Die Schriftbreite eines Zeichens wird als *Dickte* oder *Breite* bezeichnet. Bei den meisten Druckschriften sind die Dickten der verschiedenen Zeichen unterschiedlich.* Bei Schriften wie der COURIER, PICA, HELVETICA MONOSPACE oder TYPEWRITER, welche Schreibmaschinenschriften nachahmen, haben alle Zeichen die gleiche Dickte. Man spricht hier auch von *dicktengleichen Schriften* (englisch: *monospaced fonts*).

* *Man spricht von Proportionalschriften.*

2.2 Zeichenmaße

> Neue Helvetica Condensed Roman
> Neue Helvetica Regular Roman
> Neue Helvetica Extended Roman

Abb. 2-4
Beispiele für unterschiedlich breite Schnitte einer Schrift (hier ›Neue Helvetica‹)

Für einige Schriftfamilien werden Schnitte mit mehreren Breiten angeboten. Für die HELVETICA z. B. stehen extraschmale, schmale, normale, breite und extrabreite Schnitte zur Verfügung. Die Schriftbreite steht dabei in der Regel in einem bestimmten Verhältnis zur Strichstärke der Zeichen. So sind breite und extrabreite Schnitte fast nur bei fetten Schriftschnitten zu finden.

Die *Mittellänge* einer Schrift, auch *x-Höhe* genannt, gibt die Höhe der Zeichen wie a, c, e, m oder x an, wobei die Kurventeile einzelner Zeichen (z. B. beim p oder o) geringfügig über diese Mittellänge hinausragen dürfen. Man spricht hier von einem *Überhang*.

Als *Unterlänge* wird die Strecke bezeichnet, um die Kleinbuchstaben wie z. B. g, j, p, q oder y über die Grundlinie nach unten ragen. Auch hier dürfen Rundungen minimal über die Unterlänge hinausreichen. Die *Oberlänge* eines Zeichens ist das Maß, mit dem Kleinbuchstaben wie d, f, h, k, l, t über die Mittellänge hinausragen. Diese Oberlänge kann etwas kleiner oder größer als die maximale Höhe von Großbuchstaben sein. Die Höhe von Großbuchstaben wird *Versalhöhe* genannt; die Großbuchstaben werden zumeist als *Versalien* oder *Majuskeln* bezeichnet, während man bei Kleinbuchstaben auch von *Gemeinen* oder *Minuskeln* spricht.

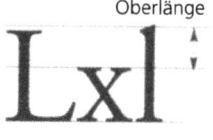

Die *Kegelgröße* schließlich setzt sich aus der Oberlänge plus der Unterlänge plus etwas Zuschlag zusammen und legt beim Bleisatz den Mindestzeilenabstand fest. Dieser Wert wird bei DTP-Programmen auch *Schriftgrad* oder *Schriftgröße* genannt. Diese Größe wird in der Regel in Millimeter, Pica, Punkten oder Points angegeben.* Beim Photosatz wird unter der *Schriftgröße* die Versalhöhe einer Schrift verstanden. Die VH-XTension zu QuarkXPress erlaubt beispielsweise auch dort den Schriftgrad als Versalhöhe einzugeben. Dies hat gewisse Vorteile, da damit im Gegensatz zum Kegelmaß eindeutig die optische Größe einer Schrift definiert ist. Bei Verwendung einer gleicher Kegelgröße können unterschiedliche Schriften verschiedene Versalhöhen aufweisen, wie Abbildung 2-11 demonstriert.

* Siehe hierzu Kapitel 3.

Der Begriff *Schriftstärke*, auch *Fettegrad* genannt, gibt für eine Schrift die Dicke der Strichstärken an. Hier sind die Bezeichnungen *leicht, mager, normal, halbfett, fett* und *extrafett* anzutreffen. Abbil-

Kapitel 2
Die Schrift

dung 2-5 zeigt hierzu als Beispiel Schnitte unterschiedlicher Fettegrade aus der Schriftfamilie HELVETICA.

Die *Schriftlage* schließlich gibt die Neigung der Schrift an. Die meisten Schriftfamilien bieten hier *normale* (aufrechte) und *kursive* Schnitte.

Im Bleisatz mußte für jeden gewünschten Schriftgrad eines Schnitts ein eigener Satz von Bleilettern vorhanden sein. Alle verschiedenen verfügbaren Schriftgrade eines Schnitts bezeichnet man dort als *Garnitur*. Im DTP-Bereich taucht der Begriff kaum noch auf, da durch die freie Skalierbarkeit der Schriften für unterschiedliche Schriftgrade nur ein Schriftsatz notwendig ist.

Die Skalierbarkeit hat jedoch ästhetische Grenzen. So sollte die Schriftform bei kleinen Schriftgraden geringfügig anders, d.h. etwas weiter und etwas fetter entworfen sein als bei großen Schriftgraden. Für einige Schriftfamilien gibt es deshalb für unterschiedliche Größenbereiche unterschiedliche Schriftschnitte, etwa Schnitte für das Text-Design, das Display-Design und das Poster-Design. Die Poster-Variante wird für Schriftgrade oberhalb von 60 Punkt bzw. 20 mm Versalhöhe empfohlen, wie sie in Postern und Plakaten üblich sind. Die Display-Schriften sind für größere Überschriften und Titelzeilen entworfen, wie sie in Zeitschriften häufig verwendet werden, und man setzt sie ab 20 Punkt bzw. 7 mm ein. Die Textschriften schließlich entsprechen den Standardschriften, wie sie in Büchern und Broschüren überwiegend eingesetzt werden.

Unter einem *Schriftschnitt* versteht man eine Variante einer Schrift, also beispielsweise TIMES NEW ROMAN BOOK. Dieser Begriff ist in der Regel mit dem englischen Ausdruck *font* identisch.

Eine *Schriftfamilie* wiederum besteht aus mehreren Schnitten. Zu ihnen gehören zumeist neben der Grundschrift ein kursiver, ein halbfetter oder fetter Schnitt und dessen kursive Varianten. Natürlich können, wie bereits erwähnt, wesentlich mehr Schnitte zu einer Schrift (-familie) vorhanden sein, beispielsweise schmal- und breitlaufende Versionen, extrafette und magere Schnitte oder auch Zusatzschriften wie die später noch zu erwähnenden Expert-Fonts.

Abb. 2-5
Beispiele unterschiedlicher Fettegrade einer Schrift

Neue Helvetica Ultra Light
Neue Helvetica Thin
Neue Helvetica Light
Neue Helvetica Roman
Neue Helvetica Medium
Neue Helvetica Bold
Neue Helvetica Heavy
Neue Helvetica Black

Eigentlich gehören zu einem Zeichensatz (den verfügbaren Zeichen einer Schrift) auch sogenannte *Kapitälchen*. Diese sind etwas kleiner als normale Großbuchstaben, haben aber die gleiche Strichstärke. Sie sind nützlich, um Wörter zu setzen, die nur aus Großbuchstaben bestehen. Verwendet man dazu die normalen Großbuchstaben (Versalien), so wirkt ein solches Wort optisch in der Umgebung zu groß bzw. hoch. Die Standardzeichensätze der DTP-Schriften enthalten jedoch diese Kapitälchen nur sehr selten; sofern überhaupt vorhanden, sind sie fast immer in speziellen Schnitten bzw. Fonts zu einer Schriftfamilie angesiedelt. Simuliert man Kapitälchen durch im Schriftgrad reduzierte Großbuchstaben, so ist deren Strichstärke erkennbar geringer.

2.3 Serifen

ECHTE KAPITÄLCHEN
(Adobe Garamond Expert)

FALSCHE KAPITÄLCHEN
(simuliert mit kleineren Versalien)

2.3 Serifen

Serifen sind bei einer Schrift die geschwungenen oder rechteckigen Enden der Striche, auch *Endstriche* genannt. Die Abbildung 2-6 zeigt diese am Beispiel der Buchstaben ›H‹, ›h‹ und ›A‹ aus drei Schriften. Schriften wie ROCKWELL, bei denen die Serifen extrem hervortreten, werden auch ›*Serifenbetonte Schriften*‹ genannt.

Schriften wie HELVETICA, GILL SANS und AVANT GARDE in Abbildung 2-7 hingegen sind Beispiele für *serifenlose Schriften*, auch *Grotesk-Schriften* genannt. Serifenlose Schriften werden heute vielfach als modern empfunden und deshalb zunehmend auch in umfangreichen Manuskripten eingesetzt. Man sollte jedoch beachten, daß bei längeren Texten Serifenschriften für die meisten Menschen besser lesbar sind, da sie das Auge in der Zeile führen.

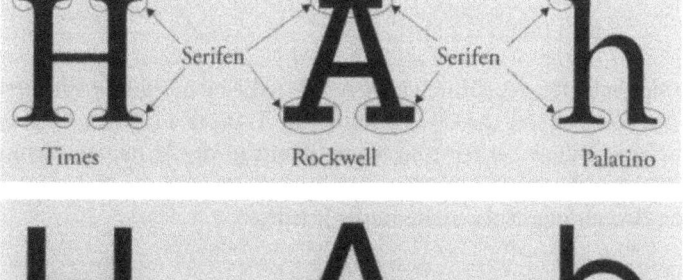

Abb. 2-6
Beispiele für Schriften mit Serifen

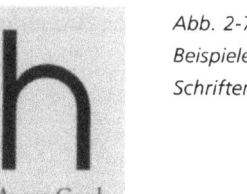

Abb. 2-7
Beispiele für serifenlose Schriften

Kapitel 2
Die Schrift

* Der französische Begriff ›sans‹ bedeutet ›ohne‹ und steht zusammen mit dem Schriftnamen für ›ohne Serifen‹.

Für einige Schriftfamilien gibt es Schriften ohne, mit angedeuteten und mit vollen Serifen. Hierzu zählen beispielsweise die Schriftfamilie ›Stone‹ in den Varianten STONE SANS* und STONE SERIF und die Schrift ROTIS des Designers Otl Aicher, die als ROTIS SANS SERIF keine Serifen hat, in ROTIS SEMI SANS ganz geringfügige Serifenansätze, in ROTIS SEMI SERIF nur an den Oberkanten der Zeichen und in der Variante ROTIS SERIF echte Serifen zeigt.

Abb. 2-8
Die Schrift Rotis mit ihren drei Varianten

Die Vielfalt der in den verschiedenen Schriften verwendeten Serifenformen ist recht groß. Abbildung 2-9 zeigt daraus nur einen kleinen Ausschnitt.

Abb. 2-9
Verschiedene Serifenformen (hier jeweils aus dem großen ›I‹)

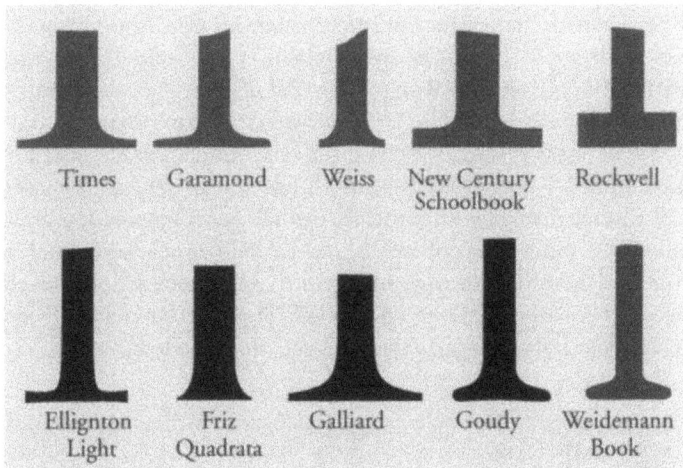

Einige Schriften – zu ihnen gehört z. B. neben der bereits erwähnten ROTIS SEMI SERIF die OPTIMA oder die THESIS THEMIX – haben nur angedeutete Serifen und liegen damit in der Mitte. Sie verbinden die verbesserte Lesbarkeit von Serifenschriften mit der modernen Anmutung neuer, serifenloser Schriften.

Abb. 2-10
Beispiele für Schriften mit kleinen oder halben Serifen

Die Rotis SemiSerif hat nur kleine Serifen
Die Thesis TheMix hat nur halbe Serifen
Die Zapf Humanist hat nur kleine Serifenansätze

2.4 Das einzelne Zeichen (die Letter)

Das Bild eines einzelnen Zeichens – auch *Letter** genannt – wird bestimmt von der Schriftart, d.h. der Schriftfamilie und dem Schriftschnitt mit den Charakteristika Stärke, Breite und Schriftlage. In Abb. 2-15 sind die Zeichen ›h‹, ›H‹ und ›x‹ aus mehreren Schriftfamilien zu sehen, jeweils im gleichen Schriftgrad.** Hier sieht man, daß bei einigen Schriften die Oberlänge der Kleinbuchstaben (z. B. des ›h‹) sowohl etwas kleiner, gleich (z. B. bei HELVETICA) oder etwas größer als die Versalhöhe sein kann (z. B. bei BERNHARD MODERN).

Viele DTP-Programme werden entweder ohne Schriften ausgeliefert und stützen sich dann auf die im System vorhandenen oder kommen mit den 35 Grundschriften der PostScript-Drucker aus. Dies sind die Schriften TIMES, HELVETICA, COURIER, AVANT GARDE, BOOKMAN, NEW CENTURY SCHOOLBOOK, PALATINO, ZAPF CHANCERY sowie die Symbolschriften SYMBOL und ZAPF DINGBATS in unterschiedlichen Schnitten. Neuere Drucker haben in der Regel weitere Schriften.

* *Letter steht meist für eine einzelne Handsatztype.*

** *bzw. mit gleicher Kegelgröße*

Abb. 2-11 Zeichen aus verschiedenen Schriftfamilien im Schriftgrad 54 Punkte

Kapitel 2
Die Schrift

Das DTP-Programm sollte vorzugsweise nur die Schriftschnitte anzeigen, die in der Installation als eigene Schnitte wirklich vorhanden sind und nicht jene, die das Programm durch elektronische Schriftverformung erzeugen kann.

Einige Systeme erlauben, eine Schrift elektronisch zu neigen oder deren Fettegrad zu verändern. Dies mag zuweilen praktisch sein, liefert jedoch in der Regel eine deutlich schlechtere Schriftqualität als ein entsprechend entworfener eigener Schriftschnitt. Auch wenn der Laie den Unterschied nicht auf den ersten Blick erkennt, wirkt ein Orginalschnitt selbst auf ihn harmonischer als eine elektronisch erstellte Variante (Unterschiede sind beispielsweise am kleinen ›a‹ zu erkennen). Der Fachmann sieht den Unterschied schnell und stört sich daran.

Zunehmend unterstützen DTP-Programme auch eine elektronische Laufweiten- bzw. Schriftbreitenänderung. Dies ist in engen Grenzen akzeptabel, z. B. um einen besseren Zeilenausschluß zu erreichen. Benutzt man jedoch zu große Werte, wird die Schrift entstellt. Wird die Zeichenbreite elektronisch verändert, ist darauf zu achten, daß auch die Wortzwischenräume mit verändert werden!

Abb. 2-12
Originalschnitt, elektronisch veränderter Schnitt und kursiv entworfener Schnitt

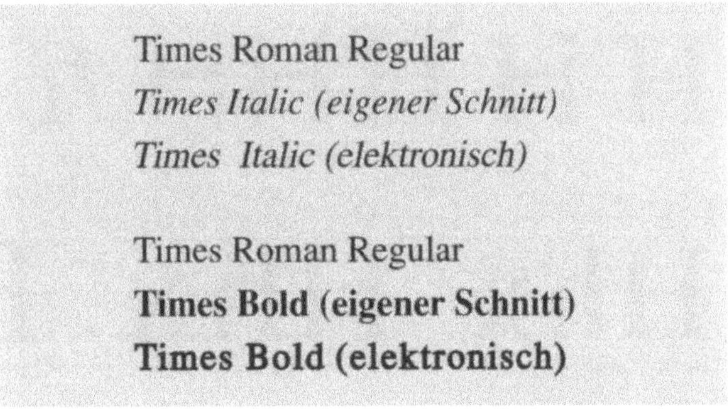

Times Roman Regular
Times Italic (eigener Schnitt)
Times Italic (elektronisch)

Times Roman Regular
Times Bold (eigener Schnitt)
Times Bold (elektronisch)

Gleiche Schriften unterschiedlicher Hersteller

Zu einigen Schriften bzw. Schriftfamilien gibt es gleich eine ganze Menge leicht unterschiedlicher Schriften gleichen Namens von unterschiedlichen Herstellern. Ein Beispiel ist hierzu die GARAMOND, eine sehr beliebte Schrift. Sie ist z. B. von Adobe, Monotype, ITC Berthold, Agfa und Linotype verfügbar. Zuweilen tragen die Varianten der Firmen leicht abgewandelte Namen – z. B. GARAMAND –, um Probleme mit eingetragenen Warenzeichen zu vermeiden. Dies ist insbesondere bei Billiganbietern anzutreffen.

2.4 Das einzelne Zeichen (die Letter)

Obwohl diese Schriften auf den ersten Blick zunächst alle gleich aussehen mögen, gibt es doch eine Reihe mehr oder weniger subtiler Unterschiede, die ausreichend relevant sind, so daß sich ein Mischen unterschiedlicher Schriften bzw. Schriftschnitte von verschiedenen Herstellern verbietet.

Die Unterschiede liegen nicht nur in Feinheiten der Formgebung der einzelnen Zeichen, in unterschiedlichen Strich- und Serifenstärken und verschiedenen Mittellängen oder unterschiedlichen Laufweiten (Zeichenbreiten), sondern ebenso in der Art, wie der Schriftkörper der verschiedenen Anbieter den Schriftkegel füllt, was Abbildung 2-13 verdeutlicht. Ja selbst der Grauwert der Schrift kann von Anbieter zu Anbieter verschieden sein. So ergibt z. B. die Adobe GARAMOND ein deutlich kompakteres und damit dunkleres Bild als die GARAMOND von Monotype.

Auch der Zeichensatzumfang der Fonts sowie die Art der verfügbaren Schnitte zu einer Schrift unterscheiden sich in der Regel von Hersteller zu Hersteller. Adobe bietet z. B. neben der ADOBE GARAMOND in ROMAN (gerader Schnitt) und ITALIC (kursiver Schnitt) jeweils in LIGHT, REGULAR, SEMIBOLD und BOLD auch die GARAMOND EXPERT in ROMAN und ITALIC sowie die GARAMOND ALTERNATE in ROMAN und ITALIC, um nur die bekannteren Schnitte dieser Familien zu nennen.

Abb. 2-13
Unterschiede im Bild der Garamond:
Monotype Garamond
Adobe Garamond

Die Garamond Expert enthält z. B. Kapitälchen, Brüche und Minuskelziffern; die Garamond Alternate Zeichen wie etwa ABDFTQ oder .

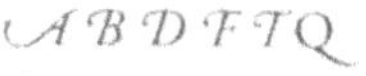

Auf einer Wiese vor dem Dorf wohnte der kleine Maulwurf Siebenspat. Die Wiese war so weit draußen, daß der Bauer nur sehr selten hinauskam und sie nur ab und zu einmal mit einer fürchterlich lauten Maschine mähte. Meistens war es dort ruhig; nur die Tiere, die Sonne oder der Wind und der Regen waren anzutreffen.

Nun ist Siebenspat ja ein sehr seltsamer Name für einen Maulwurf. Ihr wißt vielleicht, daß ein Maulwurf keinen Spaten, sondern seine kräftigen Krallen zum Graben seiner Höhlen und Gänge benutzt. Aber unser kleiner Freund hatte nur ganz kleine und kurze Krallen, fast so kurz wie Eure Fingernägel.

Da ein Maulwurf aber nun einmal für sein Leben gern Gänge gräbt und Hügel baut, mußte sich unser Maulwurf anders behelfen. Er nahm deshalb kleine *Spaten* zum Graben. Natürlich nicht solche, wie wir Menschen sie im Garten benutzen, sondern verschiedene Gegenstände, die ihm zum Graben geeignet erschienen. Und Siebenspat hatte gleich sieben verschiedene solcher Spaten.

Da war als erstes ein kleiner Eislöffel, den ein Kind einmal weggeworfen hatte. Den nahm Siebenspat, wenn die Erde besonders weich war. Der Eislöffel hatte vorne eine kleine verbreiterte Schaufel, einen schmalen Stiel und einen dickeren Griff hinten, so daß er wie ein richtiger kleiner Spaten aussah. Dies war sein erster und zunächst auch liebster Spaten.

Ein anderer Spaten bestand aus dem Deckel einer Coca-Cola-Flasche. Der hatte scharfe Kanten, und Siebenspat benutzte ihn meistens für trockene und harte Erde. Dies war zuweilen im Sommer der Fall, wenn die Sonne lange Tage schien und der Regen sich nicht sehen ließ, weil er anderweitig zu tun hatte. Den Deckel mußte er mit beiden Pfoten packen und konnte dann mit den kantigen Zacken die lehmige Erde gut aufkratzen, auch wenn sie ausgetrocknet und hart war.

Auf einer Wiese vor dem Dorf wohnte der kleine Maulwurf Siebenspat. Die Wiese war so weit draußen, daß der Bauer nur sehr selten hinauskam und sie nur ab und zu einmal mit einer fürchterlich lauten Maschine mähte. Meistens war es dort ruhig; nur die Tiere, die Sonne oder der Wind und der Regen waren anzutreffen.

Nun ist Siebenspat ja ein sehr seltsamer Name für einen Maulwurf. Ihr wißt vielleicht, daß ein Maulwurf keinen Spaten, sondern seine kräftigen Krallen zum Graben seiner Höhlen und Gänge benutzt. Aber unser kleiner Freund hatte nur ganz kleine und kurze Krallen, fast so kurz wie Eure Fingernägel.

Da ein Maulwurf aber nun einmal für sein Leben gern Gänge gräbt und Hügel baut, mußte sich unser Maulwurf anders behelfen. Er nahm deshalb kleine *Spaten* zum Graben. Natürlich nicht solche, wie wir Menschen sie im Garten benutzen, sondern verschiedene Gegenstände, die ihm zum Graben geeignet erschienen. Und Siebenspat hatte gleich sieben verschiedene solcher Spaten.

Da war als erstes ein kleiner Eislöffel, den ein Kind einmal weggeworfen hatte. Den nahm Siebenspat, wenn die Erde besonders weich war. Der Eislöffel hatte vorne eine kleine verbreiterte Schaufel, einen schmalen Stiel und einen dickeren Griff hinten, so daß er wie ein richtiger kleiner Spaten aussah. Dies war sein erster und zunächst auch liebster Spaten.

Ein anderer Spaten bestand aus dem Deckel einer Coca-Cola-Flasche. Der hatte scharfe Kanten, und Siebenspat benutzte ihn meistens für trockene und harte Erde. Dies war zuweilen im Sommer der Fall, wenn die Sonne lange Tage schien und der Regen sich nicht sehen ließ, weil er anderweitig zu tun hatte. Den Deckel mußte er mit beiden Pfoten pakken und konnte dann mit den kantigen Zacken die lehmige Erde gut aufkratzen, auch wenn sie ausgetrocknet und hart war.

Abb. 2-14
Unterschiedliche Grauwerte der Adobe Garamond (links) und der Monotype Garamond (rechts) bei gleichem Zeilenabstand und Schriftgrad

**Kapitel 2
Die Schrift**

2.5 Schrifteneinteilung

Bei der Klassifizierung von Schriften erfolgt die erste Einteilung nach der Schriftart. Hier unterscheidet man bei den heute verwendeten Schriften Serifenschriften, auch *Antiqua-Schriften* genannt, und die Serifenlosen, auch *Grotesk* genannt. Typische Vertreter der Antiqua sind die Schriftfamilien TIMES, NEW CENTURY SCHOOLBOOK, BOOKMAN, PALATINO, GARAMOND oder BODONI. Zu den Grotesk-Schriften zählen z. B. FUTURA, die HELVETICA-Familie, AVANT GARDE, GILL SANS und UNIVERS. Daneben gibt es noch weitere Klassen wie etwa Schreibschriften und Symbolschriften. Kennzeichnend für Schreibschriften ist, daß die Zeichen in einem Wort fast oder konkret aneinander anschließen, so daß das Bild handgeschriebener Schrift entsteht wie z. B. bei der ZAPF CHANCERY oder der KÜNSTLER SCRIPT. Beispiele für Symbolschriften sind SYMBOL, ZAPF DINGBATS, CARTA oder aus den Microsoft-Systemen die WINGDINGS.

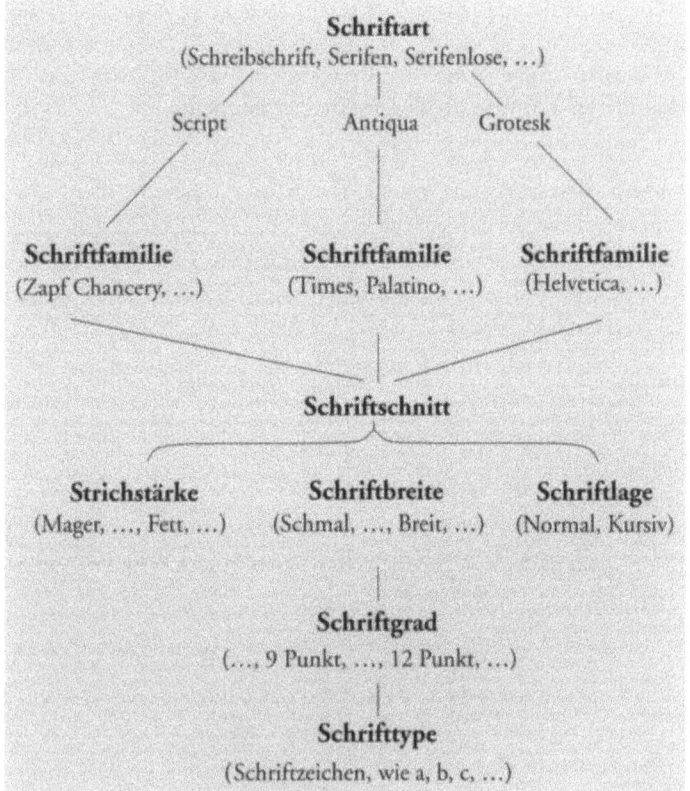

*Abb. 2-15
Schriftenunterteilung*

2.5 Schrifteneinteilung

Mit deutscher Gründlichkeit gibt es natürlich auch eine *echte* Klassifizierung von Druckschriften und eine entsprechende DIN-Norm (DIN 16 518). Danach werden elf Schriftgruppen unterschieden. Innerhalb der Gruppen kennt das Schema weitere Untergruppen, die jedoch nachfolgend nicht aufgeführt sind.

I **Venezianische Renaissance-Antiqua**
Diese Schriften gehen auf die mit einer Breitfeder erstellten humanistischen Minuskelschriften des 15. Jahrhunderts zurück. Die Varianz der Strichdicken ist nur gering, der Querstrich beim ›e‹ ist hier in der Regel schräg, die Serifen sind konkav und bei den Kleinbuchstaben sind die Ansätze in den meisten Fällen schräg. Die Serifen haben zum Schaft hin gerundete Übergänge. Beispiele für Schriften dieser Gruppe sind die STEMPEL SCHNEIDLER oder die JANSON TEXT.

abcdefg
Schneidler-Mediäval

II **Französische Renaissance-Antiqua**
Die Schriften dieser Gruppe gehen auf französische Schriften des 16. Jahrhunderts zurück. Gegenüber der Venezianischen Renaissance-Antiqua zeigen hier die Strichdicken stärkere Modulationen. Die Serifen sind zum Schaft hin gekehlt. Die Ansätze und Endstriche der Minuskeln sind schräg. Das Auge beim ›e‹ ist relativ klein, wie auch der Bauch des ›a‹. Beispiele dieser Schriftengruppe sind die GARAMOND, die CENTAUR, CASLON, GOUDY MEDIÄVAL, PALATINO, BEMBO, SABON oder die SCHNEIDER MEDIAL.

schräger Anstrich

no

senkrechte Rundungsachse

ABCDEFGHIJKLMNOPQRSTUVWXYZ
abcdefghijklmnopqrstuvwxyz
1234567890
1234567890

Adobe Garamond mit den Standardziffern und den Minuskelziffern aus dem Expert-Font (unten)

III **Barock-Antiqua**
Schriften dieser Gruppe gehen fast vollständig auf Schriften des 18. Jahrhunderts, kurz vor dem Klassizismus, zurück. Die Strichstärke ist hier noch differenzierter als bei den Renaissance-Antiqua-Schriften und zeigt einen deutlichen Kontrast in den Haupt- und Haarstrichen. Diese Schriftengruppe stellt den Übergang zwischen der Renaissance und dem Klassizismus dar und zeigt Merkmale beider Gruppen.

**Kapitel 2
Die Schrift**

Zu typischen Vertretern gehören die EHRHARDT der Firma Monotype, die CONCORDE von G. G. Lange, die CASLON von William Caslon oder die BASKERVILLE. Aus Holland stammt die FLEISCHMANN. Auch die TIMES, Anfang der dreißiger Jahre von Stanley Morison bei Monotype für die Zeitschrift TIMES entworfen, gehört wie die CONCORDE der Firma Berthold zu den Barockschriften.

New Baskerville

ABCDEFGHIJKLMNOPQRSTUVWXYZ
abcdefghijklmnopqrstuvwxyz 1234567890

Caslon 540

ABCDEFGHIJKLMNOPQRSTUVWXYZ
abcdefghijklmnopqrstuvwxyz 1234567890

IV **Klassizistische Antiqua**
Diese Schriften greifen die Stilelemente des Klassizismus auf und entstanden Ende des 18. Jahrhunderts bis zu Beginn des 19. Jahrhunderts. Sie sind in ihrer Anmutung ruhiger und statischer als die älteren Antiqua-Schriften. Die Serifen haben keine oder nur eine sehr kleine Kehlung zum Schaft und sind in der Regel eher zierlich und fein. Ansätze und Endungen verlaufen waagerecht; bei den Kursiven sind sie gerundet. Der Grundstrich und die Haarlinie zeigen einen klaren Kontrast. Vertreter dieser Gruppe sind die BAUER-BODONI, BOOKMAN, WALBAUM oder die DIDOT. Neuere Versionen dieser Schriften, wie beispielsweise die NEW CENTURY SCHOOLBOOK, sind gegenüber den alten Vorlagen etwas weicher und fließender.

Walbaum

ABCDEFGHIJKLMNOPQRSTUVWXYZ
abcdefghijklmnopqrstuvwxyz 1234567890

Bauer Bodoni

ABCDEFGHIJKLMNOPQRSTUVWXYZ
abcdefghijklmnopqrstuvwxyz 1234567890

V **Serifenbetonte Linear-Antiqua**
Die Vertreter der Gruppen V bis XI werden primär nach ihren Formmerkmalen und nicht mehr nach Stilepochen unterteilt. Die Schriften der Gruppe V weisen sehr deutliche, relativ große Serifen auf, die mit oder ohne Kehlung auftre-

> ### 2.5 Schriften-einteilung

ten können. Art und Kehlung der Serifen werden hier für eine Untergruppierung verwendet. Die Serifen haben meist die gleiche Strichstärke wie der Grundstrich. Typische Vertreter sind die sogenannten Egyptienne-Schriften mit fast hart angesetzten Serifen (z. B. die EGYPTIAN von Monotype), die CLARENDON, EXCELSIOR, FIGARO oder die ROCKWELL.

ABCDEFGHIJKLMNOPQRSTUVWXYZ
abcdefghijklmnopqrstuvwxyz 1234567890
Rockwell

ABCDEFGHIJKLMNOPQRSTUVWXYZ
abcdefghijklmnopqrstuvwxyz
1234567890
Clarendon

VI Serifenlose Linear-Antiqua
Diese Schriften werden auch als *Grotesk* oder *Sans Serif* bezeichnet. Ihnen fehlen die Serifen ganz. In der Regel ist hier der Strich gleichmäßig, und der Kontrast zwischen dem Grundstrich und den Haarlinien tritt in den Hintergrund oder ist gar nicht vorhanden. Die Schriften FUTURA, GILL SANS, UNIVERS, FRUTIGER und der HELVETICA-Gruppe gehören dieser Klasse an. Auch die BAUHAUS, KABEL und die AVANTGARDE gehören dazu.

ABCDEFGHIJKLMNOPQRSTUVWXYZ
abcdefghijklmnopqrstuvwxyz 1234567890
Frutiger

ABCDEFGHIJKLMNOPQRSTUVWXYZ
abcdefghijklmnopqrstuvwxyz 1234567890
Bauhaus (ITC)

ABCDEFGHIJKLMNOPQRSTUVWXYZ
abcdefghijklmnopqrstuvwxyz 1234567890
Kabel (ITC)

VII Antiqua-Varianten
Dies ist eine Gruppe für all jene Antiqua-Schriften, die nicht in die Gruppen I bis VI hineinpassen. Insbesondere sind hier Zierschriften wie etwa die ARNOLD BOEKLIN zu finden – eine Schrift des Jugendstils und offensichtlich die Lieblingsschrift aller Antiquitätengeschäfte.

Arnold Boeklin

**Kapitel 2
Die Schrift**

Brush Script
Brush Script

Shelley Allegro
Shelley Allegro Script

Künstler Scripts

Kaufmann

VIII **Schreibschriften**

Hierunter versteht man keine echten Handschriften, sondern Druckschriften, die der Schreibschrift nachempfunden sind. Häufig tragen diese Schriften die Bezeichnung ›Script‹ im Namen. Beispiele hierfür sind die ENGLISCHE SCHREIBSCHRIFT, die FREESTYLE SCRIPT, die BRUSH SCRIPT, die KAUFMANN oder die KÜNSTLER SCRIPT. Auch die ZAPF CHANCERY gehört hierzu.

Mau
Ondine

Time Script

IX **Handschriftliche Antiqua**

Hierbei handelt es sich um Druckschriften, die an die Antiqua angelehnt sind, jedoch in Richtung einer Schreibschrift modifiziert wurden. Ein Vertreter hierfür ist die ONDINE, die TIME SCRIPT oder die REPORTER.

abcdefghijklmnopqrstuvwxyz
1234567890
ABCDEFGHIJKLMNOPQRS
TUVWXYZ

**Fette
Fraktur**
Fette Fraktur

X **Gebrochene Schriften**

Diese Schriften werden auch als *Frakturschriften* bezeichnet. Sie gehen weitgehend auf die gotische Schrift zurück. Eine Art Renaissance haben diese Schriften in den sogenannten *Deutschen Schriften* (etwa der SCHWABACHER) erlebt.

𝔄mts- und 𝔍ntelligenz𝔅latt
für den Oberamts-Bezirk
𝔑euenbürg.
Enthält zugleich Nachrichten für den Oberamts-Bezirk (5 a 1 w.
№ 49.   Mittwoch den 24. Juni   1846.

2.5 Schrifteneinteilung

XI **Fremde Schriften**
Hierzu zählen alle Schriften, die nicht in die übrigen zehn Gruppen passen, die hauptsächlich auf die lateinischen Schriften ausgelegt sind. In diese Gruppe fallen deshalb die japanischen, chinesischen, indischen, arabischen Schriften sowie beispielsweise die Hieroglyphenschriften der Ägypter. Während die alten Schriften dieser Klasse kaum als DTP-Schriften vorhanden sind, werden lebende *fremde Schriften* wie japanische, chinesische, indische, hebräische, arabische oder kyrillische Alphabete auch für den DTP-Einsatz angeboten.

שעופדלטיקמא
Hebrew Hehen (URW)

Полиграфист
Cyrillic Timeless (URW)

XII **Moderne Schriften**
Inzwischen ist – ohne explizit in die DIN-Klassifizierung eingegangen zu sein – ein ganze Reihe neuer Schriften für den Computer entstanden, die in keine der vorherigen Klassen hineinpassen und typographisch entweder einen sich verändernden Zeitgeist wiederspiegeln oder eher experimenteller Natur sind. Zu ihnen gehören etwa die MS Comic Sans, die Hobo, die OCR-Schriften OCR A und OCR B, welche für die automatische Schrifterkennung auf Schecks entworfen wurden, oder ausgefallenere Fonts wie etwa die Stop und Toxica von Bitstream.

Toxica
Toxica

STOP
Stop

CUTOUT
Cutout (Adobe)

ABCDEFGHIJKLMNOPQRSTUVWXYZ
abcdefghijklmnopqrstuvwxyz1234567890

MS Comic Sans

ABCDEFGHIJKLMNOPQRSTUVWXYZ
abcdefghiklm...pqrstuvwxyz 1234567890

Hobo

ABCDEFGHIJKLMNOPQRSTUVWXYZ
abcdefghi...pqrstuvwxyz 1234567890

OCR B

Innerhalb der aufgeführten Gruppen gibt es weitere Unterscheidungen, die aber den Rahmen und den Zweck des Buchs sprengen würden. Für den DTP-Bereich ist diese Klassifizierung nur sehr bedingt hilfreich. Hier gilt es vielmehr, eine Aufgaben-spezifische Schrift zu wählen (mehr dazu ist im Kapitel 5 zu finden).

Mischt man Schriften – etwa um Überschriften und Textschrift voneinander abzuheben –, so sollte man auf jeden Fall Schriften der glcichen Gruppe vermeiden.

**Kapitel 2
Die Schrift**

2.6 Schriftnamen innerhalb einer Schnittfamilie

Innerhalb einer Schriftfamilie unterscheidet man wiederum die verschiedenen Schriftschnitte, deren Namen etwas über Schriftmerkmale wie Strichstärke, Laufweite und Schriftlage aussagen. Bei vielen PostScript-Schriften erscheinen diese Namen mit den englischen Bezeichnungen in den Schriftenmenüs, wenn die Schriften von amerikanischen Firmen wie Adobe, ITC oder Bitstream stammen.

Frutiger Light
Frutiger Roman
Frutiger Bold
Frutiger Black
Frutiger Ultra-Black

Schriftstärke/Strichstärke

Hier kennt man Extraleicht (englisch: *Ultra Light*), Leicht (*Extra Light*), Mager (*Light*, *Thin*), Buch (*Roman*, *Book*, *Regular*), Halbfett oder Kräftig (*Semibold*, *Medium*), Fett (*Bold*), Extrafett (*Extra Bold*, *Heavy*) und Ultrafett (*Black*).

Helvetica Narrow
Helvetica Regular
elvetica Extended

Zeichenweite

Zu diesem Charakteristikum zählen die Angaben wie Extraschmal (*englisch: Extra Condensed*), Schmal (*Condensed, Compressed, Narrow*), Normal (*Roman, Regular*), Breit (*Expanded, Extended*) und Extrabreit (*Extra Expanded*).

Times Regular
Times Italic
Helvetica Regular
Helvetica Oblique

Schriftlage

Hier sind Schnitte wie Normal (*Regular*) und Kursiv (*Italic, Oblique, Slanted*) anzutreffen. Die Bezeichnungen erscheinen bei den meisten Schriften auch hier in englischer Sprache. Die Angabe ›*Obliqued*‹ weist auf einen elektronisch kursivierten Schnitt hin.

Innerhalb eines Schnitts ist noch der Schriftgrad anzugeben. Dieser kann bei den besseren DTP-Programmen in unterschiedlichen Maßeinheiten, in weiten Grenzen (etwa 2 bis 400 Punkt) und bis zu einem 100stel Punkt genau gewählt werden.

Um die mögliche Schnittvielfalt innerhalb einer Schriftfamilie zu systematisieren, hat Adrian Frutiger ein Namens- bzw. Zahlenschema entwickelt, das er bei seiner Schrift UNIVERS angewendet hat. Diese UNIVERS liegt (für den Photosatz) in 22 verschiedenen Schnitten vor. Einige Schriften gibt es mit noch mehr Schnitten. Das gleiche Schema wird auch für die FRUTIGER und die NEUE HELVETICA und einige weitere Schriften eingesetzt.

Abbildung 2-16 zeigt die Systematik dieses Schemas. Dabei ergeben sich die Schriftmerkmale wie Fettgrad, Schriftlage und Zeichenweite aus der Nummer der Schrift. So trägt z. B. die Schrift ›FRUTIGER BLACK CONDENSED‹ den Namen ›FRUTIGER 97‹; die NEUE HELVETICA in kursiv und mager trägt entsprechen dem Schema den Schnittnamen ›NEUE HELVETICA 48‹.

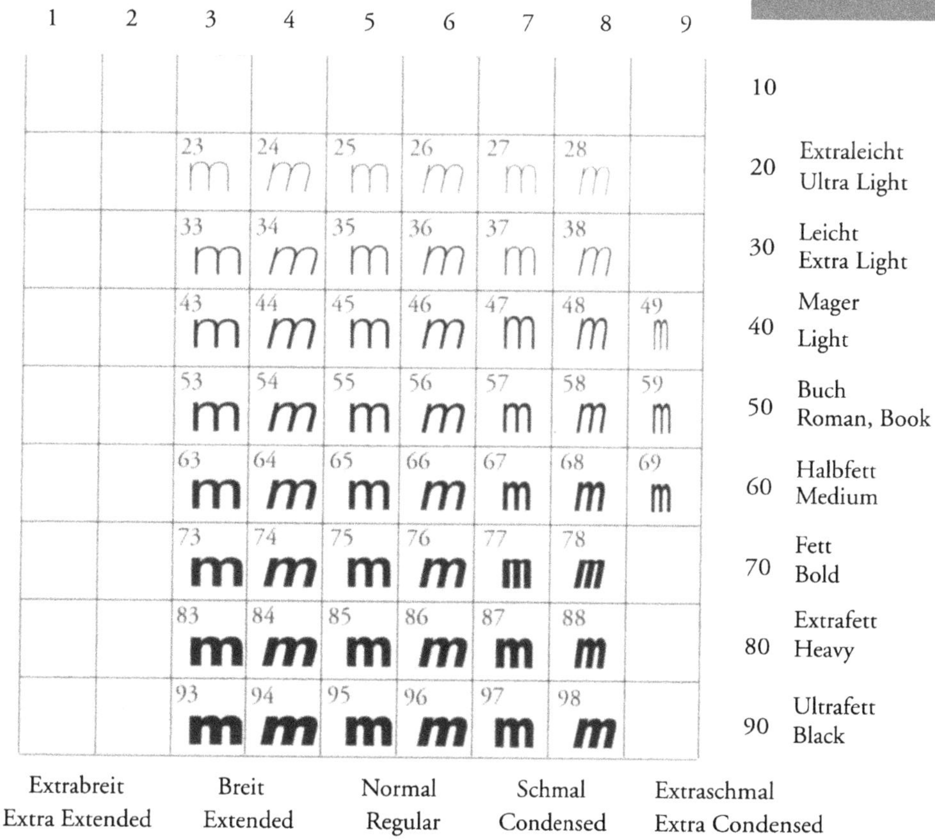

2.6 Schriftnamen in Schnittfamilien

	1	2	3	4	5	6	7	8	9		
10											
20			23 m	24 *m*	25 m	26 *m*	27 m	28 *m*		Extraleicht	Ultra Light
30			33 m	34 *m*	35 m	36 *m*	37 m	38 *m*		Leicht	Extra Light
40			43 m	44 *m*	45 m	46 *m*	47 m	48 *m*	49 m	Mager	Light
50			53 m	54 *m*	55 m	56 *m*	57 m	58 *m*	59 m	Buch	Roman, Book
60			63 **m**	64 ***m***	65 **m**	66 ***m***	67 **m**	68 ***m***	69 **m**	Halbfett	Medium
70			73 **m**	74 ***m***	75 **m**	76 ***m***	77 **m**	78 ***m***		Fett	Bold
80			83 **m**	84 ***m***	85 **m**	86 ***m***	87 **m**	88 ***m***		Extrafett	Heavy
90			93 **m**	94 ***m***	95 **m**	96 ***m***	97 **m**	98 ***m***		Ultrafett	Black
	Extrabreit Extra Extended		Breit Extended		Normal Regular		Schmal Condensed		Extraschmal Extra Condensed		

Abb. 2-16 Namensschema für neuere Schriften wie hier die Neue Helvetica

Die Schrifttype

Innerhalb eines Schnitts hat man schließlich die einzelnen Zeichen, oder wie der Typograph es nennt, die *Schrifttype* oder die *Letter*. Nicht alle Schriften enthalten den gleichen Zeichenumfang. Insbesondere die Sonderzeichen-Schriften wie SYMBOL, ZAPF DINGBATS, SONATA (eine Notenschrift), oder die CARTA (eine Schrift mit Symbolen für Karten) haben ihre eigene Belegung auf den Standard-Zeichenpositionen.

Der Standard-Schriftvorrat, welcher mit den meisten DTP-Programmen ausgeliefert wird, ist relativ klein. Dies ist in den

Zapf Dingbats

Δ Φ Π Σ α γ π
Symbol

Carta

Lizenzkosten der Schriften begründet. Möchte man hochwertige Typographie betreiben, wird man Geld für weitere Schriften oder zusätzliche Schnitte aus geben müssen. Die Anzahl guter Schriftenanbieter ist groß. Firmen wie Adobe, Berthold, Bitstream, Emigre, ITC, Linotype oder Monotype sind hier zu nennen, um nur die bekannteren Namen wiederzugeben.

Die Mehrheit der heute angebotenen Schriften sind Nachbildungen und Neuauflagen alter Schriften. Da sich dabei die Nachgestaltungen und Interpretationen der Ursprungsschrift von Hersteller zu Hersteller geringfügig in Schriftbild und Laufweite unterscheiden, gehört zur vollständigen Angabe einer Schrift auch der Herstellername. Dies ist insbesondere dann wichtig, wenn PostScript-Dateien zum Belichten in ein Service-Unternehmen gegeben werden. Eine vollständige Schriftangabe sieht dafür etwa wie folgt aus: »ITC GARAMOND, Buch, Kursiv, 12 Punkt, von Adobe«.

2.7 Spezialzeichen und Spezialschnitte

Will man Texte typographisch anspruchsvoll setzen, so benötigt man über das bisher erwähnte Spektrum von Zeichen hinaus weitere Zeichen, Schnitte oder Zeichensätze. Sie sind nur insofern speziell, als sie bei den meisten DTP-Systemen oder mit den meisten Rechnersystemen nicht standardmäßig mitgeliefert werden. Ansonsten sind sie Teil eines normalen Zeichensatzes (oder Fonts) oder bilden einen eigenen Zeichensatz. Hierzu gehören die bereits erwähnten Kapitälchen. Sie finden Verwendung bei Begriffen und Namen, die aus Großbuchstaben (Versalien) bestehen, bei Abkürzungen (z. B. DTP) oder Firmennamen (z. B. IBM). Bei normalen Worten, beispielsweise in Überschriften, verwendet man dabei für den ersten Buchstaben eine Versalie und für alle weiteren Zeichen Kapitälchen – sofern das Wort im üblichen Zusammenhang ebenfalls mit einem Großbuchstaben beginnen würde (also etwa: »DAS WEIHNACHTSFEST«).

Kapitälchen haben das Aussehen von Versalien, ihre Versalhöhe ist jedoch etwa 20 % kleiner; in den meisten Fällen haben sie sogar nur die x-Höhe der Schrift. Obwohl bei Kapitälchen die Versalien unterschiedliche Größe haben, weisen alle Zeichen die gleiche Strichstärke wie die Grundschrift auf. Künstliche Kapitälchen sind daran zu erkennen, daß das erste Zeichen (als Versalie der Grundschrift) fetter als die nachfolgenden ist. Als *künstliche Kapitälchen* bezeichnet man Kapitälchen, die durch eine Reduktion der Schriftgrade der Versalien simuliert werden. Kapitälchen sind bei

2.7 Spezialzeichen, Spezialschnitte

den PostScript-Schriften entweder in den Expert-Fonts oder sogar in eigenen Fonts zu finden.

Da es in Tabellen und Listen Vorteile bringt, wenn alle Ziffern die gleiche Breite besitzen (in der Regel etwa ein Halbgeviert*), ist dies bei den meisten PostScript-Schriften und insbesondere bei allen Standard-Laserdruckerschriften zu finden. Auch weisen zumeist hier alle Ziffern die gleiche Höhe (die der Großbuchstaben bzw. Majuskeln) auf und stehen auf der Schriftlinie; diese Art der Ziffern wird deshalb auch *Majuskelziffern*, *Tabellenziffern* oder *Versalziffern* genannt. Optisch, insbesondere innerhalb eines Textes, sehen jedoch Ziffern mit unterschiedlicher Breite schöner aus, so daß beispielsweise die karge ›1‹ eine deutlich kleinere Dicke erhält als die fette ›0‹ oder die ›8‹. Zusätzlich haben diese Ziffern unterschiedliche Höhen und teilweise kleine Unterlängen. Diese Art von Ziffern werden als *Minuskelziffern* oder *Mediävalziffern* bezeichnet. Die Ziffern des Expert-Fonts MONOTYPE GARAMOND EXPERT sehen beispielsweise wie folgt aus:

Standardziffern: 1234567890, Minuskelziffern: 1234567890

In technischen Dokumenten kommen häufig Brüche vor. Beispiele wären die ›5¼"-Floppy‹ oder der ›¾"-Schlauchanschluß‹. Typographisch ideal sind hier spezielle *Bruchziffern*, so daß man den Bruch aus den Bruchziffern und dem mathematischen Bruchstrich ›/‹ zusammensetzen kann. Noch einfacher verwendet man bei den häufig vorkommenden Brüchen wie ½, ⅓, ¼, ⅔ oder ¾ den fertigen Bruch (dieser ist dann ein Bestandteil des Zeichensatzes).

Leider findet man diese Zeichen wie die Minuskelziffern fast nur in den speziellen Expert-Fonts. Dann sind die gängigsten Brüche oft gleich in der echten Bruchvariante vorhanden, also als ½, ⅓, ¼, ⅔, ¾ und als $\frac{1}{2}$, $\frac{1}{3}$, $\frac{2}{3}$, $\frac{1}{4}$, $\frac{3}{4}$ – leider jedoch nicht in allen Expert-Fonts. Neben den Brüchen haben diese Zeichensätze die sogenannten Bruchziffern. Das sind kompakte Ziffern, die kleiner ausgelegt sind und auf der Grundlinie oder nach oben versetzt erscheinen.

QuarkXPress bietet beispielsweise im Stil-Menü die Möglichkeit, Brüche zu erzeugen, sofern eine entsprechende Erweiterung installiert ist. Die hochgestellten Ziffern werden in den DTP-Programmen als *Exponenten* oder ›hochgestellte Ziffern‹, die tiefgestellten als *Indizes* oder ›tiefgestellte Ziffern‹ bezeichnet. Die ältere typographische Bezeichnung dafür ist *Supérieur* oder *Superior* für Exponenten und *Inférieur* oder *Inferior* für die Indizes.** Mit beiden zusammen lassen sich sowohl Brüche in der Art ½ als auch in der Form $\frac{1}{2}$ zusammensetzen.

* *Ein Halbgeviert ist durch die halbe Kegelgröße der aktuellen Schrift definiert. Bei den meisten Schriften entspricht das Halbgeviert der Breite des Zeichens ›n‹.*

** *Genau genommen gilt der Begriff Superior für alle hochgestellten und Inferior für alle tiefgestellten Zeichen und nicht nur für die Bruchziffern!*

Kapitel 2
Die Schrift

Natürlich kann man diese Ziffern und Brüche in den meisten DTP-Paketen auch etwas weniger perfekt simulieren, indem man sie aus Ziffern in kleinerem Schriftgrad und dem Bruchstrich zusammensetzt. Dies geschieht am einfachsten, indem man die Ziffern zunächst in der Standardschrift in den Text setzt (also ›1/2‹ statt ›½‹). Erst wenn das Dokument fast fertig ist, werden an einer Stelle die Brüche *zusammengebastelt* und dann durch Kopieren, Suchen und Ersetzen systematisch im gesamten Text ersetzt. Ob der Bruch dabei aus in Höhe und Position gegeneinander versetzten Ziffern und dem Bruchstrich zusammengesetzt ist (siehe Schema in der nebenstehenden Abbildung) oder aus einem kleinen graphischen Rahmen besteht, in dem der Bruch als graphischer Text räumlich korrekt angeordnet wird, ist weitgehend egal und hängt von den Möglichkeiten des benutzten DTP-Pakets ab.

Einige Zeichen und Symbole sind stark themenbezogen. So gibt es Zeichen bzw. entsprechende Schriften für astronomische Symbole, solche für die Botanik, für chemische Elemente (besser wäre hierfür natürlich ein entsprechend ausgerüsteter Formeleditor), zahlreiche Zeichen aus der Elektrotechnik, Bildsymbole für den Verkehr, Reiseführer und Karten, Zeichensätze mit Schachsymbolen oder Sonderzeichen für die Bundesbahn. Auch für Ornamente oder stark ornamentale Initiale werden spezielle Fonts angeboten.

Adobe Bundesbahn Pi

Adobe Carta

Da man solche Zeichen bzw. Graphiken jedoch selten als wirkliche Zeichensätze benötigt, sondern ebensogut als Graphik in ein Dokument einfügen kann, findet man sie in speziellen Graphik-Sammlungen, wie beispielsweise in der ›Adobe Collector's Edition: Symbols, Borders and Letterforms‹. Der Vorteil dieser Graphiksammlungen besteht darin, daß die Graphiken mit entsprechenden Werkzeugen (z. B. Aldus Freehand oder Adobe Illustrator) beliebig skaliert, rotiert oder frei verändert werden können. Abbildung 2-17 zeigt einige Graphiken aus dieser Zusammenstellung. Zusätzlich gibt es inzwischen spezielle *Border-* und *Symbol-Fonts* mit ähnlichen Zeichen, hier jedoch als echten Font. Hierzu zählt z. B. DEANNA BORDERS und die BORDERS & ORNAMENTS Collection von Agfa.

Goudy Initials No. 296

Ornaments 2 (Adobe)

Abb. 2-17
Ornamente aus der Adobe-Collection. Sie liegen als Graphiken (im Illustrator-Format) und nicht als Font vor.

2.8 Laufweiten, Zeichenabstände

Setzt man einzelne Schriftzeichen zu Wörtern zusammen, so wird das Schriftbild auch durch die *Laufweite* der Schrift bestimmt. Dabei versteht man unter Laufweite die Dichte einzelner Zeichen in einem Wort. Ausgangspunkt ist dabei die Breite, sprich *Dickte*, des einzelnen Zeichens. Während beim Bleisatz die Zeichendickte den minimalen Abstand zwischen zwei Zeichen festlegt, erlaubt der Satz auf Laserdruckern oder Photosatzmaschinen, den Wert sowohl zu verkleinern als auch zu vergrößern. Bei negativen Laufweitenänderungen können die Zeichen ineinander hineinlaufen bzw. sich teilweise oder sogar vollständig überdecken. Die Angabe, mit der die Laufweite geändert wird, ist bei den einzelnen DTP-Systemen unterschiedlich.

Beim Vergrößern des Zeichenabstandes spricht man vom *Sperren*. Leichtes Sperren verwendet man beim Satz von Versalwörtern. Starkes Sperren wird zuweilen im Akzidenzsatz benutzt (z. B. in Briefbögen),* um unterschiedlich langen Text auf eine bestimmte, einheitliche Breite zu dehnen, oder bei Kolumnentiteln. Sperrt man sehr stark, sollten nur Versalien oder Kapitälchen benutzt werden.

* Siehe die Beispiele auf Seite 233 und Seite 235.

Schriftbild:	Abstand:
Schriftweiten	–10 % (viel zu eng!)
Schriftweiten	–6 % (zu eng!)
Schriftweiten	–3 % (sehr knapp!)
Schriftweiten	normal (noch eng)
Schriftweiten	2 % gesperrt
Schriftweiten	4 % gesperrt
Schriftweiten	8 % gesperrt
S c h r i f t w e i t e n	20 % gesperrt
S C H R I F T W E I T E N	40 % gesperrt
S C H R I F T W E I T E N	60 % gesperrt

Abb. 2-18
Verändern der Laufweite bzw. des Zeichenabstands. In dem Beispiel beziehen sich die Werte des Sperrens auf Prozent der Standardlaufweite. Teilweise werden Prozente des Gevierts angegeben oder Einheiten direkt z. B. –6E.

Unterschiedliche Schriften benötigen durch ihre Charaktere unterschiedlich viel Raum. Abbildung 2-19 zeigt die Standardschriften der meisten PostScript-Laserdrucker und deren Platzbedarf:

**Kapitel 2
Die Schrift**

ITC Zapf Chancery:	*Typographie und Drucken*
Helvetica-Narrow:	Typographie und Drucken
ITC Times Roman:	Typographie und Drucken
Helvetica:	**Typographie und Drucken**
Palatino:	Typographie und Drucken
New Cent. Schoolbook:	Typographie und Drucken
ITC Avant Garde:	Typographie und Drucken
Bookman:	Typographie und Drucken
Courier:	Typographie und Drucken

*Abb. 2-19
Raumbedarf verschiedener PostScript-Schriften bei einem Schriftgrad von 11 DTP-Punkten*

Von einem *gesperrten Wort* spricht man, wenn zum Zwecke der Hervorhebung der Zeichenabstand eines Wortes größer gesetzt wurde. Dies sollte man nur mit Worten aus Versalien (Großbuchstaben) tun, bei Texten die hell auf dunklem Grund stehen und häufig auch bei elektronisch kursivierten Schriften. Bei Versalwörtern sollte man eigentlich Kapitälchen verwenden. Kapitälchen lassen sich nur recht unvollkommen durch Versalien eines etwas kleineren Schriftgrads imitieren.* Kapitälchen findet man im DTP-Bereich in separaten Schriftenpaketen, sogenannten ›Experten Fonts‹. So bietet die Firma Monotype beispielsweise das Schriftpaket EHRHARDT EXPERT zur Schrift EHRHARDT an und die Firma Adobe das Paket GARAMOND EXPERT zur Schriftfamilie GARAMOND oder das Paket CASLON EXPERT zur CASLON. Diese Experten-Pakete enthalten neben echten Kapitälchen auch einen erweiterten Ligaturensatz, eine Reihe häufig benutzter Brüche sowie Mediäval- und Bruchziffern.

* *Siehe Beispiel d) auf Seite 37.*

Neben der Standardbreite gibt es, wie zuvor erwähnt, einige Schriftfamilien mit zusätzlichen Schnitten, die schmäler oder breiter gezeichnet sind. Die schmäler laufenden Schnitte tragen in den englischen Schriftbezeichnungen den Zusatz *Condensed* oder *Compressed*, breiter laufende Schnitte den Zusatz *Expanded* oder *Extended*.

Zusätzlich gestatten inzwischen die meisten DTP-Programme, Schrift elektronisch zu dehnen oder zu stauchen. Dies mag in Ausnahmesituationen ein akzeptabler Weg sein, solange man es bei kleinen Korrekturwerten beläßt. Größere Dehnungen oder Stauchungen verzerren bzw. entstellen die Schrift aber und reduzieren ihre Lesbarkeit.

Die MultiMaster-Fonts von Adobe gestatten, Schriften innerhalb verschiedener Design-Achsen zu gestalten. Bei vielen dieser Schriften ist die Laufweite einer dieser Achsen. Das Werkzeug Adobe-Type-Manager verändert dabei die Laufweite unter Beachtung von Font-Gestaltungsrichtlinien, ohne sie zu verzerren.

2.8 Unterschneiden

2.8.1 Unterschneiden

Bei einigen Buchstabenkombinationen sieht das Schriftbild besser aus, wenn die Zeichen dichter beieinander stehen, als es ihren Standarddickten entspricht. Man spricht dann vom *Unterschneiden* (englisch: *kerning*).

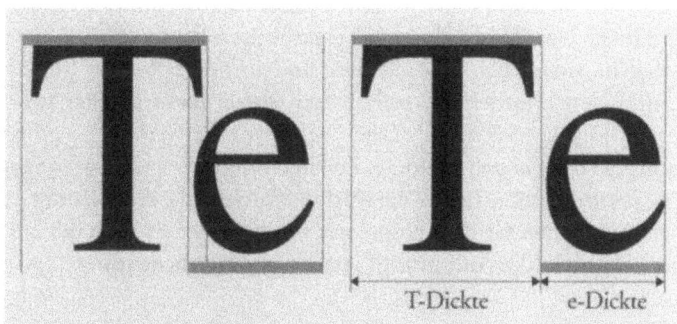

Abb. 2-20
Die Wirkung einer Unterschneidung

unterschnitten:
Av, AV
LT, LV, Ly,
Ta, To, Ty, Te, r.
Va, Vo, Ya, Yo, Yu

nicht unterschnitten:
Av, AV
LT, LV, Ly
Ta, To, Ty, Te, r.
Va, Vo, Ya, Yo, Yu

Abb. 2-21
Typische Buchstabenpaare für die Unterschneidung

Für die meisten Schriften werden vom Schriftenhersteller Unterschneidungstabellen für die wichtigsten kritischen Buchstabenkombinationen mitgeliefert. Die besseren DTP-Programme nutzen diese Tabellen, wenn für die Schrift »Unterschneiden« im Schriftattribut aktiviert ist; QuarkXPress verwendet beispielsweise bei der Standardeinstellung ab einem Schriftgrad von 6 Punkt die Unterschneidungstabellen. Es ist jedoch bei fast allen DTP-Paketen möglich, an einzelnen Stellen im Text eine stärkere oder geringere Unterschneidung zwischen Zeichen zu erreichen, indem man die betreffenden Zeichen selektiert und den Zeichenabstand korrigiert. Das Verfahren dazu unterscheidet sich von Programm zu Programm. Bei technischen Dokumenten betreibt man den Aufwand der manuellen Korrektur zum Unterschneiden zumeist nur in Überschriften und auch dort nur bei sehr großen Schriftgraden. Bei Zeitschriften, Datenblättern oder anderen Werbemitteln, bei

**Kapitel 2
Die Schrift**

denen Titelzeilen häufig mit großen Schriften gesetzt werden, ist dies fast immer notwendig.

Was die Sorgfalt bei der Erstellung der Unterschneidungstabellen für DTP-Schriften betrifft, findet man bei den Herstellern durchaus Unterschiede. So bieten einige Anbieter gut aufbereitete Schriften mit etwa 1000 Unterschneidungspaaren, während bei anderen 100–200 die Regel sind. Generell ist hier ein Trend zu mehr Sorgfalt zu erkennen, so daß neuere Ausgaben von Schriften zunehmend mehr Unterschneidungswerte aufweisen als ältere Versionen.

Solche manuellen Korrekturen sind insbesondere bei großen Schriftgraden erforderlich, sofern man dafür nicht speziell zugerichtete Display-Schriften (bzw. Schnitte) verwendet – große Schriftgrade verlangen kleinere Zeichenabstände. Noch wichtiger ist es, wenn Firmen-Logos entworfen werden, da diese häufig in unterschiedlichen Größen eingesetzt werden; hier ist auch der einzelne Eindruck (die Anmutung) von besonderer Bedeutung.

*Abb. 2-22
Überschrift in großem Schriftgrad: oben mit der Standardunterschneidung und unten mit einer manuell korrigierten Unterschneidung*

Titelei und Überschriften
Zeile mit Standardunterschneidung in Garamond Bold 26 Punkt

Titelei und Überschriften
−2% +2%   +2% −2%   +2%   −3%

Zu den PostScript-Schriften werden die Zeichenbreiten und Unterschneidungspaare nicht nur in der Font-Datei selbst mitgeliefert, sondern nochmals getrennt in den sogenannten *AFM-Dateien*. Bei DTP-Paketen, die auf die AFM-Dateien zugreifen, ist darauf zu achten, daß diese auch im Zugriffspfad bzw. im Zugriffsbereich des Programms liegen. Verändert man mit entsprechenden Werkzeugen die AFM-Dateien, so müssen sie beim Belichten zusammen mit der Dokumentendatei dem Belichtungsstudio mitgegeben werden. Dies gilt auch für die Font-Datei, wenn mit einem Font-Editor die Schrift verändert wurde (z.B. um Zeichen ergänzt). Das Belichtungsstudio ist in diesem Fall auf diesen Umstand besonders hinzuweisen, da es sonst seine Standardschriften zum Belichten benutzt, die sich in den meisten Fällen bereits auf der Magnetplatte des Belichters befinden.

2.8 Ligaturen

2.8.2 Ligaturen

Unter *Ligaturen* versteht man das Zusammenfassen von zwei oder drei Zeichen bzw. Buchstaben zu einem Zeichen. Dies ergibt in einigen Fällen ein besseres Gesamtbild. Typische Ligaturen sind z. B. die Zeichenkombinationen fi, ffi, ff, fl und ffl, seltener auch ch und ck. Manche Ligaturen sind heute schon fest zu einem Zeichen verschmolzen wie beispielsweise das lateinische Wort et zum & oder das ß aus der Vereinigung des langen Fraktur-s (ſ) und dem Schluß-s (s). Auch die Zeichen æ, Æ, œ und Œ sind die zu Ligaturen verschmolzenen Zeichenfolgen ae, AE, oe und OE; sie werden jedoch nicht mehr als Ligaturen, sondern als Standardzeichen betrachtet.

Anzahl und Art von Ligaturen können von Schrift zu Schrift verschieden sein. Insbesondere bei den hier nicht weiter diskutierten Frakturschriften* spielen Ligaturen eine besondere Rolle. Dort sind sie in bestimmten Buchstabenkombinationen unverzichtbar! Diese Frakturschriften werden auch als ›*Deutsche Schriften*‹ bezeichnet – weshalb sie in rechtsradikalen Kreisen sehr beliebt sind.

Typographisch korrekt sollten Ligaturen keine Wortstämme miteinander verbinden. So dürfte z. B. das Buchstabenpaar ›fl‹ in dem Wort ›Stofflager‹ keine Ligatur sein. Die meisten DTP-Pakete nehmen darauf jedoch keine Rücksicht – so sie denn entsprechende Zeichenfolgen überhaupt als Ligaturpotential erkennen und durch das entsprechende Ligaturzeichen ersetzen (wie es z. B. FrameMaker tut). Möchte man deshalb Unterschneidungen des besseren Schriftbildes wegen prinzipiell verwenden und solche typographischen Feinheiten beachten, so muß man später im Text die automatisch erzeugte Ligatur markieren und für das Buchstabenpaar selektiv die Unterschneidung deaktivieren.

Hat eine Schrift keine Ligaturen, so lassen sich in Einzelfällen solche im DTP-Programm simulieren, indem man für das Zeichenpaar den Zeichenabstand vorsichtig reduziert. Dabei sollte man zur visuellen Kontrolle auf dem Bildschirm einen großen Darstellungsmaßstab wählen. Alternativ lassen sich in DTP-Anwendungen, welche das Ligaturpotential nicht selbständig erkennen, die entsprechenden Zeichenpaare manuell durch das Ligaturzeichen ersetzen. Man verliert dabei aber die korrekte Wortschreibweise für eine eventuelle Rechtschreibprüfung und die automatische Worttrennung bei Verwendung der Silbentrennung. Diesen Aufwand wird man jedoch nur an wenigen kritischen Stellen im Dokument durchführen – z. B. in großen Überschriften und Titelzeilen. Das Ergebnis kommt jedoch selten an das echter Ligaturen heran.

Die Zeichenkombination ›fi‹, links als Ligatur und rechts als zwei getrennte Zeichen

* *Unter Frakturschriften versteht man gebrochene Schriften, die auch als ›Deutsche Schriften‹ bezeichnet werden. Die Zeichenfolgen ›sz‹ und ›ch‹ sind dort beispielsweise wichtige Ligaturen:*

2.9 Schriftauszeichnung

Unter einer *Schriftauszeichnung* soll hier das Stilmittel verstanden werden, um Hervorhebungen im Text vorzunehmen.

Die dezenteste Art der Hervorhebung stellt die Verwendung eines *kursiven Schnitts* als Auszeichnung dar. Diese Art sollte vor allem im Aufsatz, im Roman und in einem ruhig fließenden Text zur Anwendung kommen. Fremdsprachige Wörter oder Redewendungen, die nicht bereits eingedeutscht sind, sollten ebenso wie Wortneuschöpfungen oder im jeweiligen Kontext sehr ausgefallene Wörter kursiv gesetzt werden, also etwa der Begriff *en vogue* oder die Wendung *last but not least* in einem deutschen Text.

Etwas stärker wirkt der Schriftwechsel zu einem **halbfetten** (soweit vorhanden) oder **fetten** Schnitt. Dies wird vor allem bei Lehrbüchern, Betriebsanleitungen, in Katalogen und Sachbüchern benutzt, um Stichworte für den Leser schnell auffindbar zu machen.

> *Texte in* VERSALIEN *und* KAPITÄLCHEN *dürfen* nie! *ein* ›ß‹ *enthalten. Dies wird hier immer als* ›SS‹ *geschrieben!*

Bei Namen und Firmenbezeichnungen ist auch das Setzen des Namens in VERSALIEN (Großbuchstaben) und bei Verwendung von KAPITÄLCHEN das Mittel des S P E R R E N S möglich. Dies wird häufig in Lexika verwendet, wo man mehrere unterschiedliche Arten der Auszeichnung benötigt. Kapitälchen sollten immer leicht gesperrt werden. Verwendet man Versalien, so sollten diese in einem Schriftgrad von 5 % bis 10 % (typisch 0,5 bis 1 Punkt) kleiner als die Standardschrift (auch *Werkschrift* oder *Brotschrift* genannt) gesetzt und leicht gesperrt werden.

> * *Als* ›Antiqua‹ *wird eine Schrift mit Serifen, als* ›Grotesk‹ *eine solche ohne Serifen bezeichnet.*

Eine weitere Möglichkeit, jedoch nur in technischen Werken und Lexika, bietet der Wechsel zu einer **anderen Schrift**, insbesondere wenn die Standardschrift und die Auszeichnungsschrift einen Antiqua/Grotesk-Wechsel* mit sich bringen. Die Schriften müssen dann jedoch in Stil und Strichstärke zueinander passen!

Auch ein Wechsel zu einer etwas kleineren Schrift ist möglich (siehe Beispiel g), wobei dann der Text in der kleineren Schrift wiederum leicht gesperrt gesetzt werden kann. Im normalen Text ist dies nur eine Notlösung; für Überschriften kann ein etwas kleinerer Schriftgrad jedoch eine durchaus akzeptable Auszeichnung sein.

Hervorhebungen durch Unterstreichen, Überstreichen, Kasten oder Schattierung werden von den DTP-Paketen zwar angeboten, sollten jedoch der Schreibmaschine (das Unterstreichen) und dem DTP-Anfänger vorbehalten bleiben und in normalen Dokumenten zumindest im Grundtext keine Anwendung finden. Das Beispielwort ›Typographie‹ zeigt deutlich, daß beispielsweise FrameMaker, mit dem dieses Buch gesetzt ist, wie die meisten DTP-Programme auch, das korrekte Unterstreichen nicht be-

2.9 Schriftauszeichnung

herrscht. Einige Pakete (z. B. QuarkXPress) bieten zwar die Möglichkeit, den Strichabstand nach unten bzw. nach oben vorzugeben und erlauben damit ein etwas besseres Schriftbild. Es stehen jedoch so viele deutlich bessere Auszeichnungsverfahren zur Verfügung, daß man auch bei diesen DTP-Paketen darauf verzichten sollte!

Möchte man eine Überschrift wirklich durch eine Unterstreichung hervorheben, so sollte man hier etwas umständlicher lieber mit einem kleinen verankerten Rahmen arbeiten, in den man den Unterstreichungsstrich setzt (siehe Beispiel i).

a) Hervorhebung durch einen *kursiven* Schriftschnitt

b) Hervorhebung durch einen **halbfetten** oder **fetten** Schriftschnitt

c) Hervorhebung durch Worte in VERSALIEN. Besser sieht es aus, wenn die VERSALIEN etwas kleiner (ca. 5–10 %) im Schriftgrad und mit mehr Zeichenabstand gesetzt werden.

d) Besser noch als VERSALIEN sind KAPITÄLCHEN.

e) Hervorhebung durch S p e r r e n des Wortes

f) Hervorhebung durch einen Wechsel der Schriftart. Beim Mischen von Schriften müssen die Schriften zueinander passen, in Stil und Strichstärke!

g) Eine Notlösung ist die Hervorhebung durch einen Wechsel in eine kleinere Schrift. Diese sollte etwas gesperrt werden. Als Auszeichnung einer Überschrift ist dies jedoch durchaus möglich.

h) Unterstreichung, Überstreichen, Kontur und Schattierung bei DTP möglichst vermeiden!*

i) Die korrekte Unterstreichung sieht so aus: Hauptregel.

j) Hervorhebung durch einen entsprechenden linken und rechten Einzug und oft etwas kleinere Schrift. Dies wird zuweilen für freistehende Zitate verwendet.

k) ☞ Hervorhebung durch einen hängenden Absatz mit einem Symbolzeichen als Blickfang.

Abb. 2-23
Verschiedene Möglichkeiten der Auszeichnung und Hervorhebung

* *Schattierung und Kontur können in einer Werbung zwar verwendet werden, man sollte dann jedoch entsprechende Schnitte verwenden.*

**Kapitel 2
Die Schrift**

l) Hervorhebung durch Randmarkierungen. Dies ist nur dort sinnvoll, wo ein ganzer Absatz hervorgehoben bzw. markiert werden soll.

Soll ein ganzer Abschnitt hervorgehoben werden, so besteht die Möglichkeit, diesen durch einen linken und rechten Einzug vom umgebenden Text optisch abzugrenzen (Beispiel j) und eventuell einen anderen Schriftgrad zu benutzen. Alternativ kann man ihn als hängenden Absatz aufbauen und links ein Symbolzeichen verwenden (Beispiel k). Auch das Kennzeichen des Absatzes durch eine Markierung am linken oder rechten Rand ist hier eine Möglichkeit.

Eine relativ starke Textauszeichnung erhält man, indem man den hervorzuhebenden Text in einen eigenen Rahmen stellt (Beispiel m). Hierbei darf der Abstand zwischen Text und Rahmen nicht zu klein sein und muß etwa die Breite eines »m« bzw. eines Gevierts betragen, mindestens jedoch die eines Halbgevierts! Der freie Raum sollte unterhalb des Textblocks etwas größer als oberhalb sein. Die Linienstärke des Rahmens ist dem Grundstrich der Schrift anzupassen.

m)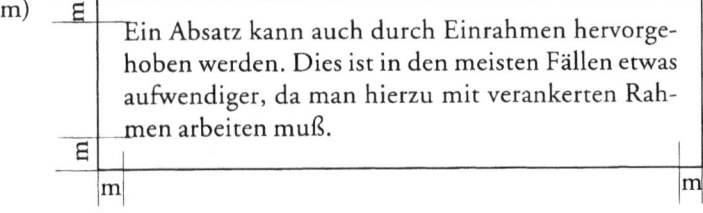

Eine Linie in der Breite der Textspalte oberhalb und unterhalb des Absatzes hat etwa den gleichen Effekt (siehe Beispiel n). Dabei sollten die Linien möglichst die Breite des Textes haben und nicht deutlich darüber hinaus gehen. Die Linienstärke ist an die Strichstärke der Schrift anzupassen. Eine noch stärkere Abhebung erzielen Doppellinien – jeweils oben und unten. Für sie paßt ein Abstand von etwa 2–3 Punkt voneinander (bei einer 10-Punkt-Schrift) bzw. 25 % des Schriftgrads.

Der Abstand zwischen Linie und Text sollte etwa ein Halbgeviert bis ein Geviert sein.

n) Ein Absatz kann nicht nur durch einen Rahmen, sondern auch durch Trennlinien oben und unten hervorgehoben bzw. abgesetzt werden.

2.9 Schriftauszeichnung

Eine noch stärkere Hervorhebung wird erzielt, indem der Text mit einer Farbe oder einem Grauraster unterlegt wird. Dabei ist zu berücksichtigen, daß dies in der Regel die Lesbarkeit des Textes reduziert, insbesondere dann, wenn nicht mit Photosatz, sondern mit Laserdruckern gearbeitet wird.

o) Ein Absatz oder ein Textausschnitt kann auch durch das Unterlegen von Farbe oder eines hellen Graurasters hervorgehoben werden.

Die Wirkung ist stärker und die Lesbarkeit besser, wenn man den Text statt dessen in einer Kontrastfarbe zum Hintergrund setzt. Da Weiß auf Schwarz etwas überstrahlt (siehe Beispiel p), sollte hier der Text geringfügig gesperrt oder in einem höheren Fettegrad gesetzt werden.

p) Bei dunklen Farben oder dichtem Raster wird der Text besser lesbar, wenn er in der Komplementärfarbe (hier weiß) gesetzt ist. Zu viele solcher Abschnitte können jedoch leicht das Satzbild optisch zerreißen!

Texte in Negativfeldern werden immer leicht gesperrt, da der Weißraum dort geringer zu sein scheint.

Bei Farbe in Farbe ist darauf zu achten, daß nicht nur der Kontrast zwischen Schrift und Umgebung ausreichend für eine akzeptable Lesbarkeit ist, sondern daß es Farbkombinationen gibt, die sich *beißen* und beim Betrachter Verwirrung oder sogar ein explizit unangenehmes Gefühl erzeugen.

Werden Dokumente mit Farben nicht nur auf einem Monitor oder in einem hochwertigen Farbdruck verwendet, sondern eventuell auch auf Schwarzweißdruckern ausgegeben, so ist darauf zu achten (und zu testen), daß auch im Schwarzweißdruck ausreichend Kontrast vorhanden bleibt.

Bei allen Arten der Schriftauszeichnung sollte man die Auszeichnung konsistent im gesamten Dokument ausführen. Bietet das DTP-System hierfür eigene Stilelemente in der Vorlage oder in Formatkatalogen an, sollte man diese Mechanismen benutzen. Dies erlaubt auch zu einem späteren Zeitpunkt nochmals die einfache Umstellung der Auszeichnungsart – eine Situation die wesentlich häufiger auftritt als man zunächst denkt.

Kapitel 2
Die Schrift

2.10 Wortabstände

Innerhalb einer Zeile beeinflußt der *Wortabstand* das Schriftbild. Ist der Wortabstand zu klein, so fließen für den Leser die Worte ineinander und erschweren damit das Erfassen des Textes; ist er zu groß, wird der Text optisch zerrissen, was den Lesefluß ebenso stört. Der mittlere Wortabstand muß etwas kleiner als der Zeilenzwischenraum (Durchschuß) sein, damit der Zusammenhalt innerhalb einer Zeile stärker ist als zwischen den Zeilen.

Innerhalb einer Zeile beeinflußt der *Wortabstand* das Schriftbild. Ist der Wortabstand zu klein, wie in diesem Absatz, so fließen für den Leser die Worte ineinander und erschweren damit das Erfassen des Textes; ist er zu groß, so wird der Text optisch zerrissen, was den Lesefluß ebenso stört.

Innerhalb einer Zeile beeinflußt der *Wortabstand* das Schriftbild. Ist der Wortabstand zu klein, so fließen für den Leser die Worte ineinander und erschweren damit das Erfassen des Textes; ist er zu groß, wie in diesem Absatz, so wird der Text optisch zerrissen, was den Lesefluß ebenso stört.

Abb. 2-24
Die Wirkung eines zu kleinen Wortabstands (oben) und eines zu weiten Wortabstands (unten)

Der Standardwortabstand ist abhängig vom Schriftgrad und der Schriftart; er wird vom Schrifthersteller festgelegt und beträgt etwa ein Viertel bis ein Drittel des Gevierts. Dieser Abstand wird jedoch nur eingehalten, wenn zum Zwecke des Randausgleichs (z. B. beim Blocksatz) kein Erweitern oder Komprimieren der Zwischenräume notwendig ist.

Fette Schriften, insbesondere in Überschriften, erlauben bzw. fordern einen etwas kleineren Wortabstand. Dies ist zunächst zwar nicht intuitiv, ergibt jedoch optisch ein besseres Bild. Versalzeilen benötigen ein deutliches Sperren.

Wird ein Text gesperrt gesetzt, so muß auch der Wortzwischenraum entsprechend vergrößert werden.

Die DTP-Programme erlauben (mit wenigen Ausnahmen), den Standard-Wortabstand zu verändern. Bei FrameMaker und Quark-XPress kann beispielsweise ein Minimal-, ein Optimal- und ein Maximalabstand vorgegeben werden. In den meisten Fällen sollte als Optimum 100 % gewählt werden, da damit der Wortabstand eingesetzt wird, der vom Schriftentwerfer vorgesehen ist. Das Minimum sollte dann nicht weniger als 70 %, das Maximum nicht größer als 130 % sein – die Werte 80 % und 120 % dürften besser sein.

2.10 Wortabstände

Das Maximum kann bei schwierigen Situationen nicht immer vom DTP-Programm automatisch eingehalten werden. Hier muß man dann eventuell durch eine manuelle Trenn-Unterstützung sowie durch geringfügiges Spreizen oder Stauchen des Zeichenabstandes diejenigen Zeilen korrigieren, die sichtbar Löcher ergeben. Solche Korrekturen führt man jedoch tunlichst zu einem sehr späten Zeitpunkt in einer Art *Finish* durch, was erst nach den letzten Text- und Umbruchkorrekturen erfolgt.

Manche Programme erlauben zusätzlich anzugeben, ob zum Zwecke des Randausgleichs beim Blocksatz nicht nur der Wortzwischenraum sondern auch der Zeichenabstand automatisch variiert werden soll. Dies sollte man jedoch in der Regel unterdrücken, da sonst in ungünstigen Situationen die Worte gesperrt werden, was sehr häßlich wirkt und ein gestörtes Wortbild ergeben kann (siehe Abb. 2-25 oben links). Man sieht dies häufig im Zeitungssatz, wenn schmale Textspalten verwendet werden.

Ist die Box »Automatisch Sperren« aktiviert, so fügt Frame bei Absätzen im Blocksatz nicht nur zwischen Worten, sondern geringfügig auch zwischen den Zeichen eines Wortes zusätzlichen Raum ein, wenn dies zum Randausgleich notwendig wird. Dies sollte man in der Regel unterdrükken.

Ist die Box »Automatisch Sperren« aktiviert, so fügt Frame bei Absätzen im Blocksatz nicht nur zwischen Worten, sondern geringfügig auch zwischen den Zeichen eines Wortes zusätzlichen Raum ein, wenn dies zum Randausgleich notwendig wird. Dies sollte man in der Regel unterdrükken.

Abb. 2-25
Die Wirkung vom automatischen Sperren zum Zwecke des Randausgleichs.
Oben links:
»Automatisch Sperren« aktiviert
Oben rechts:
»Automatisch Sperren« deaktiviert

Ist die Box »Automatisch Sperren« aktiviert, so fügt Frame bei Absätzen im Blocksatz nicht nur zwischen Worten, sondern geringfügig auch zwischen den Zeichen eines Wortes zusätzlichen Raum ein, wenn dies zum Randausgleich notwendig wird. Dies sollte man in der Regel unterdrükken.

Ist die Box »Automatisch Sperren« aktiviert, so fügt Frame bei Absätzen im Blocksatz nicht nur zwischen Worten, sondern geringfügig auch zwischen den Zeichen eines Wortes zusätzlichen Raum ein, wenn dies zum Randausgleich notwendig wird. Dies sollte man in der Regel unterdrükken.

Links: Blocksatz
Rechts: Flattersatz

Wie man sieht, erzeugt der Blocksatz bei schmalen Spalten oft häßliche Löcher im Satz!

2.11 Zeilenabstand und Durchschuß

Unter dem *Durchschuß* (englisch: *leading*) versteht man den Zwischenraum zwischen zwei Zeilen; unter dem *Zeilenabstand* oder *Zeilenvorschub* (englisch: *line spacing*) versteht man den Abstand zwischen den Grundlinien zweier Zeilen.

*Abb. 2-26
Durchschuß und Zeilenabstand*

Der ideale Durchschuß und damit auch der Zeilenabstand ist abhängig von einer Reihe von Faktoren:

❏ **Zeilenlänge**
Längere Zeilen erfordern einen größeren Zeilenabstand, damit das Auge beim Wandern zur nächsten Zeile problemlos den richtigen Anfang findet.

❏ **Schriftgröße**
Größere Schriftgrade erfordern einen größeren Durchschuß. Für den Grundtext sollte der Durchschuß etwa 2 bis 4 Punkt oder 20 % bis 30 % der Schrifthöhe (des Schriftgrads) betragen.

❏ **Art der Schrift**
Stärkere Schriften mit kleinen Innenabständen vertragen einen kleineren Durchschuß; leichte breite Schriften sollten einen etwas größeren Durchschuß erhalten. Schriften mit hoher Mittellänge (z. B. HELVETICA) vertragen einen größeren Durchschuß (z. B. 3–4 Punkt bei einem Schriftgrad von 10 bis 12 Punkt).
Schriften aus verschiedenen Familien können bei gleichem Schriftgrad unterschiedlich groß wirken oder eine sehr unterschiedliche Versalhöhe aufweisen. So ergibt z. B. die Schrift ZAPF CHANCERY oder die GARAMOND von Monotype im Vergleich zur TIMES ein kleines Schriftbild.

❏ **Zeichen- und Wortabstand**
Der Durchschuß sollte größer als der mittlere Wortabstand sein.

2.11 Zeilenabstand und Durchschuß

❑ **Funktion der Zeilen**
Überschriften, die nur als Schlagwort und nicht fortlaufend gelesen werden, erlauben einen etwas geringeren Abstand, eventuell sogar den Wegfall des Durchschusses oder im Extremfall einen negativen Durchschuß. Dies sollte man jedoch auf Überschriften und Blickfänge, z. B. in der Werbung, beschränken und dann darauf achten, daß sich die Unterlängen einer Zeile nicht mit den Oberlängen der nächsten Zeile überlappen!

Ist der Durchschuß gleich Null, so wird der Satz als *kompreß* bezeichnet, ist er größer Null spricht man von *durchschossenem Satz*.

Oft erfolgt die Schriftangabe zusammen mit ihrem Durchschuß in der Form *Schriftgrad/Zeilenabstand*, also z. B. »Times 9/11« was bedeutet, daß die Schrift Times im Schriftgrad 9 Punkt mit einem Durchschuß von 2 Punkt und damit einem Zeilenabstand von 11 Punkt gemeint ist.

Kompresser Satz: Times 10/10

Nachfolgend sollen einige Schriften und ihre möglichen Einsatzbereiche vorgestellt werden. Dabei kann nur ein sehr kleines Repertoire des heute überaus großen Schriftenspektrums dargestellt werden. Die Schriftnamen sind zum Teil Warenzeichen. Einige Schriften stammen aus verschiedenen Quellen und unterscheiden sich dann geringfügig im Aussehen.

Times 10/12 (durchschossen) ✔

Nachfolgend sollen einige Schriften und ihre möglichen Einsatzbereiche vorgestellt werden. Dabei kann nur ein sehr kleines Repertoire des heute überaus großen Schriftenspektrums dargestellt werden. Die Schriftnamen sind zum Teil Warenzeichen. Einige Schriften stammen aus verschiedenen Quellen und unterscheiden sich dann geringfügig im Aussehen.

Times 10/14 (durchschossen) ✔

Nachfolgend sollen einige Schriften und ihre möglichen Einsatzbereiche vorgestellt werden. Dabei kann nur ein sehr kleines Repertoire des heute überaus großen Schriftenspektrums dargestellt werden. Die Schriftnamen sind zum Teil Warenzeichen. Einige Schriften stammen aus verschiedenen Quellen und ...

Times 10/18 (durchschossen)

Nachfolgend sollen einige Schriften und ihre möglichen Einsatzbereiche vorgestellt werden. Dabei kann nur ein sehr kleines Repertoire des heute überaus großen Schriftenspektrums dargestellt werden. Die Schriftnamen sind zum Teil Warenzeichen ...

Abb. 2-27
Die Wirkung von unterschiedlichem Durchschuß. Die mit ✔ markierten Absätze zeigen für die Spaltenbreite und den Schriftgrad geeignete Durchschüsse.

**Kapitel 2
Die Schrift**

Bei den DTP-Programmen läßt sich in den Absatzattributen vorgeben, daß der Zeilenabstand entweder fest sein soll und sich dabei aus dem Standardschriftgrad (und dem Durchschuß) ergibt, oder daß der Zeilenabstand automatisch an den größten Schriftgrad einer Zeile angepaßt wird. Da sich mit der zuletzt beschriebenen Einstellung der Zeilenabstand in einem Absatz von Zeile zu Zeilen ändern kann, sollte eine solche Einstellung nur dann vorgenommen werden, wenn durch größere Formeln in den Zeilen eine solche Anpassung unumgänglich ist.

2.12 Satzausrichtung

Die *Satzausrichtung* gibt die Ausrichtung der Textzeilen innerhalb der Textspalte an. Man nennt diese Ausrichtung auch *Satzausschluß*. Er beeinflußt wie die zuvor aufgeführten Punkte das Schriftbild eines Textes.

Die einfachste Art der Ausrichtung ist die linksbündige mit einem sogenannten *Flatterrand* rechts. Hierbei wird die Zeile solange aufgefüllt, bis das nächste Wort (bei ausgeschalteter Silbentrennung) oder die nächste Silbe nicht mehr in die Zeile paßt. Der Rest der Zeile bleibt hier leer; ein zusätzlicher Ausgleich der Zeichen- und Wortzwischenräume findet nicht statt. Die linksbündige Ausrichtung findet ihre Anwendung typischerweise bei Überschriften, kurzen Absätzen und schmalen Textspalten.

Einige DTP-Programme (z. B. QuarkXPress) erlauben beim Flattersatz (rechts oder links), einen Trennbereich anzugeben. Erreicht das Programm beim Füllen einer Zeile diesen Bereich, so versucht es das nächste Wort, das in diesen Bereich fällt und nicht mehr vollständig in die Zeile paßt, zu trennen. Hierbei findet eine Trennung primär in diesem vorgebbaren Randbereich statt. Man kann damit den Flatterbereich kontrollieren.

Korrigiert man einen Flattersatz durch entsprechende (manuelle) Trennungen so, daß zwar der Text immer noch nicht bündig abschließt, jedoch keine extremen Längenunterschiede mehr vorhanden sind, spricht man von einem *Rauhsatz*. Beim Flattersatz sollte andererseits der flatternde Rand nicht zu ebenmäßig sein, da dies wie schlecht gesetzter Blocksatz wirkt und dem Schriftbild die Spannung bzw. Varianz nimmt. Andererseits sollten zu extreme Längenunterschiede vermieden werden, da dies das Lesen erschwert. Man sieht auch hier, daß typographische Perfektion recht anspruchsvoll und aufwendig ist.

2.12 Satzausrichtung

Linksbündig gesetzter Text sollte immer dann verwendet werden, wenn man schmale Spalten benutzt, da dort sonst zu viele Silbentrennungen auftreten oder ein unschöner Ausschluß erfolgt.

Rechtsbündig gesetzter Text wird fast nur in Marginalien, d. h. in Randspalten auf der linken Seite verwendet. Er ist bei größeren Texten schwer zu lesen.

Zentriert gestellter Satz wird für Überschriften, Deckblätter und zuweilen auch bei Gedichten verwendet.

Blocksatz ist im normalen Fließtext eines Buchs oder eines Berichts ebenso wie in Zeitschriften für den Kerntext der Standard. Die akzeptable Zeilenbreite liegt hier zwischen 45 und 75 Zeichen pro Zeile. Der ideale Durchschuß ist abhängig von Zeilenlänge, Schriftart und Schriftgrad. Der Blocksatz wird auch als *ausgeschlossener Satz* bezeichnet.

Blocksatz sollte nicht verwendet werden, wenn schmale Spalten (25 bis 45 Zeichen) eingesetzt werden. Der Zeilenausschluß ist dann in der Regel häßlich! Flattersatz ist dort besser!

Abb. 2-28
Die vier einfachen Ausrichtungsarten

Unter *Blocksatz* versteht man eine Ausrichtung, bei welcher der Text sowohl links als auch rechtsbündig gesetzt wird (z. B. dieser Absatz). Dazu muß in den meisten Zeilen nach dem Auffüllen der Zeile der Wort- und eventuell auch der Zeichenzwischenraum korrigiert werden. Dies kann sowohl mit positiven als auch mit negativen Zwischenraumwerten geschehen. Das Dehnen der Wortzwischenräume nennt man im Bleisatz auch *Austreiben*.

Wird der Wortzwischenraum durch das Austreiben zu groß, so entsteht ein unruhiges Satzbild mit entsprechenden Lücken. Dies läßt sich jedoch beim Blocksatz, insbesondere bei schmalen Textspalten nicht ganz vermeiden. Die deutsche Sprache mit langen

**Kapitel 2
Die Schrift**

Wörtern oder Wortkombinationen ist hier zumeist etwas problematischer als z. B. englischsprachige Texte. Verbesserungen erreicht man durch Silbentrennung. Dabei ist es oft besser, statt großer Wortzwischenräume in mehr als den bevorzugten maximal zwei aufeinanderfolgenden Zeilen eine Worttrennung zu akzeptieren.

Bei der Ausrichtung *Zentriert* wird die aufgefüllte Zeile zeilenweise im Textrahmen mittig gesetzt. Diese Art der Ausrichtung wird auch als *auf Mittelachse setzen* bezeichnet. Man wendet es an für Überschriften, kurze Texte auf Deckblättern, in Gedichten und in Bild- oder Tabellenlegenden.

Rechtsbündig ausgerichtete Absätze kommen im Normalfall nur in Tabellen, in linken Marginalien oder als Bildlegenden (links neben der Abbildung) vor. In manchen Fällen setzt man auch einzeilige Absätze rechtsbündig (z. B. bei Formeln mit der Gleichungsnummer rechts hinter der Gleichung), wobei hier in vielen Fällen besser ein rechts ausgerichteter Tabulator eingesetzt wird, da bei Verwendung eines Tabulators das Austreiben der Wortzwischenräume entfallen kann. In Tabellen wird rechtsbündiger Satz häufig zum Ausrichten von Zahlenkolonnen verwendet, wenn die Zahlen entweder keine Nachkommastellen haben oder die Anzahl der dort stehenden Ziffern bei allen Zahlen der Kolonne gleich ist.

Auch Überschriften können rechtsbündig gesetzt werden – vorzugsweise wenn sie nicht numeriert sind und wenn mit mehreren Spalten gearbeitet wird.

Da rechtsbündig gesetzter Text der in der westlichen Welt vorherrschenden Leserichtung widerspricht, muß hier das Auge aufwendig den Zeilenanfang suchen. Dies ermüdet schneller. Aus diesem Grund sollten längere Textstücke nicht rechtsbündig gesetzt werden.

Neben den erwähnten Formen gibt es im Einzelfall – z. B. in aufwendig gestalteten Gedichtbänden auch die Sonderform der alternierenden Ausrichtung – jeweils eine Zeile linksbündig und eine Zeile rechtsbündig – bei nicht zu breiten Textspalten und nicht zu langen (vielzeiligen) Texten. Hier werden die Zeilen jedoch einzeln gestaltet – sinnfällig zum Text. Da kaum ein DTP-System dies als Einstellung anbietet, wird hier jede Zeile als eigener Absatz alternierend formatiert.

Einige DTP-Programme – z. B. InDesign – bieten zusätzlich den Blocksatz mit einer Ausrichtung der letzten Zeile nach rechts an oder ein Austreiben der letzen Absatzzeile zum rechten Rand mit einem zusätzlichen Austreibzeichen.

2.13 Initialen

Initialen sind Buchstaben am Anfang eines Absatzes, die größer als die Grundschrift sind und einen schmückenden Charakter besitzen. In der Art, wie sie die erste Zeile dieses Absatzes zeigt, lassen sich Initialen einfach dadurch gestalten, daß man dem Zeichen entsprechende Zeichenattribute verleiht bzw. einen entsprechenden Schriftgrad gibt. Dabei sollte die Initiale nicht das Zeilenraster brechen, die Größe muß also entsprechend gewählt werden.

Schöner noch sind Initialen, die nicht in dem Maße wie im ersten Absatz im Abschnitt überstehen, sondern tiefer im Text stehen. Diese müssen dann jedoch optisch mit der Zeile in Schriftlinie stehen, die als letzte Zeile um die Breite der Initialen eingezogen ist.

Abb. 2-29
Initiale neben zwei Zeilen stehend

Soll die Initiale über mehrere Zeilen gehen, wird es etwas aufwendiger, da nicht alle DTP-Pakete dies automatisch beherrschen. Hier legt man die Initiale in einen eigenen verankerten Rahmen und sorgt dafür, daß dieser von den Zeilen freigehalten wird.

Die Initiale sollte stets größer oder zumindest ebensogroß sein, wie der neben ihr stehende Text. Sie kann aus einer anderen Schrift als der Werkschrift stammen, muß jedoch zur Grundschrift passen. Oft setzt man nach einer Initialen den Rest des Wortes, einige weitere Worte oder sogar die ganze erste Zeile in Kapitälchen, um den einleitenden Charakter noch zu verstärken. Dies macht man insbesondere dann, wenn das erste Wort wie in Abbildung 2-30 recht kurz ist.

Ist die Initiale deutlich größer als die Grundschrift und hat sie wie in Abbildung 2-30 einen stark schräg verlaufenden rechten Umriß, so sollte der Text neben den Initialen dem Umriß folgen, wie dies Abbildung 2-31 verbessert zeigt.

AM ANFANG schuf Gott Himmel und Erde. Und die Erde war wüst und leer, und es war finster auf der Tiefe; und der Geist Gottes schwebte auf dem Wasser.
Und Gott sprach: Es werde Licht! Und es ward Licht. Und Gott sah, daß das Licht gut war. ... (Aus dem Ersten Buch Mose)

Abb. 2-30
Bei Initialen mit schräger Form sollten die Zeilenanfänge korrigiert werden (siehe dazu Abb. 2-31).

Zusätzlich sollte hier der Initialbuchstabe geringfügig über den mathematisch linken Rand hinaus nach links gesetzt werden, um optisch mit dem linken Rand abzuschließen. Ebenso sollte die S-Initiale von Abbildung 2-29 mit ihrer unteren Rundung etwas über die Schriftlinie nach unten gehen, um optisch auf der Grundlinie zu erscheinen.

Der seitliche Abstand zwischen der Initiale und dem rechtsstehenden Text wirkt dann am besten, wenn er etwa dem Abstand der Initiale (bzw. deren Unterkante) zum Text in vertikaler Richtung entspricht.

Abb. 2-31
Die Initiale und die nachfolgenden Zeilenanfänge sind hier gegenüber Abb. 2-30 korrigiert.

> AM ANFANG schuf Gott Himmel und Erde. Und die Erde war wüst und leer, und es war finster auf der Tiefe; und der Geist Gottes schwebte auf dem Wasser.
> Und Gott sprach: Es werde Licht! Und es ward Licht. Und Gott sah, daß das Licht gut war. ... (Aus dem Ersten Buch Mose)

Ragt eine Initiale nach oben über den neben ihr stehenden Text hinaus, so sollte man den Unterschied deutlich machen und ihr nach oben (zum vorhergehenden Text) ausreichend freien Raum geben.

WENN die Initiale nach oben über den Text reicht, sollte der Unterschied deutlich sein und ausreichend freier Raum nach oben verbleiben, damit sich ein harmonisches Gesamtbild ergibt. Man kann den dabei entstehenden Mehraufwand vermeiden, indem man die Initiale, wie in Abbildung 2-32 dargestellt, in einen Farbblock legt, der die Wirkung optisch noch verstärkt. Die Unterkante des Blocks setzt man dabei auf den halben Durchschuß unterhalb der letzten Zeile neben der Initiale.

Einige DTP-Programme – etwa QuarkXpress und Adobe InDesign besitzen flexible Funktionen, um Initialen direkt und ohne den Umweg über Graphiken und Hand-adaptierte Einzüge anzulegen.

Auch wenn Initialen etwas altmodisch wirken mögen, gibt es doch eine ganze Reihe von Situationen, in denen sie passen – etwa in aufwendig gestalteten Jahresberichten oder Firmenbroschüren.

Abb. 2-32
Wird die Initiale in einen Block gesetzt, kann das zeilenweise Anpassen an ihre rechte Form entfallen.

> AM ANFANG schuf Gott Himmel und Erde. Und die Erde war wüst und leer, und es war finster auf der Tiefe; und der Geist Gottes schwebte auf dem Wasser. Und Gott sprach: Es werde Licht! Und es ward Licht. Und Gott sah, daß das Licht gut war. Da schied Gott das Licht von der Finsternis und nannte das Licht Tag. ...

2.14 Formsatz

Unter *Formsatz* versteht man das Einfügen von Text in eine Form oder das Umfließen von Text um eine Kontur.* Dies wird auch als *Kontur(en)satz* oder *Figurensatz* bezeichnet. Die Unterstützung des Formsatzes in den verschiedenen DTP-Paketen ist recht unterschiedlich – nimmt aber von Version zu Version zu, so daß inzwischen selbst Microsoft Word den Konturensatz in Grenzen beherrscht.

* Siehe die Beispiele in Abb. 2-33. und 2-34.

Bietet ein Programm das Umfließen einer Graphik nicht direkt an, so läßt sich dies mit etwas Mühe trotzdem erreichen, indem man die Textzeilen in einzelne, miteinander verkettete Textspalten zerlegt und die Spalten einzeln an die Figurenform anpaßt. Da das Ergebnis nicht sehr änderungsfreundlich ist, hält man an der betreffenden Stelle deshalb zunächst Platz frei und führt diese Feinarbeit erst durch, wenn das Dokument ansonsten fertig ist.

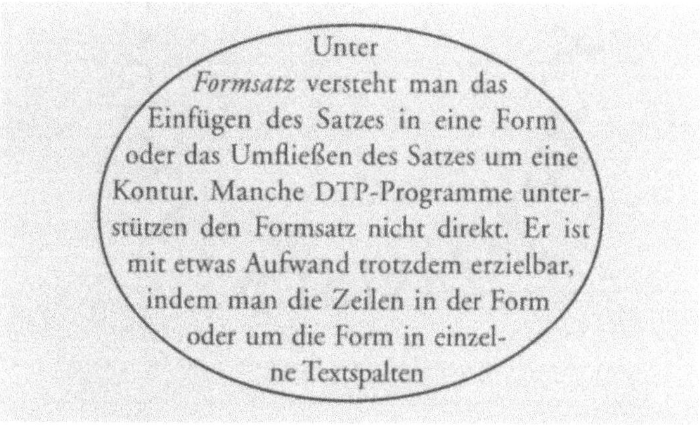
Unter
Formsatz versteht man das
Einfügen des Satzes in eine Form
oder das Umfließen des Satzes um eine
Kontur. Manche DTP-Programme unterstützen den Formsatz nicht direkt. Er ist
mit etwas Aufwand trotzdem erzielbar,
indem man die Zeilen in der Form
oder um die Form in einzelne Textspalten

Abb. 2-33 Beispiel eines Schriftflusses in einer Figur

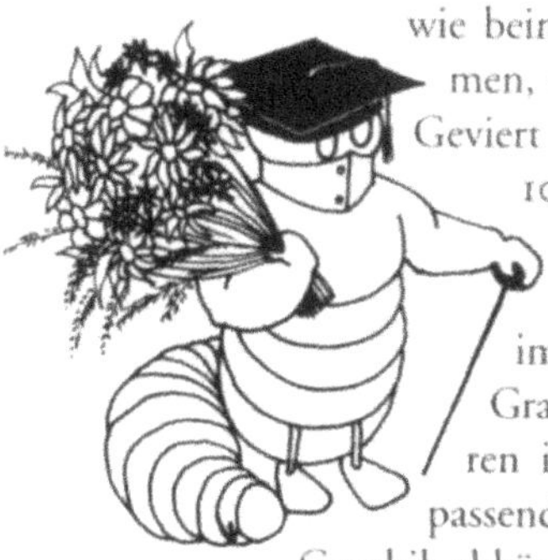
Der Abstand zwischen einer Graphik und dem Text sollte, ähnlich wie beim Abstand eines Textes zum Rahmen, etwa ein Halbgeviert bis zu einem Geviert betragen; dies sind etwa 6 bis 10 Punkt bei normalem Schriftgrad und bei großer Schrift entsprechend mehr. Er läßt sich zumeist im DTP-Programm für die einzelne Graphik vorgeben; ein bißchen Probieren ist dabei nützlich, da der optisch passende Abstand auch von der Art der Graphik abhängig ist.

Abb. 2-34 Beispiel eines Schriftflusses um eine Figur

**Kapitel 2
Die Schrift**

Schrift auf einer Form

Die nachfolgende Graphik zeigt Schrift auf einer Kreisform, als Beispiel für freie Formen. Hier folgt die Schrift einer Formlinie. Dies ist in den meisten DTP-Paketen direkt nicht möglich. Hierzu muß man in der Regel Spezialprogramme wie etwa Adobe Illustrator oder Adobe TypeAlign, Macromedia FreeHand oder CorelDraw benutzen. Es gibt hierfür noch zahlreiche weitere Werkzeuge. Die Elemente von Abbildung 2-35 wurden mit Hilfe von FreeHand erstellt und in FrameMaker als EPS importiert.

*Abb. 2-35
Beispiel von Schrift auf
einer Form (hier Kreis)*

Kapitel 3

Maßangaben in der Typographie

D IE Vielfalt der typographischen Maße und Einheiten ist für den Laien verwirrend und selbst für den Fachmann zuweilen schwierig. Das Kapitel gibt deshalb eine Übersicht über die Maße in der Typographie und zeigt, wie man die verschiedenen Einheiten umrechnen kann.

Schuld an diesem Maßwirrwarr sind übrigens die unterschiedlichen Füße und Ellen verschiedener Fürsten.

Kapitel 3
Typo-Maße

3.1 Typographische Maßeinheiten

Die Typographie ist eine alte Kunst bzw. Technik. Sie hat somit auch eine lange Entwicklungsgeschichte, die in manchen Ländern verschieden schnell und unterschiedlich intensiv verlief. So wie heute noch länderspezifische Währungs- und Maßsysteme existieren, so gibt es unterschiedliche Maßsysteme in der Typographie. Sie sind nicht so zahlreich wie Währungssysteme und haben glücklicherweise keinen gleitenden Kurs. Trotzdem werden selbst in Deutschland mehrere typographische Maßsysteme nebeneinander eingesetzt, und unglücklicherweise sind selbst die Maßbezeichnungen nicht ganz eindeutig. Zurückzuführen ist diese Vielfalt auf die Geschichte der Typographie und den Umstand, daß, wie bei anderen Maßen und Gewichten, lange Zeit kein Normmaß vorlag, sondern die typographischen Maße aus der Einheit ›Fuß‹ abgeleitet wurden. Die Füße der diversen Landesherrscher waren jedoch unterschiedlich groß, so daß es im Europa des 18. Jahrhunderts etwa 100 unterschiedliche königliche und fürstliche Fuß- und Zollmaße gab.

Das Didot-Maß

In Europa ist heute neben dem metrischen Maß das aus Frankreich stammende Didot-System üblich. Es wurde um 1784 von François Ambroise Didot vorgeschlagen und bald darauf in Frankreich offiziell eingeführt. Ein Didot-Punkt war der 864ste Teil eines französischen *Pied de Roie*, d.h. des königlichen Fußes (mit ca. 32,4 cm). Dies ergab eine Größe von 0,375 97 mm. Rechnet man diesen Wert, der danach auf den 226sten Teil des Urmeters bei null Grad Celsius festgelegt wurde, auf eine Gebrauchstemperatur von 20 °C um, so ergibt sich der Didot-Punkt zu 0,376 06 mm. Ein *Didot-Punkt*, auch *typographischer Punkt** genannt, entspricht seit 1978 genau 0,375 mm, da dies, bezogen auf metrische Maße, einen deutlich besseren Umrechnungsfaktor von ⅜ mm ergibt. Einige DTP-Programme rechnen leider noch mit dem veralteten Wert von 0,376 mm. Zwölf Didot-Punkte ergeben ein *Cicero* (also neu 4,5 mm) und vier Cicero wiederum ergeben eine *Konkordanz* (neu 18 mm); DTP-Programme kennen jedoch die Einheit ›Konkordanz‹ nicht.

Bei FrameMaker beispielsweise hat ein Cicero noch den alten Wert von 4,512 mm.

* *Der typographische Punkt wird im Druckgewerbe oft mit dem Gradzeichen abgekürzt, also etwa 8° für den Schriftgrad von 8 Punkt.*

3.1 Typographische Maßeinheiten

Das Pica-Maß

In den USA und in England wird seit etwa 1886 primär der *Pica-Point* benutzt, vereinfacht auch als *Point* bezeichnet. Er entspricht 0,351 473 mm. Ausgangsmaß dieses Werts ist nicht etwa der amerikanische Zoll, sondern 35,0 cm, dessen 996stes Teil den Pica-Point ergibt. Zwölf Pica-Points ergeben ein *Pica* (also 4,212 mm im englisch/amerikanischen Point-System) und 6 Pica ergeben ein knappes Inch (genauer 0,9961 Inch bzw. Zoll).

Der DTP-Punkt

Die meisten DTP-Programme verwenden ein drittes Maßsystem, den sogenannten *DTP-Punkt* oder *DTP-Point*. Dieser leitet sich aus dem 72sten Teil eines Inches ab und basiert auf einem alten, amerikanischen typographischen Maß.* Ein DTP-Punkt entspricht damit etwa 0,3528 mm. Zwölf DTP-Punkte werden auch hier ein *Pica* genannt und entsprechen 0,4233 mm. Sechs DTP-Pica ergeben genau ein Inch.

Wenn also von einem Punkt oder Point gesprochen wird, muß man wissen, welches Maßsystem gemeint ist, auch wenn die Unterschiede zunächst gering erscheinen. Die Unterschiede (Didot alt: 0,376 mm, Didot neu: 0,375 mm, Pica-Point: 0,351 mm, DTP-Point: 0,352 mm) addieren sich auf einer Seite leicht zu einigen Zeilen auf!

* *Diese Point-Einheit wurde von Marder, Luse & Co in den USA eingeführt.*

1 DTP-Punkt = 1/72 Inch
12 DTP-Punkte = 1 Pica
6 Pica = 1 Inch

Metrische Maße

Obwohl seit 1978 in der EU das metrische Millimetermaß als typographische Einheit zur Norm erklärt wurde, wird heute noch im DTP-Bereich überwiegend mit den zuvor beschriebenen Maßeinheiten gearbeitet. Die Angabe in metrischen Maßen erfolgt in der Regel in Millimetern. Während bei Strecken die Angabe hier eindeutig ist, muß man bei der Angabe von Schriftgrößen wissen, ob damit das Maß des Kegels oder die Höhe der Versalien (Großbuchstaben) gemeint ist.

Bei der Größe einer Schrift spricht man übrigens von *Punkt* und nicht von *Punkten*! Ist die Schrift also 12 Punkte hoch, so hat sie den Schriftgrad ›12 Punkt‹.

**Kapitel 3
Typo-Maße**

3.1.1 Kegel- und Versalhöhen

Alle DTP-Systeme arbeiten bei der Definition der Schriftgröße mit der Kegelgröße. Dabei ist die Versalhöhe ca. ⅓ kleiner als der angegebene Schriftgrad im Kegelmaß. Soll eine bestimmte Versalhöhe eingestellt werden, so bedarf es sowohl einiger Rechnerei als auch des Wissens um die Größe eines Zeichens in den verschiedenen Schriften. Während nämlich bei der Angabe des Kegelmaßes unterschiedliche Schriften bei gleichem Schriftgrad verschieden groß ausfallen können (d.h. verschiedene Versalhöhen haben können), ist die Schriftgröße mit der Versalhöhe eindeutig festgelegt. Um die Art der Angabe eindeutig zu unterscheiden, fügt man bei einem Versalhöhenmaß in der Regel das Kürzel VH oder Vh (für Versalhöhe) an.

Abb. 3-1
Kegel- und Versalhöhe

Eigentlich sollten sich die Maße in Versalhöhe und Kegelgröße einfach nach folgender Formel umrechnen lassen:

Kegelgröße = Versalhöhe × 1,4
Versalhöhe = Kegelgröße × 0,71
Kegelgröße = (Versalhöhe + Unterlänge) × 1,07

Diese Regel gilt jedoch nur für bestimmte Schriften, und sie stimmt genau nur für die Helvetica. Dabei wird von einem Verhältnis von Versalhöhe zu Unterlänge von etwa 3,3 : 1 bzw. einer Unterlänge von etwa 30 % ausgegangen und einem Kegel, der etwa 7 % größer als die Summe von Versalhöhe und Unterlänge ist. Es gibt jedoch auch andere, abweichende Definitionen, bei denen von einer Versalhöhe von ⅔ der Kegelhöhe ausgegangen wird.*

* Mit dieser Definition sind z. B. die Fonts der Firma URW angelegt.

Im DTP-Bereich wird heute fast ausschließlich das Kegelmaß zur Angabe des Schriftgrads benutzt, viele aus dem Satzbereich kommenden Anwender sind jedoch von den Berthold-Maschinen her die Versalhöhe gewohnt. Für vereinzelte DTP-Pakete gibt es deshalb inzwischen Zusatzmodule, die es erlauben, den Schriftgrad auch in Versalhöhen anzugeben.

3.1 Typographische Maßeinheiten

3.1.2 Maßangaben im DTP

Als Eingabeeinheit können bei den meisten DTP-Programmen, unabhängig von der eingestellten Darstellungsmaßeinheit, die Einheiten Zentimeter (cm), Millimeter (mm), Inch (in oder "), DTP-Pica-Points (p oder pt), Didot-Punkte (dd), Cicero (cc) oder DTP-Punkte (pt) angegeben werden. Dazu fügt man der Zahl die (hier fett markierte) Abkürzung für die Einheit an.

Manche Programme erlauben auch die im Druckgewerbe übliche Schreibweise von z. B. ›8c6‹ für ›acht Cicero und sechs Punkte‹.

Maßeinheit:	Abkürzung:	Größe:
Millimeter	mm	0,1 cm
Zentimeter	cm	10,0 mm 0,3937 Inch 28,35 DTP-Punkte 26,60 Didot-Punkte (alt) 26,66 Didot-Punkte (neu)
Inch	in oder "	25,4 mm 72 Pica-Points
DTP-Point	pt	1/72 Inch 0,3528 mm
(Pica-) Point		1/12 Pica 1/72 Inch (gerundet) 0,351 mm 0,01382 Inch
DTP-Pica	pc	1/6 Inch (genau) 12 DTP-Points 4,233 mm 0,16666 Inch
Engl./amerikan. Pica	p	1/6 Inch (gerundet) 12 Pica Points 4,217 mm 0,16665 Inch
Didot-Punkt	dd	0,376 mm (alt) 0,375 mm (neu)
DTP-Didot-Punkt		0,376 mm 0,0148 Inch
Cicero*	cc	12 Didot-Punkte 4,512 mm (alt) 4,500 mm (neu) 0,1776 Inch (alter Cicero)

*Tabelle 3-1
Typographische Maße und ihre Abkürzungen (hier in der FrameMaker-Schreibweise).
Die Abkürzungen unterscheiden sich bei den verschiedenen DTP-Programmen!*

* *Bei QuarkXpress muß hier z. B. ein **c** vorangestellt werden (für Cicero):*

**Kapitel 3
Typo-Maße**

3.1.3 Weitere typographische Maße

Umrechnungstabellen für die gängigen Maße sind im Anhang A.3 zu finden.

Neben den bisher aufgezählten Größen werden im typographischen Bereich historisch bedingt noch weitere Größenbezeichnungen verwendet. Hierzu zählen beispielsweise *Brillant*, *Diamant* und *Perl* für die Größen von 3, 4 und 5 Didot-Punkten. Diese verlieren jedoch zunehmend an Bedeutung und sind den DTP-Programmen nicht bekannt.

*Tabelle 3-2
Verschiedene typographische Maßangaben. Diese sind den DTP-Programmen unbekannt!
Für die Umrechnung von Didot-Punkten in die anderen Maße wurde der neue Didot-Punkt (0,375 mm) angenommen.*

Bezeichnung	Didot-Punkte	mm	DTP-Points	Pica-Points
Achtelpetit	1	0,375	1,063	1,067
Viertelpetit	2	0,750	2,125	2,137
Brillant	3	1,125	3,189	3,205
Diamant (Halbpetit)	4	1,500	4,252	4,273
Perl	5	1,875	5,315	5,342
Nonpareille	6	2,250	6,378	6,410
Kolonel	7	2,625	7,440	7,479
Petit	8	3,000	8,503	8,547
Borgis	9	3,375	9,566	9,615
Korpus	10	3,750	10,629	10,684
Rheinländer	11	4,125	11,692	11,752
Cicero	12	4,500	12,755	12,820
Mittel	14	5,250	14,880	14,957
Tertia	16	6,000	17,006	17,094
Paragon (1 ½ Cicero)	18	6,750	21,258	19,230
Text	20	7,500	21,258	21,367
Doppelcicero	24	9,000	25,510	25,641
Doppelmittel	28	10,500	29,761	29,914
Kleine Kanon	32	12,000	34,014	34,188
Kanon (3 Cicero)	36	13,500	38,265	38.461
Grobe Kanon	42	15,750	44,642	44,871
Konkordanz (4 Ci.)	48	18,000	51,020	51,282
Grobe Misal	54	20,250	57,398	57,692
Sabon (5 Cicero)	60	22,500	63,775	64,102
Grobe Sabon	66	24,750	70,153	70,513
Principal (6 Cicero)	72	27,000	76,530	76,923
Real (7 Cicero)	84	31,500	89,285	89,743
Imperial (8 Cicero)	96	36,000	102,040	102,564

Der Satzspiegel

Kapitel 4

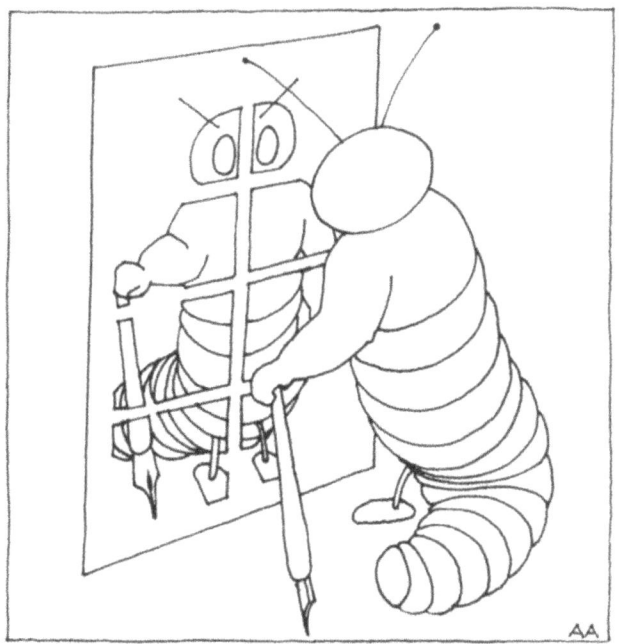

Neben der Schrift selbst ist die Anordnung der Schriftblöcke auf einer Seite und der dabei verbleibende freie Raum das zweite wesentliche Gestaltungselement der Typographie. Das Kapitel behandelt mit dem Satzspiegel dieses Thema in den Schritten *Formatauswahl, Satzspiegelfestlegung, Texte im Satzspiegel*. Es ist damit neben dem vorhergehenden Kapitel zur Schrift eines der zentralen Kapitel des Buchs.

Kapitel 4
Satzspiegel

Der Satzspiegel

Der Satzspiegel legt fest, wo auf einer Seite Texte, Graphiken und Bilder liegen und welche Maße und Abstände sie haben. Dies wird häufig auch als das *Layout* einer Seite bezeichnet. Der Satzspiegel gerät bei technischen Dokumenten und Lehrbüchern, die Information kompakt und zusammenhängend präsentieren sollen, leicht in den Konflikt zwischen Ästhetik und Funktion. Zuweilen wird jedoch übersehen, daß auch die Ästhetik eine Funktion besitzt – nämlich die, beim Leser Gefallen und damit Akzeptanz zu finden.

Konzipiert man ein Dokument vollkommen neu, so ergibt sich dafür folgende sinnvolle Vorgehensweise:

1. Festlegung des Seitenformats
2. Definition des Satzspiegels
3. Festlegen des Gestaltungsrasters und der Textspalten
4. Festlegen von Text- und Stilelementen
5. Anlegen des Dokuments und Eingabe des Inhalts
6. Feinkorrekturen im Umbruch

4.1 Proportionen der Seite

Die erste Festlegung für den Satzspiegel ist die Seitengröße des Dokuments. Die Formate A4 und A5 bieten sich hier zwar zunächst an, müssen aber keinesfalls die idealen Größen sein. So mag DIN A4 zwar für Briefe, Datenblätter und Produktkataloge akzeptabel sein, als Buch, Handbuch, Kurzanleitung oder Gebrauchsanweisung ist es jedoch unhandlich groß. Das A5-Format wiederum ist für viele Zwecke zu klein und hat ein unpraktisches Seitenverhältnis. Hat man die Wahl, so sollte man aus ästhetischen Gründen ein Höhen- zu Seitenverhältnis wählen, welches größer als 1:1,414 ist[*] (dies entspricht etwa 5:7). Gute Werte ergeben sich hier nach [Tschichold][**] mit 1:1,5 (2:3), 1:1,538 (Grundlinie und Höhe eines Fünfecks), dem goldenen Schnitt (etwa 5:8 bzw. genauer 1:1,618), 1:1,732 (1:$\sqrt{3}$) oder als schlankes Format 1:2,236 (1:$\sqrt{5}$). Quadratische Formate sollten Ausnahmen vorbehalten sein.

Natürlich braucht man in der Praxis die genannten Verhältnisse nicht bis in die dritte Nachkommastelle genau zu nehmen. Die Zahlen sollen vielmehr einen Anhaltspunkt für gute Proportionen geben. Gewisse Ungenauigkeiten (etwa 1 bis 2 mm) kommen bei der Buchherstellung ja alleine durch den Beschnitt zustande. Die kleinen schmalen Formate eignen sich besser zum Lesen, wenn das Buch

[*] 1:1,414 bzw. 1:$\sqrt{2}$ ist das Seitenverhältnis der DIN-Serie A.

[**] *Siehe die Bibliographie im Anhang B.*

in der Hand gehalten wird, die größeren und breiteren Formate, wenn das Dokument aufgeschlagen auf dem Tisch gelesen wird.

Die Festlegung der Seitengröße geschieht bei den meisten DTP-Programmen beim Anlegen eines neuen Dokuments. Die Größe wird dabei entweder aus einer existierenden Vorlage oder einem Menü übernommen oder explizit angegeben.*

Häufig ist aus historischen oder praktischen Gründen die Seitengröße bereits festgelegt. Jedoch auch dort lohnt es sich zuweilen, diese nochmals zu überdenken und auf ihre Eignung für das Dokument zu prüfen.

* *Die Formate der wichtigsten DIN-Reihen sind im Anhang A.5 angegeben.*

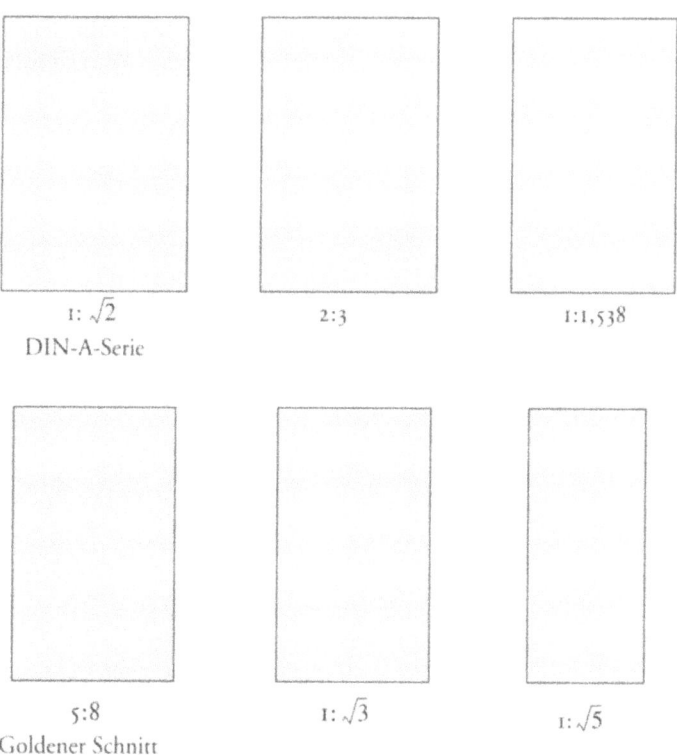

Abb. 4-1
Optisch attraktive Seitenverhältnisse für Dokumentenseiten

4.2 Festlegen des Satzspiegels

Ist die Seitengröße festgelegt, gilt es, im nächsten Schritt den Satzspiegel innerhalb der Seiten zu definieren. Im erweiterten Sinne sind dies alle bedruckten Bereiche einer Seite. Abbildung 4-2 zeigt dazu einige typisch vorkommende Elemente bzw. Bereiche. Dazu gehören der eigentliche Textbereich einschließlich der Fußnoten,

**Kapitel 4
Satzspiegel**

die zumeist vorhandene Seitenziffer (*Pagina*) und die eventuell vorhandene Randspalte, welche die Typographen *Marginalspalte* oder *Marginalien* nennen. Zusätzlich können noch Kopf- und Fußzeilen vorhanden sein, die man in der Typographie als *Kolumnentitel* bezeichnet, weil sie zumeist über einer Textspalte (*Kolumne*) stehen und oft Zusatzinformation wie etwa den Titel des Kapitels in der Textspalte angeben.

Nicht alle gezeigten Teile werden jedoch im engeren Sinne zum Satzspiegel gezählt. Die Seitenziffer (Pagina), Marginalien und sogenannte ›tote Kolumnentitel‹ gehören nicht dazu.

Ein Kolumnentitel wird als ›*toter Kolumnentitel*‹ bezeichnet, wenn sich die darin enthaltene Information nicht ändert. Steht dort beispielsweise nur der Name des Buchs, ein Vertraulichkeitshinweis oder das Druckdatum, wäre er *tot*.

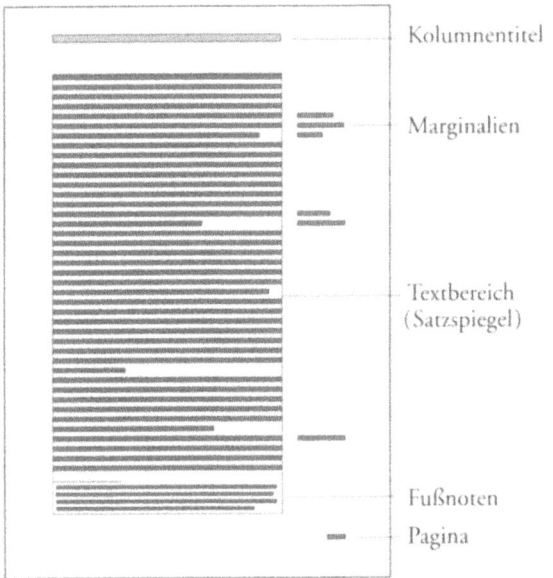

*Abb. 4-2
Typische Teile einer
Seite*

4.2.1 Stege beim Satzspiegel

Der eigentliche Satzspiegel, d. h. der Bereich, der von Text und Graphiken eingenommen werden soll und bei einem mehrspaltigen Layout alle Spalten umschließt, wird von vier Randbereichen eingerahmt. Es gilt zunächst, diese Ränder um den eigentlichen Druckbereich festzulegen.

4.2 Festlegen des Satzspiegels

Die Ränder werden *Stege* genannt, und zwar *Innensteg, Kopf-* und *Fußsteg*, sowie *Außen-* oder *Seitensteg* (siehe Abb. 4-3). Beim Innensteg, häufiger noch als *Bundsteg* bezeichnet, sollte man den optischen und den realen Innensteg unterscheiden. Für die ästhetische Gestaltung betrachtet man zunächst nur den beim aufgeschlagenen Buch sichtbaren Innensteg. Diesem wird später ein eventuell notwendiger Binderand zugeschlagen, den man beim aufgeschlagenen Dokument nicht wahrnimmt oder der bei Spiralbindung oder beim Ringordner durch die Ringe optisch etwas abgetrennt wird.

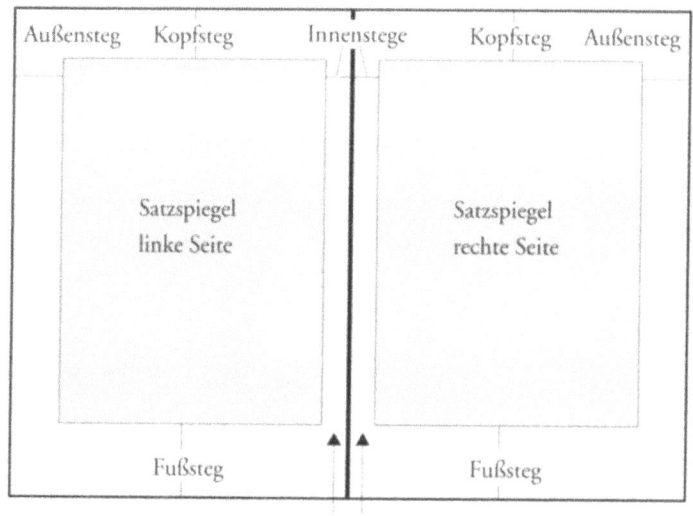

Ein- oder doppelseitiges Seiten-Layout

Die Einstellung ›einseitig‹ oder ›doppelseitig‹ legt bei DTP-Programmen fest, ob das Dokument aus einer Folge im Layout gleich aussehender Seiten bestehen soll oder ob das Layout eine rechte und eine linke Seite vorsieht, wie bei Büchern und den meisten mehrseitigen Dokumenten üblich. In diesem Fall spricht man von einem *doppelseitigen* oder *zweiseitigen Layout*. Bei mehrseitigen Dokumenten sollte man stets von Anfang an ein doppelseitiges Layout konzipieren, d.h. ein Design für linke und rechte Seiten erstellen. Dabei sind grundsätzlich linke Seiten jene mit geraden Seitennummern

**Kapitel 4
Satzspiegel**

und rechte Seiten die mit ungeraden Seitennummern. Im Normalfall beginnt ein Dokument mit einer rechten Seite.

Werden umfangreichere Dokumente ›einseitig‹ angelegt, so muß der linke Rand (Bundsteg) größer sein als der Außensteg, um eine Bindung zu ermöglichen. Die Größe des Bundstegs sollte so bemessen werden, daß beim gehefteten und aufgeschlagenen Dokument die linke Satzkante nicht zu dicht am Heftrand sitzt.

Der Fußsteg sollte bei den klassischen Dokumenten etwas größer als der Kopfsteg gewählt werden und der Kopfsteg wiederum größer als der Innensteg:

Innensteg < Kopfsteg < Außensteg < Fußsteg

Ein ästhetisch ansprechender, großzügiger Satzspiegel ergibt sich, wenn man die Stege, wie in Abbildung 4-4 dargestellt, aufteilt im Verhältnis:

2:3:4:5   (Innensteg : Kopfsteg : Außensteg : Fußsteg)

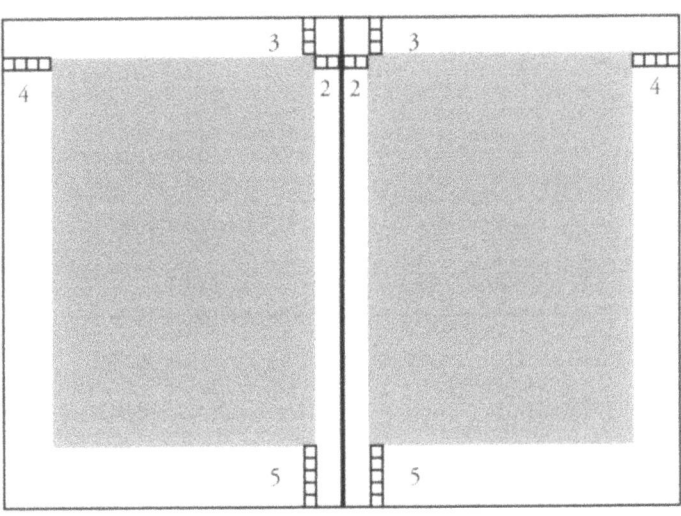

Abb. 4-4
Mögliche Aufteilung
der Stegbreiten

Konkret erhält man dabei ein sehr großzügiges Layout, wenn beispielsweise der Satzspiegel ⅔ und die Stege ⅓ der Seitenbreite einnehmen. Auf die beiden vielverwendeten DTP-Formate übertragen, ergibt dies einen Satzspiegel und einen Randbereich bei A4 von:

$$\text{Satzspiegelbreite} = \frac{210 \text{ mm} \times 2}{3} = 140 \text{ mm}$$

Bundsteg + Außensteg = 210 mm − 140 mm = 70 mm

4.2 Festlegen des Satzspiegels

Teilt man die 70 mm Stegbreite für Bund und Außensteg entsprechend auf, so ergibt sich:

$$\text{Bundsteg} = \frac{70 \text{ mm} \times 2}{(2+4)} \approx 23{,}3 \text{ mm};$$

Außensteg = 70 mm − 23,3 mm = 46,7 mm

Der Stegteil, von denen der Bund 2, der Kopf 3, der Außensteg 4 und der Fuß 5 erhalten soll, wäre bei 70 mm /6 ≈ 11,66 mm. Der Kopfsteg erhält also 11,66 mm × 3 ≈ 35,0 mm und der Fußsteg entsprechend 11,66 mm × 5 ≈ 58,3 mm. Der Satzspiegel wäre bei A4 nun in der Höhe:

297 mm − Kopfsteg − Fußsteg = 203,7 mm

Tabellarisch zusammengefaßt, gerundet und auch für DIN A5 berechnet ergibt dies:

Format:	Bundsteg	Außensteg	Kopfsteg	Fußsteg
DIN A4:	23,5 mm	46,5 mm	35,0 mm	58,0 mm
DIN A5:	16,0 mm	32,0 mm	24,0 mm	41,0 mm

Der Satzspiegel bei DIN A4 ist dabei: 140 mm × 204 mm und bei DIN A5: 100 mm × 145 mm.

Mit etwas weniger weißem Raum, jedoch für die meisten Dokumente immer noch akzeptabel, wären die (gerundeten) Maße:

Format:	Innensteg	Außensteg	Kopfsteg	Fußsteg
DIN A4:	10,0 mm	20,0 mm	15,0 mm	25,0 mm
DIN A5:	8,0 mm	16,0 mm	12,0 mm	20,0 mm

Eine ähnliche Aufteilung ergibt sich, wenn man Hilfsdiagonalen wie in Abbildung 4-5 zeichnet und den Satzspiegel mit den Punkten a), b) und c) auf diesen Diagonalen führt. Der Vorteil dieser Methode liegt darin, daß man mit DTP ohne groß zu rechnen das Satzspiegelrechteck (z. B. die Textspalte) mit der Maus aufziehen kann. Man legt dazu die eine Ecke des Satzspiegels (den Punkt b) auf die Diagonale B und zieht nun mit der Maus an der gegenüberliegenden Rechteckkante (Punkt c) entlang der Diagonalen B, bis die linke obere Ecke des Rechtecks auf der Diagonalen A liegt. Ist der Satzspiegel fertig, löscht man die Hilfslinien wieder. Die Maße kann man danach auf halbwegs gerade Werte runden.

Kapitel 4
Satzspiegel

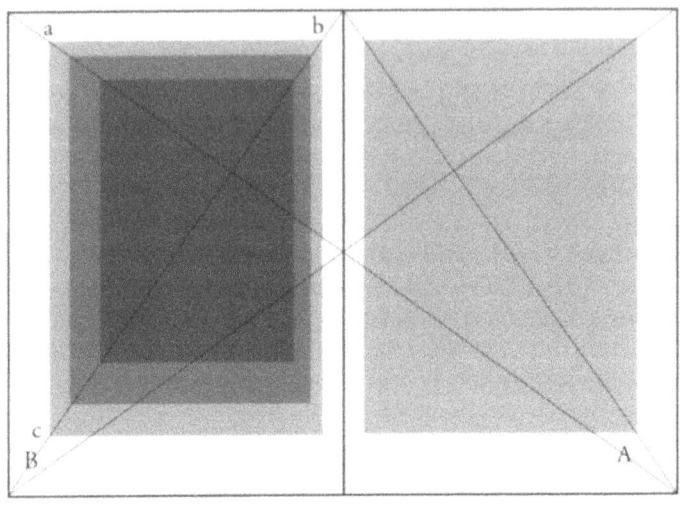

Abb. 4-5
Festlegung des
Seitenspiegels mit Hilfe
von Seitendiagonalen.
Der Punkt a muß auf der
Diagonalen A liegen, b
und c müssen auf der
Diagonalen B sein.
Die Stege dürfen
nicht zu schmal
gewählt werden.

Bei einem dritten Verfahren, welches in [SIEMONEIT: *Typographisches Gestalten*] beschrieben ist, wird die Seite sowohl horizontal als auch vertikal in neun gleichgroße Streifen unterteilt und der Satzspiegel wie in Abbildung 4-6 hineingelegt.

Abb. 4-6
Festlegung des
Seitenspiegels durch
eine 9-Teilung der
Seitenlängen

Bei den drei beschriebenen Verfahren ist der optisch weiße Raum in der Mitte (die Summe der Bundstege) ebensogroß wie die Außenstege.

4.2 Festlegen des Satzspiegels

Viel weißer Raum und damit breite Stege verleihen einem Layout Großzügigkeit. Während dies bei einem Geschäftsbericht oder einem Werbeprospekt sicher angebracht sein kann, wirkt übertriebener freier Raum bei Sach- und Fachbüchern, sowie bei Romanen zuweilen wie der Versuch, aus wenig Inhalt ein möglichst dickes Buch zu machen. Verwendet man hingegen Marginalspalten (wie dieses Buch es tut), gewinnt man Platz für Anmerkungen und Hinweise, gibt dem Leser die Möglichkeit, eigene Notizen und Anmerkungen hinzuzufügen, und das Gesamtbild wirkt durch den freien Raum großzügig, ohne verschwenderisch zu erscheinen.

Die Größe des Satzspiegels und damit auch der Ränder wird später, wenn Spalten, Grundschriftgröße und Register festgelegt sind, nochmals geringfügig korrigiert, damit sie sauber in das Grundraster paßt.

Bei einem einspaltigen Layout ist bereits bei der Breite des Satzspiegels eine sinnvolle Zeilenlänge zu berücksichtigen. Darauf wird später noch eingegangen.

4.2.2 Gestaltungsraster

Ist der Satzspiegel und damit der Rahmen für die zu setzende Information geschaffen, wird im nächsten Schritt überlegt, wie die Informationen – Textspalten und Abbildungen – innerhalb des Satzspiegels angeordnet werden sollen. Das dafür festgelegte Schema bzw. das sich dabei ergebende Raster nennt man *Gestaltungsraster*.

Bei einem Brief-Layout, einem Fachbuch und bei den meisten Handbüchern wird man im Grunddesign zunächst einmal mit einer Spalte arbeiten – bei Zeitschriften, Datenblättern und speziellen Buchteilen (z. B. dem Stichwortverzeichnis) mit mehreren Spalten, die auch noch möglichst flexibel angeordnet werden können. Erst das dafür erforderliche Rasterkonzept verdient dabei die Bezeichnung *Gestaltungsraster*.

Die Breite der Textspalten

Gehen wir zunächst nur von ein oder zwei Textspalten aus, wie es in Büchern üblich ist. Hierbei ist zunächst die Spaltenbreite zu überlegen. Sie wird einerseits vom definierten Satzspiegel vorgegeben und andererseits von Überlegungen zur optimalen Lesbarkeit von Texten. Diese spielt insbesondere bei größeren Texten eine wesentliche Rolle und hängt mit unseren Lesegewohnheiten bzw. dem Leseprozeß zusammen.

Kapitel 4
Satzspiegel

Der Lesevorgang

Geübte Leser nehmen den Text nicht zeichen- oder wortweise auf, sondern in ganzen Textstücken. Das Auge springt dabei beim Lesen von Textstück zu Textstück und ruht dazwischen nur kurz. Die typischerweise erfaßte Textmenge beträgt dabei etwa 10 bis 12 Zeichen und damit 2 bis 3 Worte. Satzzeichen helfen dem Auge bei der Unterteilung der Zeile in solche Stücke*, sie haben also neben der rein orthographischen Funktion auch die Funktion einer Lesehilfe, noch bevor der Sinn des Gelesenen erfaßt wird. Von dem gelesenen Textstück wird auch nur ein Teil scharf gesehen, der Rest, der von der Netzhautperipherie wahrgenommen wird, ist mehr oder weniger unscharf. Dabei fokusiert der Leser bei deutschen Texten sein Auge stärker auf Großbuchstaben und andere typische Erkennungsmerkmale eines Wortes (diese sind in Abbildung 4-7 als Ellipsen markiert).

Erst in einem zweiten Schritt werden bekannte, nicht zu lange Worte, als Informationseinheiten erkannt und nicht weiter zerlegt. Erst wenn das Wort unbekannt, zu lang oder durch ein ungewohntes Schriftbild verfremdet ist, wird wirklich zeichenweise gelesen. Dies reduziert die Lesegeschwindigkeit und ermüdet schnell. Hier wird nun auch verständlich, weshalb Texte in Versalien oder Kapitälchen deutlich schwerer zu lesen sind – das schnelle Erkennen des Wortes an seiner gewohnten Form entfällt. Dies gilt natürlich auch für Schriften, die diese gewohnte Wortform verfremden.

Sind die Wortabstände im Text zu klein, so bereitet die Aufteilung in Worte Probleme; das Auge muß zurückspringen, um den Textbereich nochmals zu lesen, dieses Mal jedoch wortweise.

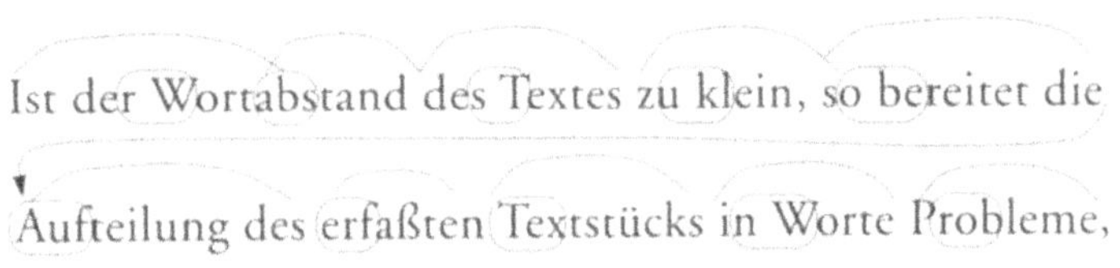

* *Diese Leseeinheiten werden als ›Saccaden‹ bezeichnet.*

Abb. 4-7
Texte werden zunächst in Bruchstücken von 2 bis 3 Worten aufgenommen. Die Ellipsen markieren Fixationspunkte.

Ist der Wortabstand des Textes zu klein, so bereitet die Aufteilung des erfaßten Textstücks in Worte Probleme,

Wird die Spaltenbreite zu schmal und die Zeilenlänge damit zu kurz gewählt, so erfaßt das Auge pro Lesevorgang weniger Text als möglich. Dies verringert die Lesegeschwindigkeit. Zusätzlich ist häufiger ein Zeilenwechsel für das Auge erforderlich, was das Lesetempo nochmals verringert.

Ist hingegen die Zeilenlänge zu groß angelegt, so kann die Zeile nicht mehr mit wenigen Lesevorgängen aufgenommen werden,

4.2 Festlegen des Satzspiegels

und das Auge verliert sich schneller in der Zeile. Dies kann durch geringe Wortabstände noch schlimmer werden. Zusätzlich hat das Auge bei zu langen Zeilen mehr Mühe, vom Zeilenende zum Anfang der nächsten Zeile zu gelangen. Dieser Effekt läßt sich durch einen größeren Zeilenabstand etwas mildern.

Man sieht also, daß für eine lesefreundliche Typographie die Spaltenbreite, die verwendete Schriftart, der Schriftgrad der Grundschrift, der Durchschuß und die Art des horizontalen Satzausschlusses sorgfältig aufeinander abzustimmen sind. Für einen optimalen Lesefluß, insbesondere bei langen, umfangreichen Texten sollte die Textspalte zwischen 45 und 65 Zeichen der Grundschrift aufnehmen können* oder 6 bis 10 Worte. Deutlich längere Zeilen erschweren das Texterfassen und das Wandern des Auges vom Zeilenende zum Anfang der nächsten Zeile. Sind die Zeilen kürzer als 45 Zeichen (im Mittel), so kommt es durch den Zeilenausschluß beim Blocksatz zu vielen Worttrennungen oder zu häßlich großen Wortzwischenräumen, insbesondere bei der deutschen Sprache, die zahlreiche lange Worte aufweist.

* *Die Wortzwischenräume und Interpunktionszeichen werden hierbei ebenfalls gezählt.*

Einsatzmöglichkeiten

Der Ablageserver kann zur Langzeitarchivierung, zum Backup und zur Erweiterung der lokalen Magnetplattenkapazität eingesetzt werden. Unter Backup soll in diesem Zusammenhang eine netzweite, automatische und operateurlose Datensicherung von nahezu unbegrenzter Datenkapazität verstanden werden. Alle Systeme im Netz können auf den Ablageserver zugreifen und dessen Speicherkapazit ...

Einsatzmöglichkeiten

Der Ablageserver kann zur Langzeitarchivierung, zum Backup und zur Erweiterung der lokalen Magnetplattenkapazität eingesetzt werden. Unter Backup soll in diesem Zusammenhang eine netzweite, automatische und operateurlose Datensicherung von nahezu unbegrenzter Datenkapazität verstanden werden. Alle Systeme im Netz können auf den Ablageserver zugreifen und dessen Speicherkapazitäten nutzen bzw. Daten davon abrufen.

Abb. 4-8
Beispiel schmaler Textspalten mit einer normal laufenden Schrift links (Adobe Garamond, Roman, 11 Pt.) und einer englaufenden mageren Variante rechts (Neue Helvetica Condensed Light, 11 Pt).

Ist man gezwungen, schmale Spalten zu verwenden, so kann man entweder eine schmal laufende, magere Schrift oder einen kleineren Schriftgrad einsetzen. Beides ist für große Lesemengen nicht geeignet. Eine bessere Lösung ist hier der Einsatz von Flattersatz.

Kapitel 4
Satzspiegel

Zeilen mit weniger als 35 Zeichen pro Zeile sollte man nur in begründeten Ausnahmefällen einsetzen und in jedem Fall mit Flatterrand formatieren.

Abb. 4-9
Beispiel schmaler Textspalten; links mit Blocksatz und rechts im Flattersatz

Einsatzmöglichkeiten

Der Ablageserver kann zur Langzeitarchivierung, zum Backup und zur Erweiterung der lokalen Magnetplattenkapazität eingesetzt werden. Unter Backup soll in diesem Zusammenhang eine netzweite, automatische und operateurlose Datensicherung von nahezu unbegrenzter Datenkapazität verstanden werden. Alle Systeme im Netz können auf den Ablageserver zugreifen und ...

Einsatzmöglichkeiten

Der Ablageserver kann zur Langzeitarchivierung, zum Backup und zur Erweiterung der lokalen Magnetplattenkapazität eingesetzt werden. Unter Backup soll in diesem Zusammenhang eine netzweite, automatische und operateurlose Datensicherung von nahezu unbegrenzter Datenkapazität verstanden werden. Alle Systeme im Netz können auf den Ablageserver zugreifen und ...

Der Spaltenabstand

Setzt man mehrere Spalten nebeneinander ein, so sollte der Spaltenabstand nicht kleiner als die Breite der beiden Buchstaben »mi« in der Brotschrift sein. Dies entspricht etwa dem Geviert der Grundschrift zuzüglich dem Durchschuß und ist damit deutlich größer als der Wortabstand in der Spalte.

Ist der Absatz zu klein, wandert das Auge beim Lesen zu leicht in die danebenliegende Spalte, ist er zu groß, fallen die Spalten für den Betrachter auseinander, ein ebenso unerwünschter Effekt.

Wird zwischen den Spalten eine Trennlinie benutzt, so verringert dies optisch den Weißraum, und der Abstand muß geringfügig (etwa um den Durchschuß) vergrößert werden. Der Trennlinie selbst gibt man etwa die Strichstärke der Werkschrift, bzw. deren Grundstrich.

Da Flatterrand einen größeren optischen Weißraum ergibt, können bzw. sollten Spalten mit Flatterrand mit etwas geringerem Spaltenabstand (auch *Zwischenschlag* genannt) als solche mit Blocksatz gesetzt werden.

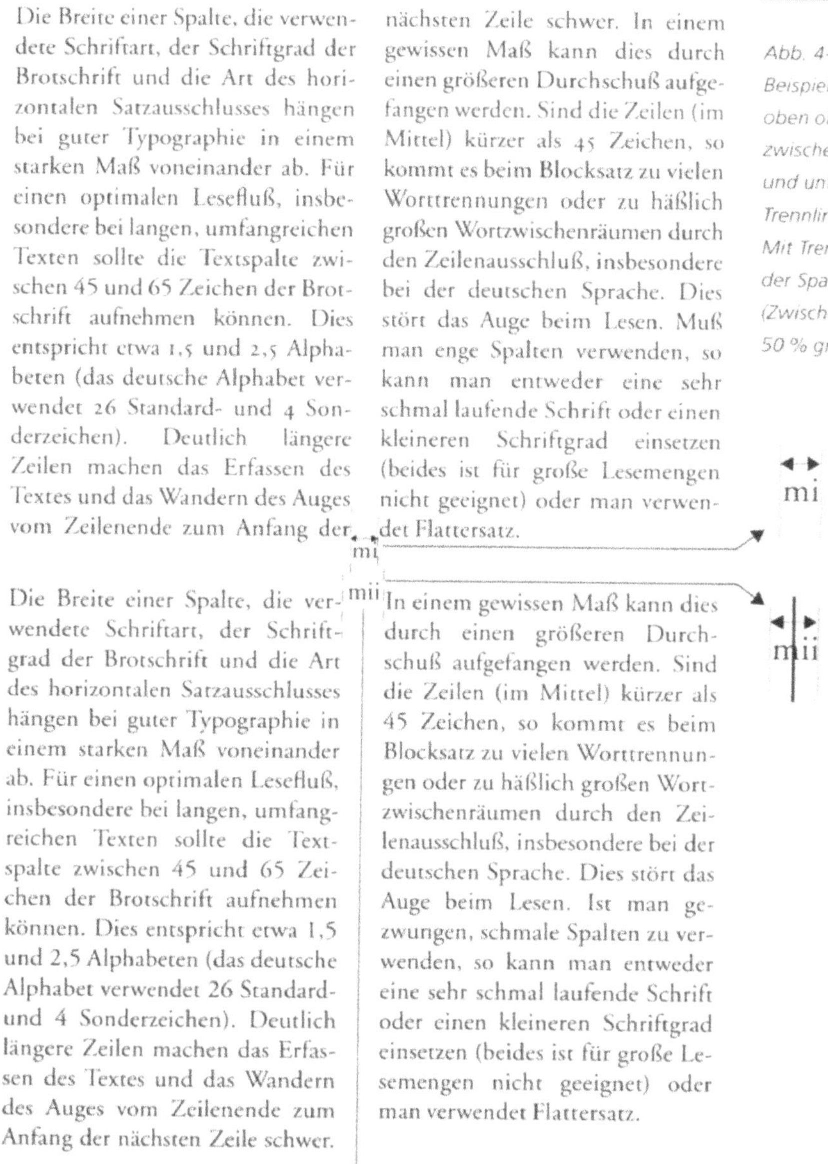

4.2 Festlegen des Satzspiegels

Die Breite einer Spalte, die verwendete Schriftart, der Schriftgrad der Brotschrift und die Art des horizontalen Satzausschlusses hängen bei guter Typographie in einem starken Maß voneinander ab. Für einen optimalen Lesefluß, insbesondere bei langen, umfangreichen Texten sollte die Textspalte zwischen 45 und 65 Zeichen der Brotschrift aufnehmen können. Dies entspricht etwa 1,5 und 2,5 Alphabeten (das deutsche Alphabet verwendet 26 Standard- und 4 Sonderzeichen). Deutlich längere Zeilen machen das Erfassen des Textes und das Wandern des Auges vom Zeilenende zum Anfang der nächsten Zeile schwer. In einem gewissen Maß kann dies durch einen größeren Durchschuß aufgefangen werden. Sind die Zeilen (im Mittel) kürzer als 45 Zeichen, so kommt es beim Blocksatz zu vielen Worttrennungen oder zu häßlich großen Wortzwischenräumen durch den Zeilenausschluß, insbesondere bei der deutschen Sprache. Dies stört das Auge beim Lesen. Muß man enge Spalten verwenden, so kann man entweder eine sehr schmal laufende Schrift oder einen kleineren Schriftgrad einsetzen (beides ist für große Lesemengen nicht geeignet) oder man verwendet Flattersatz.

Die Breite einer Spalte, die verwendete Schriftart, der Schriftgrad der Brotschrift und die Art des horizontalen Satzausschlusses hängen bei guter Typographie in einem starken Maß voneinander ab. Für einen optimalen Lesefluß, insbesondere bei langen, umfangreichen Texten sollte die Textspalte zwischen 45 und 65 Zeichen der Brotschrift aufnehmen können. Dies entspricht etwa 1,5 und 2,5 Alphabeten (das deutsche Alphabet verwendet 26 Standard- und 4 Sonderzeichen). Deutlich längere Zeilen machen das Erfassen des Textes und das Wandern des Auges vom Zeilenende zum Anfang der nächsten Zeile schwer. In einem gewissen Maß kann dies durch einen größeren Durchschuß aufgefangen werden. Sind die Zeilen (im Mittel) kürzer als 45 Zeichen, so kommt es beim Blocksatz zu vielen Worttrennungen oder zu häßlich großen Wortzwischenräumen durch den Zeilenausschluß, insbesondere bei der deutschen Sprache. Dies stört das Auge beim Lesen. Ist man gezwungen, schmale Spalten zu verwenden, so kann man entweder eine sehr schmal laufende Schrift oder einen kleineren Schriftgrad einsetzen (beides ist für große Lesemengen nicht geeignet) oder man verwendet Flattersatz.

Abb. 4-10
Beispiel von Textspalten, oben ohne Trennlinie zwischen den Spalten und unten mit einer Trennlinie.
Mit Trennlinien muß der Spaltenabstand (Zwischenschlag) etwa 50 % größer sein

Man sieht also, daß die Festlegung der Spaltenbreite einige Überlegungen und Kenntnisse voraussetzt. Die nachfolgende Tabelle gibt deshalb für einige Standardschriften, die in den meisten PostScript-Laserdruckern vorzufinden sind, die sinnvollen Spaltenbreiten und Spaltenabstände für den Blocksatz an.

Kapitel 4
Satzspiegel

Wie man aus Tabelle 4-1 ablesen kann, erlaubt damit eine A4-Seite im Hochformat bei einer maximal vertretbaren Satzspiegelbreite von 20 cm nicht mehr als drei Spalten; eine A5-Seite im Hochformat ist bereits für zwei Spalten zu knapp.

Tabelle 4-1
Zeilenlängen und
Spaltenabstände
(in mm) für die gute
Lesbarkeit von
unterschiedlichen
Schriften bei
2–4 Punkten
Durchschuß

Zeilenlänge und Spaltenabstand

Schriftgröße:	10 Punkt			12 Punkt		
Zeichen je Zeile:	45 Z.	65 Z.	Abst.	45 Z.	65 Z.	Abst.
Zapf Chancery	59	85	3,2	71	102	3,8
Adobe Garamond	63	91	3,7	75	109	4,4
Times	68	98	3,8	81	117	4,5
Arial (Monotype)	73	104	3,9	88	125	4,6
Palatino	75	109	4,1	90	130	4,9
Helvetica	76	109	3,7	91	131	4,4
New Cent. Schlbk.	78	113	4,2	94	136	5,0
Avant Garde	83	120	4,0	100	144	4,7
Bookman	83	120	4,5	100	144	5,3
Courier	97	140	4,0	116	168	4,8

Die Spaltenhöhe

Bei der Höhe der Spalten ist zu berücksichtigen, daß *lebende Kolumnentitel* (sofern man solche verwendet) zum Satzspiegel gehören. Die Grundspalte muß also in der Höhe reduziert werden, damit der lebende Kolumnentitel mit einem entsprechenden Abstand darüber (oder darunter) noch Platz findet. Unter einem ›lebenden Kolumnentitel‹ versteht man Titelzeilen, die am oberen oder unteren Ende der Seite bzw. Spalte stehen und Information zum Inhalt geben, etwa die Nummer und den Text der letzten Hauptüberschrift oder den auf der Seite behandelten Begriff oder ein Stichwort. Da sich ihr Inhalt von Seite zu Seiten ändern kann, spricht man von ›lebenden Kolumnentiteln‹. Der Begriff ›Kolumne‹ wird in der Typographie für Textspalten verwendet. Die *Seitennummer*, auch *Pagina* genannt, zählt nicht zu den lebenden Kolumnentiteln und darf deshalb auch außerhalb des Satzspiegels angeordnet werden, kann aber natürlich auch in den lebenden Kolumnentitel integriert sein. Verwendet man den Schriftgrad der Werkschrift für den Kolumnentitel, sollte der Abstand zu den eigentlichen Textspalten etwa eine Leerzeile sein.

4.2 Festlegen des Satzspiegels

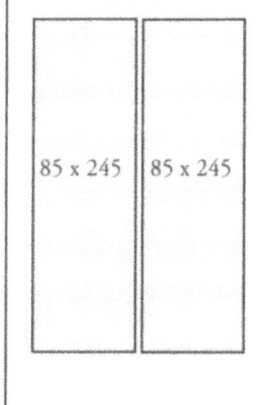
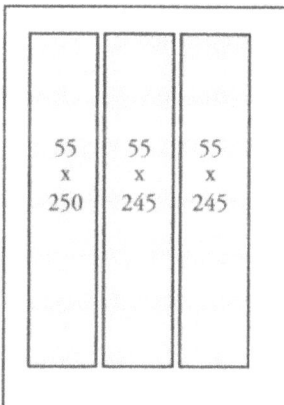

Abb. 4-11
Beispiele für die Spalteneinteilungen einer A4-Seite

Seitenformat:	DIN A4 = 210 mm × 297 mm
Satzspiegel:	175 mm × 245 mm = 58 Zeilen zu 10/12 pt
Bundsteg:	12,5 mm
Kopfsteg:	19,5 mm
Außensteg:	22,5 mm
Fußsteg:	32,5 mm
Feinraster:	5 mm horizontal
Spaltenabstand:	5 mm

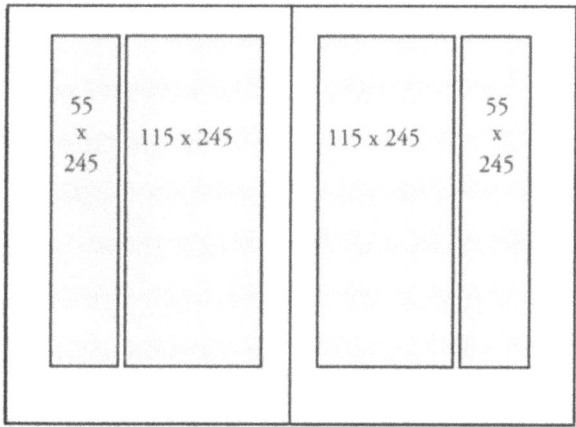

Verwendet man zwei oder mehr Spalten mit unterschiedlicher Breite, so sollten die Spaltenbreiten jeweils das Vielfache eines Grundrasters sein, im einfachsten Fall ist dabei die breiteste Spalte doppelt so groß wie die schmalste. Benutzt man ein noch feineres Grundraster, so bietet sich hierzu der Spaltenabstand an, wobei man

**Kapitel 4
Satzspiegel**

* *Der Spalten-
zwischenraum wird
auch als
›Zwischenschlag‹
bezeichnet.*

** *z. B. zum Anordnen
von Textspalten,
Graphiken und Tabellen*

*Als ›Mikrotypographie‹
wird die Feinabstimmug
in einzelnen Worten
bezeichnet, als
›Makrotypographie‹ die
der Zeilen und Seiten.*

dann den Spalten als Breite ein Vielfaches des Spaltenabstands gibt. Werte zwischen 4,0 mm oder 5,0 mm ergeben hier ein akzeptables Feinraster für die Breite und geeignete Spaltenabstände. Wird in den Spalten Flattersatz verwendet, so ergibt dies optisch einen breiteren Spaltenzwischenraum, und der Zwischenschlag* muß deshalb etwas reduziert werden. In Abbildung 4-11 werden dazu einige einfache Layouts (ohne lebende Kolumnentitel) gezeigt.

Möchte man vertikal übereinander mehrere Spalten anlegen (dies ist z. B. bei Zeitschriften und Datenblättern häufig der Fall) oder größere Abbildungen und Tabellen systematisch und optisch attraktiv im Layout vorsehen, so sollte man auch ein vertikales Raster konzipieren. Dieses ist insofern etwas komplexer, als sich darin der Zeilenabstand der Brotschrift widerspiegeln muß. Praktischerweise ist hier also das kleinste Grundraster der Zeilenabstand. Da aber für die Makrotypographie** der Zeilenabstand zu klein ist, legt man als Grobraster dafür wiederum ein Vielfaches dieses vertikalen Grundrasters fest – zunächst nur im Kopf oder auf einem Stück Papier. Man spricht hier statt vom *Grobraster* vom *Gestaltungsraster*. Dieses ist bei technischen Publikationen nur dann notwendig, wenn man, wie für Zeitschriften, ein flexibles Muster für Anordnungsmöglichkeiten benötigt (siehe Beispiel in Abb. 4-12).

Der senkrechte Abstand zwischen dem Kolumnentitel und der Textspalte sollte minimal dem Zeilenabstand der Grundschrift entsprechen. Setzt man den Kolumnentitel kleiner als die Werkschrift, darf der Abstand auch geringer sein.

*Abb. 4-12
Schema eines
Gestaltungsrasters,
z. B. für eine
Hauszeitschrift*

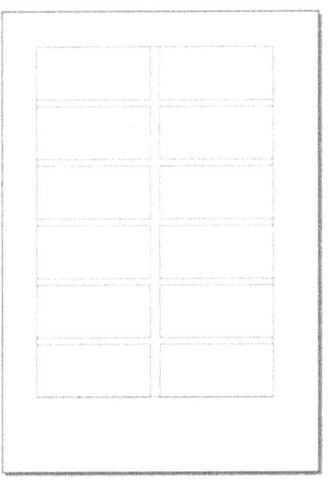
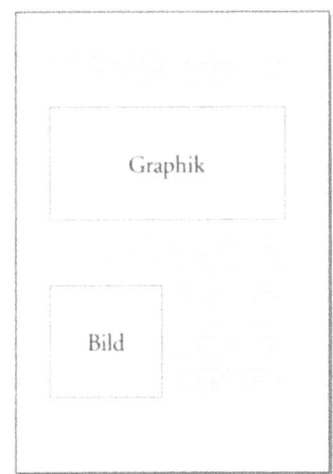

konzipiertes Gestaltungsraster — Anordnung von Informationsblöcken im Raster

4.2 Festlegen des Satzspiegels

Werden innerhalb des Seiten-Layouts Informationsblöcke in komplexer Verschachtelung angeordnet, so sollte der weiße Rand um die Elemente auf allen Seiten etwa gleich groß sein. Praktischer wäre hier der Zeilenabstand der Werkschrift. Bei einfach strukturierten Dokumenten, dazu zählen in der Regel Romane, Handbücher, Fachbücher, Gebrauchsanleitungen oder Fachartikel, kommt man mit dem vertikalen Grundraster des Zeilenabstands zurecht.* Der Satzspiegel ist nun nochmals geringfügig zu korrigieren, um diesem neuen Raster zu entsprechen.

* Unter Umständen kann man hier auch den halben Zeilenabstand als Grundraster benutzen.

Registerhaltigkeit

Möchte man *Registerhaltigkeit* erzielen, so sind alle Stilelemente und Layout-Komponenten wie Grundschrift, Überschriften, Fußnoten ebenso wie Bild-, Graphik- und Tabellengrößen diesem vertikalen Raster zu unterwerfen. Unter Registerhaltigkeit versteht man dabei, daß die Schriftlinien nebeneinanderstehender Textspalten (eventuell mit Ausnahme von Überschriften) jeweils identische Höhe haben: auf einer Seite, auf gegenüberliegenden Seiten und auf der Vorder- und Rückseite bei doppelseitig bedruckten Papieren. Damit wird praktisch alles an Schriftlinien ausgerichtet, die auf einem festen Raster liegen. Das Raster ergibt sich vertikal aus dem Zeilenabstand der Grundschrift.

Weicht aus bestimmten Gründen ein Element einmal von dem Raster ab, z. B. ein Zitat, welches in kleinerem Schriftgrad und mit

Abb. 4-13
Bei Registerhaltigkeit müssen die Zeilen sowohl nebeneinanderliegender Textspalten als auch auf der Rückseite stehender Texte Linien halten. Nach abweichenden Elementen muß erneut synchronisiert werden!

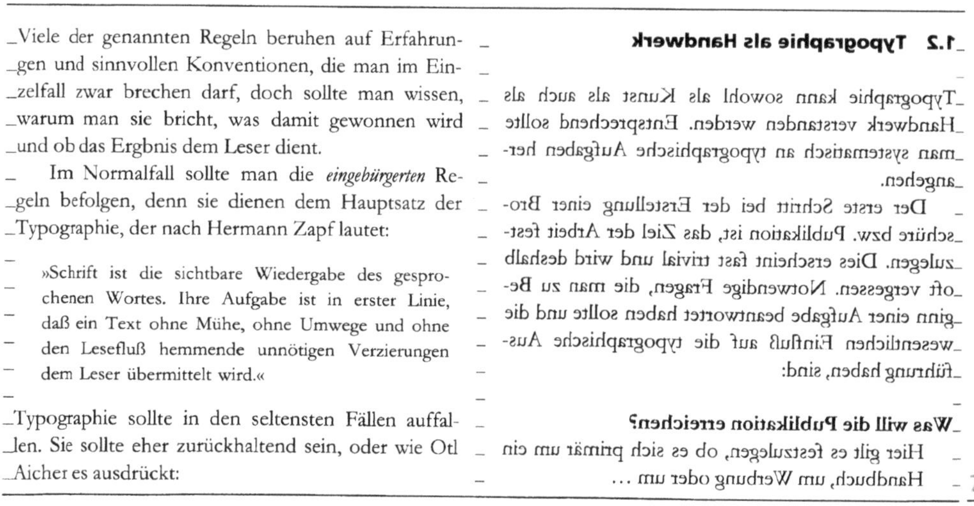

**Kapitel 4
Satzspiegel**

geringerem Durchschuß gesetzt wird, so muß am Ende des Elements durch entsprechende Korrektur des Durchschusses oder des Abstandes wieder Registerhaltigkeit erreicht werden. Dies ist jedoch bei technischen Dokumenten mit vernünftigem Aufwand nicht immer vollständig einzuhalten, gilt bei anspruchsvolleren Publikationen jedoch als Muß.

Bietet das DTP-System keinen speziellen Mechanismus zur Unterstützung von Registerhaltigkeit, so ist sie ausgesprochen schwer zu erreichen. Man muß dann extrem sorgfältig alle Absatzabstände, Zeilenabstände, Schriftgrade und Durchschüsse von Überschriften, Bildern, Tabellen und Rahmen auf das gewünschte Register-Raster (das des Zeilenabstands der Werkschrift) abstimmen und darf nur mit konstanten Zeilenabständen arbeiten.

Als Rasterlinie gilt nicht die Kegelunter- oder oberkante, sondern die Schriftlinie.

4.3 Stilelemente im Satzspiegel

Liegt der Satzspiegel fest, gilt es, die Text- und Stilelemente zu definieren: Hierzu gehört der Stil, d.h. Schriftart und Schriftgröße der Grundschrift, der Überschriften, der Anmerkungen und Fußnoten, von Aufzählungen, Listen, Tabellen, Graphikbeschriftungen und weitere Textelemente, die immer wieder im Dokument vorkommen sollen.

4.3.1 Schriftgrößen

Werkschrift: 9–12 Pt.

Die Schriftgröße der *Grundschrift* eines Dokuments, auch *Werkschrift* oder *Brotschrift* genannt, ist auf den Zweck des Dokuments, die Menge der Zeichen je Zeile, den Inhalt und auf den Leserkreis abzustimmen. Bei Dokumenten, die von Erwachsenen mit dem normalen Abstand gelesen werden, sollte die Brotschrift einen Schriftgrad zwischen 9 und 12 Punkt haben. Bei Texten für Kinder kommen eher 11 bis 14 Punkt mit entsprechend großzügigem Durchschuß in Frage. Auch Erwachsene über 40 empfinden eine 9-Punkt-Schrift bereits als Zumutung.

* Der Durchschuß sollte bei Fließtext etwa 20 % des Schriftgrads oder größer sein, bzw. 2–3 Punkte betragen.

Obwohl Präsentations- und Overheadfolien überhaupt keine längeren Textpassagen enthalten sollten, empfiehlt es sich, dort für die Grundschrift mindestens 14, besser noch 16 Punkte, zu verwenden und Schlagworte und Merksätze in 18 Punkten oder größer mit entsprechend angepaßten Zeilenabständen zu setzen.* Ferner

4.3 Stilelemente im Satzspiegel

empfiehlt es sich, in Dias und Vortragsfolien nie mehr als 12 Zeilen pro Folie oder Dia zu zeigen. Die beste Zahl liegt hier sogar bei nur 4 bis 7 Stichworten oder einzeiligen Aussagen, da dies aus Sicht der menschlichen Aufnahmefähigkeit die optimalen Werte sind.

Für Informationen, die aus größerer Entfernung gelesen werden, gelten natürlich andere Regeln. Hier wird man deutlich größere Schriftgrade benutzen. Man spricht dann auch von *Plakatschriften* bzw. von *Schaugrößen*.

Schaugrößen: > 12 Pt.

Als *Konsultationsschrift* bezeichnet man den Schriftgrad, in dem Anmerkungen, Hinweise und Fußnoten gesetzt sind. Diese Texte sind in der Regel recht kurz, gehören nicht zum Hauptlesefluß und unterliegen deshalb anderen Forderungen an gute Lesbarkeit. Hier sind die Schriftgrade 7–10 Punkt zu empfehlen. Sie sollten jeweils ein bis zwei Punkte unterhalb des Schriftgrads der Brotschrift liegen.

Konsultationsschrift: 7–9 Pt.

Diese Schriftgrade können auch in Lexika, im Register, im Glossar und im Impressum verwendet werden, also überall dort, wo kurze Informationen präsentiert werden. Auch Datenblätter und Tabellen erlauben diese Schriftgrößen.

Überschriften

Überschriften gliedern Texte und erleichtern bei Beschreibungen, Fach- und Sachbüchern die schnelle Suche. Deshalb sollten sie sich vom Grundtext abheben, sowohl durch ihre Stellung als auch durch ihre Auszeichnung und ihren Schriftgrad.

Die verwendete Größe ist sehr stark von der Art des Dokuments abhängig. Insbesondere bei Sach- und Fachbüchern ist hier

1 Satzspiegel	24 Punkt fett, 1. Stufe
1.1 Proportionen	18 Punkt fett, 2. Stufe
1.1.1 Stege	14 Punkt fett, 3. Stufe
Der Kopfsteg	12 Punkt fett, 4. Stufe
Brotschrift	10 Punkt normal
Konsultationsschrift	8 Punkt normal

*Abb. 4-14
Beispiele für Schriftgrößen, in Abhängigkeit von der Schriftfunktion*

**Kapitel 4
Satzspiegel**

eine deutliche Gliederung wünschenswert, wobei zu viele Gliederungsstufen unübersichtlich sind. Eine Größenrelation zwischen beispielsweise drei Überschriftenstufen mit Nummern, einer ohne Nummer, der Brot- und der Konsultationsschrift ergibt mit folgenden Relationen für viele technische Dokumente einen brauchbaren Wert (siehe hierzu Abbildung 4-14):

24 pt : 18 pt : 14 pt : 12 pt : 10 pt : 8 pt

Auszeichnungsmöglichkeiten wie die Verwendung von Kapitälchen, kursiven, halbfetten oder fetten Schnitten ermöglichen häufig die Beschränkung auf wenige Schriftgrade. Gerade dann, wenn am Kapitelanfang mehrere Überschriften aufeinanderfolgen, ergibt sich bei Verwendung von unterschiedlichen Auszeichnungen bei gleichzeitiger Benutzung von nur zwei Schriftgrößen eine harmonische und doch deutliche Hierarchie.

*Abb. 4-15
Beispiele für
Schriftgrößen, in
Abhängigkeit von der
Schriftfunktion*

1	**Satzspiegel**	14 Punkt fett, 1. Stufe
1.1	**Proportionen**	10 Punkt fett, 2. Stufe
1.1.1	Stege	10 Punkt halbfett, 3. Stufe
	DER KOPFSTEG	10 Punkt Kapitälchen, 4. Stufe
	Brotschrift	10 Punkt normal
	Konsultationsschrift	8 Punkt normal

Der Abstand oberhalb und unterhalb einer Überschrift sollte ausreichend groß und jeweils so gewählt sein, daß die Zuordnung eindeutig ist. Für Hauptüberschriften sollten davor zwei und danach eine Leerzeile Abstand vorhanden sein; untergeordnete Überschriften können dann etwa mit einem Freiraum von 1,5 Zeilen davor und 0,5 Zeilen danach gesetzt werden. Bei Sach- und Fachbüchern wird nach der Kapitelüberschrift (die bei umfangreicheren Dokumenten auf einer neuen rechten Seite beginnt) sehr viel freier Raum eingesetzt. Vier bis 10 Leerzeilen sind hier durchaus üblich. Häufig ist weißer Raum besser zur Gliederung geeignet als eine Vielzahl unterschiedlicher Schriftgrade.

Auch der Wechsel zwischen einer Antiqua-Schrift als Brotschrift und einer Grotesk als Auszeichnungsschrift bzw. für Überschriften bietet sich an. Hierbei ist darauf zu achten, daß stilistisch verträgliche Schriften eingesetzt werden.* Generell ist zu berück-

* Siehe hierzu Kapitel 5.

4.3 Stilelemente im Satzspiegel

sichtigen, daß bei der Festlegung der Schriftgrade auch die Art der Schrift eine Rolle spielt, ebenso wie die Auflösung des Ausgabegerätes. So wirkt z. B. die Schrift NEW CENTURY SCHOOLBOOK optisch größer als TIMES oder ZAPF CHANCERY und eine Photosatzmaschine liefert auch bei kleineren Schriftgraden eine gute Lesbarkeit. Die Schrift erscheint dabei etwas magerer und bei kleinen Schriftgraden deutlich klarer als auf dem Laserdrucker – ein ausreichend gutes Papier vorausgesetzt.*

Die Auflösung der Photosatzmaschine ist etwa um den Faktor 8 höher als die des Laserdruckers.

Für interne Berichte oder technische Papiere im A4-Format bietet sich schon aus Gründen der Zeilenlänge ein 12-Punkt-Schriftgrad an, um nicht zu lange Zeilen bzw. zu viele Zeichen pro Zeile zu erhalten.

Verwendet man Trennlinien zwischen den Absätzen, so sollte die Linienstärke der Strichstärke der Schrift entsprechen, bei den üblichen Brotschriften also etwa 0,5 Punkt.

4.3.2 Absatzuntergliederung

Absätze sind Informationseinheiten bzw. geschlossene Gedankengänge, die einen oder mehrere Sätze oder Aussagen zusammenfassen. Diese Einheit sollte weder zu klein noch zu groß gewählt werden (dies ist natürlich eine Aufgabe des Autors). Zu lange Absätze wirken wie Bandwürmer und sehr massiv. Sie schrecken den Leser ab und verringern die Verständlichkeit des Textes. Achten Sie einmal in Zeitschriften, die auf das Leserinteresse des Käufers besonders stark angewiesen sind, auf die Absatzgrößen. Die typische Absatzlänge ist dort etwa 5 bis 15 Zeilen. Zu kurze Absätze andererseits behindern den Gedankengang, zerstückeln die Aussage und ergeben ein unruhiges Seitenbild.

Das Absatzende sollte also eine kleine Zäsur darstellen. Das Absatzende bzw. der Absatzanfang muß deshalb für den Leser leicht erkennbar sein. Für die Absätze des Kerntextes gibt es dazu zwei Methoden:

a) Der neue Absatz hat einen Einzug in der ersten Zeile. Dieser sollte etwa ein Geviert der Standardschrift des Absatzes haben. Wird der Einzug zu groß, besteht die Gefahr, daß der Einzug häufig größer als das Ende der vorhergehenden Zeile ist; wird er zu klein, ergibt sich eher der Eindruck eines ungeraden linken Randes.

Als Beispiel siehe Abbildung 4-16 linke Spalte.

Am Seitenanfang, nach Überschriften, einer Tabelle oder einem Bild, ist der Einzug überflüssig und eher störend.

**Kapitel 4
Satzspiegel**

b) Der neue Absatz beginnt linksbündig mit dem Standardeinzug des Absatzes. Hierbei besteht die Gefahr, daß der Absatzbeginn nicht sichtbar wird, wenn die vorhergehende Zeile fast bis zum rechten Rand gefüllt ist.
Dem kann man dadurch begegnen, daß man dem Absatz einen Abstand nach oben gibt. Möchte man jedoch Registerhaltigkeit erzielen, muß dies ein voller Zeilenabstand sein. Optisch zerreißt dies leicht das Seitenbild (siehe dazu die rechte Spalte von Abbildung 4-16).

c) In besonderen Fällen lassen sich Absatzenden (bzw. Anfänge) auch einmal durch Initiale, kleine Ikonen, Graphiken oder durch Farbe kennzeichnen (siehe Abbildung 4-18). Dieses Verfahren ist aber in der Regel auf Prospekte, Werbematerial oder das Impressum beschränkt.

*Abb. 4-16
Absätze mit Einzügen
(links) und
Zeilenabständen
(rechts).
Die rechte Spalte wirkt
deutlich zerstückelter
als die linke.*

Der Seitenspiegel ist nun in der Regel nochmals geringfügig zu korrigieren, um diesem neuen Raster zu entsprechen.

Möchte man *Registerhaltigkeit* erzielen, so sind nun alle Stilelemente und Layout-Komponenten wie Grundschrift, Überschriften, Fußnoten ebenso wie Bild-, Graphik- und Tabellengrößen diesem vertikalen Raster zu unterwerfen.

Unter Registerhaltigkeit versteht man dabei, daß die Schriftlinien nebeneinanderstehender Textspalten (eventuell mit Ausnahme von Überschriften) jeweils identische Höhe haben – sowohl auf einer Seite als auch auf gegenüberliegenden Seiten als auch auf der Vorder- und Rückseite bei doppelseitig bedruckten Seiten.

FrameMaker unterstützt Registerhaltigkeit durch den Mechanismus der Zeilensynchronisation. Hierbei gibt man für einen Textfluß an, auf welchen Zeilenabstand die Schriftzeilen (korrekter die Schriftlinien) synchronisiert werden sollen. Hier wird man in der Regel den Zeilenabstand (bei Frame den Standard-Schriftgrad plus Durchschuß) angeben.

Zusätzlich benötigt Frame den größten Schriftgrad, der am Anfang einer Spalte synchronisiert werden soll. Auch hier gibt man am besten den Standardschriftgrad an und gestaltet die Überschriften so, daß sie sich in das Grundraster einpassen. Diese Einstellungen erfolgen in der Dialogbox »Textfluß« unter dem Menü »Format«. Bevor man die Dialogbox aufruft, muß der Schreibcursor in der Textspalte stehen, deren Textfluß synchronisiert werden soll.

Weicht aus bestimmten Gründen ein Element einmal von diesem Raster ab, z. B. ein Zitat, welches in kleinerem Schriftgrad und mit geringerem Durchschuß gesetzt wird, so muß idealerweise am Ende des Elements durch entsprechende Korrektur des Durchschusses oder des ...

Der Seitenspiegel ist nun in der Regel nochmals geringfügig zu korrigieren, um diesem neuen Raster zu entsprechen.

Möchte man *Registerhaltigkeit* erzielen, so sind nun alle Stilelemente und Layout-Komponenten wie Grundschrift, Überschriften, Fußnoten ebenso wie Bild-, Graphik- und Tabellengrößen diesem vertikalen Raster zu unterwerfen.

Unter Registerhaltigkeit versteht man dabei, daß die Schriftlinien nebeneinanderstehender Textspalten (eventuell mit Ausnahme von Überschriften) jeweils identische Höhe haben – sowohl auf einer Seite als auch auf gegenüberliegenden Seiten als auch auf der Vorder- und Rückseite bei doppelseitig bedruckten Seiten.

Frame unterstützt Registerhaltigkeit durch den Mechanismus der Zeilensynchronisation. Hierbei gibt man für einen Textfluß an, auf welchen Linienabstand die Schriftzeilen (korrekter die Schriftlinien) synchronisiert werden sollen. Hier wird man in der Regel den Zeilenabstand (bei Frame den Standard-Schriftgrad plus Durchschuß) angeben.

Zusätzlich benötigt Frame den größten Schriftgrad, der am Anfang einer Spalte synchronisiert werden soll. Auch hier gibt man am besten den Standardschriftgrad an und gestaltet die Überschriften so, daß sie sich in das Grundraster einpassen. Diese Einstellungen erfolgen in der Dialogbox »Textfluß« unter dem Menü »Format«. Bevor man die Dialogbox aufruft, muß der Schreibcursor in der Textspalte stehen, deren Textfluß synchronisiert werden soll.

Weicht aus bestimmten Gründen ein Element

4.3 Stilelemente im Satzspiegel

Der Seitenspiegel ist nun in der Regel nochmals geringfügig zu korrigieren, um diesem neuen Raster zu entsprechen.
Möchte man *Registerhaltigkeit* erzielen, so sind nun alle Stilelemente und Layout-Komponenten wie Grundschrift, Überschriften, Fußnoten ebenso wie Bild-, Graphik- und Tabellengrößen diesem vertikalen Raster zu unterwerfen.
Unter Registerhaltigkeit versteht man dabei, daß die Schriftlinien nebeneinanderstehender Textspalten (eventuell mit Ausnahme von Überschriften) jeweils identische Höhe haben – sowohl auf einer Seite als auch auf gegenüberliegenden Seiten als auch auf der Vorder- und Rückseite bei doppelseitig bedruckten Seiten.
FrameMaker unterstützt Registerhaltigkeit durch den Mechanismus der Zeilensynchronisation. Hierbei gibt man für einen Textfluß an, auf welchen Linienabstand die Schriftzeilen (korrekter die Schriftlinien) synchronisiert werden sollen. Hier wird man in der Regel den Zeilenabstand (bei FrameMaker den Standard-Schriftgrad plus Durchschuß) angeben.
Zusätzlich benötigt Frame den größten Schriftgrad, der am Anfang einer Spalte synchronisiert werden soll. Auch hier gibt man am besten den Standardschriftgrad an und gestaltet die Überschriften so, daß sie sich in das Grundraster einpassen. Diese Einstellungen erfolgen in der Dialogbox »Textfluß« unter dem Menü »Format«. Bevor man die Dialogbox aufruft, muß der Schreibcursor in der Textspalte stehen, deren Textfluß synchronisiert werden soll.
Weicht aus bestimmten Gründen ein Element einmal von diesem Raster ab, z. B. ein Zitat, welches in kleinerem Schriftgrad und mit geringerem Durchschuß gesetzt wird, so muß idealerweise am Ende des Elements durch entsprechende Korrektur des Durchschusses oder des ...

Der Seitenspiegel ist nun in der Regel nochmals geringfügig zu korrigieren, um diesem neuen Raster zu entsprechen. Möchte man *Registerhaltigkeit* erzielen, so sind nun alle Stilelemente und Layout-Komponenten wie Grundschrift, Überschriften, Fußnoten ebenso wie Bild-, Graphik- und Tabellengrößen diesem vertikalen Raster zu unterwerfen. Unter Registerhaltigkeit versteht man dabei, daß die Schriftlinien nebeneinanderstehender Textspalten (eventuell mit Ausnahme von Überschriften) jeweils identische Höhe haben – sowohl auf einer Seite als auch auf gegenüberliegenden Seiten als auch auf der Vorder- und Rückseite bei doppelseitig bedruckten Seiten. Frame unterstützt Registerhaltigkeit durch den Mechanismus der Zeilensynchronisation. Hierbei gibt man für einen Textfluß an, auf welchen Linienabstand die Schriftzeilen (korrekter die Schriftlinien) synchronisiert werden sollen. Hier wird man in der Regel den Zeilenabstand (bei Frame den Standard-Schriftgrad plus Durchschuß) angeben. Zusätzlich benötigt Frame den größten Schriftgrad, der am Anfang einer Spalte synchronisiert werden soll. Auch hier gibt man am besten den Standardschriftgrad an und gestaltet die Überschriften so, daß sie sich in das Grundraster einpassen. Diese Einstellungen erfolgen in der Dialogbox »Textfluß« unter dem Menü »Format«. Bevor man die Dialogbox aufruft, muß der Schreibcursor in der Textspalte stehen, deren Textfluß synchronisiert werden soll. Weicht aus bestimmten Gründen ein Element einmal von diesem Raster ab, z. B. ein Zitat, welches in kleinerem Schriftgrad und mit ...

Abb. 4-17
Absätze ohne Einzüge und ohne Zeilenabstand (links)
und
ganz ohne erkennbare Absatzgrenzen (rechts)

Warenzeichen:

Apple, Macintosh, MAC/OS, LaserWriter, A/UX, MacWrite, MacPaint, Hypercard → Apple Computer Inc. ■ Eudora → Qualcomm Corp. ■ Frame, FrameMaker, FrameMath → Adobe Systems Inc. ■ Helvetica, Times → Allied Corp. ■ ITC Zapf Chancery, Zapf Dingbats, ITC Bookman, Avant Garde → Intern. Typeface Corp. ■ Microsoft, MS-DOS, MS-Word, Excel → Microsoft Corp. ■ Motif → Open Software Foundation ■ OmniPage → Caere Corp. ■ NeXT → NeXT Computer Inc. ■ Acrobat, GoLive, Illustrator, InDesign, PageMaker, PostScript → Adobe Systems Inc. ■ Freehand, DreamWeaver → Macromedia Inc. ■ PaperPort → Hewlett Packard Co. und Visioneer Communications ■ QuarkXpress → Quark Inc. ■ SCO-UNIX, Open Desk Top → Santa Crus Operation ■ SUN, SUN/OS, SUNSoft, NeWS, SunView, SOLARIS → Sun Microsystems Inc. ■ WordPerfect → WordPerferct Corp. ■

Abb. 4-18
Informationsuntergliederung durch Graphiksymbol

**Kapitel 4
Satzspiegel**

4.3.3 Grauwert einer Seite

Betrachtet man eine Textseite aus etwas größerer Entfernung, so sieht man ihr Bild ähnlich einer Photographie als graue Fläche mit eventuell einzelnen dunkleren Stellen in Form von Überschriften oder Abbildungen. Die Seite hat damit einen sogenannten *Grauwert*. Dieser wird weitgehend von der für die Grundschrift verwendeten Schriftart, deren Strichstärke, Schriftgrad, Laufweite und Durchschuß bestimmt. Er kann und darf von Dokument zu Dokument in weiten Bereichen schwanken, sollte jedoch weder zu hell, oder was noch schlimmer ist, zu dunkel sein. Enge Schriften, soweit sie nicht mager sind, ergeben ebenso wie fette Schriften ein dunkleres Seitenbild, weitlaufende Schriften ohne allzustarke Grundstriche ergeben einen helleren Wert.

Der Grauwert der Seite kann durch kompressen Satz dunkler und durch Vergrößern des Durchschusses heller gestaltet werden. Kleinere Schriften ergeben ein dunkleres Bild, insbesondere wenn sie mit geringem Zeilenabstand gesetzt sind. Vergleichen Sie dazu einmal die mit unterschiedlichen Schriften und unterschiedlichen Schnitten gesetzten Textblöcke in Abbildung 4-19 aus etwas größerer Entfernung.

Im Idealfall sollte der Grauwert vor allem innerhalb einer Seite und auch innerhalb eines ganzen Dokuments weitgehend gleichmäßig sein, da der Leser diesen Wert auch in der normalen Lesedistanz mehr oder weniger unbewußt wahrnimmt. Je gleichmäßiger der Grauwert einer Seite ist, um so ruhiger und damit auch harmonischer wirkt sie. Dies sollte man keinesfalls mit ›langweilig‹ verwechseln!

Am Grauwert wird auch der Rat verständlich, Tabellen und Fußnoten in der Grundschrift zu setzen – der Grauwert ist damit weitgehend gleich. Hieraus erklärt sich auch die Forderung, daß die Strichstärken von Tabellenlinien, Linien in Abbildungen und Trennlinien zwischen den Absätzen an die Strichstärke der Grundschrift anzupassen sind –, sie stören, wenn sie zu fett sind, nämlich das gleichmäßige Graubild der Seite.

Verwendet man im Dokument mehrere Schriftarten,[*] so sollten die Grauwerte der Schriften möglichst ähnlich sein. In geringem Umfang kann man dabei Grauwertunterschiede durch Verändern der Laufweiten (Zeichen- und Wortabstand) ausgleichen – in Marginaltexten und in Fußnoten auch dadurch, daß man mit unterschiedlichem Durchschuß arbeitet.

Da als Auszeichnung für die Überschriften in diesem Buch beispielsweise der Schnitt ›Extrafett‹ bzw. ›Black‹ verwendet wird,

[*] *Wie in diesem Buch, in dem für die Werkschrift die Garamond und für die Konsultationsschrift die Frutiger Light eingesetzt wird.*

4.3 Stilelemente im Satzspiegel

Mischt man in einem Text Schriften, beispielsweise indem man wie in diesem Buch für die Werkschrift und die Konsultationsschrift unterschiedliche Schriftarten verwendet, so sollten die Grauwerte der Schriften möglichst ähnlich sein. In geringem Umfang kann man Unterschiede in den Grauwerten durch Verändern der Laufweiten anpassen, in Marginaltexten und in Fußnoten auch dadurch, daß man mit unterschiedlichem Durchschuß arbeitet.

Abb. 4-19
Verschiedene Schriften, Laufweiten und Durchschüsse ergeben unterschiedliche Grauwerte:

Adobe Garamond, Regular, 11,5/14 pt, LW 1

Mischt man in einem Text Schriften, beispielsweise indem man wie in diesem Buch für die Werkschrift und die Konsultationsschrift unterschiedliche Schriftarten verwendet, so sollten die Grauwerte der Schriften möglichst ähnlich sein. In geringem Umfang kann man Unterschiede in den Grauwerten durch Verändern der Laufweiten anpassen, in Marginaltexten und in Fußnoten auch dadurch, daß man mit unterschiedlichem Durchschuß arbeitet.

Adobe Garamond, Regular, 11/13 pt, LW 0

Mischt man in einem Text Schriften, beispielsweise indem man wie in diesem Buch für die Werkschrift und die Konsultationsschrift unterschiedliche Schriftarten verwendet, so sollten die Grauwerte der Schriften möglichst ähnlich sein. In geringem Umfang kann man Unterschiede in den Grauwerten durch Verändern der Laufweiten anpassen, in Marginaltexten und in Fußnoten auch dadurch, daß man mit unterschiedlichem Durchschuß arbeitet.

ITC New Century Schoolbook, Roman, 10/12 pt, LW 0

Mischt man in einem Text Schriften, beispielsweise indem man wie in diesem Buch für die Werkschrift und die Konsultationsschrift unterschiedliche Schriftarten verwendet, so sollten die Grauwerte der Schriften möglichst ähnlich sein. In geringem Umfang kann man Unterschiede in den Grauwerten durch Verändern der Laufweiten anpassen, in Marginaltexten und in Fußnoten auch dadurch, daß man mit unterschiedlichem Durchschuß arbeitet.

Times New Roman, Book, 10/12 pt, LW 0

Mischt man in einem Text Schriften, beispielsweise indem man wie in diesem Buch für die Werkschrift und die Konsultationsschrift unterschiedliche Schriftarten verwendet, so sollten die Grauwerte der Schriften möglichst ähnlich sein. In geringem Umfang kann man Unterschiede in den Grauwerten durch Verändern der Laufweiten anpassen, in Marginaltexten und in Fußnoten auch dadurch, daß man mit unterschiedlichem Durchschuß arbeitet.

Frutiger, Roman, 10/12 pt, LW 0

LW = Laufweiten bzw. Spreizung des Zeichenabstandes in Prozent wurde der Grauwert der Überschriften bewußt auf etwa 45 % Schwarz gesetzt, so daß sich die Überschriften vom Grauwert her nicht zu stark vom Grauwert der Werkschrift abheben. Zugleich wird damit der Grauwert der Balken in den Marginalien oben links und rechts aufgenommen.

Auch auf die Auszeichnung von Stichworten durch ›Fett‹ bzw. ›Bold‹ wurde aus dem gleichen Grund verzichtet und die dezentere und im Grauwert harmonischere Auszeichnung ›kursiv‹ gewählt.

Ein zu dunkler Seitengrauwert produziert einen eher düsteren Eindruck und sollte vermieden werden. Dies ist vor allem dort der Fall, wo mit schmalen Stegen gearbeitet werden muß.

4.3.4 Fußnoten und Marginalien

Fußnoten enthalten Zusatzinformationen zu einem Begriff oder Sachverhalt im Haupttext oder stellen Nebenbemerkungen bei komplexen Sätzen dar. Sie bestehen aus zwei Komponenten:

- das Fußnotenzeichen, welches im Haupttext erscheint
- die eigentliche Fußnote, welche am unteren Seitenende, am Kapitelende oder am Ende des Buchs steht

Das Fußnotenzeichen kann entweder ein Sonderzeichen sein (z. B. *, †, ‡) oder eine kleine fortlaufende Ziffer. Sonderzeichen sollen nur dann verwendet werden, wenn pro Seite zwei oder maximal drei Fußnoten zu erwarten sind; in allen anderen Fällen sind fortlaufende Nummern vorzuziehen.

DTP-Programme bieten dabei die Option, die Numerierung auf jeder Seite neu zu beginnen oder fortlaufend in einer Datei zu führen. Sind wenige und kurze Fußnoten vorgesehen, so bietet sich die seitenweise Numerierung an. Bei langen Fußnoten und insbesondere großen Fußnoten, die sich eventuell über mehrere Seiten erstrecken – weil viele DTP-Programme dies nicht besser beherrschen – ist die Durchnumerierung über ein ganzes Kapitel oder das ganze Dokument die bessere Lösung.

Für das Fußnotenzeichen im Text sollte immer ein kleines hochgestelltes Zeichen verwendet werden. Ein Schriftgrad von 2 bis 3 Punkt kleiner als die Werkschrift ergibt das beste Aussehen. Ideal wäre hier bei Verwendung von fortlaufenden Zahlen der Einsatz von hochgestellten Bruchziffern. Leider bieten die meisten Zeichensätze diese jedoch im Standard-Font nicht an, und viele DTP-Programme erlauben nicht, die Definition von Bruchziffern vorzugeben.

4.3 Stilelemente im Satzspiegel

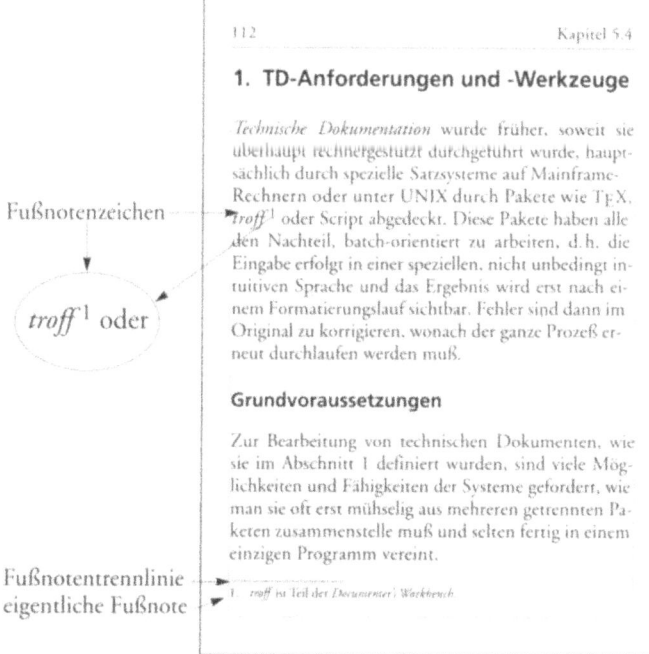

Abb. 4-20
Fußnotenzeichen im Text und in der Fußnote

Dem Fußnotenzeichen im Grundtext sollte, von einem eventuellen schmalen Leerzeichen abgesehen, nichts vorangestellt oder hinten angefügt werden. Hingegen sollte ihm in jedem Fall ein Leerzeichen folgen, es sei denn, das Fußnotenzeichen steht vor einem Satzzeichen, hinter dem wiederum ein Leerzeichen steht.

Bezieht sich die Fußnote auf ein einzelnes Wort, so folgt das Fußnotenzeichen diesem Wort direkt im Grundtext; bezieht sich die Fußnote jedoch auf einen ganzen Satz oder einen Teilsatz, so stellt man das Zeichen hinter das abschließende Satzzeichen.

Erlaubt das DTP-Programm nicht, die Fußnotennumerierung mit jedem Kapitel neu zu beginnen, so ist es bei umfangreichen Büchern mit einer großen Anzahl von Fußnoten besser, die Numerierung auf jeder Seite neu zu beginnen – sofern das DTP-Programm dies ermöglicht. Werden Sonderzeichen als Fußnotenzeichen verwendet, ist immer diese Einstellung zu wählen.

Zuweilen entsteht der Wunsch, Fußnoten am Ende eines Kapitels oder am Ende eines Dokuments zu sammeln. Aus Sicht des Lesers ist dies höchstens dann wünschenswert, wenn es sich um Literaturhinweise oder ähnliches handelt, da sonst ein Blättern zum Lesen der Fußnoten notwendig wird, welches den Lesefluß deutlich stört.

Kapitel 4
Satzspiegel

Die Fußnotenzeile selbst wird ein bis zwei Punkte kleiner als die Werkschrift und in der gleichen Schriftart wie diese gesetzt, hat also den Schriftgrad der Konsultationsschrift. Der Durchschuß sollte dem der Grundschrift entsprechen oder kann eventuell um den Schriftgradunterschied zwischen Werk- und Fußnotenschrift erhöht werden, um gleiche Zeilenabstände und damit Registerhaltigkeit zu erreichen. Allerdings verändert dies den Grauwert der Fußnote.

Zur besseren Gliederung stellt man in der Fußnote selbst dem Fußnotenzeichen einen Punkt hintenan und trennt beides vom nachfolgenden Fußnotentext entweder durch ein Tabulatorzeichen oder durch ein Halbgeviert-Leerzeichen.

Das Fußnotenzeichen in der Fußnote selbst sollte normal gesetzt sein, d. h. auf der Grundlinie, in der Schrift und im Schriftgrad des Fußnotentextes. Der Fußnotentext kann einen kleinen rechten Einzug erhalten. Die Fußnote darf auch dann einen Flatterrand rechts erhalten, wenn der Haupttext im Blocksatz gesetzt ist. Dann bietet es sich auch an, auf eine Silbentrennung im Fußnotenabsatz zu verzichten. Den Text einer Fußnote schließt man stets durch einen Punkt ab.

Die erste Fußnote einer Seite wird vom Haupttext entweder durch eine dünne Linie abgesetzt oder nur durch einen Abstand. Der Abstand zwischen Grundtext und Trennlinie sollte deutlich größer sein als zwischen der Linie und der ersten Fußnote. Ein Zeilenabstand der Grundschrift erscheint als guter Wert für den Raum zwischen dem Grundtext und den Fußnoten. Sind mehrere Fußnoten auf einer Seite vorhanden, so sollten sie ohne Abstand gesetzt werden.

Einige DTP-Programme erlauben, die maximale Höhe vorzugeben, welche die Summe der Fußnoten auf einer Seite bzw. in einer Spalte einnehmen darf. Sind mehrere Fußnoten vorhanden, so wird ein Teil der Fußnoten auf die nachfolgenden Seiten verschoben. Dies ist eine unschöne Situation, da nun der Leser anfängt, die Fußnoten zu suchen. Der beste Rat an den Autor ist hier, die Fußnoten knapp zu halten und möglichst wenige zu benutzen.

Als *Endnoten* werden Fußnoten bezeichnet, die nicht am Fußende einer Seite stehen, sondern am Ende des Kapitels oder des Dokuments (Buchs) gesammelt sind. Bietet ein DTP-Programm dies nicht originär an, lassen sich die Endnoten in einer eigenen Seite oder einer eigenen Buchkomponente sammeln und der Bezug per Querverweis-Mechanismus herstellen.

4.3 Stilelemente im Satzspiegel

Marginalien

Werden in einem Dokument als *Marginalien* bezeichnete Randspalten benutzt, so bietet es sich an, den Inhalt der Fußnoten in die Marginalien zu verlegen. Dies ergibt häufig ein besseres Seitenbild und eine direkte Präsentation der Information. Dieses Buch benutzt dies z. B. für die meisten Anmerkungen und Hinweise und legt nur längere Texte in richtige Fußnoten.

Der Text in den Marginalien wird stets als Flattersatz gesetzt und zwar mit der ausgerichteten Kante zur Haupttextspalte, d. h. in links stehenden Marginalien rechtsbündig und in rechtsstehenden linksbündig.

Die erste Zeile des Marginalientextes muß mit der Schriftlinie der Zeile Register halten, auf die sich der Text in der Marginalie bezieht.* Ansonsten ist es zulässig, daß auf Grund des kleineren Schriftgrads des Textes in der Marginalspalte, die weiteren Zeilen nicht auf gleicher Schriftlinie stehen.

* Jeweils die erste Zeile des Marginalientextes sollte mit der Zeile Register halten, auf den sich der Text bezieht.

In Marginalien wird der Konsultationsschriftgrad eingesetzt, also 2 oder 3 Punkt kleiner als die Werkschrift. Trennungen sollte man hier soweit möglich vermeiden.

Marginalien sind jedoch insbesondere bei größeren Dokumenten sehr viel aufwendiger als die Benutzung von Fußnoten, da die meisten DTP-Programme Texte, die mit dem Haupttext synchronisiert in der Randspalte mitlaufen, nicht unterstützen. Hier muß man sich deshalb fast immer mit deutlich aufwendigeren Verfahren behelfen.

Die primitivste Möglichkeit besteht darin, die Marginalspalte im Design freizuhalten, und wenn das Dokument fertig ist, dort kleine Textspalten anzulegen, in welche man den Text der Marginalie legt. Die Textspalte justiert man dann mit dem Grundtext. Dieses Verfahren läßt sich in fast allen DTP-Paketen umsetzen, ist jedoch extrem änderungsunfreundlich, da bei jedem neuen Umbruch diese Textspalten neu ausgerichtet werden müssen.

Arbeitet man registerhaltig,** so kann man auch Marginalspalten als eigenständige Textspalten im Layout vorsehen und die Texte darin durch entsprechende Leerzeilen oder Absatzabstände mit dem Grundtext ausrichten. Dies ist etwas einfacher als das zuvor beschriebene Verfahren, jedoch bei einer Änderung des Umbruchs immer noch recht aufwendig.

** und mit konstanten Zeilenabständen

Gestattet das DTP-Paket auch außerhalb der Textspalte mitlaufende verankerte Rahmen, so legt man einen solchen Rahmen an und plaziert darin eine kleine Textspalte mit dem Marginalientext.

Kapitel 4
Satzspiegel

4.4 Feinkorrekturen

Sind Seitengröße, Satzspiegel und Stilelemente festgelegt und in das Layout bzw. die Musterseiten und Stilvorlagen eines DTP-Dokuments oder der Vorlage eingetragen, beginnt die eigentliche Erstellung des Dokuments, d. h. nun wird es mit Text, Formeln, Tabellen und Abbildungen gefüllt. Dies kann bei den heutigen DTP-Werkzeugen entweder direkt im DTP-Programm erfolgen, oder indem man Texte zuvor mit anderen Werkzeugen – beispielsweise einem Textverarbeitungsprogramm – erstellt und danach in das Layout einfließen läßt. Insbesondere komplexe Graphiken und Halbton- und Farbbilder wird man häufig mit externen Programmen erfassen, vorbearbeiten und danach in das DTP-Dokument importieren. Ist dies geschehen, gilt es, am Dokument Feinkorrekturen vorzunehmen.

4.4.1 Absatzumbruch

Beim automatischen Umbruch von Texten ergeben sich zuweilen Situationen, die ein unharmonisches Schrift- oder Seitenbild liefern und die einer Korrektur bedürfen. Hierzu zählen die sogenannten *Hurenkinder* (oder *Witwen*) und *Schusterjungen* (oder *Waisen*). Ein *Hurenkind* (englisch: *widow*) nennt man die letzte Zeile eines Absatzes, die am Anfang einer neuen Seite oder Spalte erscheint. Der *Schusterjunge* ist die erste Zeile eines Absatzes am Ende einer Spalte oder Seite. Die meisten DTP-Programme verfügen über eine Absatzkontrolle, die dieses Problem verhindern kann. Dort gibt man an, wieviele Zeilen des Absatzes zusammenhängend auf einer Seite erscheinen sollen. Setzt man hier den Wert 2 ein, so werden die klassischen Hurenkinder und Schusterjungen prinzipiell vermieden.

Als Nebeneffekt tritt jetzt aber ein, daß auf einer Seite, auf der ein Schusterjunge oder Hurenkind ohne diese Einstellung entstehen würde, nun unten freier Raum verbleibt. Es sieht in der Regel jedoch besser als ein Schusterjunge aus.*

* Diese Problemfälle lassen sich häufig auch vom Autor durch Kürzen oder Hinzufügen von Text beheben.

Hurenkinder fallen insbesondere dann auf, wenn die Restzeile noch besonders kurz gerät oder nach ihr ein Absatz mit Leerraum nach oben folgt, Schusterjungen dann, wenn sie mit einem Einzug in der ersten Zeile beginnen.

Überschriften dürfen ebenso wie die erste Zeile eines Absatzes nicht alleine am Ende einer Seite stehen. Sie stören das Seitenbild noch ausgeprägter als Schusterjungen. Dies läßt sich bei fast allen

4.4 Feinkorrekturen

DTP-Paketen vermeiden, indem man im Absatzformat angibt, daß Überschriften immer zusammen mit dem nächsten Absatz auf einer Seite stehen sollen. Der Überschrift sollten auf einer Seite zumindest zwei, besser drei bis vier Zeilen folgen.

Kurze Enden

Ähnlich auffallend und damit störend wie Hurenkinder und Schusterjungen sind kurze Zeilenenden am Ende eines Absatzes. Sie entstehen häufig durch die automatische Trennung. Aus diesem Grunde sollte für die normalen Absätze des Rumpftextes die Nachsilbe bei Trennungen auf minimal drei Zeichen gesetzt sein. Dies geschieht bei FrameMaker im »Absatzformat« im Menü »Extra« im Feld »Kürzestes Suffix«.

Absatzuntergliederung

Absätze sind Informationseinheiten, die eine Aussage zusammenfassen. Das Absatzende sollte also eine Lesezäsur darstellen. Das Absatzende muß deshalb für den Leser leicht erkennbar sein. Für die Absätze des Kerntextes gibt es dazu zwei Methoden:

1. Der neue Absatz besitzt einen Einzug in der ersten Zeile. Dieser sollte etwa ein Geviert der Standardschrift des Absatzes haben. Wird der Einzug zu groß, besteht die Gefahr, daß der Einzug häufig so groß oder sogar größer als das Ende der vorhergehenden Zeile ist.

2. Der neue Absatz beginnt linksbündig mit dem normalen Einzug des Absatzes. Hierbei besteht die Gefahr, daß der Absatzbeginn dann nicht sichtbar

Abb. 4-21
Beispiele für Hurenkinder (1. Zeile der 2. Spalte) und Schusterjungen (letzte Zeile der 2. Spalte)

Kurze Absatzenden

Ähnlich auffallend und damit störend wie Hurenkinder und Schusterjungen sind kurze Zeilenenden am Ende eines Absatzes. Ein solches Zeilenbild fällt insbesondere dann ins Auge, wenn der nachfolgende Absatz mit einem Einzug beginnt und dieser ebensogroß oder sogar größer ist, als das darüberstehende Zeilenende.[*] Solche kurzen Zeilenenden entstehen häufig durch die automatische Trennung. Schon aus diesem Grunde sollte für die normalen Absätze des Grundtextes die Nachsilbe bei Trennungen auf minimal drei Zeichen gesetzt sein.

* Die Zeilenlänge der letzten Zeile eines Absatzes wird als ›Auslauf‹ bezeichnet.

4.4.2 Worttrennungen

Alle (ernstzunehmenden) DTP-Programme bieten die Möglichkeit der automatischen oder halbautomatischen Silbentrennung zum Zwecke des Randausgleichs. Während beim automatischen Umbruch das Programm alle notwendigen Silbentrennungen ohne weitere Rückfragen durchführt, macht das DTP-System beim halbautomatischen Trennen Trennvorschläge, die der Anwender akzeptieren, verwerfen oder korrigieren kann. Insbesondere bei um-

**Kapitel 4
Satzspiegel**

fangreichen Dokumenten ist das automatische Trennen natürlich schneller und effizienter, jedoch fast nie ganz fehlerfrei.

Die Programme stützen sich für die Silbentrennung auf (mitgelieferte) Wörterbücher. Finden sie ein Wort darin nicht, so werden fest eingebaute Trennregeln angewendet, die für die deutsche Sprache zuweilen nicht passen. Es empfiehlt sich deshalb, bei der Rechtschreibprüfung, Wörter, die das DTP-Paket nicht kennt und welche man in das Wörterbuch mit aufnehmen möchte, explizit auf die vom DTP-Paket angenommenen Trennstellen zu überprüfen und soweit notwendig zu korrigieren. Im Zweifel ist hier wenigen Trennstellen der Vorzug zu geben vor vielen zwar syntaktisch zulässigen, jedoch den Sinn entstellenden Trennmöglichkeiten. Hier entsteht ein prinzipieller Konflikt zwischen einem schönen Absatzbild mit Wortzwischenräumen, die in der Nähe des idealen Wortabstandes liegen und einer harmonischen Silbentrennung. Dies trifft insbesondere für deutschsprachige Texte mit langen Wortstämmen zu.

Die meisten Programme erlauben in einzelnen Problemfällen die Trennung eines Wortes ganz zu unterdrücken oder zusätzliche mögliche Trennstellen im Wort vorzugeben. Diese möglichen Trennstellen gelten dann jeweils nur für das markierte Wort an dieser einen Stelle.

Einige DTP-Pakete (hierzu gehört z. B. PageMaker und Quark-XPress) erlauben, Trennprioritäten bzw. Trennreihenfolgen für die möglichen Trennstellen von Worten vorzugeben. Dies mag zwar am Anfang ein recht aufwendiges Verfahren sein, zahlt sich jedoch bei entsprechendem Einsatz schnell aus. Die Trennstellen mit der höchsten Priorität setzt man hier natürlich an den sinnerhaltenden Trennstellen, d.h. dorthin, wo Wortstämme aneinander stoßen. Das Wort ›Absatzformat‹ sähe damit wie folgt aus:

$$Ab\underline{^3}satz\underline{^1}for\underline{^2}mat$$

Bei fast allen DTP-Paketen läßt sich vorgeben, in wieviel aufeinanderfolgenden Zeilen eine Silbentrennung erfolgen darf. Hier empfiehlt sich der Wert 2 oder 3, wobei oft mehrere aufeinanderfolgende Trennungen noch besser aussehen als extrem große Wortzwischenräume im Blocksatz oder sehr unterschiedliche Zeilenlängen im Flattersatz. Ein Wert von 4 sollte aber die absolute Obergrenze sein, da sonst regelrechte Leiterchen auf der rechten Textseite erscheinen.

Sollte in Sonderfällen auch dies nicht reichen, muß man versuchen, einen anderen Umbruch durch einen geringfügig engeren oder weiteren Wort- oder Zeichenzwischenraum zu erreichen oder

4.4 Feinkorrekturen

falls auch dies nichts hilft, in den Text einzugreifen – der Autor mag es verzeihen oder besser noch zuvor billigen!

Gute Trennmechanismen erlauben die Vorgabe der minimalen Länge der Vor- und der Nachsilbe sowie die Angabe, wie lang ein Wort minimal sein muß, damit es überhaupt getrennt werden darf. Während eine Vorsilbe von zwei Zeichen in vielen Fällen noch ein akzeptables Trenn- und Sinnbild liefert (z. B. ›be-ginnen‹), ist die von einigen DTP-Paketen voreingestellte Nachsilbe von zwei Zeichen zu kurz. Es entstehen damit die unschönen ›en‹, ›er‹ oder ›te‹ Endungen. Hier sollte zumindest ein Wert von 3 stehen.

Da getrennte kurze Wörter unharmonisch wirken (z. B. ei-ne), empfiehlt es sich, der Einstellung »Kürzestes Wort« den Wert 6 zu geben. Daneben ist zu beachten, daß für die Absatzformate die korrekte Sprache eingestellt ist, auch wenn auf die Rechtschreibprüfung des DTP-Programms verzichtet wird. Diese Einstellung legt nämlich auch fest, welches Wörterbuch das Programm für die Silbentrennung benutzt. Für jede der verwendeten Sprachen muß dabei ein Wörterbuch vorliegen. Leider enthalten nicht alle DTP-Programme automatische Silbentrennmodule, und nicht alle erlauben die Sprache für die Silbentrennung absatzweise – oder besser noch zusätzlich auch wortweise – zu definieren.

Um sowohl harmonische Wortzwischenräume zu erzielen als auch sinnvolle und nicht zu viele Trennungen zu erhalten, kommt man bei der endgültigen Überarbeitung eines Dokuments in der Regel nicht daran vorbei, problematische Absätze nochmals manuell zu korrigieren.

Die Funktion »Automatisch Sperren«, teilweise auch ›*Erzwungener Blocksatz*‹ genannt, welche einige DTP-Pakete zum Zwecke des gleichmäßigeren Austreibens des gesamten Textes in einer Zeile anbieten, sollte man vermeiden, da sie zum Zwecke des Randausgleichs nicht nur den Wortzwischenraum, sondern auch den Zeichenabstand verändert und damit häufig ein häßliches Sperren des Textes hervorbringt.

Worttrennungen über Spalten oder Seitengrenzen hinweg sind unschön und sollten möglichst vermieden werden. Dies ist leider nicht immer möglich.

Überschriften sollte man vorzugsweise in einer Zeile unterbringen. Sind mehrere Zeilen notwendig, wird die Überschrift möglichst nicht getrennt und an einer sinnfälligen Stelle von Hand mit einem erzwungenen Zeilenbruch aufgeteilt. Ist eine Silbentrennung nicht zu umgehen, darf wirklich nur an Wortstämmen getrennt werden, bzw. nur an Stellen, bei denen der Sinn deutlich erhalten bleibt. Wesentlich eleganter ist es jedoch, Überschriften in einer

Kapitel 4
Satzspiegel

Zum Thema Typo-Orthographie siehe Kapitel 6.

Zeile zu halten – ein Grund keine allzu großen Schriftgrade für Überschriften einzusetzen. Hier sind – da es sich um kurze Textstücke handelt auch schmallaufende Schnitte (SCHMAL, EXTRASCHMAL bzw. CONDENSED, EXTRA CONDENSED) möglich.

Namen und Von/bis-Angaben, Zahlen, Werte mit nachfolgenden Einheiten und Abkürzungen dürfen nicht getrennt werden, eine zuweilen schwierige Forderung. Beim Halbgeviertstrich (Beispielsweise in »4 – 6 cm«) läßt sich der Strich in diesen Fällen durch das Wort *bis* ersetzen, in den anderen Fällen bleibt häufig nur eine Satzumstellung.

In Marginalien, Bild- und Tabellenlegenden sollte man Trennungen möglichst vermeiden oder auf Wortstämme einschränken. Dies erfordert zumeist eine manuelle Korrektur.

4.4.3 Ästhetikprogramme

Ein *Ästhetikprogramm* ist ein Programm bzw. ein Modul, der dem Satz den letzten ästhetischen Schliff geben soll. Damit ist hier der Randausgleich und der Abstand vor und nach bestimmten Zeichen gemeint.

Steht etwa ein Punkt, ein Divis oder ein Abführungszeichen am Ende einer Zeile bündig mit der rechten Satzkante, so ergibt sich dabei optisch ein kleines Loch bzw. zu viel weißer Raum. Ähnliches gilt am Anfang der Zeile. Auch größere Buchstaben mit großen Serifen oder stark nach links laufenden dünnen Teilen sollten nicht mathematisch, sondern optisch mit der linken bzw. rechten Satzkante ausgerichtet sein. Solche Zeichen werden deshalb geringfügig über die Satzkante hinausgezogen und ergeben erst damit eine optisch glatte Kante.

Die Ästhetikanforderungen beschränken sich jedoch nicht auf die Randkorrektur. So sollte als Beispiel das Leerzeichen nach einem Punkt etwas geringer als der normale Wortzwischenraum sein, da der Punkt selbst bereits viel Weißraum bietet. Es gibt noch zahlreiche weiterer solcher Beispiele. Dies ist eben, zumindest was den Satz betrifft, das obere Niveau und der Anspruch der Typographen nach Ästhetik!

Nur sehr wenige der heute auf PCs, Macintosh-Systemen oder UNIX-Workstations gängigen DTP-Programme beherrscht diesen Ästhetiksatz – eine der löblichen Ausnahmen ist hier InDesign von Adobe. Zusätzlich findet man solche Ästhetikfunktionen in einigen der proprietären Satzsysteme – beispielsweise das Satzsystem von Berthold.

4.4 Feinkorrekturen

Abbildung 4-22 zeigt zwei Satzvarianten des gleichen Textes. Das obere Beispiel wurde mit FrameMaker gesetzt. Hier schließt der Satz links und rechts bündig mit dem Satzspaltenrand ab. In der 5. und 7. Zeile ist der Wortzwischenraum etwas groß.

Das untere Beispiel stammt aus Adobe InDesign. Hier führt die aktivierte Ästhetikfunktion zum Ausgleich der Zeichen- und Wortabstände über mehrere Zeilen hinweg; sie sorgt zusätzlich für einen optischen Randausgleich. Durch den mehrzeiligen Zeichenausgleich ergeben sich kleinere, gleichmäßigere Weißflächen zwischen den einzelnen Wörtern. Dazu werden automatisch die Zeichenabstände geringfügig angepaßt. Durch den Randausgleich werden links bestimmte Zeichen – entsprechend ihrer optischen Form – geringfügig mit ihrem Serifenansatz über die linke Satzkante herausgezogen* und die Satzzeichen wie ›.‹, ›;‹ und ›-‹ geringfügig über die rechte Satzkante. InDesign erzielt damit optisch glattere Satzkanten.

* Z. B. die Serifen vom T *(4. Zeile) und vom* A *(7. Zeile).*

M̈öchte man *Registerhaltigkeit* erzielen, so sind nun alle Stilelemente und Layout-Komponenten wie Grundschrift, Überschriften, Fußnoten ebenso wie Bild-, Graphik- und Tabellengrößen diesem vertikalen Raster zu unterwerfen. Unter Registerhaltigkeit versteht man dabei, daß die ›Schriftlinien‹ nebeneinanderstehender Textspalten (eventuell mit Ausnahme der Überschriften) jeweils identische Höhe haben – sowohl innerhalb einer Seite, als auch auf gegenüberliegenden Seiten und ebenso auf der Vorder- und Rückseite bei beidseitig bedruckten Seiten.

M̈öchte man *Registerhaltigkeit* erzielen, so sind nun alle Stilelemente und Layout-Komponenten wie Grundschrift, Überschriften, Fußnoten ebenso wie Bild-, Graphik- und Tabellengrößen diesem vertikalen Raster zu unterwerfen. Unter Registerhaltigkeit versteht man dabei, daß die ›Schriftlinien‹ nebeneinanderstehender Textspalten (eventuell mit Ausnahme der Überschriften) jeweils identische Höhe haben, sowohl innerhalb einer Seite, als auch auf gegenüberliegenden Seiten und ebenso auf der Vorder- und Rückseite bei beidseitig bedruckten Seiten.

*Abb. 4-22
Beispiel für das Arbeiten der InDesign-Ästhetikfunktion: oben unausgeglichen, unten korrigiert. An der linken Kante wurde das T von Tabelle und das A von Ausnahme etwas nach vorne gezogen; am rechten Rand ragen Bindestriche, Kommata und Punkt über die mathematische Satzkante nach rechts.*

Kapitel 5

Die Schrift zum Text

Nicht jede Schrift paßt zu jedem Text bzw. zu jedem Inhalt. Dieses Kapitel möchte sich deshalb damit auseinandersetzen, welche Schrift mit welchem Inhalt harmoniert und welche Schriften miteinander kombiniert werden können, ohne daß es dabei zum Stilbruch kommt. Es gibt einen Überblick über Schriften, die für die unterschiedlichen Zwecke einsetzbar sind, und über deren Repertoire an Schnitten.

Kapitel 5
Schrift zum Text

5.1 Aussage einer Schrift

Jede Schrift hat ihre eigene Anmutung und enthält auch durch ihren Satz und ihre Anordnung eine Aussage. Diese sollte dem Inhalt und seiner Funktion entsprechen.

Denkt man beispielsweise an einen Text über Rechner oder auch nur an das Wort ›Computer‹, so hat man es mit Technik, Formalismen und sachlichen Aspekten zu tun. Vergleichen Sie selbst, welche Schrift zu dem nebenstehenden Bild eines Arbeitsplatzrechners paßt.

Fette Fraktur	**𝕮𝖔𝖒𝖕𝖚𝖙𝖊𝖗**
Arnold Boeklin	**Computer**
Zapf Chancery	*Computer*
Hobo	**Computer**
Bauhaus	Computer
Garamond	Computer
Times	Computer
Rotis Semi Serif	Computer
Optima Bold	**Computer**
Rockwell	Computer
Frutiger	Computer
Avant Gard	Computer
Futura	Computer
Helvetica	Computer
Comic Sans MS	Computer

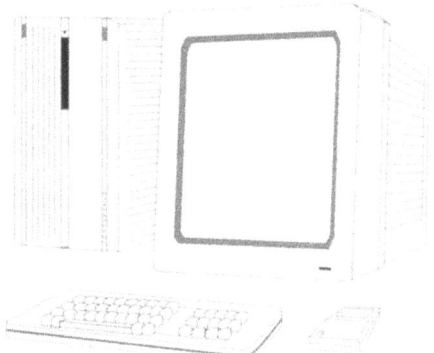

Es gilt hier jedoch nicht nur die richtige Schriftart, sondern ebenso den richtigen Schriftgrad und den passenden Schriftschnitt zu finden. So wird man beispielsweise Überschriften eher gleich oder fetter als die Grundschrift setzen, während man im Text ein Wort auch durch einen mageren Schnitt hervorheben kann. Sind Schnitte und Schriftgröße sehr unterschiedlich, dominiert der fette oder mit großen Schriftgrad gesetzte Text den Rest der Seite.

5.1 Aussage einer Schrift

Schöne Beispiele für Schriften und Schriftzüge, die auf die Textaussage abgestimmt sind, findet man oft in der Werbung.

Der Namenszug von ›Thorens‹ in Abbildung 5-1 signalisiert durch die nüchterne serifenlose Versalschrift Moderne und Funktionalität, der Schwanz des Rs, der dieses mit dem S verbindet, unterstreicht die Extravaganz, die mit dem Produkt der Firma assoziiert werden soll – es handelt sich um Phonogeräte der oberen Preisklasse. Das Fette und Massive der Schrift soll Robustheit symbolisieren.

THORENS

Abb. 5-1
Der Namenszug der
Phono-Firma Thorens

Die Schrift und das massive Erscheinungsbild des Ausschnitts aus einer Werbung der Sparkassen-Finanzgruppe zeugen weniger von der Kunst, die das Geldanlegen sein soll, sondern eher von der Stabilität des Unternehmens. Die aus dem Jahr 1992 stammende Werbung wirkt heute bereits etwas altbacken.

**GELDANLEGEN
IST
EINE KUNST**

Abb. 5-2
Ausschnitt aus einer
Werbeanzeige der
Sparkassen-
Finanzgruppe (1992).
Solidität ist hier wohl
das dominante Signal.

Bei der Hausgeräte-Forma Miele hat sich der Schriftzug **Miele** stark mit dem rechteckigen und gedrehten i-Punkt zum einem starken Wiederekennungswert für die Marke entwickelt.

Im Schriftzug der Firma Hansgrohe wird durch die überhöhten Oberlängen der über dem Durchschnittsniveau der Branche liegende Designanspruch der Armaturen-Firma deutlich gemacht.

Abb. 5-3
Hohe Oberlängen
signalisieren hohe
Ansprüche.

**Kapitel 5
Schrift zum Text**

In der Aussage des Firmenschriftzugs von deSede in Abbildung 5-4 spiegelt die Schrift modernes funktionales Design wider – als Kennzeichen der Möbel der Firma deSede. Der in einer Schreibschrift gesetzte Schriftzug ›handmade‹ repräsentiert die Handarbeit, die für die Möbel aufgewendet wird.

*Abb. 5-4
Kombination von
Eleganz und Moderne
(oberer Text)
und Handarbeit und
Individualität
(unterer Schriftzug)*

In der Anzeige der Firma STAFF (Abb. 5-5) ist der Text weiß auf schwarz gesetzt. Dies unterstützt ihre Aussage, die für die Lampen der Firma wirbt –, d.h. Licht im Dunklen. Hier ist auch eine schöne Dreigliederung der Schriftgrade zu finden: die große Versalschrift als Blickfang und Werbeaussage, die Normalschrift für die Leseinformation und die kleine kursive Schrift für die Bildlegende und den Namen des Designers. Die Wahl der Schrift will Aktualität, Funktionalität (moderne, serifenlose Schrift) und Individualität signalisieren.

*Abb. 5-5
Ausschnitt aus einer
Werbung der Lampen-
bzw. Licht-Firma STAFF*

5.1 Aussage einer Schrift

Das Schriftbild, bestimmt sowohl durch Schriftart als auch Fette- und Schriftgrad, spielt jedoch nicht nur in der Werbung eine wichtige Rolle. Auch in anderen Texten und Dokumenten kommt ihm – vielleicht subtiler – eine hohe Bedeutung zu. Um sich beispielsweise von anderen Firmen abzusetzen, haben sich viele große Unternehmen für teures Geld eigene Schriften zugelegt, die ihren Publikationen bzw. ihrem Erscheinungsbild Individualität verleihen sollen. Die Schriften der Lufthansa, die ›V.A.G‹ und VEGA der V.A.G.-Gruppe, die RENAULT des Autokonzerns Renault, die schmallaufende GARAMOND (von ITC) der Firma Apple oder als historisches Beispiel die TIMES der Zeitung Times sind nur einige Beispiele. Die DTP-Zeitschrift Page benutzt die serifenlose POLO als Werkschrift. Bei diesen Schriften ist es in fast allen Fällen so, daß sie mehrere Jahre exklusiv dem Auftraggeber zur Verfügung steht, bis sie dann freigegeben wird.

Schriften unterliegen natürlich auch Mode- und Zeittrends. So war die FUTURA, eine von Paul Renner 1926 entworfene, recht formale, fast mathematisch konstruierte* Schrift, lange Zeit *en vogue*, da sie als modern und sachlich empfunden wurde. Nachdem sie etwas an Aktualität verloren hatte, wird sie heute wieder vermehrt in ihrer schmallaufenden mageren Variante (FUTURA LIGHT CONDENSED) in Werbeunterlagen und Gebrauchsanleitungen verwendet, da sie dort erlaubt, viel Text in schmalen Spalten unterzubringen. In einer verzerrten und stark gesperrten Version kommt sie beispielsweise in der AIDS-Kampagne zum Einsatz (in den Jahren 1992 bis etwa 2000).

* *Das ›O‹ ist bei der Futura beispielsweise (fast) ein Kreis.*

Auch das Repertoire vorhandener Schriftschnitte beeinflußt die Anwendungshäufigkeit von Schriften. So werden die UNIVERS, die HELVETICA, FUTURA, AKZIDENZ GROTESK, GARAMOND oder die ITC CENTURY – um nur einige zu nennen – schon deswegen vermehrt verwendet, da für sie ein sehr reiches Repertoire an Schnitten von mager bis extrafett und von schmal bis weit zur Verfügung steht. Sie bieten die Möglichkeit, ohne die Schriftfamilie zu verlassen für unterschiedliche Situationen ausreichend Auszeichnungen (verschiedene Schnitte) der gleichen Schrift einzusetzen.

Die Schriftfamilie THESIS, vom Typographen Luc(as) de Groot, zählt zu einer der Schriftfamilien mit dem reichsten Repertoire an Schnitte: bisher bereits mehr als zweihundert. Das Spektrum bietet neben der serifenlosen THESANS, der THEMIX mit leichten Serifen und den Serifenschriften (THESERIF, THEANTIQUA) auch Monospaced Schriften (THESISMONO und THESISMONO CONDENSED) – teilweise in Fettgraden von EXTRALIGHT bis BLACK und mit EXPERT- und SMALLCAPS-Schnitten.

Thesis-Familie:
›TheSans‹ (Grotesk)
›TheMix‹ (Halbserifen)
›TheSerif‹ (Serifen)
›TheAntiqua‹ (Serifen)
›TheSans Correspondence‹
›TheSans Mono‹
›TheSans Mono Condensed‹
›TheSans Typewriter‹

**Kapitel 5
Schrift zum Text**

5.2 Werkschriften

Für die Werkschrift (Brotschrift, Grundschrift) gilt die Forderung, in den Standardschriftgraden (8 bis 12 Punkt) gut lesbar zu sein und zwar auch in umfangreicheren Texten. Sie soll in der Standardzurichtung gleichmäßig laufen, d.h. keinen zusätzlichen Zeichenausgleich benötigen. Dies gilt insbesondere für Publikationen mit viel Text wie Romane, Handbücher, Fachbücher und Fachzeitschriften. Lesbarkeit geht hier vor Auffälligkeit!

Obwohl objektiv zwischen der Lesbarkeit einer guten Groteskschrift und einer Antiqua (Serifenschrift) nur geringe Unterschiede bestehen, ziehen die meisten Leser für umfangreichere Texte eine Serifenschrift vor. Dies liegt auch daran, daß die Serifen die Schriftlinie betonen und damit dem Auge eine bessere Führung innerhalb der Zeile verleihen. Dies gilt verstärkt bei langen (breiten) Zeilen, wie sie in vielen Fachbüchern eingesetzt werden.

Schreibschriften und kursive Schnitte verwendet man nur in Ausnahmefällen als Grundschrift und dann nur für kleine Textmengen.

Während bei einem Roman neben dem geradestehenden Schnitt zusätzlich ein kursiver und eventuell noch ein halbfetter oder fetter Schnitt als Arbeitsrepertoire ausreichen – ein Familienumfang, den praktisch jede Schrift erfüllt –, ist für wissenschaftliche Arbeiten, technische Berichte und Fachbücher ein breiteres Schnittspektrum vorteilhaft. Hier vereinfachen zusätzliche magere und schmallaufende Schnittvarianten das Arbeiten (z.B in Tabellen oder in Legenden).

Um bei diesen Publikationen wirklich flexibel zu sein, sollten auch Kapitälchen, sowie neben Tabellenziffern und Mediävalziffern[*] vorteilhafterweise auch Bruchziffern zur Verfügung stehen. Da man hier vielfach auch mathematische Sonderzeichen benötigt, ist zusätzlich nach einem zur Grundschrift passenden Symbol- bzw. Mathematik-Font Ausschau zu halten, sofern die in fast allen Systemen vorhandene SYMBOL nicht paßt oder im Zeichenumfang nicht ausreicht.

Auch das Euro-Zeichen (€) ist in den meisten Anfang 2000 auf den Markt befindlichen Schriften noch nicht vorhanden, so daß man hier auf spezielle Symbolschriften ausweichen muß.

Benutzt man die Werkschrift auch als Konsultationsschrift in Fußnoten und Marginaltexten, so muß sie auch in dem dort verwendeten Schriftgrad (7 bis 9 Punkt) ausreichend gut lesbar sein, wenn hierbei auch nicht die gleiche Legibilität wie für den Grundschriftgrad erforderlich ist.

Mediävalziffern gibt es fast nur für Serifenschriften. Nur für wenige neu entworfene Groteskschriften stehen sie auch zur Verfügung.

Legibilität = Lesbarkeit

5.2 Werkschriften

Mit diesen Forderungen wird das Schriften-Repertoire für eine universelle Werkschrift etwas eingeschränkt – ist jedoch noch ausreichend groß. Einige Firmen – darunter der Fontshop in Berlin – bemühen sich, das Spektrum durch Ergänzung vorhandener Schriften mit Fonts zu erweitern, in denen Kapitälchen- und Spezialzeichen vorhanden sind (Bruchziffern, Brüche, Ligaturen usw.).

Schriften, die bereits heute den oben geforderten Schnitt- und Zeichenumfang erfüllen, sind beispielsweise als Antiqua-Schriften die GARAMOND (z.B. in Versionen von Monotype, Adobe, ITC, AGFA, URW, Bitstream), die Serifenschriften BAUER BODONI, BOOKMAN, CAECILA, CASLON, GARAMOND, MINION, NEW CALEDONIA, STONE SERIF, THESIS, TIMES sowie die Serifenlosen wie die FRUTIGER, GILL SANS, NEUE HELVETICA, STONE SANS SERIF, UNIVERS und einige mehr.

Die Tabelle 5-1 kann hier nur einen ersten, zeitlich und vom Umfang her eingeschränkten Überblick über das verfügbare Schriftenrepertoire geben. Ständig kommen neue Schriften hinzu und die Zahl der Anbieter wächst. Die darin aufgeführten Schriften stehen als PostScript-Schriften (Typ 1) zur Verfügung, viele auch im TrueType-Format, welches in MS-Windows- und Macintosh-Systemen verbreitet ist.[*] Ab dem Jahr 2000 kommen Schriften im OpenType-Format hinzu, ein Format, welches Adobe und Microsoft zusammen entwickelt haben und welches mit Windows 2000 erstmals breiter unterstützt wird. OpenType versucht die Vorteile von Type 1 und TrueType zu verbinden und gestattet unter anderem, einen sehr großen Zeichensatz[**] in einem Font zu vereinen – etwa inklusive der Ligaturen, Mediäval- und Bruchziffern.

Natürlich sind nicht in allen Fällen die genannten Schnitte für eine Werkschrift notwendig. Benutzt man beispielsweise eine Grotesk-Schrift, so entfallen zumeist die Minuskelziffern, da es diese für serifenlose Schriften kaum gibt.

In einer Reihe von Fällen (z.B. bei einem Lebenslauf oder einer Bewerbung) kommt man auch mit einem normalen und fetten Schnitt sowie deren kursiven Varianten aus – ein Spektrum, das praktisch für alle als Brotschrift geeigneten Schriften vorhanden ist.

Für Fußnoten und Marginaltexte könnte man bei einer Antiqua-Grundschrift auf eine dazu passende Grotesk ausweichen. In diesem Buch wurde beispielsweise zur GARAMOND von Adobe die FRUTIGER in der mageren Version (LIGHT) als Konsultationsschrift und für enge Tabellen benutzt und im Schnitt EXTRAFETT bzw. BLACK für die Überschriften. Auch die NEUE HELVETICA mit ihrer großen Schnittvielfalt wäre eine mögliche Ergänzungsschrift.

[*] *Nicht alle aufgeführten Schriften sind als Werkschrift für längere Texte geeignet!*

[**] *mehr als 256 Zeichen*

5.3 Überschriften / Headlines

Überschriften, auch *Rubriken*, *Titelzeilen* oder *Schlagzeilen* genannt, sollen einen Text untergliedern, in Fachbüchern das schnelle Auffinden eines Themas erleichtern oder in Zeitschriften, Katalogen und Prospekten eine gewisse Signalwirkung haben, um das Interesse des Lesers zu erwecken. Dabei lassen sich Überschriften durch etwa sieben Arten hervorheben:

- Position bzw. den weißen Raum ober- und unterhalb
- Schriftschnitt (Fettegrad und Auszeichnung)
- Schriftgrad
- Schriftart
- Ausrichtung
- vorangestellte Nummern
- Farbe, Grauraster oder inverse Darstellung

Zumeist wird eine Kombination dieser Mittel benutzt – bitte mit etwas Zurückhaltung bei der Vielfalt. So reicht es wie in diesem Buch, für normale Überschriften eine andere Schrift und einen anderen Schriftschnitt (Fettegrad) zu verwenden, jedoch den (optisch gleichen) Schriftgrad der Brotschrift zu benutzen. Wären hingegen Schriftart und Schriftschnitt gleich, müßte man den Schriftgrad so hochsetzen, daß sich optisch ein deutlicher Unterschied ergibt. Auch ein kursiver Schnitt bei gleichem Schriftgrad und gleicher Schriftart ist eine Möglichkeit für dezente Überschriften. Solche Überschriften können bei schmalen Textspalten linksbündig oder auch zentriert gesetzt werden.

Sind Überschriften und Titel auffallend groß und fett gesetzt – man benutzt hier den Begriff *Headline* –, so gelten eigene Regeln. Zunächst sind dann Schriften zu verwenden, die für die Schriftgröße und den Fettegrad wirklich geeignet sind – also Display- oder Headline-Schriften. Diese Überschriften sollten zusätzlich sehr sorgfältig ausgeglichen werden; je größer der Schriftgrad ist, um so geringer setzt man die Laufweite. Der Durchschuß für solche Überschriften darf gering oder leicht negativ sein; es ist jedoch in jedem Fall darauf zu achten, daß es zu keiner Berührung zwischen Unter- und Oberlängen kommt. Hier schlägt fast immer *Murphy's Law*[*] zu, wie man in Tageszeitungen ständig beobachten kann. Bei Versalzeilen, bei denen dieses Problem nicht auftreten kann, darf mit sehr geringem Zeilenabstand gearbeitet werden. Vorzugsweise hält man die Überschrift aber einzeilig!

In schmalen Spalten, in Zeitschriften und in Anzeigen lassen sich Rubriken (Überschriften) auch extrem gesperrt verwenden. In

---

[*] *Dieses besagt, daß falls auch nur die geringste Chance für ein Mißgeschick besteht, dies auch sicher eintritt.*

5.3 Überschriften / Headlines

diesem Fall sollten sie jedoch zentriert gesetzt werden und nur aus Versalien oder Kapitälchen bestehen.

Handelt es sich bei den Überschriften um eine andere Schriftart als die Werkschrift, müssen Werkschrift und Überschrift aufeinander abgestimmt sein.*

Überschriften sollten, soweit sie nicht aus der gleichen Schriftfamilie wie die Grundschrift stammen, möglichst alle aus der gleichen Schriftart sein und sich lediglich durch eine Abstufung der Schriftgrade unterscheiden. Stammen sie aus der Schriftfamilie der Werkschrift, können auch problemlos verschiedene Schnitte bzw. Auszeichnungen verwendet werden.

Überschriften unterteilt der Typograph ihrer Bedeutung nach in *Hauptüberschriften* (oder *Schlagzeilen*), *Unterüberschriften* und *Zwischenüberschriften*. Letztere haben selbst in Sach- oder Fachbüchern keine vorangestellte Nummer, sondern dienen nur der optischen Untergliederung des Textes. Sie erscheinen dann auch nicht im Inhaltsverzeichnis.

Überschriften sollten nie als Blocksatz gesetzt werden! Linksbündig, seltener zentriert (etwa in Schlagzeilen) ist deutlich besser. Werden schmale Textspalten eingesetzt oder ein kleinformatiges Layout, so läßt sich eine Überschrift auch rechtsbündig formatieren. Hat die Überschrift einen fetten Schnitt, sollte der Durchschuß klein oder sogar negativ gehalten werden.

* Siehe hierzu Abschnitt 5.5.

S P E R R E N

In schmalen Spalten, in Zeitschriften und in der Werbung lassen sich Rubriken (Überschriften) auch extrem gesperrt verwenden. In diesem Fall sollten sie jedoch zentriert gesetzt werden und aus Versalien bestehen. Auf einen fetten oder größeren Schriftgrad kann man dann verzichten.

S P E R R E N

In schmalen Spalten, in Zeitschriften und in der Werbung lassen sich Rubriken (Überschriften) auch extrem gesperrt verwenden und können in Versalien stehen.

Was tun bei langen Überschriften?

Überschriften sollten in den seltensten Fällen als Blocksatz gesetzt werden. Linksbündig, seltener zentriert oder auch einmal rechtsbündig ist deutlich besser. Hat sie dazu einen fetten Schnitt, sollte der Durchschuß klein oder sogar negativ gehalten werden.

Was tun bei langen Überschriften?

Hier wurden beide oben genannten Korrekturen vorgenommen. Das Ergebnis ist besser! Noch besser wäre eine knappere Überschrift oder ein kleinerer Schriftgrad!

Abb. 5-6
Links: Oft ist starkes Sperren (hier 40 % oben und 80 % unten) eine ausreichende Auszeichnung.

Rechts: Überschriften nicht im Blocksatz setzen!
Bei mehrzeiligen Überschriften sollte der Durchschuß reduziert werden.

**Kapitel 5
Schrift zum Text**

5.4 Welche Schrift zu welchem Zweck?

Hier folgen nun konkrete Ratschläge, welche Schrift für bestimmte Publikationen eingesetzt werden kann. Diese Aufgabe ist natürlich insofern etwas verfänglich, da sich die Rahmenbedingungen für eine ähnliche Aufgabe von einer Situation zur anderen stark ändern können. So sind für kürzere Texte auch ausgefallene Schriften akzeptabel, die eine schlechtere Lesbarkeit aufweisen, während bei kleinen Schriftgraden der guten Lesbarkeit ein besonderes Gewicht zukommt. Bei Werbung steht dagegen der Blickfang und die Übereinstimmung von Schriftausdruck und Aussage im Vordergrund.

Beispielsweise sind für Vortragsfolien eigentlich Serifenschriften besser als Groteskschriften geeignet, da sie auch bei größeren Entfernungen noch lesbar sind. Serifenschriften vertragen sich aber andererseits für viele Firmen nicht mit ihrem Selbstverständnis, modern und fortschrittlich zu sein. Nimmt man deshalb für diese Aufgabe serifenlose Schriften, so läßt sich die schlechtere Lesbarkeit dadurch ausgleichen, daß man etwas größere Schriftgrade verwendet, die Schriften leicht ansperrt und die Wortabstände entsprechend vergrößert. Darüber hinaus wird man natürlich eine gut lesbare Grotesk wie etwa die AVANT GARDE[*], die HELVETICA, die FUTURA oder die GILL SANS verwenden.

[*] Dies ist in größeren Textstücken relativ schlecht lesbar.

Zum Thema ›Präsentationsfolien‹ siehe Kapitel 10.

Ein weiteres Argument für serifenlose Schriften in Präsentationen ergibt sich aus dem inzwischen dominierenden Einsatz von Beamern. Beamer bieten eine geringere Auflösung als gedruckte Folien (etwa 72 dpi zu 600 dpi). Bei geringerer Auflösung ergeben serifenlose Schriften ein deutlich besseres Bild, da sie weniger Schrägen und Kurven aufweisen und damit weniger *Treppenstufen* durch die Pixeldarstellung. Auch bei anderen Bildschirmdarstellungen – etwa bei HTML-Seiten im Internet – ergeben serifenlose Schriften in der Regel ein besseres Bild.

Leider muß festgestellt werden, daß viele Präsentationsprogramme sich jeder Mikrotypographie verschließen! So verweigert sich PowerPoint von Microsoft – wohl eines der am meisten eingesetzten Präsentationsprogramme – jeder Korrektur von Zeichen- und Wortabständen, und Kerning ist jedenfalls bis zur Version ›Office 2000‹ für PowerPoint ein Fremdwort.

Möchte man festliche Drucksachen setzen wie Einladungen, Geburtsanzeigen oder Speisekarten, treten wieder andere Anforderungen in den Vordergrund. Hier ist eventuell ein sogenannter *Swash-Font* von Vorteil. Dies sind Schriften, die ausladende Zierstriche enthalten (siehe Abb. 5-7). Auch an die Schreibschrift angelehnte Schriften wie etwa die KÜNSTLER SCRIPT, die BERNHARD

𝒜 ℬ

Abb. 5-7
Swash-Zeichen aus dem Expert-Font der CASLON von Adobe

5.4 Welche Schrift zu welchem Zweck?

TANGO oder die ENGLISCHE SCHREIBSCHRIFT können hier sinnvoll eingesetzt werden.

Für rustikale Gelegenheiten wie ein Gartenfest, Straßenfest oder auf der Speisekarte eines Grillrestaurants wiederum lassen sich Schriften verwenden, die in den meisten anderen Umgebungen unpassend wären wie etwa die HOBO, die COTTONWOOD oder die FORTE.

Zuweilen lassen sich Schriften, die für eine Aufgabe zunächst als ungeeignet erscheinen, mit etwas Gefühl und Vorsicht bei entsprechender Umgebung doch einsetzen. So kann eine OPTIMA mit ihrer Modulation in der Strichstärke auch auf einer Einladung oder einer Speisekarte sinnvoll verwendet werden, oder die Schreibschrift SHELLEY SCRIPT spritzig auf einer Einleitungsfolie für einen Vortrag mit entsprechend leichtem Thema wirken. Die leichte, eher verspielte COMIC SANS MS paßt nicht nur zu einer Kindereinladung, sondern ebenso zu einer Graphik in einer Präsentationsfolie – sofern die Graphik eine dünne, leichte Schrift verträgt.

Leider sind bisher unter Windows und UNIX PostScript-Schriften weniger verbreitet. Zu ihrer Nutzung und Darstellung benötigt man den Adobe TypeManager. Für anspruchsvollere Arbeiten sollte man jedoch auf dieses Werkzeug nicht verzichten, zumal es auch eine Schriftenverwaltung bietet. Für den Einsatz von MultiMaster-Schriften ist die Verwendung des Adobe TypeManagers unabdingbar. Hierbei sollte man die Deluxe-Version verwenden. Multi-Master-Schriften sind Fonts, die es erlauben, eine Grundschrift in verschiedenen Designachsen zu verändern – etwa den Fettegrad, die Laufweite oder die Display-Eigenschaft. Teilweise läßt sich sogar die Größe der Serifen variieren.

Das Angebot an hochwertigen Schriften ist für PostScript-Schriften etwas höher als für TrueType, obwohl die Funktionalität beider Formate heute weitgehend äquivalent ist. Möchte man eine Publikation belichten (z. B. für den Offsetdruck), so bereiten Post-Script-Schriften wesentlich weniger Probleme als für die Post-Script-Ausgabe vom Druckertreiber automatisch konvertierte TrueType-Schriften.

Tabelle 5-1[*] gibt einen Überblick über das Schnittrepertoire vieler erwähnter Schriften. Die darauffolgende Tabelle 5-2 auf Seite 106/107 versucht die Eignung der Schriften für die unterschiedlichen Zwecke aufzuzeigen. Sie bietet natürlich nur einen Ausschnitt aus dem Gesamtrepertoire und vereinfacht notgedrungen. Die Anzahl der ✓-Zeichen signalisiert den Grad der Eignung – bewertet nach dem Geschmack der Autoren.

[*] *Siehe Seite 104–105.*

Kapitel 5
Schrift zum Text

Tabelle 5-1
Schnittvarianten einiger als Brotschrift geeigneter Schriften. Die Liste ist hinsichtlich der Herstellerangaben unvollständig!

Kennzeichnungen:
Standardschnitte
vorhanden +
mehrere Schnitte ++
viele Schnitte +++
breite Schnitte B
MultiMaster MM
nicht für längere Texte geeignet #

Hersteller:
Adobe 1
ITC 2
Monotype 3
Linotype 4
Berthold 5
Stempel 6
Agfa 7
URW 8
Bitstream 9
FontFont 10
Elsner+Flake 11

Schrift	Mager	Normal	Fett	Extrafett	Eng	Spezial, Expert
Serifenschriften						
Baskerville [1, 2, 3, 5, 7]		+	++			++
Bauer Bodoni [1, 3, 5, 7]		+	++	++	++	++
Bembo [1, 3, 5]		+	++	+		++
Bookman [1, 2, 3, 4, 7]	+	+	++			
Caecila [1]	+	+	+	+		+++
Caslon [1, 2, 7]		++	++	+		+++
Centennial [1, 4]	+	+	+	+		+++
Century [2, 3, 7]	+	++	+	++	+ B	
Ehrhardt [3]		+	+			+
Fairfield [4]	+	+	+	+		+++
Goudy Old Style [1, 3, 4, 7]		+	+	+		+
Garamond [1, 2, 3, 5, 6, 7, 8]	+	+	++	+	++	+++
Janson [1, 3, 7]		+	+			+
Minion [1, auch als MM]		+	++	+		+++
New Caledonia [1, 7]		+	++	+		++
New Century Schoolb. [1, 3]		+	+			+
Palatino [1, 2, 5, 7]		+	+			++
Plantin [1, 3]		+	+	++	+	++
Rockwell [1, 3, 5, 7]	+	+	+	+	+	
Rotis Serif [1, 4, 7]			+	+		
Stempel Schneidler [1]	+	+	++	+		
Stone Serif [1]			+	++		
Thesis TheSerif [10]	++	+	++	++	++	+++
Times [1, 3, 4, 5]		++	+	+	+	++
Trump Mediaeval [1]		+	+			++
Utopia [1]		+	++	+		+++
Veljovic [1, 3, 4, 5, 7]		+	++	+		
Walbaum [1, 3, 4, 5, 7]		+	+	+		++
Weidemann [2, 8]		+	+	+	+	

5.4 Welche Schrift zu welchem Zweck?

Schrift	Mager	Normal	Fett	Extrafett	Eng	Spezial, Expert
serifenlose Schriften						
Adabi[3]	++	+	+	+	++	
Akzidenz Grotesk[1, 3, 5, 7]	+	+	+	+		+
Antique Olive[1, 3, 7]	+	+	+	+	+	
Arial[3]	+	+	+	+	++	
Avant G. Gothic[1, 2, 3, 5, 7]	+	++	++		++	
Avenir[1, 3, 4, 7]	+	+	++	++		
Bauhaus[2, 11, #]	+	+	+	+		
Benguit Gothic[2, #]	+	+	++	+		
Eras[2, #]	+	++	++	+		
Eurostile[1]		++	++	+	+ B	
Folio[1]	+	+	++	+	+	
Formata[5]	+	++	+	+	++	++
Franklin Gothic[1, 2, 3, 5, 7]		+	++	++	+	
Frutiger[1, 4, 5, 7]	+	+	+	++	+	
Futura[1, 3, 4, 5, 7, 8]	+	+	+	++	+++	
Gill Sans[1, 2, 3, 5, 8]	+	+	+	++	+	
Goudy Sans[2]		+	++	+	+	+
Grotesk MT[3]	+	+	+	+	++B	
(Neue) Helvetica[1, 2, 8, 9, *]	+++	++	++	+++	+++	B
Lucida Sans[1,]		+	+			
Myriad[1, auch als MM]		+	+	+	+	
News Gothic[1, 2]		+	+	+	+	
Ocean Sans[3, auch als MM]	+	+	++	+		**
Optima[1, 3, 5, 7]		+	+	++	+	
Rotis Sans Serif[1, 3, 7]	+	+	+	+		
Thesis TheSans[10]	++	++	++	++		++
Trade Gothic[4]	+	+	+	+		
Stone Sans[1, 3, 7]		+	++			
Univers[1, 5, 8, 9, ***]	++	+	+	++	++B	

* Die Helvetica heißt bei URW ›Nimbus Sans‹ und bei Bitstream ›Swiss‹.

** MM mit Fettegrad und Weite als Design-Achse

*** Die Univers heißt bei URW ›Unitus‹ und bei Bitstream ›Zurich‹.

Kapitel 5
Schrift zum Text

Schrift	Betriebs-anleitung, Handbuch	Fach-, Sach-buch	Brief, Visiten-karte	Einladung, Konzert-, Speisekarte	Präsent.-folien, Dias	Geschäfts-bericht, Gutachten	Schriftcharakter
Akzidenz Grotesk	✓	✓	✓		✓✓	✓	vielseitig
Antique Olive	✓	✓			✓	✓✓	Jugendstil, verspielt, romantisch
Arnold Böcklin				✓			plakativ
Avant Garde Gothic	✓		✓		✓		
Baskerville	✓		✓	✓✓	✓	✓✓	barock elegant
Bodoni	✓	✓	✓	✓✓	✓	✓✓	klassisch, waagerecht orientiert
Bembo	✓	✓✓		✓✓	✓	✓	konservativ
Berkeley Oldstyle	✓	✓	✓	✓✓	✓	✓	feine Serifen
Bookman	✓	✓✓	✓	✓✓	✓	✓	gut lesbar, gesetzt, kräftig
Caslon	✓	✓	✓	✓✓	✓	✓✓	feine Serifen
Centennial	✓	✓			✓	✓	
Century	✓✓	✓✓					
Copperplate			✓✓	✓✓			sehr feine Serif., breitlaufend
Egyptienne	✓		✓	✓✓	✓		kräftig, serifenbetont
Englische Schreibschrift			✓	✓✓			zierlich, verspielt, privat
Frutiger	✓	✓	✓✓		✓✓	✓✓	ruhig, kräftig
Futura	✓	✓✓	✓		✓✓	✓	funktional, sachlich
Garamond	✓	✓✓	✓✓	✓	✓	✓✓	zart, behursam, viel eingesetzt
Gill Sans	✓	✓	✓✓	✓	✓	✓✓	schlicht, funktional
Goudy Oldstyle	✓	✓	✓✓	✓✓	✓	✓	romantisch, schwungvoll
Janson	✓				✓	✓✓	

5.4 Welche Schrift zu welchem Zweck?

Schrift	Betriebsanleitung, Handbuch	Fach-, Sachbuch	Brief, Visitenkarte	Einladung, Konzert-, Speisekarte	Präsent.folien, Dias	Geschäftsbericht, Gutachten	Schriftcharakter
Künstler Skript				✓			zierlich, geschwungen
Minion	✓	✓✓			✓	✓✓	vielseitig
New Caledonia	✓	✓			✓	✓✓	
New Century Schoolb.	✓✓	✓✓			✓		brav, gut lesbar
Optima	✓	✓	✓		✓✓		feminin, moduliert
Palatino	✓	✓	✓	✓	✓	✓	elegant
Revue				✓			plakativ
Rockwell	✓	✓	✓		✓		kräftig, serifenbetont
Rotis Sans Serif	✓	✓	✓				plakativ
Rotis Serif	✓	✓	✓	✓		✓✓	formal
Stempel Schneidler	✓			✓		✓	traditionell
Stone Sans	✓	✓	✓		✓	✓	schlicht
Stone Serif	✓✓	✓			✓	✓✓	gut lesbar bei kleinen dpi
Stone Sans	✓				✓	✓	schlicht
Thesis TheAntiqua	✓	✓✓			✓	✓	sachlich, modern
Thesis TheSans	✓✓	✓			✓✓	✓	modern, vielseitig
Times	✓✓						sehr gut lesbar, zu viel benutzt
Univers	✓		✓		✓	✓	trocken, sachlich, robust
Utopia	✓	✓			✓	✓✓	
Zapf Chancery			+	+			würdig, konservativ

Tabelle 5-2: Potentielle Verwendungsmöglichkeiten einiger Schriften
✓ = gut geeignet, ✓✓ = besonders geeignet

5.5 Mischen von Schriften

In den meisten Publikationen kommt man nicht darum herum, mehrere unterschiedliche Schriftschnitte und häufig auch unterschiedliche Schriften zu verwenden – es sei denn, es handelt sich um einen Roman oder ein anderes einfach strukturiertes Dokument. Innerhalb eines Textes ist es immer besser, verschiedene Schnitte der gleichen Grundschrift zur Auszeichnung heranzuziehen. Ein kursiver Schnitt ist hierzu die dezenteste Art; magere, halbfette oder fette Schnitte kommen jedoch in technischen Dokumenten und in Prospekten und Werbematerial auch in Frage. Reicht dies nicht aus, kann man sich noch mit Kapitälchen, Versalien oder Sperren als Auszeichnung behelfen.

Bleibt man in der gleichen Schriftfamilie, ist die Wahrscheinlichkeit für stilistische Fehler gering. Dies gilt auch für die Texte in Fußnoten, Marginalspalten, Tabellen und Illustrationen. Hier ist lediglich auf einen konsistenten Schriftgrad zu achten, der für die Konsultationsschrift etwa 20 % unter dem der Werkschrift liegt. Ist man sich unsicher, sollte man es also beim Mischen von verschiedenen Schnitten der gleichen Familie belassen.

Das Mischen unterschiedlicher Schriftfamilien kann jedoch bei all seiner Problematik den Text auffrischen und beleben – d.h. eine gewisse Spannung aufbauen. Die verschiedenen Schriften sollten dann möglichst auf unterschiedliche Funktionen und Positionen angewendet werden, beispielsweise die eine Schriftfamilie nur im Grundtext und die zweite nur in Überschriften oder in Marginaltexten. Deutlich kritischer wird das Mischen, wenn beide Schriften nebeneinander im gleichen Text stehen. Hierzu sollte man wirklich nur im Notfall greifen, wenn alle anderen Möglichkeiten ausgeschöpft sind – die zweite Schriftfamilie muß also wirklich eine Funktion haben.

Diese strenge Einschränkung gilt nicht, wenn der Zeichensatz einer Schrift durch den einer anderen Schrift ergänzt werden muß, also wo beispielsweise auf mathematische Zeichen, auf Pfeile oder auf Symbole aus einer anderen Schrift zurückgegriffen werden muß. Jedoch gilt auch hier, daß sich der Duktus und die Schriftstärke der gemischten Schriften entsprechen müssen!

Werden unterschiedliche Schriften (Schriftfamilien) im gleichen Absatz gemischt, müssen die Schriften nicht nur stilistisch zueinander passen, sondern auch etwa die gleiche Strichstärke aufweisen. Abbildung 5-8 verdeutlicht dies an einer unpassenden und einer harmonischen Variante. Auch sollte der Duktus* beider Schriften ähnlich sein, d.h. eine Schrift mit starken Unterschieden zwischen

* Siehe hierzu im Glossar auf Seite 409 und Abb. C-10 auf Seite 418.

5.5 Mischen von Schriften

dem Grundstrich und den Haarlinien,* sollte nicht neben einer Schrift mit keiner oder nur geringer Strichvarianz stehen.

Beim Mischen von Schriften mitten in einem Text sollte die Strichstärke nicht – wie in diesem Beispiel – zu unterschiedlich sein!

Beim Mischen von Schriften mitten in einem Text darf die Strichstärke **nur leicht** differieren.

Beim Mischen von Schriften mitten in einem Text sollte der Schriftduktus nicht **zu unterschiedlich** sein; anderseits muß der Wechsel ausreichend deutlich sein, um die intendierte Auszeichnung bzw. Abhebung sichtbar zu machen – der Schriftwechsel allein reicht zuweilen nicht.

Abb. 5-8
Die Strichstärken müssen passen.

Oben:
Garamond Roman und Frutiger Light
Mitte: mit Frutiger Roman.
Unten: mit Frutiger Bold.

Ähnliches wie für die Strichstärke gilt auch für das Verhältnis von Mittellänge zu Oberlänge*. Auch sie sollten beim Mischen von Schriftfamilien nicht zu unterschiedlich sein. So verträgt sich beispielsweise die BERNHARD MODERN mit ihrer extremen Oberlänge und geringen Mittellänge nicht mit der ANTIQUE OLIVE, die eine relativ kleine Oberlänge, dafür jedoch eine große Mittellänge aufweist.

Beim Mischen von Schriften besteht prinzipiell die Forderung, daß die Schriftarten einerseits nicht zu ähnlich und andererseits nicht zu verschieden sein dürfen. Ähneln sich die Schriften zu stark, so ist kaum ein Unterschied zu erkennen; der Zweck der Unterscheidung ist also verfehlt, und es entsteht eher der Eindruck eines Satzfehlers. Deshalb dürfen die unterschiedlichen Schriften nicht aus der gleichen Stilrichtung stammen – also darf beispielsweise die

* *Siehe Abb. 2-3 auf Seite 12.*

Mittellängen

Werden unterschiedliche Schriften (Schriftfamilien) im gleichen Absatz gemischt, müssen nicht nur die Schriften stilistisch zueinander passen, sondern auch die Mittellängen etwa gleiche Proportionen aufweisen. Hier paßt die Relation der Überschrift in ROCKWELL zur Textschrift in FUTURA LIGHT.

Mittellängen

Werden unterschiedliche Schriften (Schriftfamilien) im gleichen Absatz gemischt, müssen nicht nur die Schriften stilistisch zueinander passen, sondern auch die Mittellängen etwa gleiche Proportionen aufweisen. Die BERNHARD MODERN, hier als Überschrift, paßt damit nicht zur verwendeten Textschrift (ANTIQUE OLIVE).

Abb. 5-9
Das Verhältnis von Mittellänge zu Oberlänge der verwendeten Schriften sollte bei Schriftkombinationen etwa gleich sein.

Kapitel 5
Schrift zum Text

FRUTIGER nicht mit einer GILL SANS gemischt werden, da beide zu den Groteskschriften gehören; auch paßt die GARAMOND nicht neben die CASLON, da beide der Renaissance-Antiqua entstammen. Sind andererseits die Schriftcharakteristika zu unterschiedlich, erscheint die Mischung schnell als Stilbruch. Mit einer Antiqua-Grotesk-Kombination liegt man hier meist auf der sicheren Seite, zumal wenn der Duktus beider Schriften ähnlich ist.

Verträgliche Schriftpaare wären z. B. die GARAMOND (Antiqua) mit der FRUTIGER (Grotesk), die TIMES mit der HELVETICA,* die FRIZ QUADRATA mit der HELVETICA, die NEW CENTURY mit der FUTURA, die ROCKWELL (serifenbetonte Schrift) mit der ebenfalls kräftigen FRUTIGER ROMAN oder die PALATINO mit der AVANT GARDE. Eine gute Kombination ist auch die MINION und die MYRIAD als Grotesk. Ebenso verträgt sich die STONE SERIF mit der STONE SANS oder die ROTIS SERIF mit der ROTIS SANS SERIF, während die ROTIS SERIF zur ROTIS SEMISERIF zu wenig Unterscheidungsmerkmale aufweist. Auch die WALBAUM paßt nicht zur BENGUIAT, da ihr Duktus zu unterschiedlich ist.

* Diese Kombination wird vielleicht zu häufig benutzt wird.

Abb. 5-10
Beim Mischen dürfen die Schriften nicht der gleichen Schriftenklasse bzw. Stilrichtung entstammen. Links: Times und Garamond (Falsch!). Rechts: Helvetica und Garamond (zulässig).

Times und Garamond

Beim Mischen von Schriften besteht prinzipiell die Forderung, daß die Schriftarten einerseits nicht zu ähnlich sein dürfen und andererseits nicht zu verschieden. Ähneln sich die Schriften zu stark, so ist kaum ein Unterschied zu erkennen; der Zweck der Unterscheidung ist also verfehlt und es entsteht eher der Eindruck eines Satzfehlers. Deshalb dürfen die unterschiedlichen Schriften nicht aus der gleichen Stilrichtung sein.

Helvetica und Garamond

Beim Mischen von Schriften besteht prinzipiell die Forderung, daß die Schriftarten einerseits nicht zu ähnlich sein dürfen und andererseits nicht zu verschieden. Ähneln sich die Schriften zu stark, so ist kaum ein Unterschied zu erkennen; der Zweck der Unterscheidung ist also verfehlt und es entsteht eher der Eindruck eines Satzfehlers. Deshalb dürfen die unterschiedlichen Schriften nicht aus der gleichen Stilrichtung sein.

Schreibschriften

Schreibschriften oder Script-Schriften haben zumeist dynamischen Charakter. Sie lassen sich deshalb vielfach mit Antiqua-Schriften mischen. Beispielsweise paßt die CORONET zur BODONI oder die SHELLEY SCRIPT zur GARAMOND. Weist die Schreibschrift eine weitgehend konstante Strichstärke auf, wie beispielsweise die FREESTYLE, so paßt besser eine Grotesk mit der gleichen Eigenschaft wie etwa die AVANT GARDE oder die FRUTIGER dazu.

5.5 Mischen von Schriften

Schreibschriften vertragen sich zumeist mit Schriften aus der Renaissance Antiqua Stilrichtung. Als Titel wurde die SHELLEY SCRIPT eingesetzt, als Grundschrift die GARAMOND von Adobe.

Schreibschrift (hier die Freestyle) mit konstanter Strichstärke vertragen sich mit Groteskschriften die eine weitgehend invariante Strichstärke zeigen (hier die AVANT GARDE BOOK).

Abb. 5-11
Schreibschriften vertragen sich meist mit Antiqua-Schriften, soweit ein ähnlicher Duktus vorhanden ist.

Frakturschriften

Frakturschriften (auch *gotische Schriften* genannt) wie die FETTE FRAKTUR oder die SCHWABACHER lassen sich für größere Texte heute kaum noch einsetzen, da sie für die meisten Leser ein ungewohntes Schriftbild besitzen. Als Auszeichnungsschrift, in einer Überschrift oder in bestimmten Ausnahmefällen auch einmal im Text lassen sie sich jedoch benutzen. Zu ihnen passen Antiqua-Schriften wie beispielsweise die GARAMOND, TRUMP MEDIÄVAL oder die SCHNEIDLER MEDIÄVAL. Beide Schriftarten wurden aus Schreibschriften zur Druckschrift umgestaltet und beide Schriftarten weisen starke Unterschiede zwischen den Haarstrichen und den Grundstrichen auf.

Die Frankfurter Allgemeine Zeitung benutzt z. B. eine Frakturschrift als Marke und in einigen Headlines.

𝔉𝔯𝔞𝔫𝔨𝔣𝔲𝔯𝔱𝔢𝔯 𝔄𝔩𝔩𝔤𝔢𝔪𝔢𝔦𝔫𝔢

𝔉𝔯𝔞𝔨𝔱𝔲𝔯-𝔖𝔠𝔥𝔯𝔦𝔣𝔱𝔢𝔫 vertragen sich mit den Antiqua-Schriften der Gruppen I bis IV (siehe Seite 21). In diesem Beispiel wurde die FETTE FRAKTUR mit der GARAMOND kombiniert. Die kräftige FRAKTUR verträgt gut das Zentrieren des Titels.

Abb. 5-12
Fraktur - und Mediäval-Schriften harmonisieren in der Regel.

Ziffern

Während im Fließtext Mediävalziffern (Minuskelziffern) oft schöner und harmonischer als Versalziffern wirken, sind in Tabellen prinzipiell Versalziffern zu setzen; Versalziffern werden deshalb auch *Tabellenziffern* genannt. Sie haben neben der für die Tabelle gewünschten sachlicheren Anmutung den Vorteil, daß hier alle Ziffern die gleiche Breite besitzen, die tabellarische Wirkung damit unterstützt und die Ausrichtung deutlich einfacher oder überhaupt erst möglich wird. Die Mediävalziffern sind bei DTP-Schriften in

Versalziffern:
1 2 3 4 5 6 7 8 9 0
Minuskelziffern:
1 2 3 4 5 6 6 7 8 9 0
Beide aus der Adobe Garamond Familie

den *Expert-Fonts* zu finden. Diese tragen zuweilen im Font-Namen auch den Zusatz OSF (für **Old Style Figures**). Es sollten jeweils nur die Minuskelziffern aus der gleichen Schriftfamilie und möglichst des gleichen Herstellers benutzt werden. Für Grotesk-Schriften gibt es nur in Ausnahmefällen Minuskelziffern.

Kapitälchen

Die meisten DTP-Fonts besitzen im Standardzeichensatz keine Kapitälchen. Sie sind entweder in dem zur Schrift gehörenden Expert-Font vorhanden oder in speziellen Fonts (der gleichen Schriftfamilie), die im Namen den Zusatz SC für **Small Caps** (d.h. ›Kleine Großbuchstaben‹) haben.[*] Auch hier gilt die Forderung, daß die verwendeten Kapitälchen aus der gleichen Schriftfamilie und vom gleichen Schrifthersteller stammen müssen.

[*] *Diese Fonts enthalten vielfach auch die Old Style Figures, d. h. die Minuskelziffern.*

Schmallaufende Schnitte

Während es zu den meisten Antiqua-Schriften keine schmalen Schnitte gibt,[**] verfügen viele Grotesk-Schriften über schmallaufende Schnitte. Diese lassen sich in engen Tabellen und schmalen Textspalten, wie sie in Prospekten und Katalogen häufiger vorkommen, vorteilhaft einsetzen. Andererseits dürfen die engen Schnitte nicht in langen Zeilen eingesetzt werden, da sie schlechter zu lesen sind als die normallaufenden Schnitte. Hingegen lassen sich magere Schnitte an vielen Stellen statt der Buch- oder Roman-Varianten anwenden.

[**] *Ausnahmen sind hier beispielsweise die Bodoni, die Garamond und die Plantin.*

Anpassen der Schriftgrade und Schriftcharakteristika

Stehen beim Mischen die verschiedenen Schriften nicht getrennt, wie es bei Überschriften und Werkschrift der Fall ist, sondern in einem Text direkt nebeneinander, so müssen unter Umständen die Schriftgrade angepaßt werden, so daß beide Schriften etwa die gleiche Minuskelhöhe erhalten. So muß man beispielsweise den Schriftgrad der Zeichen aus der SYMBOL auf 10,2 Punkt reduzieren, um gegenüber einer 11,5 Punkt MONOTYPE GARAMOND nicht zu groß zu erscheinen, da die GARAMOND viel freien Raum im Schriftkegel läßt. Bei Verwendung der STEMPEL GARAMOND oder der ADOBE GARAMOND ist dies nicht notwendig.

Die ›Symbol‹ enthält beispielsweise die mathematischen Zeichen und Pfeile.

5.5 Mischen von Schriften

Beim Mischen von Schriften im Text müssen eventuell die Schriftgrade so angepaßt werden, daß sich die gleiche **Versalhöhe** ergibt; also ›↑*Versalhöhe*‹ statt ›↑*Versalhöhe*‹.

Auch die Symbolschrift ZAPF DINGBATS paßt zu vielen Schriften, muß jedoch eventuell ebenso im Schriftgrad adaptiert werden. Für einige Symbole enthält sie sogar zwei Varianten. So gibt es die Ziffern-Symbole im Kreis beispielsweise mit serifenlosen Ziffern und mit Antiqua-Ziffern: ① ①. Auch das Handsymbol für Hinweise ist dort einmal in einer leichteren Version (☞) und einer kräftigeren Variante (☛) vorhanden.

Im mathematischen Zeichensatz SYMBOL sind die Copyright- und Warenzeichen-Symbole ebenfalls als Versionen mit und ohne Serifen zu finden: © ® © ®. Diese beiden Zeichen sind aber vielfach für ein harmonisches Bild im Schriftgrad der Werkschrift zu groß, so daß man sie deutlich verkleinern und zusätzlich etwas nach oben verschieben sollte, also z. B. ›PostScript®‹ statt dem unveränderten ›PostScript®‹. Bei vielen PostScript-Schriften ist das Waren- und Copyright-Zeichen Teil des Fonts.

Auch beim Euro-Zeichen ist darauf zu achten, daß Duktus und Serifen zur verwendeten Schrift passen – solange das €-Zeichen noch nicht Teil der normalen Fonts ist, was sich aber in den kommenden Jahren ändern sollte. Eine serifenlose Schrift erfordert hier natürlich ein Euro-Zeichen mit Serifen und eine serifenlose Schrift ein solches ohne Serifen.

Innerhalb einer kursiven Schrift muß das €-Zeichen ebenfalls kursiv gestellt sein, was übrigens die Norm für das Euro-Zeichen nicht vorsieht – ein bißchen Ignoranz bzw. fehlendes Know-how der Euro-Bürokraten!

☞ Symbole aus einem Symbolzeichensatz müssen zur Strichstärke und zum Duktus der Textschrift passen. Unter Umständen muß der Schriftgrad des Symbols angepaßt werden.

☛ Symbole aus einem Symbolzeichensatz müssen zur Strichstärke und zum Duktus der Textschrift passen. Unter Umständen muß der Schriftgrad des Symbols angepaßt werden.

☛ **Bei Hinweisen auf eine Gefahr muß ein Kontrast zum übrigen Text vorhanden sein!**

Abb. 5-13
Zu einer mageren Schrift paßt die hohle Hand (oben) besser als die gefüllte (unten). Beide Symbole sind aus der ZAPF DINGBATS.

Gefahrenhinweise müssen auffallen!

Kapitel 5
Schrift zum Text

5.6 Ausnahmen

Nicht immer sind die bisher genannten Schriften und Auszeichnungsverfahren die beste Lösung. Zuweilen gibt es Situationen, in denen von den hergebrachten Regeln abgewichen werden muß. Bei kleinen Schriftgraden, etwa unterhalb von 10 Punkt, kann oder sollte man beispielsweise auf das Unterschneiden (Kerning) verzichten und die Schrift eher leicht ansperren, um eine bessere Lesbarkeit zu erreichen. Dies gilt insbesondere für Ausgaben auf dem Laserdrucker. Im Standardfall (d.h. mit Unterschneidung und ohne Sperren) wird sonst das Schriftbild etwas zu dunkel und die Zeichen stehen so dicht beieinander, daß sie leicht ineinander laufen.

Bei kleinen Schriftgraden (z. B. in Konsultationstexten oder im Kleingedruckten eines Vertrags) ist auch darauf zu achten, daß dezente Unterschiede (z. B. ein Normal/Kursiv-Wechsel) kaum auffallen. Hier benötigt man deshalb stärkere Differenzierungsverfahren wie einen Normal/Fett-Wechsel, ein starkes Sperren oder auch das Unterstreichen, das man ansonsten besser vermeidet.

Zuweilen müssen die Regeln der angepaßten Schriften gebrochen werden, wie Abbildung 5-15 aus einer Reparatureinleitung zeigt. Hier wurde die Zahl und die Hinweislinien fetter und größer

Abb. 5-14
Bei kleinen Schriftgraden fallen einige Auszeichnungsverfahren (hier in der linken Spalte) kaum noch auf. Hier muß mit stärkeren Mitteln gearbeitet werden (rechte Spalte). Der Text stammt aus den Versicherungsbedingungen der TELA-Elektronikversicherung. Die Auszeichnungen sind dort nicht vorhanden.

§ 51 (1) Ergibt sich, daß die Versicherungssumme den Wert des versicherten Interesses (Versicherungswert) *erheblich* übersteigt, so kann sowohl der Versicherer als auch der Versicherungsnehmer verlangen, daß zur Beseitigung der Überversicherung die Versicherungssumme, unter verhältnismäßiger Minderung der Prämie mit sofortiger Wirkung herabgesetzt wird.

(2) Ist die Überversicherung durch ein Kriegsereignis oder durch eine behördliche Maßnahme aus Anlaß eines *Krieges* verursacht oder ist sie die unvermeidliche Folge eines Krieges, so kann der Versicherungsnehmer das Verlangen nach Absatz 1 mit Wirkung vom Eintritt der Überversicherung ab stellen.

(3) Schließt der Versicherungsnehmer den Vertrag in der Absicht, sich aus der Überversicherung einen rechtswidrigen Vermögensvorteil zu verschaffen, so ist der Vertrag damit *nichtig*. Dem Versicherer gebührt, sofern er nicht bei der Schließung des Vertrags von der Nichtigkeit Kenntnis hatte, die Prämie bis zum Schluß der Versicherungsperiode, in welcher er diese Kenntnis erlangt.

§ 51 (1) Ergibt sich, daß die Versicherungssumme den Wert des versicherten Interesses (Versicherungswert) **erheblich** übersteigt, so kann sowohl der Versicherer als auch der Versicherungsnehmer verlangen, daß zur Beseitigung der Überversicherung die Versicherungssumme, unter verhältnismäßiger Minderung der Prämie mit sofortiger Wirkung herabgesetzt wird.

(2) Ist die Überversicherung durch ein Kriegsereignis oder durch eine behördliche Maßnahme aus Anlaß eines KRIEGES verursacht oder ist sie die unvermeidliche Folge eines Krieges, so kann der Versicherungsnehmer das Verlangen nach Absatz 1 mit Wirkung vom Eintritt der Überversicherung ab stellen.

(3) Schließt der Versicherungsnehmer den Vertrag in der Absicht, sich aus der Überversicherung einen rechtswidrigen Vermögensvorteil zu verschaffen, so ist der Vertrag damit nichtig. Dem Versicherer gebührt, sofern er nicht bei der Schließung des Vertrags von der Nichtigkeit Kenntnis hatte, die Prämie bis zum Schluß der Versicherungsperiode, in welcher er diese Kenntnis erlangt.

5.6 Ausnahmen

als die Grundschrift gewählt, so daß man sie in der etwas komplexeren Graphik auch aus größerer Entfernung noch gut und schnell finden kann. Die Schriftart sollte jedoch auch hier entweder die der Grundschrift sein oder mit dieser stilistisch harmonieren.

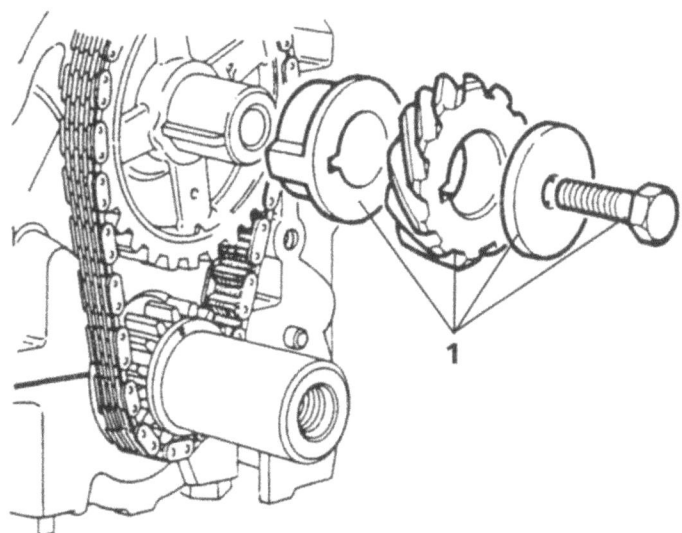

Abb. 5-15
Zur Hervorhebung dürfen Zahlen und Texte in einer Graphik ausnahmsweise auch einmal fetter und größer als die Brotschrift sein!

Die Abbildung stammt aus einer Reparaturanleitung des Land-Rovers der englischen Firma Rover.

In anderen Fällen möchte man bewußt Kontraste zwischen den verwendeten Schriften schaffen. Dies ist in der Werbung häufiger der Fall. Dann ist jedoch besondere Vorsicht geboten und das Ergebnis kritisch auf ein optisch akzeptables Bild zu überprüfen. Typographie ist eben nicht rein mathematisch beschreib- und vorgebbar, sondern basiert auf recht komplexen optischen und psychologischen Effekten. Prüfen Sie deshalb stets sorgfältig, ob die optische Aussage mit der inhaltlichen übereinstimmt!

Versuchen Sie sich beim Mischen auf maximal zwei Schriftfamilien zu beschränken – eine wäre eigentlich noch sicherer, drei ist bereits extrem problematisch!

Kapitel 6

Schreibregeln

DIESES Kapitel erläutert keine Schreibregeln im Sinne der Rechtschreibung, sondern zeigt, wie das Satzbild bestimmter Textstücke entsprechend den Erfahrungen, Konventionen und Vorschriften beim Setzen von Zahlen und Abkürzungen auszusehen hat. Die Kenntnis dieser Regeln – sie werden auch als *Typo-Orthographie* bezeichnet – und ihre konsequente Anwendung gehört zu einem guten DTP-Produkt wie eine korrekte Rechtschreibung.

Kapitel 6
Schreibregeln

In den nachfolgenden Beschreibungen markiert ›|‹ ein schmales Leerzeichen (1/8-Geviert) und ›␣‹ ein Leerzeichen – vorzugsweise ein nichttrennendes, da hier keine Zeilentrennung stattfinden soll.

* Siehe [Chicago] auf Seite 362.

Zu einer guten Typographie gehört die Einhaltung bestimmter Konventionen beim Satz des Textes, insbesondere bei Zahlen und Abkürzungen. Diese Forderung ergibt sich nicht aus einem historischen Ordnungsprinzip, sondern resultiert aus der Forderung nach guter Lesbarkeit, Wiedererkennbarkeit, Gliederung und Einheitlichkeit.

Viele der hier vorgestellten Konventionen sind sprach- bzw. landesspezifisch. Die genannten Schreibweisen beziehen sich zunächst auf die deutschen Gepflogenheiten; in den Tabellen sind Konventionen für einige weitere europäische Länder zu finden.

Während es für den englischsprachigen Raum mit dem ›*The Chicago Manual of Style*‹* ein sehr detailliertes und umfangreiches Standardwerk gibt, welches diese Regel beschreibt – mit Schwerpunkt auf wissenschaftlichen Werken – fehlt leider ein entsprechendes Werk für den deutschen Sprachraum. Die Duden-Reihe ist hier leider bei weitem nicht so ausführlich.

6.1 Zahlensatz

sieben Mark

7,– DM

** Intelligentere Konzepte zeigt Wolf Schneider in ›Deutsch fürs Leben‹ mit Regel 58 (siehe [Schneider/2]).

Zahlen im laufenden Text werden im Normalfall ausgeschrieben, d. h. als Worte gesetzt, insbesondere wenn es sich um einstellige Zahlen handelt. Dies hat dort seine Grenze, wo komplizierte und lange Zahlworte entstehen würden – eine Journalistenregel besagt: bei mehr als dreizehn Zeichen.** Jahreszahlen werden immer als Ziffernfolge gesetzt – es sei denn, man meint ein Jahrhundert, bei dem man den Freiheitsgrad zwischen Text und Zahl hat. Dezimalzahlen (z. B. »5,4 Milliarden«) werden immer als Zahl geschrieben.

Darüber hinaus gibt es eine Reihe von Konventionen zum Setzen von Zahlen, die abhängig sind von der Art der Zahl, ihrer Bedeutung oder Funktion sowie ihrer Umgebung.

Dezimalzahlen

Dezimalzahlen:
Bei mehr als 4 Ziffern:

10|000,00
← 3| →

1,456|79
← 3|3 →

Bei langen Zahlen, d. h. bei mehr als vier Ziffern, sollte die Zahl zur besseren Lesbarkeit untergliedert werden. Dies geschieht typographisch korrekt durch einen kleinen Zwischenraum (je nach Geschmack ein Achtel- bis zu einem Viertelgeviert).

In technischen Dokumenten und insbesondere in Tabellen ist es in deutschen Texten auch möglich, den Punkt zur Untergliederung zu verwenden. Die Zahl zehntausend schreibt man danach als:

10|000,00 *oder in Tabellen* 10.000,00

6.1 Zahlensatz

Im Deutschen darf das Komma nur zur Anzeige der Dezimalstellen benutzt werden. Im anglo-amerikanischen Sprachraum ist die Funktion von Komma und Punkt genau vertauscht, d. h. dort wird der Punkt zur Kennzeichnung der Dezimalstellen und das Komma zur visuellen Abgrenzung von Tausender und Millionen benutzt. Bei diesen stellt auch hier ein kleiner Zwischenraum im Grundtext die optisch bessere Lösung dar. Die Dreiergruppierung gilt auch für die Stellen hinter dem Dezimalzeichen (Komma oder Punkt). Tabelle 6-1 zeigt für einige Länder die Konventionen für das Dezimal- und das Untergliederungszeichen.

Land	Dezimal- bruch	Unter- teilung	Ordnungs- zahlen	Beispiel
Deutschland	,	.	1., 2., 3.	1 000 000,001 .000.000,00 3,751 2
Großbritannien, USA, Kanada	.	,	1st, 2nd, 3rd, 4th 1., 2., 3., 4., …	1 000 000.001 ,000,000.00 3.75
Frankreich	,	.	1er, 2^e oder 1°, 2° 1., 2., 3., …	1.000.000,00 3,751 2
Italien	,	.	1°, 2° (männlich) 1^a, 2^a (weiblich) 1., 2., 3., …	1.000.000,00 3,75
Portugal	,	.	1.°, 2.° (männlich) 1.^{a}, 2.^{a} (weiblich) 1., 2., 3., …	1.000.000,00 1 000 000,003 ,75
Spanien	,	.	1°, 2° (männlich) 1^a, 2^a (weiblich) 1., 2., 3., …	1 000 000,001 .000.000,00 3,75
Holland	,	.	1e, 2e, … 1., 2., 3., …	1 000 000,001 .000.000,00 3,751 2
Schweden	,	.	1e, 2e, … 1., 2., 3., …	1 000 000,001 .000.000,00 3,751 2

Tabelle 6-1
Schreibweise von Dezimalzahlen und Ordnungsnummern in verschiedenen Ländern

Kapitel 6
Schreibregeln

Zahlen vor Abkürzungen

35 km

sieben Kilometer

Vor Abkürzungen wie beispielsweise Währungen, Maßen und Gewichten werden Zahlen stets als Ziffern und nicht als Zahlworte gesetzt; wird hingegen die Maßeinheit ausgeschrieben, sollte auch die Zahl als Wort geschrieben werden. Man schreibt also beispielsweise »25,– DM« (bzw. »DM 25,–« in der kaufmännischen Schreibweise) oder »fünfundzwanzig Mark«, »7 kg« oder »sieben Kilogramm«.

In technischen Dokumenten darf jedoch die Zahl auch vor einer ausgeschriebenen Einheit als Ziffernfolge gesetzt werden, insbesondere dann, wenn es sich um ein langes Zahlwort handelt – oder wenn es sich um einen Dezimalbruch handelt, der immer als Zahl gesetzt wird (z. B. »10,6 Kilometer«. Zwischen der Zahl und der Einheit wird ein Leerzeichen gesetzt. Da diese Angaben beim Umbruch Zahl und folgende Abkürzung nicht getrennt und auch beim Randausgleich hier kein variabler Abstand eingesetzt werden sollte, benutzt man als Zwischenraum zwischen Zahl und Abkürzung vorzugsweise ein nichttrennendes Leerzeichen, welches etwa die korrekte Weite aufweist. Dies gilt auch bei vorangestellten Begriffen und Einheiten wie z. B. »DM␣45,00« (›␣‹ symbolisiert das nicht-trennende Leerzeichen).

Flächenangaben:

25␣cm␣×␣25␣cm

Bei Flächenangaben ist bei beiden Werten die Maßeinheit anzugeben (wie etwa bei dem Maß »125 cm × 57 cm«), und es sollte das mathematische Multiplikationszeichen × statt des kleinen x eingesetzt werden.

Ableitung:

8te, 30teilig

Bei Ableitungen wie in »Das 300teilige Puzzle...« oder wie in »bei 10facher Vergrößerung« oder der »10te« Teil wird die Zahl ohne Zwischenraum zum nachfolgenden Wort gesetzt. Man kann in Problemfällen hier auch den Zeichenabstand etwas vergrößern.

Neue Rechtschreibung:

30-teilig

Die neue deutsche Rechtschreibung sieht folgende Schreibweise vor: ›30-teilig‹.

Eine Anmerkung zu Zahlen im Text

Zahlen im Text, ebenso in Diagrammen, sollten nur die Genauigkeit haben, die realistisch existiert oder die den Leser in dem Zusammenhang interessiert. So ist es z. B. in einem Artikel besser zu schreiben: ›*Siebzig Prozent der Einwohner Deutschlands sind Nichtraucher*‹ statt hier *neunundsechzig* oder gar 69,2 zu verwenden (Dezimalbrüche werden als Zahl gesetzt). Dies ist natürlich immer eine Entscheidung des Autors und nicht desjenigen, der den Satz ausführt!

Datumsangaben

Die Komponenten einer Datumsangabe werden im Deutschen nur durch schmale Leerzeichen unterteilt. Da eine Datumsangabe nicht umbrochen werden sollte, benutzt man vorzugsweise das nicht-trennende schmale Leerzeichen: 12.7.2001. Dies gilt auch, wenn Monatsnamen verwendet werden. Der Jahreszahl folgt ein Punkt nur am Satzende! Bereichsangaben erfolgen bei Jahreszahlen durch den Schrägstrich, etwa in: 1945/46.

Da die Datumsschreibweise von Land zu Land recht verschieden ist (in den USA steht beispielsweise der Monat vor dem Tag), sieht eine internationale Norm (ISO R2014-1971) eine neue, wenn auch typographisch ausgesprochen häßliche, Schreibweise für Datumsangaben im internationalen Schriftverkehr mit folgendem Aufbau vor:

Jahr–Monat–Tag–Stunde–Minute

wobei Stunden und Minuten in den meisten Fällen weggelassen werden können. Einstellige Zahlen werden nach der Norm mit führenden Nullen angegeben. Das Datum des vorherigen Beispiels lautet damit: 2001-07-12.

Datumsangaben:

12.⎵7.⎵2001

ISO-Norm R2014-1971:

2001-07-12-17-45

Einfache Formeln und Gleichungen

Bei einfachen Formeln und Gleichungen im Text wird zwischen den Elementen ein kleiner Zwischenraum gesetzt, also: 7⎵+⎵10⎵=⎵17 statt: 7+10=17.
Als Zwischenraum sollte ein Leerzeichen verwendet werden, eventuell das nicht-trennende. Vorzeichen werden ohne Abstand gesetzt und sind korrekt nicht der Bindestrich, sondern das Minuszeichen aus einem mathematischen Font (z.B. SYMBOL) oder der Gedankenstrich des Standard-Fonts, da dieser dem korrekten Minuszeichen näher kommt als der zu kurze Bindestrich.

Wird für die Formelerstellung ein Formeleditor benutzt, so sollte dieser selbständig für eine korrekte Schreibweise sorgen.

In Formeln Zahlen mit Abstand setzen:

7⎵–⎵10⎵=⎵–3

DIN- und ISO-Nummern

Ist eine DIN- oder ISO-Nummer länger als vier Stellen, so werden von rechts nach links Dreiergruppen gebildet und durch einen schmalen Zwischenraum optisch getrennt. Also etwa:

DIN 16 507, ISO 75 314

DIN-Nummern:
Bei mehr als 4 Ziffern:

DIN⎵75|314

Kapitel 6
Schreibregeln

Telefon-, Telefax- und Postfachnummern

Telefon- und Telefax:
bei mehr als 4 Ziffern:

(0 89) 6 80 04-24 6

Postfach-Nr.:
bei mehr als 3 Ziffern:

Postfach 35 28

Telefon- und Telefaxnummern werden, ebenso wie Postfachnummern, ausgehend von rechts, in Zweiergruppen mit einem Zwischenraum gesetzt, sofern die Nummer aus mehr als vier Ziffern besteht. Die Vorwahl kann zusätzlich in Klammern geschrieben und durch einen kleinen Zwischenraum von der nachfolgenden Nummer getrennt werden. Ideal wäre ein Achtelgeviert, ein Viertelgeviert ist auch möglich; hier darf aber auch ein nicht-trennendes Leerzeichen eingesetzt werden. Die Vorwahl läßt sich ebenso durch einen Bindestrich, auch *Divis* genannt, abtrennen; also etwa: 0 89-6 80 04.

Wurde die Vorwahl durch runde Klammern eingefaßt, folgt die Nebenstellennummer der eigentlichen Teilnehmernummer durch einen Bindestrich (Divis) ohne weiteren Zwischenraum abgesetzt, also z. B.: (07 21) 6 80 04-24 5.

Kontonummern und Bankleitzahlen

Kontonummer:

Kto. nr. 8 800 690

Bankleitzahl:

(BLZ 661 900 00)

Die Nummern von Bankkonten werden von rechts in Dreiergruppen durch einen schmalen Zwischenraum untergliedert.

Die Bankleitzahl besteht aus acht Stellen; sie wird mit dem Kürzel BLZ in Klammern gesetzt und der Kontonummer vorangestellt. Sie wird von links nach rechts in zwei Dreiergruppen und eine Zweiergruppe zerteilt. Zwischen Kontonummer und Bankleitzahl sollte ein Viertelgeviert als Zwischenraum stehen.

(BLZ 700 700 10) 5 604 400

Postbank:

2946 28-799

Bei Postbanknummern werden die beiden letzten Ziffern der Vornummer durch einen schmalen Zwischenraum abgetrennt. Diesem folgt, durch einen Bindestrich abgesetzt, die eigentliche Kontonummer. Bei der Postbanknummer darf der Ort der Postbank nicht vergessen werden!

Postbank Karlsruhe, Konto 2946 97-799

Postleitzahlen

75210 Keltern 4

Postleitzahlen werden in der Bundesrepublik stets fünfstellig und ohne Untergliederung geschrieben. Folgt dem Ortsnamen eine Ortsnummer, wird diese mit einem Leerzeichen abgesetzt.

Paragraphen: §

Das Paragraphenzeichen wird von der nachfolgenden Nummer durch ein (nichttrennendes) Leerzeichen abgesetzt, diesem folgt – soweit erforderlich – nach einem weiteren Leerzeichen der Absatz. Eine Gliederung der Paragraphennummer findet nicht statt. Ist die Aussage ›von § x bis § y‹, so lautet die Schreibweise dafür: §§ 415–444 ZPO.

§ 238 Abs. 1 HGB
oder
§ 238 (1) HGB

§§ 415–444 ZPO

6.2 Absatz-Numerierung

Auch die Nummern in Überschriften zur Absatznumerierung sowie bei Aufzählungen und Gliederungen unterliegen gewissen Konventionen. So erhält eine einstellige Nummer in einer Überschrift keinen Punkt, während bei mehrstelligen Nummern die einzelnen Gliederungsstufen durch einen Punkt getrennt werden. Dies gilt in Überschriften sowohl für arabische, römische als auch alphabetische Nummern. In einer Aufzählung hingegen folgt den Ziffern oder Buchstaben ein Punkt oder ein runde Klammer ›) ‹, nicht jedoch beides! Hier bietet es sich an, für Ziffern den Punkt und für Buchstaben die Klammer zu verwenden, wie die Beispiele in Tabelle 6-2 zeigen.

Absatznummern:		
1	1. Stufe	
1.1	2. Stufe	
1.1.1	3. Stufe	
A	1. Stufe Anhang	
A.1	2. ” ”	
Aufzählungen:		
1.	oder	
i.	römisch	
I.	Römisch	
a)	alphabetisch	
A)	alphabetisch	

Tabelle 6-2
Numerierungsart für Überschriften, Anhang und Absätze mit fortlaufenden Nummern

Die Schreibweise von Ordnungszahlen in einigen westlichen Ländern ist in Tabelle 6-1 (Seite 119) zu finden.

**Kapitel 6
Schreibregeln**

6.3 Abkürzungen

Im Fließtext dürfen Abkürzungen, die für mehr als ein Wort stehen, nicht den Satzanfang bilden. So muß es z. B. lauten: ›*Beipielsweise schreibt man ...*‹.

Hingegen ist in der folgenden Situation die Abkürzung zulässig: ›*Dies wäre z. B. ...*‹ zu schreiben.

Bei Abkürzungen wie ›S.‹ (für ›Seite‹), ›Nr.‹ (für ›Nummer‹), ›Bd.‹ (für ›Band‹) und ›Abb.‹ (für ›Abbildung‹) oder ›Anm.‹ (für ›Anmerkung‹) sollte die Abkürzung nur dann verwendet werden, wenn vor der Abkürzung weder ein Artikel noch eine Zahl steht. Also beispielsweise: ›*Siehe hierzu auch S. 128.*‹
Jedoch sollte man schreiben: ›*Die Seite 128 zeigt ...*‹.

Desgleichen darf *Nummer* bei: ›*Die Nummer 8 hat ...*‹ oder in dem Satzanfang ›*Die 8. Nummer ...*‹ nicht abgekürzt werden; hingegen ist dies in ›*Siehe auch Nr. 3.*‹ erlaubt.

Mit Ausnahme der Abkürzung ›usw.‹ (für *und so weiter*) werden die meisten Abkürzungen, die für zwei oder mehr Worte stehen, mit einem Zwischenraum zwischen den einzelnen Kürzeln geschrieben, der etwas kleiner als der normale Wortzwischenraum ist. Der Zwischenraum muß auf die Schrift und die Art des Textes abgestimmt sein und darf sich zwischen einem Viertelgeviert und einem Achtelgeviert bewegen. Beispiele dazu zeigt Tabelle 6-3.

Solche Abkürzungen sollten wie Währungs- oder Maßeinheiten nicht durch den Umbruch von der davorstehenden oder nachfolgenden Zahl getrennt werden. In den meisten DTP-Programmen verhindert das Programm bei Verwendung schmaler Leerzeichen diese Trennung automatisch.

Maße, Gewichte und andere physikalische Einheiten erhalten keine Abkürzungspunkte.

Benutzt man ein Symbol als Abkürzung (wie etwa † für ›gestorben‹), so sollte seine Bedeutung im aktuellen Zusammenhang klar sein; ansonsten verwendet man besser die entsprechende Textabkürzung oder schreibt den Begriff aus. Einige der Symbole sind nur in Sonderzeichensätzen zu finden, wie etwa in ›Universal News + Commercial Pi‹ von Adobe.

Benötigt man sie wenig, kann man sie in Einzelfällen, wie hier im Buch geschehen, auch aus einer kleinen Graphik zusammensetzen. Kommen sie häufiger vor oder werden höhere typographischen Ansprüche gestellt, muß man sich den entsprechenden Zeichensatz zulegen.

6.3 Abkürzungen

Insgesamt sollte man außerhalb von wissenschaftlichen und technischen Publikationen mit Abkürzungen sparsam umgehen – eine Ausnahme sind Tabellen. Oft behindert die Abkürzung den Lesefluß – insbesondere, wenn sie nicht sicher als bekannt vorausgesetzt werden kann. Nicht sehr bekannte Abkürzung sollte man im Text zunächst einführen bevor man sie wiederholt verwendet.

Abbildung	Abb.		
Anmerkung	Anm.		
Band, Bände	Bd., Bde.		
Nummer	Nr.		
Seite	S.		
vergleiche	vgl.		
und so weiter	usw.	ohne Zwischenraum!	
außer Dienst	a. D.		
das heißt	d. h.		
im allgemeinen	i. allg.		
im engeren Sinne	i. e. S.		
und anderes	u. a.		
und anderes mehr	u. a. m.		
und ähnliches	u. ä.		
und vieles andere mehr	u. v. a. m.	reduzierter Zwischenraum	
und dergleichen mehr	u. dgl. m.		
über dem Meeresspiegel	ü. d. M.		
vorgelesen, genehmigt und unterschrieben	v. g. u.		
siehe auch	s. a.		
zum Teil	z. T.		
zum Beispiel	z. B.		
weiblich	♀	oder	weibl.
männlich	♂	oder	männl.
verlobt	○	oder	verl.
verheiratet	⚭	oder	verh.
geschieden	⚮	oder	gesch.
geboren	*	oder	geb.
gestorben	†	oder	gest.
gefallen	⚔	oder	gef.
begraben	⚰	oder	begr.

Tabelle 6-3
Häufig vorkommende Abkürzungen. Hier wird der Zwischenraum bewußt übertrieben dargestellt. Korrekt benutzt man als Abstand ein 1/4-Geviert oder ein 1/8-Geviert.

Kapitel 6
Schreibregeln

Gradzeichen

Gradzeichen: °

12°␣Ost
41␣°C
72␣°F
41␣Grad Celsius

Grad/Minuten/Sekunden:

91°12' 20" Nord

Während das Gradzeichen ° im Normalfall direkt hinter der Zahl steht, also z. B. ›36° Ost‹, wird es bei Vorhandensein einer nachfolgenden Einheit mit einem Leerzeichen von der Zahl getrennt und ohne Zwischenraum vor die Einheit gesetzt; also z. B. ›41 °C‹ oder ›74 °F‹.

Wird die Einheit ausgeschrieben, so sollte auch Grad ausgeschrieben werden, also z. B.: *41 Grad Celsius*.

In der Schreibweise ›Grad und Minuten‹ für eine Richtungsangabe, setzt man die Werte dicht, d. h. ohne Zwischenraum. Für die Minutenangabe stehen die senkrechten Anführungszeichen (oder Inch-Zeichen) zur Verfügung. Das gleiche gilt für Minuten- und Sekundenangaben in der Form ›*35'20"*‹ für die Richtungsangabe von ›35 Minuten und 20 Sekunden‹.

Prozent- und Promillezeichen

Prozent, Promille:

45␣%, 0,8␣‰
aber
100%iger Treffer

Prozent- und Promillezeichen werden im Standardfall durch einen kleinen Zwischenraum (kleiner als der Standardwortabstand) von der vorangehenden Zahl getrennt, bei Ableitungen oder Wortbildungen entfällt er jedoch. Also:

3␣% Alkohol, 7␣‰ Azeton und …

aber: ›*eine 2%ige Lösung aus …*‹.

6.4 Unterschiedliche Anführungszeichen

Deutsche
Anführungszeichen:

‚…' und „…"
oder
›…‹ und »…«

Die Konventionen und Möglichkeiten von Anführungszeichen sind recht vielfältig und von Land zu Land verschieden. Während im anglo-amerikanischen Sprachraum die Zeichen '…' und "…" als einfache und doppelte öffnende und schließende Anführungszeichen verwendet werden, sind in Deutschland **nur** die Zeichen ‚…' und „…" korrekt. Statt ihrer können jedoch auch die französischen einfachen und doppelten Anführungszeichen ›…‹ und »…« verwendet werden, wobei nach deutscher Konvention die Spitze zum Wort hin weist, während in Frankreich und in der Schweiz die Spitzen nach außen zeigen (also in der Form ‹…› und «…»). Diese Zeichen werden korrekter *Anführungszeichen* und *Abführungszeichen* genannt.

6.4 Unterschiedliche Anführungszeichen

Es ist darauf zu achten, daß die Anführungszeichen in einem Text nicht gemischt in deutscher und französischer Schreibweise benutzt werden! Auch sollte die Anwendung von einfachen und doppelten Anführungszeichen konsistent im ganzen Dokument sein.

Werden in einem Text sowohl einfache als auch doppelte Anführungszeichen verwendet, so empfiehlt es sich, die einfachen für Begriffe, die doppelten für Zitate und wörtliche Rede zu benutzen. Auf diese Weise lassen sich auch Situationen meistern, in denen Anführungszeichen geschachtelt vorkommen, etwa wie in:

Er sagte: „Das Wort ‚Verrat' habe ich nie gebraucht!".

Anführungszeichen werden im Deutschen und bei den meisten anderen Sprachen zum Text hin in der Regel ohne Zwischenraum gesetzt. In ungünstigen Fällen benutzt man einen schmalen Zwischenraum (Spatium*) oder einen vergrößerten Zeichenabstand. In Tabelle 6-4 sind Zwischenräume, soweit sie für die jeweilige Sprache gefordert werden (z. B. im Französischen), durch ▯ (grauen Rahmen) symbolisiert.

* bei DTP ein Achtelgeviert oder ein entsprechend vergrößerter Zeichenabstand

Sprache:	Anführungszeichen im Grundtext	Überschriften:
Deutsch, Begriffe:	‚...'	„..."
Deutsch, wörtliche Rede:	„..."	„..."
Deutsch, Begriffe:	›...‹	»...«
Deutsch, wörtliche Rede:	»...«	»...«
Englisch, Begriffe:	'...'	"..."
Englisch, wörtliche Rede:	"..."	"..."
Französisch, Begriffe:	▯‹...›▯	‹...›
Französisch, wörtliche Rede:	▯«...»▯	"..."
Schweiz, Begriffe:	‹...›	‹...›
Schweiz, wörtliche Rede:	«...»	"..."
Italienisch:	▯«...»▯	"..."
Spanisch, wörtliche Rede:	"..."	"..."
Spanisch, wörtliche Rede:	«...»	«...»
Portugiesisch:	«...»	"..."
Niederländisch:	„..."	„..."
Dänisch:	»...«	„..."
Schwedisch:	»...»	"..."
Norwegisch:	«...»	«...»

Tabelle 6-4
Die Konventionen für Anführungszeichen in verschiedenen westlichen Sprachen

▯ markiert hier einen schmalen Zwischenraum.

Kapitel 6
Schreibregeln

Während man einzelne Worte oder Wendungen aus einer anderen Sprache in einem deutschen Text entsprechend den deutschen Anführungszeichen setzt (also etwa der Begriff der ›*Grande Dame*‹), ist es bei ganzen fremdsprachigen Sätzen oder Zwischentexten erlaubt, die Anführungszeichen bzw. Konventionen der jeweiligen Sprache zu benutzen:

Und er verabschiedete sich mit den Worten: "See you again soon".

Apostroph (Auslassungszeichen)

Dem Apostroph als Auslassungszeichen ' am Wortanfang geht ein normaler Wortzwischenraum voran; bei vielen zusammengezogenen Wörtern steht es ohne Zwischenraum: Ein Beispiel hierfür wäre:

›*Halt's Glück fest, wenn* …‹

aber

›*Doch 's kam ganz anders!*‹

Auslassungspunkte

Die *Auslassungspunkte* ›…‹ bestehen aus dem *Ellipsenzeichen* (drei Punkte, die jedoch ein Zeichen darstellen), welches durch ein Leerzeichen vom vorhergehenden Wort getrennt ist. Das Ellipsenzeichen ist in den meisten Zeichensätzen vorhanden und den DTP-Systemen bekannt.

Stehen die Auslassungspunkte am Ende eines Satzes, folgt ihnen mit einem kleinen Abstand das Satzzeichen:

Und damit war's geschehen … .

Unterführungszeichen

Unterführungszeichen " setzt man in die Mitte des zu unterführenden Wortes, wobei Zahlen nicht unterführt, sondern wiederholt werden; also z. B.:[*]

[*] *Das Ausrichten erfolgt mit Tabulatoren und nicht mit Leerzeichen!*

7 Einwohner von München-Perlach
7   ″   ″   ″   Trudering
15   ″   ″   Oberpolding

Die Unterführung gilt auch für Kommata und Bindestriche. Bei mehreren Worten muß jedes einzelne Wort unterführt werden, selbst wenn es sich nur um eine Abkürzung handelt.

Die Ausrichtung der Unterführungszeichen erfolgt bei DTP-Systemen mittels Tabulatoren, da dies präziser und wesentlich änderungsfreundlicher als das Einfügen entsprechender Leerzeichen ist. Außerdem läßt sich dabei die Tabulatoreinstellung von einer Zeile zur nächsten einfach übernehmen, oder alle Zeilen werden als ein Absatz jeweils mit erzwungenem Zeilenbruch realisiert.

6.5 Zwischenräume

In der Typographie werden eine Reihe unterschiedlich breiter Zwischenräume bzw. Abstände eingesetzt. Bei DTP-Programmen gibt man diese durch unterschiedliche Arten von Leerzeichen ein, wobei die absolute Breite jeweils von Schriftgrad und Schriftart abhängt. Stehen solche unterschiedlich breiten Leerzeichen nicht zur Verfügung, so besteht die sehr viel aufwendigere Möglichkeit, mittels Unterschneiden den Zeichenzwischenraum für einzelne Zeichen oder Zeichenpaare zu ändern.

Für den Erstzeileneinzug eines Absatzes verwendet man ein Geviert, d. h. den Raum der Kegelgröße. Eigentlich sollte es der *lichte quadratische Raum* des Zeilenabstands sein, da das Auge die Weißfläche wahrnimmt (also Schriftgrad in Kegelgröße + Durchschuß). Die meisten DTP-Programme bieten jedoch nur das Leerzeichen in der Breite des Schriftgrad-Gevierts an. Benutzt man also einen deutlichen Durchschuß, sollte man diesem Geviert-Leerzeichen noch ein weiteres schmales Leerzeichen hinzufügen, um einen wirklich quadratischen Leerraum am Anfang der Zeile zu erhalten. Dies ist natürlich nur dort notwendig, wo der Einzug durch Leerzeichen erzielt wird, was die Ausnahme sein sollte. In den meisten Fällen erfolgt der Einzug bei DTP durch die Angabe eines entsprechenden Einzugs im Absatzformat!

Das normale Leerzeichen hat etwa die Breite eines Drittel- oder eines Viertelgevierts; man spricht hier auch von einem *Drittelsatz* bzw. einem *Viertelsatz*.

Als Zwischenraum zwischen einer Zahl und der nachfolgenden Einheit verwendet man das Viertelgeviert, und zwar in seiner nicht-trennenden Variante. Zur optischen Unterteilung von Ziffernfolgen wird das Achtelgeviert oder Viertelgeviert eingesetzt.

Die DTP-Programme folgen dieser aus typographischer Sicht idealen Aufteilung leider nicht alle oder nicht vollständig. So fehlt z. B. bei FrameMaker sowohl das Drittelgeviert- als auch das Viertelgeviert-Leerzeichen.* Hier muß man die anderen Breiten entsprechend aus dem Achtelgeviert zusammensetzen.

* *Das Leerzeichen in der Breite eines 1/8-Gevierts wird in der Typographie auch ›Spatium‹ genannt.*

**Kapitel 6
Schreibregeln**

6.6 Verschiedene Textstriche

Die Typographie kennt eine Reihe unterschiedlicher Text-Striche:

Divis, Trennstrich -	❑ Bindestrich und Trennstrich
Gedankenstrich: –	❑ Gedankenstrich
Geviertstrich: —	❑ Geviertstrich
math. Minuszeich.: −	❑ Minuszeichen (mathematisches Zeichen)

Der Bindestrich (Divis): -

Divis, Trennstrich -   Der Trennstrich wird vom DTP-Programm selbständig erzeugt und braucht von Ausnahmen abgesehen nicht eingegeben zu werden. Er wird typographisch mit dem gleichen Zeichen erzeugt wie der Bindestrich, auch *Divis* genannt. Er steht in seiner Funktions als Ergänzungsstrich am Anfang oder Ende eines Wortes (z. B. in »Kopf- und Fußzeilen«). Beginnt ein Wort mit einem solchen Bindestrich, da es als letzter Teil eines zuvorstehenden Wortteils erscheint, wird es klein geschrieben, etwa das Wort ›fahrer‹ in »*Alle Autofahrerinnen und -fahrer* …«.

Der Divis wird bei DTP-Programmen mittels des Minuszeichens der Tastatur eingegeben.

Der Divis wird auch in zusammengesetzten Wörtern (sogenannten *Kuppelwörtern* (›Online-Hilfe‹ oder ›Lisa-Müller-Straße‹) benutzt, ebenso wie in Doppelnamen (z. B. ›Müller-Lüdenscheid‹).

Besteht ein zusammengesetztes Wort aus einem fremdsprachlichen und einem deutschen Wort, so trennt man diese beiden Teile ebenso durch den Divis, jedoch nur dann, wenn das Fremdwort noch nicht als in die deutsche Sprache übernommen betrachtet wird (also ›*Image-Format*‹ statt ›*Imageformat*‹).* Es bleibt hier der Einschätzung des Autors überlassen, wie weit er das entliehene Wort bereits als Teil der deutschen Sprache betrachtet.

* *Hier sollte man weniger auf den eigenen Wortschatz, sondern mehr auf den des Lesers Rücksicht nehmen und im Zweifelsfall einen Divis zu viel setzen.*

Bei langen zusammengesetzten Wörtern erlaubt der Divis das Silbengetüm zu strukturieren und für den Leser einfacher erfaßbar zu machen, etwa in ›Mars-Erkundung‹. Dies ist auch dann zulässig, wenn nach den obigen Regeln eigentlich kein Bindestrich notwendig wäre.

In einer weiteren Situation kann der Divis – hier nun stärker in der Funktions des Trennstrichs als des Bindestrichs – für den Leser hilfreich sein: Bei notwendigen Worttrennungen, wo durch die Trennung im ersten Teil ein sinnwidriges Wort entsteht, etwa in ›*Beschützerin-stinkt*‹; hier würde man ›*Beschützer-Instinkt*‹ schreiben (besser noch die Trennung ganz vermeiden).

6.6 Verschiedene Textstriche

Die gleiche Regel gilt, wenn ein Wort durch eine unterschiedliche Betonung bzw. Leseweise mißverstanden werden kann, wie am Beispiel von ›Streikende‹, was als *Streik-Ende* gelesen werden kann und, falls gemeint, auch genau so geschrieben werden sollte, oder als ›*der streikende Mensch*‹; hier wäre die erste Schreibweise korrekt.

Man sieht also, daß in vielen Situationen ein Divis dem Leser helfen kann, und dies sollte beim Setzen den Vorrang haben!

Der Gedankenstrich: –

Als *Gedankenstrich* wird ein Strich der Länge eines Halbgevierts verwendet; man spricht deshalb auch vom *Halbgeviertstrich.** Ihn benutzt man, um eine Einfügung stärker als durch Kommata abzusetzen. Beim Satzumbruch sollte der Gedankenstrich dann nicht am Zeilenanfang stehen; dies läßt sich jedoch bei den meisten DTP-Programmen nicht automatisieren, es sei denn, man verbindet den Gedankenstrich mit dem vorhergehenden Wort durch ein nichttrennendes Leerzeichen.

Da bereits der Halbgeviert-Strich das Satzbild etwas aufreißt, sollte man auf keinen Fall statt dessen den Geviert-Strich verwenden, sondern eher überlegen, ob ein Komma nicht die gleiche Funktion erfüllt. Der Gedankenstrich wird mit einem Leerzeichen davor und danach gesetzt. Ein Beispiel wäre:

›*Er sagte – und zwinkerte dabei – in ernsthaftem Ton, …*‹

Der Gedankenstrich wird auch in der Bedeutung »von/bis« eingesetzt wie etwa in: ›*Hierzu reichen 3–4 cm …*‹; hier jedoch ohne Zwischenraum, in ungünstigen Fällen mit einem schmalen Zwischenraum, was häufig bei der nachfolgenden Ziffer 4 notwendig ist. Auch hier darf beim Umbruch der Strich nicht vom Text getrennt werden. In problematischen Fällen ersetzt man den Strich durch das Wort ›bis‹ (natürlich mit jeweils einem Leerzeichen als Abstand).

Jahreszahlen im Zusammenhang »von/bis« werden jedoch **nicht** mit dem Gedankenstrich getrennt sondern in der Form ›1991/92‹ gesetzt.

Auch als *Auslassungsstrich* bei Währungen findet der Gedankenstrich Anwendung, also etwa: ›*DM 17,–*‹.

Als Zeichen identisch mit dem Gedankenstrich ist der *Streckenstrich,* der bei Streckenangaben ohne freien Raum zwischen die Streckenkomponenten gesetzt wird. Ein Beispiel hierzu wäre:

»*Die Fahrt Hamburg–Mannheim …*«

Gedankenstrich: –

* *Im Englischen wird der Gedankenstrich als ›n-space‹ bezeichnet, da er etwa die Breite des Zeichens ›n‹ besitzt.*

**Kapitel 6
Schreibregeln**

Setzt man den Strich im Sinne ›gegen‹ ein, so wird der Halbgeviert-Strich mit einem Zwischenraum davor und danach gesetzt:

»*In dem Fußballspiel Hamburg – Stuttgart gewann* … «.

Der Gedankenstrich kann auch bei Aufzählungen als führendes Zeichen benutzt werden und ist dort passender als der Divis. Ihm sollte dann etwa der Leerraum eines Halbgevierts folgen.

Der Gedankenstrich, gleichgültig in welcher seiner Anwendungsformen, sollte nie einem Doppelpunkt folgen!

Der Geviertstrich: —

Geviertstrich: —

Er hat die volle Länge eines Gevierts — . Ihn kann man verwenden, um in Ausnahmefällen kurze Linien aufzubauen. Im Text selbst sollte er als Zeichen nicht vorkommen, insbesondere nicht als Gedankenstrich verwendet werden. In Tabellen kann man ihn einsetzen, um eine Auslassung zu signalisieren!

In England und den USA wird der Geviertstrich vielfach als Alternative zum Gedankenstrich benutzt, dann jedoch dicht oder nur mit geringem Leerraum zum benachbarten Text etwa wie:

»*He told me—though I did not believe him—that he* …«

Dort ist sogar der doppelte Geviertstrich für ausgelassene Zeichen und der dreifache Geviertstrich für ein ausgelassenes Wort üblich!

Das mathematische Minuszeichen: –

Das mathematische Minuszeichen ›–‹ ist etwas länger als der Bindestrich, wobei der Strich die volle Breite der Zeichendickte einnimmt, so daß eine Folge solcher Zeichen eine durchgehende Linie ergibt. Das mathematische Minuszeichen gibt man mit dem Minuszeichen der Tastatur ein und setzt es dann im Zeichensatz (Font) SYMBOL. In diesem liegen die meistbenutzten mathematischen Zeichen. Man kann hier natürlich auch einen anderen mathematischen Font verwenden.

Kapitel 7

Tabellensatz

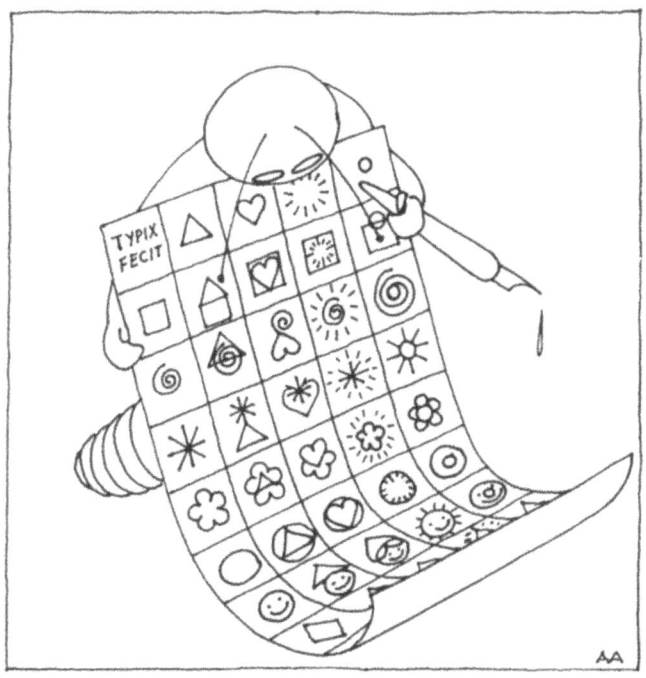

TABELLEN sind vor allem bei technischen Dokumentationen eine Möglichkeit, Zusammenhänge und Zahlenreihen kompakt und übersichtlich darzustellen. Sie sind in diesen Publikationen, in Sach- und Fachbüchern eine wichtige Komponente zum Informationstransfer und damit wesentlicher Teil der Typographie. Dieses Kapitel befaßt sich deshalb mit dem Tabellensatz aus typographischer Sicht.

**Kapitel 7
Tabellensatz**

7.1 Reihensatz oder Tabelle

Zur übersichtlichen Darstellung größerer Zahlenmengen, Abhängigkeiten oder Aufzählungen mit mehreren Elementen pro Zeile verwendet man *Reihensatz* oder Tabellen. Vom Aussehen unterscheidet sich Reihensatz kaum oder gar nicht von einer Tabelle. Von einem Reihensatz spricht man, wenn Informationen zeilen- bzw. reihenweise untereinander gesetzt werden.* Beim DTP trennen beim Reihensatz Tabulatoren die Informationselemente bzw. Felder einer Reihe. Ob man für die Informationsaufbereitung Reihensatz oder eine Tabelle benutzt, ist also mehr eine Frage der Zweckmäßigkeit, oder ob das DTP-Paket eine echte Tabellenfunktion bzw. einen Tabelleneditor anbietet und weniger eine Frage des Aussehens. Auch wird man kleine Tabellen eher als Reihensatz aufbereiten und größere Listen eher als Tabelle – der Übergang ist also fließend.

> * Als Beispiel siehe Tabelle 7-4.

Daneben werden Tabellen in DTP-Systemen auch dann häufig benutzt, wenn man mehrere Graphiken nebeneinander anordnen und beschneiden möchte oder andere komplizierte Kompositionen hat, die sich andersartig nur schwierig und änderungsunfreundlich gestalten lassen.

7.2 Tabellenkomponenten

Technisch läßt sich eine Tabelle in die *Überschrift*, den *Tabellenkopf* und den *Tabellenfuß* untergliedern. Der Fuß wiederum unterteilt sich in die *Vorspalte* und die *Hauptspalten*. Die Tabelle selbst besteht aus mehreren Spalten – auch *Kolonnen* genannt. Den einzelnen Eintrag bezeichnet man auch in Analogie zum Rechenblatt als *Tabellenzelle* oder *Tabellenfeld* (siehe Abb. 7-1).

Die Überschrift bzw. der *Tabellentitel* gibt den Zweck der Tabelle an. Sie ist Teil der Tabelle und erstreckt sich in den meisten Fällen über mehrere Spalten hinweg. Praktisch ist es, wenn der Tabellentitel eine fortlaufende Nummer besitzt, auf die man verweisen kann.

Im Tabellenkopf wird die Funktion der einzelnen Spalten beschrieben. Häufig wird hier fett ausgezeichnete Schrift benutzt, um eine Hervorhebung zu erreichen. Kurze Kolonnentitel ergeben in der Regel optisch und aus Sicht der Informationspräsentation das bessere Ergebnis. Abkürzungen sind hier erlaubt. So ist z. B. ›Abfahrt‹ besser als ›Abfahrtszeit‹ und ›Nr.‹ besser als ›Nummer‹. Wird nicht in der Gesamttabelle mit der gleichen Einheit gearbeitet, so sollte hier auch die Einheit oder das Maßsystem der entsprechenden

Spalten angegeben werden. Sind die Zahlenspalten selbst schmal, der Text des Titels aber breit, so besteht die Möglichkeit, den Titeltext zu rotieren, wie die Tabelle 7-12 (auf Seite 144) zeigt. Die Vorspalte enthält bei horizontal angelegten Tabellen den Begriff, das Stichwort oder die Funktion der jeweiligen Tabellenzeile. Sie wird deshalb auch *Legende* genannt. Bei langen Tabellen werden teilweise auch die Kopfzeilen am unteren Tabellenrand nochmals wiederholt. Man spricht dann (etwas verwirrend) von Fußzeilen; sie gehören nämlich nicht zum Fußteil (Tabellenrumpf).

7.2 Tabellenkomponenten

Kenndaten verschiedener Elemente

Material	Dichte $g \cdot cm^{-3}$	Schmelzpunkt °C	Schmelzwärme $cal \cdot g^{-1}$	Siedepunkt bei 760 Torr °C
Aluminium	2,70	660,1	96,0	2 330
Blei	11,30	327,3	5,9	1 750
Eisen	7,86	1 540,0	64,0	2 800
Gold	19,30	1 063,0	15,4	2 660
Silber	10,50	960,8	25,0	2 180
Kupfer	8,90	1 083,0	49,0	2 580
Platin	21,40	1 770,0	27,0	4 010
Wolfram	19,30	3 380,0	46,0	5 900

Tabelle 7-1
Beispiel einer geschlossenen Tabelle mit Lineatur für alle Spalten

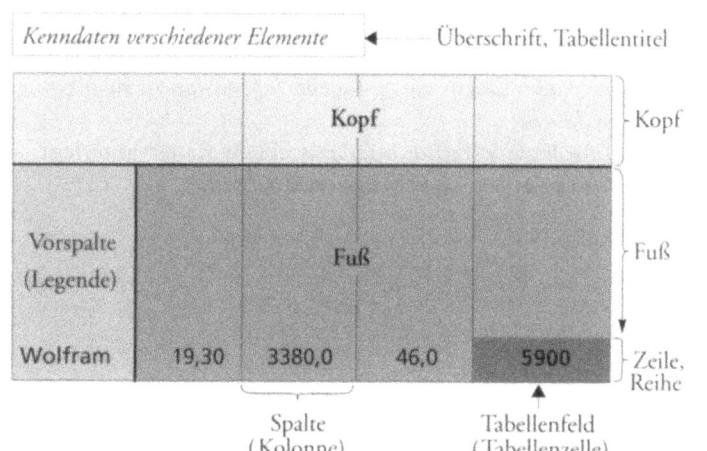

Abb. 7-1
Die Komponenten einer Tabelle

Kapitel 7
Tabellensatz

Die Tabelle selbst stellt man vom umgebenden Text durch einen Weißraum oben und unten optisch frei. Jeweils eine Leerzeile ergibt hier ein brauchbares Bild.

Die Lineatur

Hat eine Tabelle Linien, so spricht man von der *Lineatur* (auch *Liniatur* ist korrekt). Hierbei unterscheidet man wiederum die *Kopf-* und *Fußlinien* (a und b), welche die Tabelle nach oben und unten abgrenzen, die *Halslinie* (c), die den Tabellenkopf vom Tabellenfuß trennt sowie die horizontalen (f und g) und vertikalen *Unterteilungslinien* (e). Die *Randlinien* schließlich sind in der Typographie die Linien rechts und links am Tabellenrand (d).

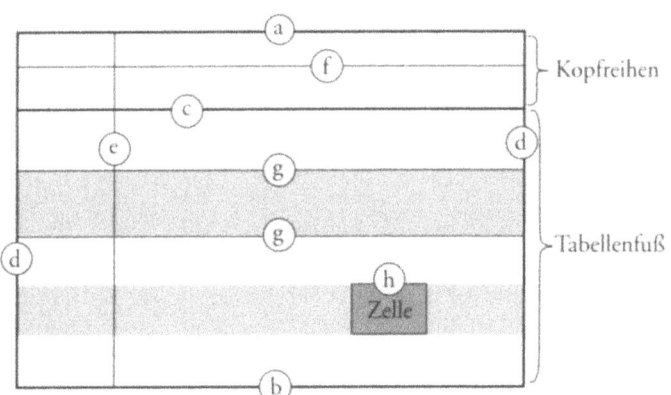

Abb. 7-2
Die Tabellenlineatur

Ist die Tabelle wie im Beispiel der Tabelle 7-2 links und rechts von Linien eingerahmt, so spricht man von einer *geschlossenen Tabelle*; fehlen diese Außenlinien wie in Tabelle 7-3, so spricht man von einer *offenen Tabelle*.

Sind Tabellenteile farbig oder mit einem Raster unterlegt, so spricht man von einer *Schattierung* oder *Schraffur*.

7.3 Tabellenkonzeption

Beim Anlegen von Tabellen bewährt sich ein systematisches Vorgehen in folgenden Schritten:

Was soll in die Tabelle?
Bevor man mit dem Aufbau der eigentlichen Tabelle beginnt, sollte man sich zunächst überlegen was (alles im Einzelnen) in die Tabelle kommen soll. Versuchen Sie dabei, die Tabelle so einfach wie möglich zu gestalten. Häufig können Zahlen gerundet werden – die dritte Stelle hinter dem Komma ist zumeist überflüssig, sofern Vorkommastellen vorhanden sind.*

* *Bei kleineren Währungsbeträgen benutzt man meist zwei Nachkommastellen.*

Horizontale oder vertikale Anordnung?
Danach ist die Anordnung der einzelnen Informationen in der Tabelle festzulegen, d. h. es wird definiert, was in Reihen und was in Spalten angelegt wird. Wie die Tabellen 7-2 und 7-3 zeigen, lassen sich oft Informationen sowohl horizontal als auch vertikal ausrichten.

Belichtungspreise in DM, zzgl. MWSt.

Format	A5	A4	A3	A2
1 Seite	7,50	15,00	21,00	45,00
ab 2 Seiten	6,00	12,00	16,00	43,00
ab 10 Seiten	5,50	9,50	13,00	41,00
ab 50 Seiten	4,50	6,50	11,50	40,00
ab 100 Seiten	3,50	5,50	10,00	38,50
ab 500 Seiten	3,00	5,00	9,50	37,00

Tabelle 7-2
Die Formate sind hier horizontal angeordnet, die Seiten-Preisstaffeln vertikal.

Belichtungspreise in DM, zzgl. MWSt.

Format	1 Seite	ab 2 Seiten	ab 10 Seiten	ab 50 Seiten	ab 100 Seiten	ab 500 Seiten
A5	7,50	6,00	5,50	4,50	3,50	3,00
A4	15,00	12,00	9,50	6,50	5,50	5,00
A3	21,00	16,00	13,00	11,50	10,00	9,50
A2	45,00	43,00	41,00	40,00	38,50	37,00

Tabelle 7-3
Die Formate sind hier vertikal angeordnet, die Seiten-Preisstaffeln horizontal.

**Kapitel 7
Tabellensatz**

Reihenfolge festlegen

Nun legt man die Reihenfolge der Daten nebeneinander und untereinander fest. Hier gilt generell, daß Ähnliches möglichst benachbart stehen sollte.

Ausrichtung definieren

Für die einzelnen Spalten ist nun die Ausrichtung festzulegen, oft getrennt für den Tabellenkopf, in dem häufig mit einer Zentrierung gearbeitet wird, und die Rumpfspalten.

Die erste Spalte wird in den meisten Fällen links ausgerichtet, da sie optisch den linken Rand der Tabelle bilden, zumindest, wenn es sich um eine offene Tabelle handelt. In ihr sind bei horizontal ausgerichteten Tabellen die Reihenlegenden zu finden, so daß dies auch von der Funktion her paßt.

Zahlenspalten sollten am Dezimalzeichen (Komma oder im Englischen an einem Punkt)[*] oder bei ganzen Zahlen oder gleicher Anzahl von Nachkommastellen auch rechts ausgerichtet sein. Bei großen Zahlen erleichtert bei konventioneller Schreibweise eine optische Unterteilung durch einen schmalen Leerraum oder einen Punkt an den Tausender- und Millionengrenzen (usw.) dem Leser das Erfassen. Hier kann man insbesondere bei technischen Dokumenten den Unterteilungspunkt dem Leerraum vorziehen.

Meist ergibt bei schmalen Zeilen ein zentrierter Spaltentitel das beste Bild (dies wird auch ›*axial gesetzt*‹ genannt). Bei breiteren Spalten und breiteren Spalteninhalten betont die gleiche Ausrichtung von Spaltenkopf und Spalte die Ausrichtung. Vergleichen Sie hierzu Tabelle 7-14 und 7-15.

Eine axiale Ausrichtung eignet sich für kurze Informationen (Zeichen) mit unterschiedlicher Breite.

Verzichtet man auf horizontale Trennlinien und ergeben sich Spalten mit stark unterschiedlicher Textlänge, so läßt sich mit Füllzeichen optisch eine Führung des Auges erreichen und dem Leser damit das Suchen erleichtern.[**]

Tabellen anlegen

Nun erst legt man die Tabelle an. Besitzt das DTP-Paket einen Tabelleneditor, wird natürlich dieser verwendet. Ansonsten muß man mit Tabulatoren arbeiten, wobei fast alle DTP-Pakete linksbündige, zentrierte, rechtsbündige und an einem vorgebbaren Zeichen auszurichtende Tabulatoren (zumeist am Dezimalzeichen) anbieten.

Zunächst wird die Tabelle grob angelegt. Feinere Korrekturen macht man erst, wenn die Tabelle fertig erfaßt ist. Nun

[*] *Siehe hierzu Kapitel 6.1.*

[**] *wie in Tabelle 7-4*

müssen nochmals die Schriftgrade und Tabulatorpositionen korrigiert werden. Auch hier gilt, daß weniger mehr ist, d.h. man sollte mit möglichst wenig unterschiedlichen Schriftgraden und einheitlichen Spaltenbreiten auskommen.

Schreibweise in Tabellen

Fast immer ist der Platz in Tabellen knapp. Aus diesem Grund darf hier mit Kurzformen, Abkürzungen und Symbolen statt ausgeschriebenen Worten gearbeitet werden (z.B. ›kg‹ statt ›Kilo‹). Bei ausreichendem Platz sind die abgekürzten Einheiten in der Zelle besser als im Spaltenkopf.

Schrift in Tabellen

Der Schriftgrad sollte ein bis zwei Punkt unter dem der Werkschrift liegen. Reicht auch das nicht, kann man schmallaufende Schriften verwenden. Die Schrift der Tabellen sollte möglichst im ganzen Dokument konsistent gehalten werden.

Lineatur und Schraffur anlegen

Schließlich wird die Lineatur, die Schraffur und die Farbe in die Tabelle eingesetzt. Die Abstände sind danach nochmals zu korrigieren. Auch hier liefert die sparsame Verwendung unterschiedlicher Stile bessere Ergebnisse.

Betrachten Sie die Tabelle danach etwas aus der Ferne und prüfen Sie, ob das Gesamtbild noch stimmt, ob einzelne Elemente nicht zu fett, dunkel oder leicht sind und ob die Linienstärken zum Gesamtbild der Seite passen.

Tabelle 7-4 wurde statt mit einem Tabelleneditor aus einzelnen Zeilen mit Tabulatoren aufgebaut.

Tabelle 7-4: **Die Metazeichen des UNIX-Programms ›awk‹**

Funktion	Metazeichen	Anmerkung
beliebiges Zeichen (genau 1 Zeichen)	.	nicht \n
beliebige Zeichenkette	.*	auch leere Zeichenkette
beliebige Wiederholung	*	auch keine Wiederholung
keine oder eine Wiederholung	?	
eine oder mehrere Wiederholungen	+	
eines der Zeichen aus [...]	[...]	in alphabetischer Reihenfolge
keines der Zeichen aus	[^...]	in alphabetischer Reihenfolge
am Satzanfang	^muster	
am Satzende	muster$	z.B. /^$/ → Leerzeile
a oder b	a|b	a, b regulärer Ausdruck

7.4 Tabellengliederung

Die einzelnen Teile einer Tabelle (Überschrift, Kopf, Vorspalte und Tabellenfuß) müssen optisch gegliedert sein. Hierzu stehen Weißraum, Linien, Farb- oder Rasterflächen, bei kleinen Tabellen auch der Wechsel der Schriftauszeichnung zur Verfügung.

Tabelle 7-5 Optische Untergliederung durch vertikalen Weißraum. Bei Ausgabe auf Laserdrucker (600 dpi) ist ein Abstand zwischen den Zeilen oder Spalten besser als ein Raster unter der Schrift. Der Tabellentitel (oder die Legende) darf nur dann weggelassen werden, wenn die Funktion der Tabelle aus dem Umgebungstext klar erkenntlich ist.

Material	Dichte $g \cdot cm^{-3}$	Schmelz-punkt °C	Schmelz-wärme $cal \cdot g^{-1}$	Siedepunkt bei 760 Torr °C
Aluminium	2,70	660,1	96,0	2 330
Blei	11,30	327,3	5,9	1 750
Eisen	7,86	1 540,0	64,0	2 800
Platin	21,40	1 770,0	27,0	4 010
Gold	19,30	1 063,0	15,4	2 660
Silber	10,50	960,8	25,0	2 180
Wolfram	19,30	3 380,0	46,0	5 900
Zink	7,10	419,0	25,0	910
Natrium	21,40	98,0	27,0	883
Diamant	3,50	3 600,0		4 300
Graphit	2,30	3 600,0		4 300
Wasser	1,00	0,0	80,0	100
Alkohol	0,79	-114,0	25,0	78
Äther	0,71	-123,3	23,0	34

Lange oder sehr breite Tabellen werden nochmals weiter unterteilt. Dies kann ebenfalls mit den oben erwähnten Mitteln geschehen, wobei sich diese dann von der Grundgliederung unterscheiden sollten, z. B. durch Verwendung unterschiedlicher Linienstärken, unterschiedlich großer Abstände oder unterschiedlicher Hintergrundraster oder Farben.

Die sparsame Verwendung von Linien, Farben und Schraffuren ergibt immer ein besseres Gesamtbild, wie die Beispiele auf Seite 141 zeigen. Verzichtet man ganz auf Linien, Schraffuren und Farbe innerhalb der Tabelle, so grenzen oft eine obere und untere Linie die Tabelle harmonisch ab, insbesondere dann, wenn sonst wenig Weißraum möglich ist oder die Tabelle wie in Tabelle 7-12 in die Marginalienspalte hineinreicht oder sich über mehrere Spalten erstreckt.

7.4 Tabellengliederung

Kenndaten verschiedener Elemente

Material	Dichte	Schmelz-punkt	Schmelz-wärme	Siedepunkt bei 760 Torr
	$g \cdot cm^{-3}$	°C	$cal \cdot g^{-1}$	°C
Aluminium	2,70	660,1	96,0	2 330
Blei	11,30	327,3	5,9	1 750
Eisen	7,86	1 540,0	64,0	2 800
Gold	19,30	1 063,0	15,4	2 660
Silber	10,50	960,8	25,0	2 180
Platin	21,40	1 770,0	27,0	4 010

Tabelle 7-6
Beispiel einer geschlossenen Tabelle

Kenndaten verschiedener Elemente

Material	Dichte	Schmelz-punkt	Schmelz-wärme	Siedepunkt bei 760 Torr
	$g \cdot cm^{-3}$	°C	$cal \cdot g^{-1}$	°C
Aluminium	2,70	660,1	96,0	2 330
Blei	11,30	327,3	5,9	1 750
Eisen	7,86	1 540,0	64,0	2 800
Gold	19,30	1 063,0	15,4	2 660
Silber	10,50	960,8	25,0	2 180
Platin	21,40	1 770,0	27,0	4 010

Tabelle 7-7
Beispiel einer offenen Tabelle mit wenig Lineatur

Kenndaten verschiedener Elemente

Material	Dichte	Schmelz-punkt	Schmelz-wärme	Siedepunkt bei 760 Torr
	$g \cdot cm^{-3}$	°C	$cal \cdot g^{-1}$	°C
Aluminium	2,70	660,1	96,0	2 330
Blei	11,30	327,3	5,9	1 750
Eisen	7,86	1 540,0	64,0	2 800
Gold	19,30	1 063,0	15,4	2 660
Platin	21,40	1 770,0	27,0	4 010

Tabelle 7-8
Tabellengliederung nur durch weißen Raum

**Kapitel 7
Tabellensatz**

*Tabelle 7-9
Unterteilung durch Lineatur.
Hier sollte der Abstand zwischen Text und Lineatur ein Halbgeviert betragen – soweit der Platz dafür ausreicht. Auch die Weißräume in den Spalten sollten möglichst gleich sein.*

Einige typographische Größenbezeichnungen

Bezeichnung	Unter-teilung	mm	Didot-Pt. neu	DTP-Point	Pica Points
Didot-Pt. neu	1,0 m/2660	0,375	1,000	1,063	1,067
Cicero neu	12 Didot-Pt.	4,500	12,000	12,755	12,806
amerik. Point	35 cm/996	0,351	0,937	0,995	1,000
DTP-Point	1/72 Inch	0,353	0,941	1,000	1,004
DTP-Pica	1/6 Inch	4,230	11,280	12,000	12,038
Millimeter	1/1000 m	1,000	2,667	2,834	2,846
Inch	2,54 cm	25,400	67,733	72,000	72,282
Pica	6 Points	2,108	5,621	5,980	6,000

Ein Liniengitter in der Tabelle macht dann Sinn, wenn die einzelnen Tabellenzellen groß (und breit) sind und mit einem Textumbruch im Tabellenfeld gearbeitet wird, oder wenn die Spalten aus Platzgründen so schmal gehalten werden müssen, daß eine optische Ausrichtungshilfe für das Auge notwendig wird.

Bei Verwendung einer Tabellenlineatur ist darauf zu achten, daß die Linienstärke zum gewählten Schriftgrad und zur Schriftstärke paßt. Der DTP-Anfänger tendiert hier dazu, zu starke Linien zu verwenden. Der Abstand zwischen dem Text und der Linie sollte minimal ein Halbgeviert betragen – soweit der Platz es erlaubt. Dies gilt auch für die Außenrahmen und die oberen und unteren Begrenzungslinien. Auch beim Unterlegen mit einer Schraffur gilt diese Abstandsregel!

Arbeitet man mit Rastern und wird auf einen Belichter oder einen hochauflösenden Laserdrucker ausgegeben, so läßt sich statt einer Lineatur auch eine Schraffur oder sogar Farbe als Untergliederungsmittel einsetzen. Dabei ist darauf zu achten, daß die Schrift zur Farbe oder zur Schraffur noch ausreichend Kontrast hat. Als Farben sollten vorzugsweise gedeckte, helle Farben benutzt werden.

Eine weitere mögliche Strukturierung zeigt Tabelle 7-11, wo Reihen und Spalten durch das Raster ein Schachbrett bilden, was sowohl eine horizontale als auch eine vertikale Leitlinie bildet. Eine solche Tabelle benötigt jedoch ausreichend Platz und Freiraum um die einzelnen Tabellenfelder.

Erfolgt die Ausgabe auf Laserdrucker mit einer Auflösung von 600 dpi, so ist es besser, ganz auf Raster zu verzichten und stattdessen wie in Tabelle 7-5, zwischen den Zeilen oder Spalten Weißraum zu verwenden, da dort die Schrift auf dem Raster schlecht lesbar ist.

7.4 Tabellengliederung

Einige typographische Größenbezeichnungen

Bezeichnung	Unterteilung	mm	Didot-Pt. neu	DTP-Point	Pica-Points
Didot-Punkt neu	1 m/2660	0,375	1,000	1,06	1,067
Cicero neu	12 Didot-Pt	4,500	12,000	12,76	12,806
amerik. Point	35 cm/996	0,351	0,937	1,00	1,000
DTP-Point	1/72 Inch	0,353	0,941	1,00	1,004
DTP-Pica	1/6 Inch	4,230	11,280	12,00	12,038
Millimeter	1/1000 m	1,000	2,667	2,83	2,846
Inch	2,54 cm	25,400	67,733	72,00	72,282
Pica	6 Points	2,108	5,621	5,98	6,000

Tabelle 7-10
Unterteilung durch Schraffur (Raster). Um die Information in der Spaltenbreite unterzubringen, wurde ein magerer Schriftschnitt verwendet (Frutiger Light in 8 Pt).

Tabellen sollten im Dokument möglichst einheitlich zum Spaltenrand ausgerichtet werden, d. h. entweder überall linksbündig, rechtsbündig oder im gesamten Dokument zentriert in der Spalte. Dies gilt insbesondere bei einspaltigen Publikationen. Bei doppelseitigen Dokumenten ist natürlich auch die Stellung im Bund oder am Außensteg möglich.

Da Tabellen verdichtete Information enthalten und dabei häufig in einem kleinen Schriftgrad, muß eine gut lesbare Schrift verwendet werden. Die TIMES oder die serifenlose HELVETICA sind hier gute Beispiele und erlauben, viel Text auf wenig Raum unterzubringen. Hier können natürlich auch schmallaufende Schriften wie etwa FUTURA CONDENSED, HELVETICA NARROW oder HELVETICA CONDENSED eingesetzt werden – oder magere Schnitte, die von Natur aus schmäler laufen.

Verbrauchswerte New Beetle

	85 kW 115 PS Euro 4	110 kW 150 PS D3	66 kW 90 PS D3
Motorbauart	Otto 4 Zylinder	Otto 4 Zylinder	TDI 4 Zylinder
Hubraum l/cm3	2,0/1984	1,8/1781	1,9/1896
Max. Leistung kW bei 1/min	85/5200	220/2000	210/1900
Kraftstoffverbrauch l/100 km			
Stadtzyklus	11,8	11,1	6,8
Überland	6,9	6,7	4,3
Gesamtverbrauch	8,7	8,3	5,2

Tabelle 7-11
Gliederung durch Schattierung in zwei Richtungen

Quelle:
Volkswagen,
Umweltbericht
1999/2000

Kapitel 7
Tabellensatz

Der Schriftgrad im Tabellenfuß und in der Legende sollte etwas kleiner als jener der Werkschrift sein, die Schrift im Kopf nochmals 0,5 Punkt kleiner. Bei großen Tabellen reicht dies nicht immer aus. Erfordert die Textmenge der Tabelle das Reduzieren des Schriftgrads, so empfiehlt es sich, dies halbwegs konsistent für die (engen) Tabellen eines Dokuments durchzuziehen. Der Schriftgrad sollte jedoch 7 bis 8 Punkt nicht unterschreiten.

Muß aus Platzgründen wie in Tabelle 7-12 der Text in einzelnen Spalten gedreht werden, oder ist es sogar notwendig, eine ganze Tabelle hochkant zu stellen, so muß die Schrift **immer** von unten nach oben verlaufen (dies gilt auch für Abbildungen)!

Tabelle 7-12
Beispiel einer Tabelle mit gedrehten Kopfzeilen

Umsatz 1999 in Millionen DM

	Januar	Februar	März	April	Mai	Juni	Juli	August	September	Oktober	November	Dezember
Software	0,3	0,3	0,4	0,4	0,5	0,5	0,6	0,6	0,5	0,6	0,7	0,8
Hardware	0,4	0,5	0,5	0,5	0,5	0,6	0,7	0,8	0,8	0,9	1,1	1,4
Projekte	0,2	0,2	0,2	0,6	0,6	0,5	0,3	0,3	0,6	0,4	0,2	0,1
Summe	0,9	1,0	1,1	1,5	1,6	1,6	1,6	1,7	1,9	1,9	2,0	2,3

Erlaubt das DTP-Paket das Drehen der Schrift um beliebige Winkel und hat man ausreichend Platz, so ist es oft besser, die Schrift nur um 45° oder 60° zu rotieren, da damit der gedrehte Text bequemer lesbar ist. Bei Tabelleneditoren muß man dazu häufig rechts eine eigene Leerspalte anfügen, in welche der gedrehte Text laufen kann.

Ein brauchbare Alternative besteht darin, die Namen abzukürzen, wie in Tabelle 7-17 gezeigt.[*]

* Siehe Seite 148.

Tabelle 7-13
Rotation des Textes nur um 60° ergibt eine bessere Lesbarkeit.

Umsatz 1999 in Millionen DM

	Januar	Februar	März	April	Mai	Juni	Juli	August	September	Oktober	November	Dezember
Software	0,3	0,3	0,4	0,4	0,5	0,5	0,6	0,6	0,5	0,6	0,7	0,8
Hardware	0,4	0,5	0,5	0,5	0,5	0,6	0,7	0,8	0,8	0,9	1,1	1,4
Projekte	0,2	0,2	0,2	0,6	0,6	0,5	0,3	0,3	0,6	0,4	0,2	0,1
Summe	0,9	1,0	1,1	1,5	1,6	1,6	1,6	1,7	1,9	1,9	2,0	2,3

7.4 Tabellengliederung

Möglichst vereinfachen

Besitzt eine komplexe Tabelle über mehrere Spalten oder Zeilen hinweg die gleiche Legende (z. B. Tabelle 7-14), so ergibt sich eine bessere Übersichtlichkeit, wenn identische Bereiche optisch zu einer Zelle zusammengefaßt werden (wie in Tabelle 7-15). Das Zusammenfassen kann natürlich statt durch wegfallende Linien auch durch eine gemeinsame Farbe oder ein unterlegtes Raster erfolgen; man sollte jedoch in jedem Fall soweit möglich Text reduzieren.

Tiefenausgleichcontainer				DM 1.468,–
Flächen-farbe	Fugen-farbe	*Profile natur* Bestell-Nr.	*Profile weiß* Bestell-Nr.	*Profile schwarz* Bestell-Nr.
natur	blau	761.202	761.232	761.262
natur	türkis	761.203	761.233	761.263
natur	silber	761.204	761.234	761.264
weiß	blau	761.212	761.242	761.272
weiß	türkis	761.213	761.243	761.273
weiß	silber	761.214	761.244	761.274
schwarz	blau	761.222	761.252	761.282
schwarz	türkis	761.222	761.252	761.282
schwarz	silber	761.222	761.252	761.282

Tabelle 7-14
Tabelle aus einem Möbelkatalog der Firma Flötotto (1991)

Tiefenausgleichcontainer				DM 1.468,–
Flächen	Fugen		Profile	
		natur Bestell-Nr.	weiß Bestell-Nr.	schwarz Bestell-Nr.
natur	blau	761.202	761.232	761.262
	türkis	761.203	761.233	761.263
	silber	761.204	761.234	761.264
weiß	blau	761.212	761.242	761.272
	türkis	761.213	761.243	761.273
	silber	761.214	761.244	761.274
schwarz	blau	761.222	761.252	761.282
	türkis	761.222	761.252	761.282
	silber	761.222	761.252	761.282

Tabelle 7-15
Modifizierte Version von Tabelle 7-14. Hier wurden Bereiche gleicher Legende optisch zusammengefaßt.

7.5 Besondere Situationen

Muß, wie im Beispiel von Tabelle 7-16, eine Tabelle ihrer Breite wegen gedreht werden, so läßt man den Text von unten nach oben verlaufen, da die meisten Menschen den Kopf einfacher (oder lieber) nach links als nach rechts neigen. Da der Tabellenkopf dabei im Bund harmonischer wirkt als im Außensteg, setzt man solche Tabellen vorzugsweise auf eine rechte Seite. Benötigt die Tabelle in dieser Situation nicht die gesamte Seitenhöhe, zentriert man vertikal in der (optischen) Seitenmitte.

Beim Beispiel von Tabelle 7-16 wurde die Tabellenlegende an den Fuß der Tabelle mit ausreichend Abstand gesetzt statt – wie bei breiten Tabellen üblich – oberhalb der Tabelle. Sie wird so eher wahrgenommen als im Bund.

Fußnoten in der Tabelle

Anmerkungen oder Fußnoten innerhalb einer Tabelle werden nicht an das Seiten- oder Spaltenende gelegt, sondern möglichst unter die Tabelle oder in die letzte Reihe der Tabelle gesetzt. So muß der Leser zum einen nicht lange nach den Anmerkungen suchen und zum anderen ist klar, welche Anmerkungen zur Tabelle und welche zum restlichen Text gehören. Die Tabelle wird hier also wie eine eigenständige Textspalte behandelt.

Mehrseitige Tabellen

Erstreckt sich eine Tabelle über mehrere Seiten, so sollte der Tabellenkopf auf jeder Seite wiederholt werden, so daß der Leser nicht zur ersten Seite zurückblättern muß, um die Funktion des Spalteninhaltes zu sehen. Ein Zusatz im Kopf auf der zweiten und den folgenden Seiten signalisiert dem Leser, daß es sich um eine mehrseitige Tabelle handelt. Hat die Tabelle eine Kopflinie, so kann man auf der ersten und den Fortsetzungsseiten die Fußlinie weglassen und schließt die Tabelle erst auf der letzten Seite mit einer Fußlinie ab.

Bei langen Tabellen wiederholt man aus dem gleichen Grund zuweilen auch den Tabellenkopf in einer Fußreihe. Solche Tabellen erhalten dann zur besseren Gliederung auch Spaltenlinien.

7.5 Besondere Situationen

Sprache	Alphabet	Anführungsz.	Dez.-zahl
Deutsch	Aa Ää Bb Cc Dd Ee Ff Gg Hh Ii Jj Kk Ll Mm Nn Oo Öö Pp Qq Rr Ss ß Tt Uu Üü Vv Ww Xx Yy Zz	‚x' „x" ›x‹ »x«	10.275,00
Niederländ.	Aa Bb Cc Dd Ee Ff Gg Hh Ii Jj Kk Ll Mm Nn Oo Pp Qq Rr Ss Tt Uu Vv Ww Xx Yy IJ ij Zz	„x" "x"	10.275,00
Dänisch	Aa Bb Cc Dd Ee Ff Gg Hh Ii Jj Kk Ll Mm Nn Oo Pp Qq Rr Ss Tt Uu Vv Yy Ææ Øø Åå	»x« „x"	10.275,00
Schwedisch	Aa Bb Cc Dd Ee Ff Gg Hh Ii Jj Kk Ll Mm Nn Oo Pp Qq Rr Ss Tt Uu Vv Xx Yy Zz Åå Ää Öö	»x» "x"	10.275,00
Norwegisch	Aa Bb Cc Dd Ee Ff Gg Hh Ii Jj Kk Ll Mm Nn Oo Pp Rr Ss Tt Uu Vv Yy Ææ Øø Åå	«x»	10.275,00
Englisch	Aa Bb Cc Dd Ee Ff Gg Hh Ii Jj Kk Ll Mm Nn Oo Pp Qq Rr Ss Tt Uu Vv Ww Xx Yy Zz	'x' "x"	10,275.00
Französisch	Aa Àà Ââ Ææ Bb Cc Çç Dd Ee Éé Èè Êê Ëë Ff Gg Hh Ii Îî Ïï Jj Kk Ll Mm Nn Oo Ôô Œœ Pp Qq Rr Ss Tt Uu Ùù Üü Vv Ww Xx Yy Zz	‹x› «x» "x"	10.275,00
Italienisch	Aa Àà Bb Cc Dd Ee Éé Èè Ff Gg Hh Ii Ìì Îî Jj Ll Mm Nn Oo Óó Òò Pp Qq Rr Ss Tt Uu Ùù Vv Zz	«x» "x„	10.275,00
Spanisch	Aa Áá Bb Cc Ch ch Dd Ee Éé Ff Gg Hh Ii Íí L l Ll ll Mm Nn Ññ Oo Óó Pp Qq Rr Ss Tt Uu Úú Üü Vv Xx Yy Zz	«x» "x"	10.275,00
Portugisisch	Aa Áá Àà Ââ Ãã Bb Cc Çç Dd Ee Éé Êê Ff Gg Hh Ii Íí Jj Ll Mm Nn Oo Óó Ôô Õõ Pp Qq Rr Ss Tt Uu Úú Üü Vv Xx Zz	«x» "x"	10.275,00

Tabelle 7-16: Alphabete, Anführungszeichen und Dezimalzeichen bei einigen europäischen Sprachen (nach [Duden])

Kapitel 7
Tabellensatz

7.6 Diagramm statt Tabelle

In einigen Fällen ist die Information leichter erfaßbar und anschaulicher, wenn statt einer Tabelle ein Diagramm benutzt wird. Das Diagramm in Abbildung 7-3 zeigt die graphische Umsetzung der Tabelle 7-17.

Tabelle 7-17
Recht kompakte Form einer Tabelle.
Der Schriftgrad darf bei der verwendeten Schrift nicht kleiner sein!

Umsatz 2000 in Millionen Euro

	Jan.	Feb.	März	Apr.	Mai	Juni	Juli	Aug.	Sep.	Okt.	Nov.	Dez.
Software	0,3	0,3	0,4	0,4	0,5	0,5	0,6	0,6	0,5	0,6	0,7	0,8
Hardware	0,4	0,5	0,5	0,5	0,5	0,6	0,7	0,8	0,8	0,9	1,1	1,4
Projekte	0,2	0,2	0,2	0,6	0,6	0,5	0,3	0,3	0,6	0,4	0,2	0,1
Summe	0,9	1,0	1,1	1,5	1,6	1,6	1,6	1,7	1,9	1,9	2,0	2,3

Die Entscheidung zwischen Tabelle und Diagramm kann nur der Autor und nicht der Setzer treffen. Für eine gute Graphik lohnt es sich, soweit verfügbar und kostenmäßig vertretbar, einen Graphiker zu beauftragen.

Abb. 7-3
Umsetzung der Tabelle 7-17 in ein Diagramm

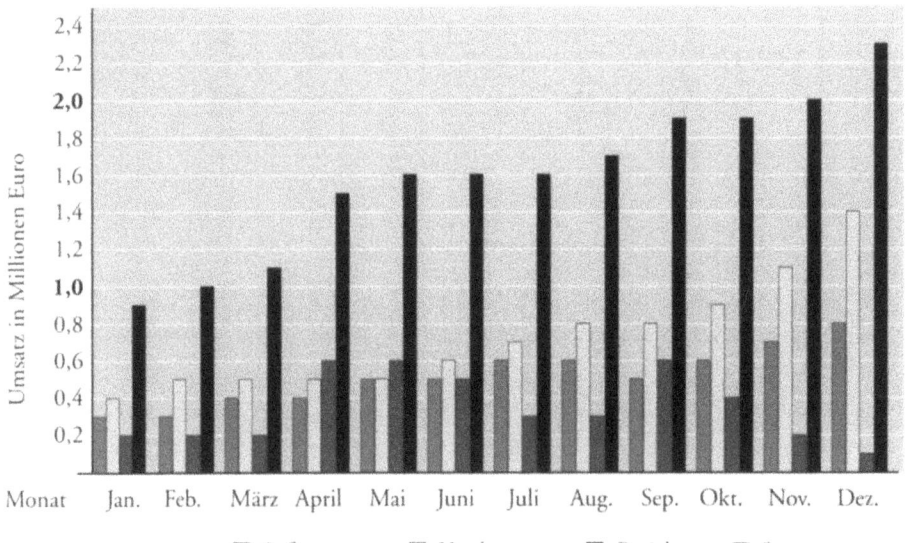

7.6 Diagramm statt Tabelle

Die meisten DTP-Pakete erlauben keine direkte Erstellung von Diagrammen aus Tabellen (eine positive Ausnahme stellt hier das DTP-Paket der Firma Interleaf dar). Viele Tabellenkalkulationsprogramme können dies jedoch komfortabel. Aus ihnen heraus muß dann die Graphik in einem geeigneten Format exportiert und in das Dokument als Graphik importiert werden. Häufig empfiehlt sich dabei eine Nachbearbeitung des generierten Diagramms, um beispielsweise Schriftart und Strichstärken an jene des Dokuments anzupassen.

Die meisten der in Frage kommenden Tabellenkalkulationsprogramme erlauben dabei eine sehr vielseitige und flexible Diagrammdarstellung, so daß sich die Diagrammart schnell an die Art des Dokuments bzw. dessen Zwecke anpassen läßt.

Ist die Darstellung von Abbildung 7-3 beispielsweise eher für eine trockene statistische Aussage geeignet, vermittelt die Graphik von Abbildung 7-4 weniger Präzision, wirkt aber leichter und ist mehr für ein Marketingpapier, einen Werbeprospekt oder einen Firmenbericht geeignet.

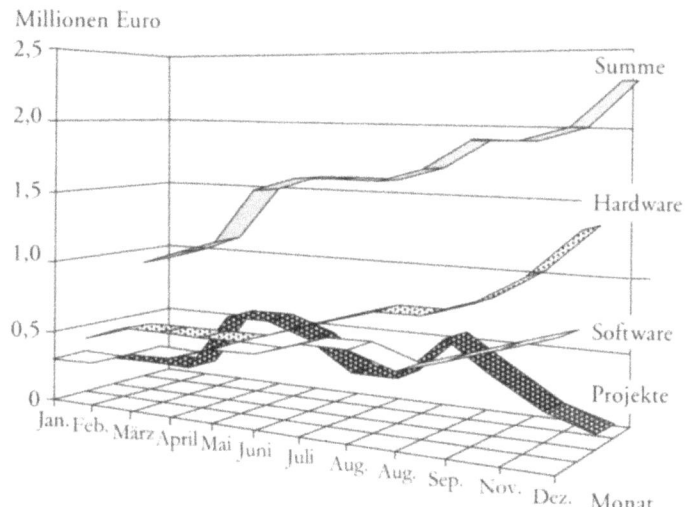

Abb. 7-4
Eine etwas lockerere, aber weniger präzise Diagrammart, hier aus dem Programm EXCEL übernommen.

Zuweilen macht es auch Sinn, beide Formen – Tabelle und Diagramm – in einem Dokument aufzuführen, um einerseits mit der Tabelle die genauen Zahlen zu liefern und andererseits mit dem Diagramm einen schnellen Überblick zu ermöglichen oder eine Trendaussage aufzuzeigen. In diesem Fall darf das Diagramm stark abstrahieren und vereinfachen. Auf das Thema Diagramm geht Kapitel 10.7 ausführlicher ein.

Kapitel 7
Tabellensatz

7.7 Tabelle statt Liste

In manchen Situationen, die man traditionell mit Listen bzw. Reihensatz abdeckt, wirkt eine Tabelle frischer und erlaubt die Präsentation von mehr Information. So findet man inzwischen in einer Reihe von Zeitschriften das Inhaltsverzeichnis als Tabelle gesetzt. Sie erlaubt beispielsweise, eine Kurzbeschreibung des Inhalts mitzuliefern und mittels Graphiken oder Ikonen eine schnelle Orientierung oder einen Blickfang zu schaffen.

Ein Ausschnitt aus dem etwas modifizierten Inhaltsverzeichnis dieses Buchs könnte damit wie folgt aussehen:

	Maßangaben in der Typographie	Hier wird ein Überblick zu den zahlreichen, teilweise verwirrenden typographischen Maßen gegeben und gezeigt, wie sie sich ineinander umrechnen lassen.	49
	Der Satzspiegel	Er legt fest, wie Information auf der Seite plaziert wird. Der Satzspiegel ist damit die wichtigste Gestaltungsvorgabe für eine Publikation.	55
	Tabellensatz	Tabellen erlauben, Information kompakt und übersichtlich zu präsentieren. Hier finden Sie, was Sie dabei beachten sollten.	85
	Abbildungen	›Ein Bild sagt mehr als tausend Worte‹, sofern es richtig gestaltet und korrekt angeordnet wird. Hier finden Sie, was dabei zu berücksichtigen ist.	101
	Die Schrift zum Text	Schrift erlaubt eine Aussage zu verwischen oder zu verstärken. Man sollte also wissen, was zusammenpaßt und was beim Kombinieren von Schriften zu beachten ist.	114

Abbildungen

Kapitel 8

EIN Sachverhalt läßt sich durch eine Graphik häufig sehr viel deutlicher und knapper darstellen als durch viele Worte. Ebenso gehört z. B. zu einer Biographie das Bild des Menschen. In vielen Publikationen beleben Abbildungen darüber hinaus den Lesestoff. Dieses Kapitel gibt deshalb Ratschläge, wie Abbildungen in einem Dokument plaziert werden können und was bei ihrer Anordnung und Gestaltung zu beachten ist.

Kapitel 8
Abbildungen

Weitere Informationen zu Diagrammen gibt Kapitel 9. Die Farbabstimmung in Graphiken behandelt Abschnitt 8.8.

Abbildungen haben in Publikationen zahlreiche Funktionen: Sie lockern das Bild einer Seite auf – unter anderem auch durch den Weißraum, der sie umgibt –, und dienen als Blickfang. Zusätzlich ergänzen und erläutern sie Zusammenhänge oder transportieren Stimmungen, Eindrücke oder Kurzaussagen (*Messages*). Wie bei der Schrift bestimmt der Zweck und die intendierte Aussage innerhalb eines breiten Gestaltungsspielraums die Art, Plazierung und Gestaltung der Abbildung.

Werden Sie mit einem Graphikwerkzeug erstellt, so ist dies in der Regel zeitaufwendig. Man sollte sich den Aufbau deshalb sorgfältig vor der Arbeit überlegen.

8.1 Anordnung von Abbildungen

Abbildungen haben bezüglich der Anordnung im Satzspiegel viel mit Tabellen gemeinsam. Sie stellen eigenständige Einheiten dar, die vom umgebenden Text optisch abgesetzt werden. Jeweils eine Leerzeile vor und nach einer Abbildung kann als ausreichender Weißraum in einem einspaltigen Text angesehen werden. Bei mehrspaltigem Text benutzt man den Spaltenabstand als Freiraum auf allen Seiten.

Wird ein Gestaltungsraster verwendet, so müssen sich Abbildungen in dieses Raster einfügen, zumindest in der vertikalen Richtung.

Tip: Da fast alle DTP-Programme mitlaufende verankerte Rahmen anbieten und Graphiken bzw. Abbildungen in der Regel in solchen Rahmen liegen sollten, ist dies relativ einfach. Man gibt dazu dem Rahmen eine Größe, die in das Gestaltungsraster paßt. Der Weißraum unterhalb der Abbildung darf etwas größer als jener oberhalb sein.

Ist eine Abbildung schmäler als die Spalte, sollte sie entweder zentriert werden oder links- oder rechtsbündig mit dem Spaltenrand stehen. Beim Zentrieren ist nach dem optischen Eindruck und nicht rein mathematisch vorzugehen.

Soll die Graphik in der Spalte neben dem Text stehen, so legt man bei den DTP-Systemen, die das automatische Umfließen von Graphiken nicht unterstützen, die Graphik in einen verankerten Rahmen und versieht den Text neben der Graphik mit einem linken oder rechten Einzug. Dadurch entsteht freier Raum für die Graphik. Hierbei sollte der Absatz des Textes (oder die Absätze) so hoch wie die Graphik sein.

8.1 Anordnung von Abbildungen

Abbildung oder Titel über beide Textspalten hinweg

Abbildungen haben von der Art und der Plazierung her viel mit Tabellen gemeinsam. Sie stellen wie Tabellen in der Regel eigenständige Einheiten dar, die vom umgebenden Text optisch abgesetzt werden. Hier ist der normale Zeilenabstand wie bei Tabellen bei einspaltigem Text ein guter Wert. Wird mehrspaltiger Text eingesetzt, so sollte der Spaltenabstand als Freiraum um die Abbildung eingesetzt werden. Innerhalb von Abbildungen sollte wie in Tabellen prinzipiell die Schriftart der Brotschrift oder zumindest eine verwandte Schrift eingesetzt werden.

Den Schriftgrad in Abbildungen wählt man gleich oder besser noch ein bis zwei Punkte kleiner als den Schriftgrad der Brotschrift. Hierbei bewährt sich wie bei Tabellen die Regel ›weniger ist mehr‹, d.h. je weniger unterschiedliche Schriftgrade und Schriftvarianten benutzt werden, um so übersichtlicher und klarer ist die Wirkung.

Abbildung in zwei Spalten eingezogen

Wird ein Grundraster verwendet, so müssen sich Abbildungen in dieses Raster einfügen, zumindest in der vertikalen Richtung. Da man bei FrameMaker Abbildungen im Text prinzipiell in verankerte Rahmen legt, ist dies relativ einfach, da man vor dem endgültigen Justieren des Rahmens das Magnetraster aktivieren kann. Dies muß dazu auf das Grundraster eingestellt sein.

Die Graphik sollte stets am oberen Rahmenrand beginnen. Den Rahmen verankert man in einem leeren Absatz, dessen Schriftgrad und Abstand nach oben für den passenden Freiraum über der Abbildung sorgen und dessen Durchschuß und unterer Abstand die Abbildung nach unten freischlagen.

Arbeitet man mit einem Raster und kann die Abbildung nicht frei skaliert werden, so muß man unter Umständen in Kauf nehmen, daß der Freiraum unter der Abbildung etwas größer wird, als der oberhalb.

Abb. 8-1
Zwei mögliche Anordnungen von Graphiken in mehrspaltigem Text

Oben: über mehrere Spalten gezogen

Unten: mit Einzug in zwei Spalten.
Die untere Lösung ist nicht ideal.
Eine bessere Lösung ist in Abb. 8-2 zu sehen.

Ist die Abbildung breiter als eine Spalte, so sollte sie sich entweder präzise über mehrere Spalten inklusiv deren Zwischenschlag (Spaltenabstand) erstrecken, oder man plaziert sie, wie schematisch in Abbildung 8-1 dargestellt, zwischen die Spalten, wobei hier wieder der Abstand rund um die Abbildung auf allen Seiten gleich groß sein und dem Spaltenabstand entsprechen sollte.

Ein wesentlich harmonischeres Bild als den beidseitigen Einzug für eine Abbildung ergibt die Anordnung von Abbildung 8-2. Hierbei hält man sich an das Spalten- bzw. Gestaltungsraster und setzt die Bildlegende neben die Abbildung. Es wird damit zwar etwas mehr Platz verschenkt, dafür jedoch eine deutlich klarere Struktur erreicht.

Unterstützt das DTP-Paket das automatische Umfließen von Graphiken nicht, so arbeitet man bei diesen Anforderungen mit mehreren, miteinander verketteten Textspalten, die dann in Höhe und Breite so angepaßt werden können, daß die Graphiken daneben Platz finden.

Verwendet ein Layout (wie dieses Buch) Marginalspalten, so darf diese für breite Abbildungen und Tabellen mit verwendet werden. Dies ergibt – sofern nicht überstrapaziert – ein lebendiges Seitenbild.

Kapitel 8
Abbildungen

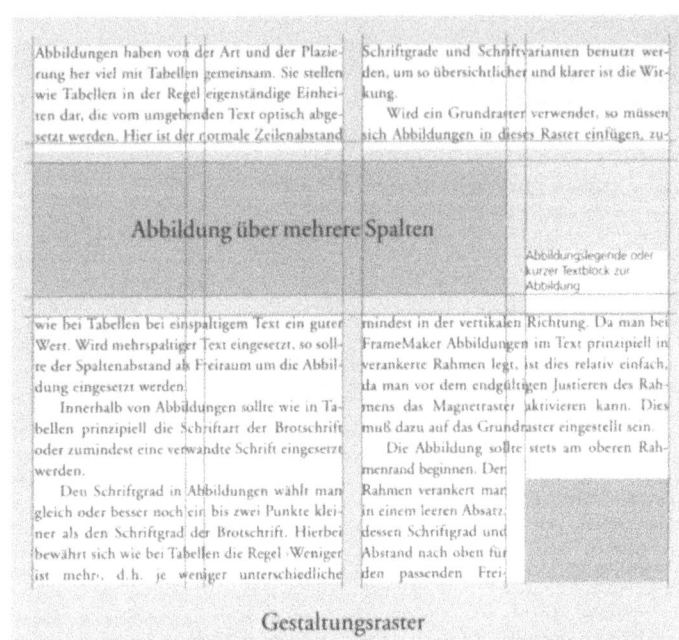

Abb. 8-2
Bei breiten Abbildungen, die jedoch schmäler als zwei Spalten sind, ist es besser, freien Raum neben der Abbildung zu lassen.

Läßt man in einem Layout einen ausreichend breiten linken oder rechten Freiraum bzw. eine weitgehend freie Spalte im Gestaltungsraster, so lassen sich damit Abbildungen und Hintergrundgraphiken in einer sehr offenen und ansprechenden Art plazieren, und man erzielt eine abwechslungsreiche und großzügig wirkende Anmutung. Es entsteht damit auch Spielraum für unterschiedliche Größen und Proportionen der Abbildungen. Dies ist insbesondere dann vorteilhaft, wenn größere Photos oder Graphiken zu plazieren sind. Die Graphik muß in einem solchen Schema weder den gesamten freien Raum einnehmen noch genau bündig mit den Rändern abschließen. Sie darf – in sinnvollen Grenzen und vorzugsweise unter Einhaltung des Gestaltungsrasters – auch in den Textblock hineinragen.

Sehr schöne Beispiele für eine wechselseitige Anpassung von Photo und Textblock in verschiedenen Variationen zeigt Doris Lessings KATZENBUCH. Eine Situation daraus zeigt Abbildung 8-3. Hier wurde der Textblock eines neuen Kapitels sorgfältig auf die gegenüberliegende Photographie abgestimmt. Das fast quadratische Format (22 cm × 19,5 cm, Höhe × Breite) gestattet neben Vollseitenphotos ebenso kleinere Formate, von flach (wie in Abb. 8-3) bis zum Hochformat. Füllt das Bild nicht die ganze Seite, so wird jeweils reichlich freier Raum gelassen. Überhaupt arbeitet dieses überaus schön gemachte Buch mit sehr viel freiem Raum und ist

8.1 Anordnung von Abbildungen

auf einem angenehmen zu lesenden, leicht gelblichen Papier gedruckt.

Sind in einer Publikation zahlreiche große Abbildungen vorgesehen – typisch in Bildbänden, Gebrauchsanleitungen, Zeitschriften, Tafelwerken –, so ist das Gestaltungsraster darauf abzustellen, bei Bildbänden sogar das Buchformat. Man muß dann eventuell auch von einem angenehm aus der Hand zu lesenden Format weggehen und zu großen, ansonsten unpraktischen Formaten greifen. So gibt es z. B. Bildbände von Hochhäuser mit einem ausgefallenen hohen, schlanken Format und solche von Brücken, mit einem flachen, extrabreiten Format.

Doris Lessings ›Katzenbuch, Katzenportraits von Isolde Ohlbaum‹, Klett-Cotta Verlag, Stuttgart, 1999; Photos von Isolde Ohlbaum, München

Abb. 8-3
Vorbildliche Abstimmung zwischen Photo und Textblock

Graphiken haben Gewicht und Ausrichtung

Viele Graphiken haben ein eigenes Gewicht – sei es durch die inhaltliche Aussage, durch den Grauton der Photographie oder durch Farben. Dem ist in der Gestaltung Rechnung zu tragen. Wesentlich ist die optische Wirkung der Graphik und ihr *optisches Gewicht* – nicht allein ihre physikalische Ausdehnung. So wirken dichte oder dunkle Graphiken oder solche mit gesättigten Farben stärker und *schwerer* als solche mit wenigen dünnen Linien oder in hellen

Kapitel 8
Abbildungen

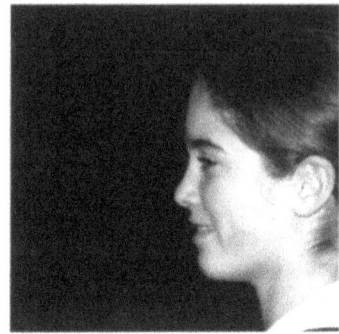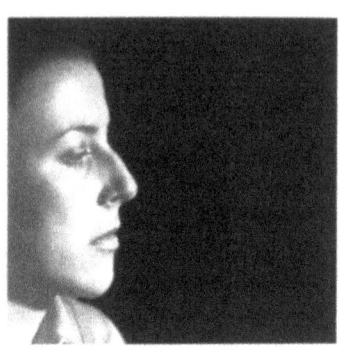

Abb. 8-4
Gegeneinander oder
auseinander gerichtete
Gesichter oder
Gestalten ergeben
eventuell eine nicht
gewollte Aussage.

Farben. Eine Graphik auf der Seite oben hat ein zusätzliches Gewicht und wirkt als Blickfang – verstärkt auf der rechten Seite, Farbbilder ziehen den Blick stärker an als Schwarzweißbilder und große Bilder werden vor den kleinen Bildern betrachtet.

Der Text einer kleinen
Seite sollte nicht,
wie auf dieser Seite
absichtlich demonstriert,
zwischen zwei dunklen
Bildbereichen
eingeklemmt werden!

Man sollte – soweit es der Text und die Art der Publikation gestatten – mit diesem Gewicht von Graphiken (und Tabellen) arbeiten und Text nicht durch schwere Graphiken *erdrücken* oder *in der Luft hängen* lassen, man sollte ihre Ausrichtung aufnehmen und berücksichtigen – sofern diese erkennbar ist. Schwere, dunkle Bilder brauchen mehr Freiraum und vertragen sich selten mit leichten hellen Bildern daneben.

Insbesondere bei nebeneinander stehenden Bildern ist sowohl die Bildausrichtung als auch das Motiv zu berücksichtigen. Entgegesetzt blickende Gesichter wie in Abbildung 8-4 oder gegeneinander gerichtete Gesichter wie in 8-5 ergeben unterschiedliche Aussagen, die eventuell nicht beabsichtigt sind.

Köpfe sollten hier etwa die gleiche Größe haben und die Augen auf gleicher Höhe stehen.

Der Grauton und der Kontrast der Bilder ist im Idealfall in den nebeneinander stehenden Bildern weitgehend identisch – was in

Abb. 8-5
Im Idealfall haben die
Bilder gleiche
Grauwerte- und
Kontraste und bei
Gesichtern die gleiche
Größe.

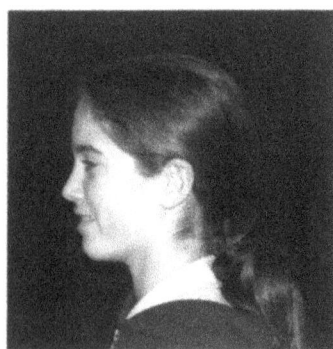

8.1 Anordnung von Abbildungen

Abb. 8-6
Helle Bilder passen gut an den Kopf einer Seite, da sie dort den darunterliegenden Text nicht erdrücken.

Abbildung 8-4 nicht ganz gelungen ist –, ebenso sollten die Größenverhältnisse im Bild einander gleichen.

Nebeneinander stehende Bilder sollten entweder die gleiche Größe haben – oder sich deutlich unterscheiden: z. B. ein fast quadratisches und ein deutlich erkennbares längliches Format. Unproblematischer lassen sich Bilder versetzt anordnen.

Bei größeren Bildern sollten die Personen nicht aus der Seite hinausschauen oder -gehen – soweit dies gestalterisch möglich ist.

Möchte man Bildfolgen des gleichen Motivs plazieren, so ist eine logische Reihenfolge einzuhalten – etwa von fern nach nah oder vom Detail zur Übersicht –, möglichst mit gleichmäßigen Zwischenstufen.

Bei Photos ist ein kontrastreiches Bild einem flauen Bild vorzuziehen. Insbesondere bei geringer Druckauflösung, bei getöntem Papier und bei schlechterem Papier (z. B. in Tages- oder Schülerzeitungen) ist dies zu beachten, da hier der Druck das Bild abflacht. Hier sollte man deshalb vorher das Photo schärfen, aufhellen und den Kontrast anheben.

Es ist unzulässig, bei Photos das Bild (z. B. ein Gesicht) horizontal zu spiegeln, nur um die hier vorgeschlagenen Richtlinien zu befolgen!

Position und Ausrichtung der Bildlegende

Während bei der Tabelle der Tabellentitel in der Regel über die Tabelle gestellt wird, liegt der erklärende Text zu Abbildungen typischerweise daneben oder darunter. Man spricht hier von *Bildunterschriften*, *Bildlegenden* oder *Bildzeilen*.

Diesen gibt man Schriftart und Schriftgrad der Konsultationsschrift.* Sie sollten nur bei größeren Texten in Blocksatz und dann nur unterhalb der Abbildung, im Normalfall jedoch als Flattersatz, gesetzt sein. Liegt die Legende neben der Abbildung, wird sie im Flatter- oder Rauhsatz gesetzt und zwar so, daß die Ausrichtung zur Abbildung hin weist (siehe nachfolgende Graphiken), d. h. bei der

* d. h. 1 bis 2 Punkt kleiner als die Grundschrift

Kapitel 8
Abbildungen

Legende links neben der Graphik als rechtsbündiger und rechts neben der Graphik als linksbündiger Satz.

Bei einer Abbildung sollte die daneben liegende Legende entweder oben oder unten mit der Graphik abschließen. Dies gilt auch, wenn die Legenden wie in diesem Buch in der Marginalienspalte angeordnet sind. Eine Ausrichtung am oberen Rand hat dabei den Vorteil, daß keine nachträgliche Korrektur notwendig ist, wenn der Legendentext geändert wird und dadurch seine Textblockhöhe verändert.

Abb. 8-7
Bei einer Abbildung sollte die neben der Abbildung liegende Legende entweder oben oder unten bündig mit der Graphik abschließen. Die Legende wird dann in der Regel im Flattersatz mit dem glatten Rand zur Abbildung hin gesetzt.

Der Textblock der Legende sollte nicht höher als die Abbildung selbst sein. Größere Erklärungen wird man deshalb nicht in die Legende, sondern im Rumpftext unterbringen.

Hat die Abbildung keinen erkennbaren Rahmen, so richtet man die Legende so aus, daß sie optisch mit dem obersten (oder untersten) dominierenden Abbildungselement abschließt. Bei seitlichen Legenden darf der Abstand zur Abbildung geringer sein als der übliche Spaltenabstand, da die Legende keine eigene Spalte darstellt.

Abb. 8-8
Abbildungen sollten sorgfältig zugeschnitten und in das Gestaltungsraster eingepaßt sein. Die Legende muß nicht die volle Breite einnehmen, ja sie sollte sogar nicht zu breit sein!

8.1 Anordnung von Abbildungen

Stil der Abbildungen

Wie bei der Schrift gilt es, den Stil der Abbildungen auf den Inhalt und den Stil einer Publikation abzustimmen: Abbildungen mit knalligen Farben passen nicht zum seriösen Firmenbericht; exakte, karge Abbildungen nicht zum unterhaltenden Kinderbuch comichafte Zeichnungen nicht in wissenschaftliche Papiere.

Ein Kapitelanfang kann dabei etwas ausgefallener und stärker graphisch orientiert sein. Daß jedoch auch in einem Fachbuch handgezeichnete Illustrationen *passend* sein können, zeigen die Graphiken im Sachbuch von Th. Merz ›*Mit Acrobat ins World Wide Web*‹ (Abb. 8-9 zeigt ein Beispiel). Dazu sei angemerkt, daß nicht der Autor, sondern ein Graphiker diese Illustrationen erstellt hat.

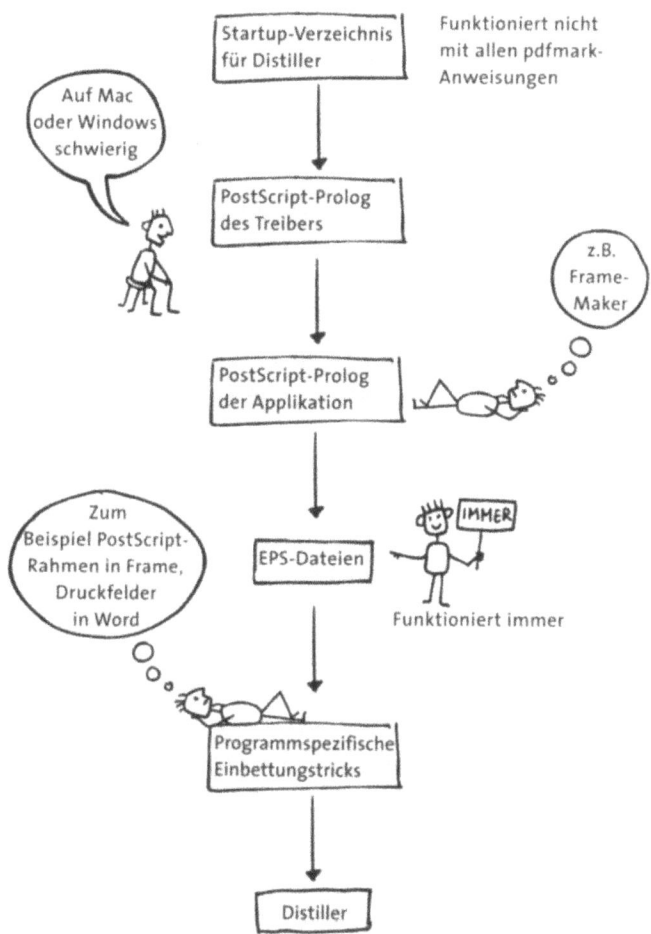

Abb. 8-9
Illustration auf der Basis einer Handzeichnung aus [Merz/2].
Die Zeichnung stammt von dem Graphiker Alessio Leonardi (Berlin); die Schrift ist die Thesis TheSans Semibold.

Kapitel 8
Abbildungen

8.2 Linienstärken

Die in einer Graphik benutzten Linienstärken sollten der Schrift außerhalb und innerhalb der Graphik angepaßt sein. Entweder sind die Linienstärken so zu wählen, daß ein gleichbleibender Grauwert für das Auge entsteht oder sich ein deutlicher Kontrast zwischen Linien und Text ergibt.

Betrachtet man beispielsweise die Strichstärken der direkt und ohne weitere Überarbeitung aus einem Tabellenkalkulationsprogramm übernommenen Graphik von Abbildung 8-10, so stellt man fest, daß diese für die Schrift in diesem Buch zu stark sind; auch wird eine falsche Schrift (Helvetica) verwendet.

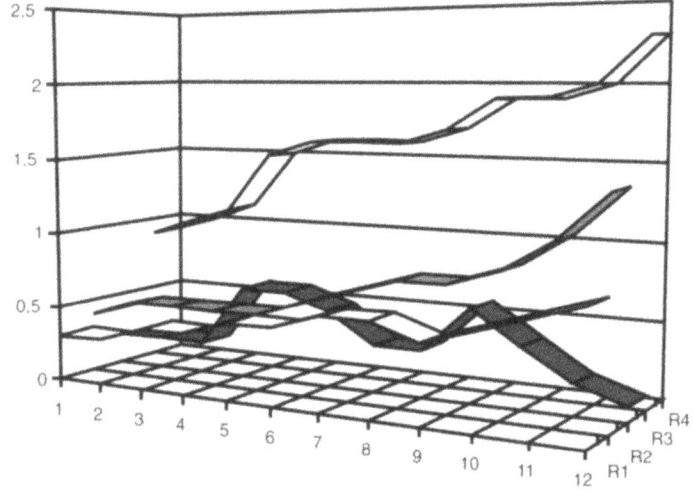

Abb. 8-10 Abbildung, hier mit den Standardwerten aus einer Tabelle in Excel generiert und direkt in das Dokument importiert. Die Linien sind zu fett und die Schrift weicht von der Grundschrift ab. Abb. 8-11 zeigt die um die Legende vervollständigte und überarbeitete Version.

Abbildung 8-11 zeigt die Graphik nach der Überarbeitung. Sie fügt sich nun deutlich harmonischer in die Umgebung ein.

Gehen wie in Abbildung 8-12, Hinweislinien durch dichte Graphikteile hindurch, oder steht Text wie in Abbildung 8-11 in einer Graphik, so sollten sie freigestellt werden, d.h. mit weißem Raum (oder einer anderen passenden Farbe) unterlegt sein, so daß sie einerseits etwas heraustreten und andererseits der Text damit besser lesbar wird bzw. die Hinweislinie besser verfolgt werden kann.

Strichstärken darf man andererseits nicht zu gering wählen, da sonst die Gefahr besteht, daß sie beim Druck oder beim Kopieren ausreißen, d.h. teilweise verschwinden. So sollte man in Graphiken tunlichst die Strichstärke ›Haarlinie‹ vermeiden. Sie wird in vielen Graphikpaketen angeboten. Sie ist die dünnste mögliche Linien-

8.2 Linienstärken

stärke für ein Ausgabegerät und erzeugt insbesondere bei der Ausgabe über einen Belichter extrem dünne, ausbruchgefährdete Linien. Im Normalfall sollte eine Linienstärke von 0,25 Punkt die untere Grenze sein. Sie ergibt auf dem Laserdrucker mit 600 dpi die Breite eines Pixels und auf einem Belichter mit einer Auflösung von 2400 dpi ungefähr 8 Punkte der Druckerauflösung. Werden Linien zu dünn – und dies passiert z. B. dann leicht, wenn man eingebettete EPS-Graphiken zu stark verkleinert –, so wirken sie unpassend und zu blaß bzw. grau.* Beim Offset- oder Tiefdruck (über die Erstellung von Filmen) besteht dann auch die Gefahr, daß die Linie *ausreißt*, d. h. nicht mehr sauber gedruckt wird, insbesondere wenn billigeres, rauheres Papier zum Einsatz kommt.

* *Die erste Linie auf Tabelle 8-1 auf Seite 162 zeigt dies deutlich.*

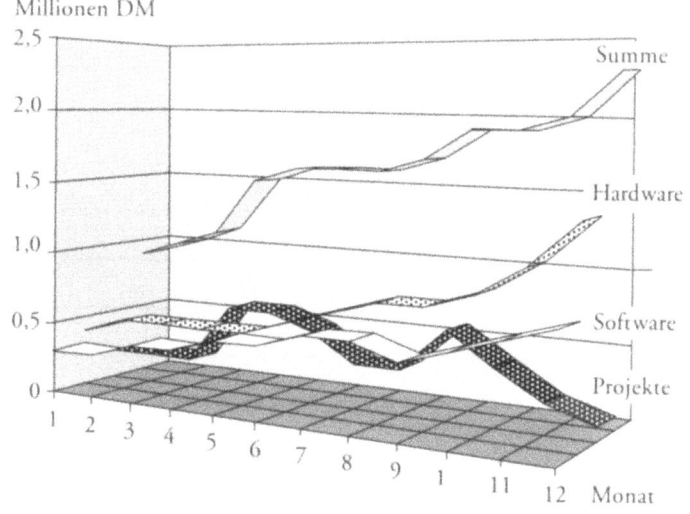

Abb. 8-11
Die Linienstärke in der Graphik wurde hier an die Strichstärke der Grundschrift angepaßt.

Als Trennlinie für Tabellen und als passende Strichstärke für nicht dominante Linien in Graphiken ist bei einem Schriftgrad von 10 Punkt für die meisten Schriften (Normalschnitt) 0,5–0,7 Punkt ein akzeptabler Wert.

Man kann dies jedoch selbst ausprobieren, indem man bei einem möglichst großen Vergrößerungsfaktor eine Linie über einen Buchstaben zeichnet.** Die Linienstärke sollte dabei etwa der Grundstrichstärke (z. B. der des senkrechten Strichs des großen ›I‹) entsprechen. Abweichungen um etwa 30 % nach unten oder oben sind dabei zulässig und erlauben insbesondere in Tabellen eine Differenzierung. Dort darf beispielsweise die obere und untere Abschlußlinie etwas stärker als die Unterteilungslinien in der Tabelle sein.

** *50fach vergrößert:*

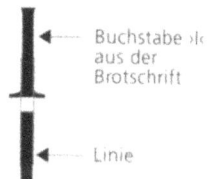

Kapitel 8
Abbildungen

Benutzt man, wie vielfach üblich, für den Probeausdruck einen Laserdrucker mit 600 dpi und ist das endgültige Ausgabegerät ein Belichter, so sollte man bedenken, daß unterschiedlich dünne Linien (etwa unterhalb 0,3 Punkten) auf dem Laserdrucker gleich aussehen, auf dem Belichter jedoch verschiedene Strichstärken ergeben.

Tabelle 8-1
Beispiele für einige Strichstärken

Strichstärke in DTP-Punkten und Millimeter	
0,10 Pt	0,035 mm
0,15 Pt	0,053 mm
0,20 Pt	0,070 mm
0,25 Pt	0,088 mm
0,28 Pt	0,100 mm
0,50 Pt	0,176 mm
0,56 Pt	0,200 mm
0,75 Pt	0,265 mm
1,00 Pt	0,353 mm
1,42 Pt	0,500 mm
1,50 Pt	0,529 mm
2,00 Pt	0,705 mm
2,12 Pt	0,750 mm
2,83 Pt	1,000 mm
3,00 Pt	1,058 mm
4,00 Pt	1,411 mm
4,25 Pt	1,500 mm
5,00 Pt	1,764 mm
5,67 Pt	2,000 mm
6,00 Pt	2,117 mm
8,00 Pt	2,822 mm
8,50 Pt	3,000 mm
10,00 Pt	3,528 mm

8.2 Linienstärken

Zuweilen muß man jedoch die Strichstärke etwas vergrößern, um beispielsweise, wie in Abbildung 8-12, bei einer komplexeren Graphik relevante Teile hervorzuheben.

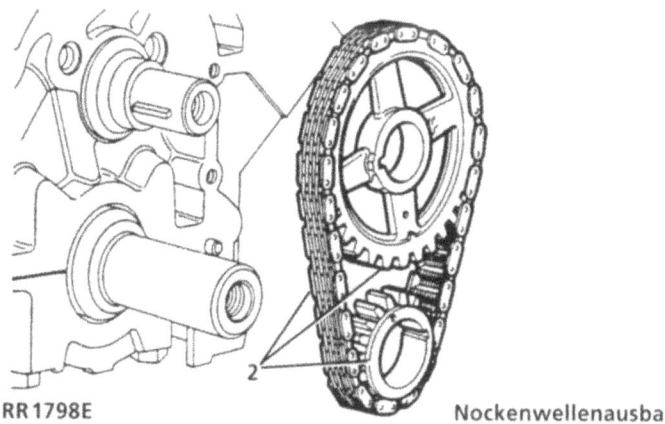

Abb. 8-12
Zur Hervorhebung dürfen Teile auch inkonsistent stark gezeichnet werden.

Die Abbildung stammt aus einer Reparaturanleitung des Land-Rovers der Firma Rover.

Natürlich ist die geeignete Strichstärke einer Graphik auch von der Größe der Graphik bzw. des Objekts abhängig. So brauchen größere Objekte kräftigere Striche als kleine oder fein detaillierte Objekte. Skaliert man deshalb eine Graphik, so sollte sich damit auch die Strichstärke ändern. Jedoch nicht alle Graphikeditoren der DTP-Pakete (und auch nicht alle eigenständigen Graphikpakete) führen dies aus. Hier ist dann nach einem größeren Skalieren eine Adaption der Strichstärken notwendig.

Importiert man in einer anderen Anwendung erstellte Graphiken als EPS (Encapsulated PostScript) in ein DTP-Programm und verkleinert man dabei die Graphik, so ist darauf zu achten, daß die Strichstärken nicht zu dünn werden, da sie sonst beim Offsetdruck ausreißen können.

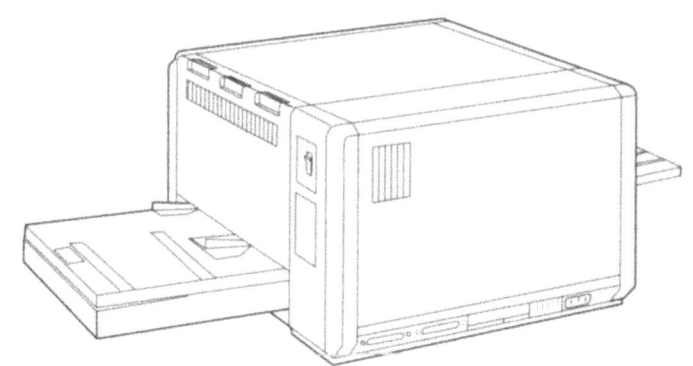

Abb. 8-13
Wird ein Objekt relativ groß dargestellt, so darf es recht detailliert ausgeführt sein.
Hier wäre natürlich auch ein Photo möglich.

**Kapitel 8
Abbildungen**

8.3 Geeigneter Detaillierungsgrad

Benötigt man eine Graphik in unterschiedlichen Größen, so sind auch unterschiedliche Detaillierungsgrade erforderlich. Während beispielsweise der Grad an Einzelheiten des Druckers in Abbildung 8-13 noch als vernünftig und interessant erscheint, laufen in Abbildung 8-14 bereits die Linien ineinander, obwohl die Strichstärken angepaßt wurden. Hier sind die Komponenten strukturell zu vereinfachen. Auch ist die Schrift für die feinen Linien der Graphik zu fett und die Gesamtgraphik zu klein. Zudem wird in der Graphik eine Schriftart verwendet, die sonst im Dokument nicht vorkommt, also ein unnötiges neues Stilelement.

Ebenso ist der Abstraktionsgrad zu durchdenken: Kennt der Leser die verwendete Symbolik? Kann er die Transformation von Realität in die vereinfachte Darstellung nachvollziehen oder sind dazu zusätzlich Erklärungen notwendig?

Werden die einzelnen Komponenten in der Beschreibung referenziert, ist es praktisch, sie mit Nummern (z. B. ①, ②, ...)[*] zu versehen und im Text zu verwenden.

[*] *Diese sind z. B. im Font ›Zapf Dingbats‹ zu finden.*

Muß man eine Abbildung hochkant stellen, so läßt man das Bild (wie bei Tabellen) **immer** von unten nach oben verlaufen, d. h. auf der linken Seite steht der Bildfuß zum Bund und auf der rechten Seite zum Außensteg. Hat man die Wahl, stellt man wichtige Bilder auf die rechte Seite, da diese beim Aufblättern zuerst ins Auge fallen. Die rechte Seite ist insbesondere bei gedrehten Bildern zu bevorzugen, da hier die Bildunterschrift im Außensteg liegt und dort besser gelesen werden kann als im Bund.

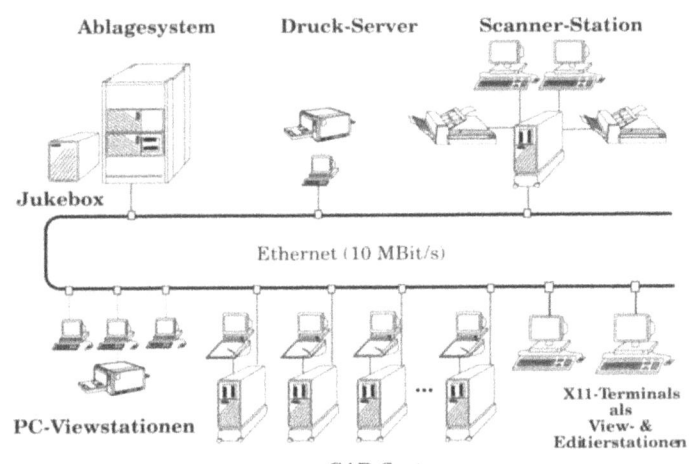

*Abb. 8-14
Schematische Darstellung eines Archivierungssystems für CAD-Zeichnungen. Hier haben die einzelnen Objekte zu viele Details. Dies gilt insbesondere für Drucker und Terminals in der Graphik.*

8.4 Schrift in Abbildungen

Innerhalb von Abbildungen sollte wie in Tabellen die Schriftart der Brotschrift eingesetzt werden (dies gilt nicht für Photographien). Auch ein Kontrast zwischen Werkschrift und Schrift in Abbildungen ist möglich – z. B. eine Serifenschrift als Werkschrift und eine Serifenlose in Abbildungen. Dabei sollten zwei Schriftfamilien in einem Dokument reichen – für die Überschriften, die Werkschrift, die Konsultationsschrift, die Schrift in Tabellen und Abbildungen.

So sparsam wie mit Schriften, so sparsam sollte man auch mit Textauszeichnungen umgehen – für die meisten Fälle reichen zwei Arten (Roman und Semibold), drei sind bereits das Maximum.

Den Schriftgrad in Abbildungen wählt man ein bis zwei Punkte kleiner als den der Werkschrift. Insbesondere bei DTP-Anfängern trifft man häufig auf den Fehler, daß in Abbildungen zu große und zu fette Schriften verwendet werden. Hierbei bewährt sich wie bei Tabellen die Regel ›weniger ist mehr‹, d. h. je weniger unterschiedliche Schriftgrade und Schriftvarianten benutzt werden, um so übersichtlicher und klarer erscheint das Bild.

Die zuweilen anzutreffenden *Bildtitel* in einer im Vergleich zur Grundschrift sehr großen und fetten Schrift sind für Plakate, einzeln aufgehängten Graphiken oder in einer Präsentationsfolie brauchbar, legen aber bei Abbildungen in einer Publikation eher nahe, daß hier ein DTP-Anfänger am Werk war.

Steht der Text nicht frei, so ist darauf zu achten, daß ein ausreichender Kontrast zwischen Schrift und Hintergrund vorhanden ist, und daß der Text keine wesentlichen Bildelemente verdeckt. Zusätzlich sollte der Text ausreichend Abstand von Elementkanten haben – auch hier paßt das Halbgeviert in allen Richtungen.

Steht der Text vor einem Hintergrund, so ist für ausreichend Kontrast für die Lesbarkeit zu sorgen – und die Schrift etwas zu spreizen. Als Farbe bietet sich die Komplementärfarbe an, solange hierdurch das Bild nicht zu bunt wird.

Auch wenn die Publikation technisch, wissenschaftlich oder besonders seriös für einen Firmenbericht ist, kann eine etwas ausgefallene Schrift in dafür geeigneten Graphiken eine zusätzliche Dynamik in die Illustration bringen – etwa die leichte, an die Handschrift angelehnte COMIC SANS MS oder die GRAPHITE. Passend wären diese Schriften z. B. in der Funktionsgraphik einer Präsentationsfolie, wo die leichte, etwas vom Standard abweichende Schrift dem zumeist knappen Platz entgegenkommt.[*]

* *Als Beispiel siehe die Präsentationsfolie in Abb. 10-7 auf Seite 222.*

Kapitel 8
Abbildungen

8.5 Randbeschnitt

Ist vorgesehen, ein Bild bis an den Seitenrand reichen zu lassen (dies wird man zumeist nur mit Photographien oder flächigen Abbildungen tun), so muß das Bild mindestens 3 mm über die eigentliche Seitenkante hinausragen. Man spricht hier von *angeschnittenen Bildern*. Der Überstand erlaubt beim Beschnitt der Seite eine gewisse Ungenauigkeit, ohne daß dabei häßliche Streifen zwischen dem Bildrand und der eventuell etwas weiter außen liegenden Schnittkante entstehen. Nicht nur aus diesem Grunde, sondern auch weil beim Leser der Fokus stärker in der Bildmitte liegt, sollten wichtige Bilddetails nicht zu dicht an den Rand gesetzt werden.

Die genannten 3 mm sind die heute von den Buchbindern beim Buchdruck geforderten Toleranzen. Hierbei wird vorausgesetzt, daß das Ausgabegerät in der erforderlichen Breite ausgeben kann und das DTP-Paket dies unterstützt. Die meisten Laserdrucker erlauben es heute beispielsweise nicht, die volle Blattgröße (A4 oder A3) zu bedrucken, sondern lassen einen 3 bis 5 mm breiten unbedruckten Rand.

Das Schema der nächsten Seite mit dem Bild sieht (verkleinert) belichtet oder gedruckt dann etwa so aus:

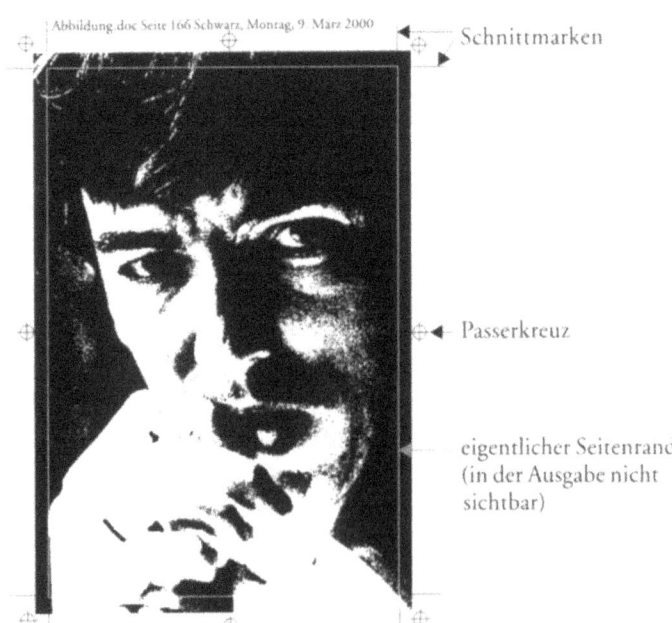

*Abb. 8-15
Bild einer gedruckten oder belichteten Seite mit Schnittmarken (Formatmarken) und Passerkreuzen (Farbmarken). Der eigentliche Seitenrahmen (hier hell dargestellt) ist im Film nicht sichtbar. Angeschnittene Bilder müssen mindestens 5 mm über den Seitenrand hinausragen!*

8.6 Halbtonbilder und Raster

Unter einem *Halbtonbild* versteht man eine Abbildung, in der neben Schwarz und Weiß auch Grautöne oder neben einer reinen Farbe (abhängig vom verwendeten Farbverfahren) Farbabstufungen vorkommen. Photographien, bzw. bei DTP entsprechend über Scanner erfaßte Vorlagen, sind typische Beispiele für solche Halbtonbilder. Sie lassen sich mit den heutigen DTP-Werkzeugen in ein Dokument integrieren, erfordern jedoch besondere Bearbeitungen und Kenntnisse. Dies im Detail zu erklären, würde den Rahmen dieses Buchs sprengen. Eine erste gute Beschreibung der Probleme und im DTP-Bereich üblichen Verfahren sind im Buch über das Scannen und Drucken von [Kraus/2] zu finden.[*] Nachfolgend sollen die Prinzipien deshalb nur skizziert werden.

* Siehe Anhang B, Seite 365.

8.6.1 Rasterzerlegung

Da Halbtöne mit den gebräuchlichsten Druckverfahren nicht direkt gedruckt werden können, müssen sie *gerastert* werden. Dazu erfolgt eine Umwandlung in ein Punkt- oder Linienmuster. Für die nachfolgende Beschreibung sei hier zunächst angenommen, daß das Halbtonbild über einen Scanner erfaßt wurde. Das Bild liegt damit als eine Folge von einzelnen Bildpunkten, sogenannten *Pixeln,* vor.

Die beim Erfassen benutzte Technik bzw. die eingestellten Parameter legen die *Pixeltiefe* fest, d.h. die Anzahl von Informationsbits pro Pixel und damit die Anzahl der möglichen Grauwerte. Übliche Werte sind hier 6, 7 oder 8 Bit und damit 64, 128 oder 256 mögliche *Grauwerte.* Wurde eine Farbvorlage farbig erfaßt, so liegen dann bei 8 Bit zunächst pro Bildpunkt jeweils 8 Bit in den Grundfarben Rot, Grün und Blau vor, insgesamt also 24 Bit pro abgetasteten Farbpunkt des Orginals. Einige Scanner erlauben zwar bis zu 12 oder sogar 16 Bit pro Farbe zu erfassen, PostScript-Ausgabegeräte sind jedoch auf 8 Bit begrenzt, so daß auch bei diesen Geräten die Information auf 8 Bit reduziert werden muß. Gehen wir also in der nachfolgenden Betrachtung von 8 Bit bzw. 256 möglichen Grauwerten und zunächst nur von Schwarzweißbildern aus.

Das menschliche Auge kann unter normalen Bedingungen nur etwa 200 Grauwerte unterscheiden!

Da sowohl der Laserdrucker auf dem Papier als auch der Laserbelichter auf dem Film Bilder nur aus einzelnen Punkten zusammensetzt, und die Punkte entweder nur schwarz oder nur weiß sind, müssen Grauwerte als *Raster* simuliert werden. Dies paßt sehr gut mit den späteren Druckverfahren zusammen, die ebenfalls

8.6 Halbtonbilder und Raster

Raster benötigen. Der *Bildpunkt* (das einzelne Pixel) wird dazu in ein *Raster* umgewandelt. Für Raster gibt es eine ganze Reihe unterschiedlicher Verfahren. Betrachten wir das Punktraster; es funktioniert nach folgendem Prinzip:

Nimmt man eine Fläche und setzt unterschiedlich große Punkte hinein, so erscheint die Fläche um so dunkler, je größer die Punkte sind. Ist kein Punkt vorhanden, so erscheint sie weiß; ist der Punkt so groß, daß die Fläche fast vollständig bedeckt ist, so erscheint sie schwarz. Das Gesamtbild wird bei diesem Verfahren aus lauter solchen unterschiedlich großen Punkten zusammengesetzt.

Abb. 8-16 Schema des Punktrasters. Oben wird ein Rasterwinkel von 0°, unten von 45° verwendet.

Setzt man solche Punkte genau horizontal neben und genau vertikal übereinander, so fällt diese Rasterstruktur stärker auf, als wenn man die Punkte gegeneinander versetzt. Der Versatz wird als Winkel definiert, und man erhält damit den *Rasterwinkel*. Abb. 8-17 zeigt an einem groben Raster deutlich die Wirkung unterschiedlicher Winkel an einem Photo. Ein relativ guter optischer Eindruck ergibt sich bei Schwarzweißbildern bei einem Versatz von 45°. Abbildung 8-16 zeigt den Unterschied an einem relativ groben Raster. Werden Farben verwendet, so erhält jede Farbe einen anderen Rasterwinkel. PostScript setzt beim Vierfarbdruck standardmäßig 75° für Cyan ein, 15° für Magenta, 90° für Gelb und 45° für Schwarz.* Diese Winkel sind für den Offsetdruck geeignet.

* Elektronische Bildverarbeitungsanlagen (EBV-Anlagen) verwenden abweichend davon standardmäßig: 45° für Schwarz, 108,4° für Cyan, 161,6° für Magenta und 90° für Gelb.

Abb. 8-17 Die Wirkung unterschiedlicher Rasterwinkel: links: 0°, rechts: 45°. Für Schwarzweißbilder wird fast immer ein Winkel von 45° verwendet!

Kapitel 8
Abbildungen

Die Anzahl solcher Punktflächen pro Maßeinheit bestimmt den Detaillierungsgrad bzw. die optische Auflösung eines Bildes. Da die Punkte nebeneinander bzw. versetzt eine Art Linie ergeben, spricht man von *Rasterlinien*. Die *Auflösung* eines solchen Rasters wird deshalb nicht wie bei der Auflösung eines Druckers oder Scanners in ›Punkten pro Maßeinheit‹, sondern in ›Linien pro Maßeinheit‹ angegeben. Üblich sind die Angabe von ›*Lines per Inch*‹ (d.h. Linien pro Zoll (Inch), oder ›lpi‹) oder im metrischen Maßsystem in ›Linien pro Zentimeter‹ (›L/cm‹). Dabei ergeben 2,54 lpi den Wert von 1 L/cm. Abbildung 8-18 zeigt zwei Halbtonbilder, einmal mit einer Auflösung von 150 lpi und, um den Rastereffekt zu zeigen, darunter mit 53 lpi.

In DTP-Programmen ist die Angabe von ›lpi‹ üblich!
2,54 lpi = 1 L/cm

* Auch hier, bestätigt die Ausnahme die Regel.

Laserdrucker und Belichter können keine unterschiedlich großen Punkte erzeugen.* Sie müssen deshalb die unterschiedlichen Punktgrößen durch eine Menge kleiner Punkte simulieren, d.h. ein größerer Punkt wird aus einer Anzahl kleiner Punkte zusammengesetzt. Möchte man z.B. 256 Graustufen in der Ausgabe zulassen, wird dafür ein Raster von 16 × 16 Kleinpunktflächen benötigt.

Abb. 8-18
Beispiel unterschiedlicher Auflösungen. Das obere Bild hat eine Auflösung von 150 lpi, das untere von etwa 53 lpi. Beide Bilder verwenden ein Punktraster.

8.6 Halbtonbilder und Raster

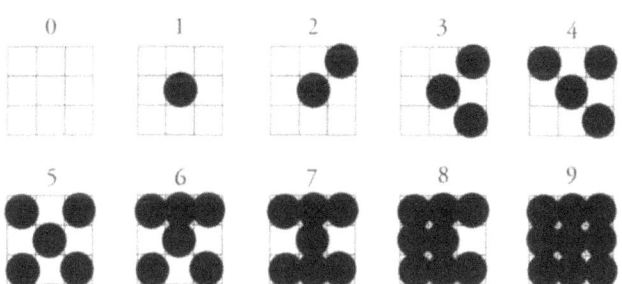

Abb. 8-19
Die Umsetzung eines Punktrasters hier am Beispiel eines Rasters aus 3 × 3 Punkten mit 10 verschiedene möglichen Grauwerten.

Dies reduziert die realisierbare Auflösung von Halbtonbildern eines Ausgabegeräts, was sich bei Laserdruckern deutlich auswirkt. Bei 256 Graustufen hat man nun nicht mehr eine Auflösung von 600 dpi, sonden nur noch von 600/16, d.h. ca. 37 Graurasterlinien pro Inch. Durch einen von PostScript verwendeten Korrekturfaktor verringert sich dieser Wert realistisch um den Faktor $\sqrt{2}$ und ergibt damit einen Wert von 27 lpi. Da auch 64 (bzw. korrekter 65) Graustufen einen halbwegs akzeptablen Tonwertumfang ergeben, kommt man beim Laserdruck realistisch auf ca. 53 Grauwert-Bildpunkte pro Inch, d.h. auf 53 lpi bzw. etwa 21 L/cm.

Die aus Einzelpunkten simulierten Rasterpunkte können unterschiedliche Formen erhalten. Üblich sind hier (annähernd) Quadrate, Ellipsen und Kreise sowie noch *Linien-* und *Kreuzraster.*[*] Abbildung 8-20 zeigt Beispiele für diese Verfahren. Diese Raster können wie Punkte in unterschiedlichen Winkeln angeordnet werden. Die verschiedenen Verfahren haben in unterschiedlichen Bildsituationen spezifische Vor- und Nachteile, auf die hier nicht eingegangen werden soll.

Das *Rastern*, sprich die Umwandlung des Pixelgrauwerts in ein Raster, kann entweder von der Bildbearbeitungssoftware bzw. dem DTP-Paket vorgenommen werden – der Vorgang wird *Dithering* genannt –, oder es wird vom Ausgabegerät durchgeführt. Letzteres ist in all den Fällen vorzuziehen, in denen auf PostScript-Geräte ausgegeben wird. Dabei kann (bzw. sollte sogar) die Software dem Ausgabegerät mitteilen, welche Art von Raster, welche Rasterweite und welcher Rasterwinkel zu verwenden ist. Diese Vorgaben müssen natürlich innerhalb der Möglichkeiten des Ausgabegerätes liegen. Während wie zuvor dargelegt ein Laserdrucker bei einem Tonwertumfang von 65 Stufen eine effektive Auflösung von 53 lpi (bzw. 21 L/cm) zuläßt, gestattet ein Belichter mit einer Auflösung von 1200 dpi bereits eine Auflösung von bis zu 75 lpi (bereits mit 256 Graustufen) und ein solcher mit 2400 dpi eine Rasterauflösung von 150 lpi (entsprechend 60 L/cm). Am oberen Ende stehen

[*] Es gibt noch weitere Muster, die genannten sind jedoch die häufigsten.

**Kapitel 8
Abbildungen**

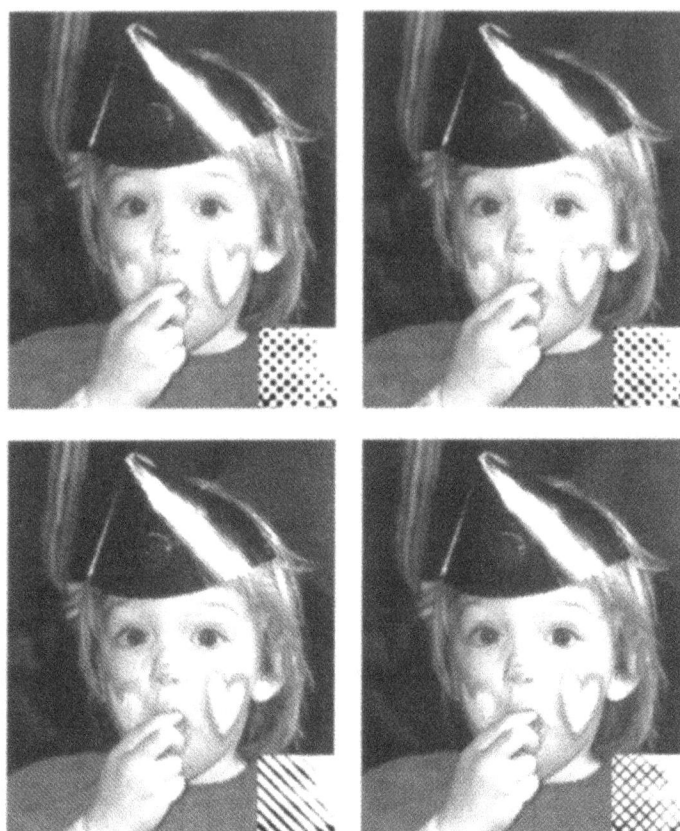

Abb. 8-20
Beispiele
unterschiedlicher
Raster:
oben links: Punkt
oben rechts: Ellipse
unten links: Linien
unten rechts: Kreuz

Die rechte untere Ecke
zeigt jeweils das Muster
der Nasenspitze
vergrößert an.
Die Auflösung
beträgt 53 lpi.

Belichter mit ca. 3 250 dpi, die ein Raster bis zu 190 lpi bieten. Druckverfahren und Papier müssen jedoch darauf abgestimmt sein. Eine hohe Auflösung setzt auch feines, *gestrichenes Papier* voraus – ein Papier, dessen Oberfläche durch entsprechende Behandlung glatt ist und eine für den Druck passende Saugfähigkeit besitzt.

8.6.2 Bildqualität in Farbtiefe

Es ergibt sich also die Frage, welche Bildqualität bzw. Auflösung und welcher Tonwertumfang für ein Bild notwendig sind. Die Antwort ist stark von der Art der Publikation abhängig. Die korrekte Auflösung für ein DTP-Produkt hängt von mehreren Faktoren ab. Sie wird einerseits vom Ausgabegerät bestimmt und beim Einsatz von Laserbelichtern vom verwendeten Druckverfahren und der benutzten Papierqualität. So erfordern 120 lpi bereits recht glatte

8.6 Halbtonbilder und Raster

Abb. 8-21
Beispiele
unterschiedlicher
Graustufen:
oben links: 256 Stufen
oben rechts: 64 Stufen
unten links: 16 Stufen
unten rechts: 8 Stufen

Während zwischen den oberen Abbildungen wenig Unterschiede zu erkennen sind, wird die geringere Anzahl von Graustufen unten deutlicher. Die Auflösung beträgt 150 lpi.
Bei Farbbildern fallen Unterschiede in der Farbtiefe stärker auf (typisch 8 Bit und 24 Bit bzw. 256 und 16,7 Mill. mögliche Farbtöne.

Papiere, und 150 lpi setzt zur optimalen Umsetzung ein Kunstdruckpapier voraus. Da die gewählte Auflösung auch Einfluß auf die Rechen- bzw. Belichtungszeiten hat, sollte man die Auflösung einerseits so niedrig wie möglich und andererseits so hoch wie nötig setzen. Dabei spielt natürlich auch die Qualität der Vorlage und die Auflösung des Erfassungsgeräts (des Scanners) eine Rolle.

Tageszeitungen etwa verwenden eine Rasterweite von etwa 75 bis 80 lpi (entsprechend 30 bis 32 L/cm) bei einem Tonwertumfang von 64 Graustufen, Zeitschriften etwa 80 bis 120 lpi bei einem Tonwertumfang von 128 oder 256 Graustufen (bzw. 32–48 L/cm), und hochwertige Bilder werden mit 256 Graustufen bei 120 bis 150 lpi (bzw. 48 bis 60 L/cm) ausgegeben.

Im DTP-Bereich sollten Halbtonbilder, soweit möglich, dem DTP-Programm im TIFF-, PNG- oder JPEG-Format übergeben werden. Hier werden die Auflösungen in Punkten pro Inch (dpi = ›Dots per Inch‹ bzw. ›Punkte pro Zoll‹) angegeben. Da auch hier die Auflösung sehr deutlich in den Speicherplatzbedarf eingeht, sollte man ebenso eine möglichst geringe Auflösung wählen. Wird

Kapitel 8
Abbildungen

das Bild nicht skaliert, läßt sich die notwendige dpi-Auflösung für die Bilderfassung aus der gewünschten lpi-Auflösung wie folgt errechen:

$$\text{dpi} = \text{gewünschte-lpi} \times 1{,}414$$

Die errechnete Auflösung beim Scannen ist nochmals mit dem Faktor zu multiplizieren, um den die eingescannte Vorlage vergrößert werden soll.

Der Faktor von 1,414 bzw. $\sqrt{2}$ ergibt sich durch einen von PostScript verwendeten Korrekturfaktor. Er wird auch als *Qualitätsfaktor* bezeichnet. Er sollte, möchte man mehr Qualitätsreserven besitzen, bei etwa 2 liegen; höhere Faktoren sind unnötig.

Bei der Erfassung scannt man das Bild entweder gleich mit der errechneten Auflösung oder erfaßt es mit einer deutlich höheren Auflösung und läßt es danach vom Bildbearbeitungsprogramm auf die notwendige Auflösung herunterrechnen. Letzteres ergibt zwar höhere Scan-Zeiten und eine relativ dicke Zwischendatei aber zumeist auch etwas bessere Ergebnisse.

Für die Verwendung der gerade erforderlichen Auflösung spricht der hohe Speicherbedarf von Halbtonbildern. Der Bedarf steigt mit dem Quadrat der Auflösung; ein 300-dpi-Bild benötigt viermal soviel Speicher wie ein 150-dpi-Bild. Auch die Übertragungszeit des Bildes zum Belichter und die Belichtungszeit wird bei höherer Auflösung größer!

Beim Scannen macht es wenig Sinn, über die physikalische Auflösung des Scanners hinaus zu gehen, da der Scanner oder die Scan-Software dann die zusätzlichen Punkte selbst durch eine Interpolation der Nachbarpunkte errechnet, ohne dabei die tatsächliche Informationsmenge zu erhöhen – lediglich das erzeugte Datenvolumen steigt. Angaben zur Auflösung von 9600 dpi für einen Desktop-Scanner im Preisbereich von 100 bis 400 Euro sind Angaben einer interpolierten Auflösung und faktisch Phantasiewerte. In diesem Preisbereich sind typisch 600 dpi bis maximal 1200 dpi an physikalischer Auflösung erzielbar.

Möchte man das Bild auf einem Desktop-Farbdrucker ausgeben, so reicht in der Regel eine relativ geringe Auflösung des Farbbildes. Bei höherer Auflösung wird lediglich das Druckprogramm mit einer höheren Speicheranforderung belastet. So reicht z.B. für einen Farbtintenstrahldrucker mit einer maximalen Druckauflösung von 1200 dpi eine Auflösung des Farbbildes von etwa 100 dpi; bei Schwarzweißphotos (Halbtonbildern) wird man auf etwa 150 dpi hochgehen. Für den Buchdruck sind 150 dpi bis 250 dpi auch für hochwertigen Druck ausreichend. Lediglich bei Strichzeichnungen sind höhere Auflösungen sinnvoll – etwa bis 1200 dpi (jeweils unskaliert).*

* Möchte man das Bild danach skalieren, so ist dieser Wert mit der Skalierung zu multiplizieren!

8.6 Halbtonbilder und Raster

8.6.3 Technische Raster

Unter einem *technischen Raster* versteht man eine Halbtonfläche, die nicht aus einer Photographie oder einem eingescannten Bild, sondern aus einer mit dem Rechner erstellten Graphik stammt. Man erhält sie auch, wenn man Schrift oder andere Flächen rastert, d.h. mit einem Grauwert oder einer Farbe belegt, die beim Druck keine Grundfarbe ist.

Die Realisierung des Rasters im DTP ist weitgehend mit der von Halbtönen aus eingescannten Bildern identisch. Die Definition des Rasters unterscheidet sich von Programm zu Programm. Einige DTP-Systeme erlauben nur vordefinierte Raster (etwa in 10%-Abstufungen), während andere eine freie Vorgabe zulassen. Bei einem Raster von 0% erhält man eine weiße Fläche, bei einem Raster von 50% ist die Fläche zu 50% mit Punkten bedeckt und bei 100% ergibt sich eine schwarze Fläche.

Wie bei Halbtonbildern kann das Raster mit unterschiedlichen Verfahren erzeugt werden, beispielsweise mit Punkten, Ellipsen, Linien oder als Kreuzraster. Dabei werden zumeist in einer Graphik nur jeweils eine Methode eingesetzt; in den meisten Fällen ist das Verfahren im gesamten Dokument einheitlich. Auch der Rasterwinkel und die Rasterweite wird beim technischen Raster wie bei Halbtonbildern gehandhabt. Möchte man feine gleichmäßig graue Flächen (oder Farbflächen) erzielen, muß eine ausreichend hohe Auflösung, sprich Rasterdichte benutzt werden – ein Grund dafür, bei Verwendung von Laserdruckern für die Vorlagenerstellung möglichst auf technische Raster zu verzichten, da die meisten Laserdrucker keine ausreichende Auflösung besitzen.

Farbverläufe realisiert das DTP-System durch eine Folge abgestufter Rasterflächen. Bei den meisten Systemen läßt sich dabei die Anzahl der Abstufungen vorgeben. Man sollte jedoch beachten, daß einerseits das Ausgabegerät bei einer niedrigen Auflösung die Abstufungen eventuell reduzieren muß, so daß sich dann Streifen ergeben können, und daß andererseits solche Verläufe bei der Ausgabe erheblichen Rechenaufwand erfordern und damit deutlich die Ausgabegeschwindigkeit reduzieren!

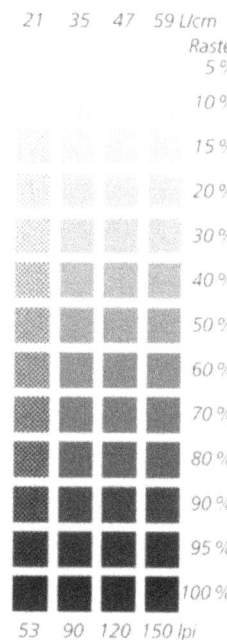

Abb. 8-22
Technische Raster in unterschiedlichen Graustufen (senkrecht) und Rasterweiten (waagerecht). Bei allen Rastern wurde ein Punktraster mit einem Rasterwinkel von 45° verwendet.

8.6.4 Tonwertzuwachs

Damit die ganze Sache noch etwas komplizierter wird, ist bei der Bildbearbeitung von Halbtonbildern der *Tonwertzuwachs* zu berücksichtigen. Darunter versteht man die Zunahme von Schwarz-

**Kapitel 8
Abbildungen**

anteilen im Bild sowohl bei der Belichtung als auch beim Druck. Der Zuwachs beim Belichten ist abhängig von der verwendeten Auflösung und dem benutzten Filmmaterial; der Zuwachs beim Druck wird vom Druckverfahren und dem verwendeten Papier bestimmt. So resultieren Halbtonbereiche oberhalb von etwa 92 % bei den meisten Druckverfahren in einem *Zulaufen* und sind nicht mehr von Schwarz bzw. 100 %-Bereichen zu unterscheiden. Ein Druck mit sehr hoher Auflösung und glattem, weißem Papier oder auf Hochglanzpapier verschiebt die Grenze nach oben.

Andererseits ergibt sich bei sehr hellen Halbtönen – etwa unterhalb von 8 % ein *Aufreißen* der Farbe, und diese Bereiche erscheinen weiß bzw. ohne Farbe. Deshalb sollte man diese Töne etwas anheben.

Halbtonverarbeitung

Das bisher zu Halbtonbildern Gesagte ist ebenso gültig, wenn die Halbtoninformation nicht durch das Scannen eines Halbtonbildes erzeugt wird. Auch in Zeichenprogrammen lassen sich Halbtonflächen anlegen oder direkt im DTP-Paket durch die Zuweisung von Halbtonwerten an Flächen oder Schrift. Ist der Halbton nicht schwarzweiß, sondern ein Farbton, so muß zusätzlich das vom Druckverfahren darstellbare Farbspektrum sowie die Farbeigenschaften (Farbverfälschungen) des Scanners, des zur Bearbeitung genutzen Monitors und des Druckverfahrens berücksichtigt werden.

Man sieht, daß die Verwendung und Bearbeitung von Halbtonbildern und anderer Halbtoninformationen im DTP-Bereich zwar realistisch und mit guten Ergebnissen machbar ist, jedoch eine gehörige Portion Wissen und Erfahrung voraussetzt.

Deshalb ist es zuweilen bei einer kleinen Anzahl von Halbtonbildern praktischer, wenn man diese konventionell bei einer Lito-Anstalt als Film erstellen läßt und die Bilder danach in den mittels DTP-Verfahren erstellten Film montiert (man spricht hier vom *Einklinken*). Hat man viele Bilder, kann man sie auch von einem entsprechenden Unternehmen erfassen und aufbereiten lassen und dann als TIFF-Bilder in das Dokument importieren (korrekter als Bilder im TIFF-Format importieren).

In guten Bildbearbeitungsprogrammen lassen sich die notwendigen Korrekturfaktoren – die man dann beim Drucker für das geplante Druckverfahren und Papier abfragen muß –, als Profil eingeben, so daß man sich dann nicht bei jedem einzelnen Bild um diese Korrekturen kümmern muß.

8.7 Komprimieren – aber richtig

Rasterbilder werden mit zunehmender Formatgröße, Auflösung und Farbtiefe sehr schnell voluminös. Eine A4-Seite in 300 dpi und 24 Bit Farbe im RGB-Modus hat dann etwa 25 MB. Deshalb empfiehlt es sich, Rasterbilder komprimiert zu speichern. Hierzu gibt es ein ganzes Spektrum unterschiedlicher Verfahren.

Beim Komprimieren kann man zwischen verlustfreien und verlustbehafteten Verfahren unterscheiden. Bei verlustfreien Verfahren wie etwa LZW oder FAX-G4 wird beim Dekomprimieren die ursprüngliche Bildinformation wieder vollständig hergestellt. Verlustbehaftetes Verfahren wie etwa JPEG versuchen, vor dem Komprimieren die Bildinformation so zu reduzieren, daß danach eine effiziente Codierung möglich ist. Dies ist vielfach bis zu gewissen Grenzen möglich, ohne daß das menschliche Auge nennenswerte Qualitätsverluste wahrnimmt. Interessant sind verlustbehaftete Verfahren, da sie insbesondere bei Halbton- und Farbbildern deutlich höhere Komprimierungsfaktoren erzielen als die verlustfreien Verfahren. So lassen sich Farbphotos per LZW etwa um den Faktor 2 bis 5 komprimieren, während JPEG etwa den Faktor 20 erlaubt und neue Techniken wie etwa das Wavelet-Verfahren* oder die fraktale Komprimierung bis zum Faktor 100 komprimieren – teilweise ohne größere sichtbare Qualitätsverluste. Der erzielbare Komprimierungsfaktor selbst ist in starkem Maße auch von der Halbton- oder Farbvielfalt des Bildinhaltes abhängig sowie davon, ob größere homogene Flächen oder viele Details und Kanten vorhanden sind; *Vielfalt* läßt sich schlechter komprimieren.

Es gilt nun – abhängig vom Datenformat und vom Bildtyp – ein geeignetes Format zu wählen, da dies einerseits den erzielbaren Komprimierungsfaktor beeinflußt und bei verlustbehafteten Verfahren ebenso den Detail- und Qualitätsverlust. Zusätzlich ist der Verwendungszweck zu berücksichtigen. So sind z. B. JPEG und GIF (mit Verwendung einer LZW-Komprimierung) Standardformate für Rastergraphiken in den HTML-Dokumenten des World-Wide-Webs, während bei anderen Formaten spezielle Browser-Plug-Ins für deren Darstellung notwendig sind.

JPEG, welches bei Graustufen- und Farbbildern (letztere mit einer Farbtiefe von mehr als 8 Bit je Bildpunkt) sehr gute Komprimierungsfaktoren erzielt und bei dem der Komprimierungs- und damit auch der Qualitätsfaktor variabel einstellbar ist, vergröbert scharfe Kanten und kleine Details. Bei hohem Komprimierungsfaktor wird das Bild leicht rasterartig, und man sieht statt feiner Linien quadratische Flächen (siehe Abb. 8-24). Ein einmal mit

Dies wird z. B. in den Produkten der Firma Luvatex eingesetzt.

Durch geeignete Verfahren lassen sich nicht nur Bilddateien, sondern ebenso Text- und DTP-Dateien komprimieren, typischerweise um den Faktor 2 bis 4. Auf dem Macintosh bietet sich hierfür das Programm ›Stuffit‹ der Firma Aladdin an, unter Windows ›PKZIP‹ und unter UNIX ›gzip‹.

Kapitel 8
Abbildungen

JPEG komprimiertes Bild läßt sich – sofern man das Original nicht separat aufgehoben hat – auch nicht mehr in seiner ursprünglichen Qualität darstellen. Bei solchen kritischen Bildern – z. B. Bildschirmabzüge (Screenshots) – komprimiert man besser mit PNG.

Auf die richtigen Einstellungen für PDF gehen die Kapitel 14.2.2 und 16.3.1 ein.

Als weiterer Punkt für das Komprimierungsverfahren ist zu beachten, welche Verfahren vom eventuell benötigten Bildbearbeitungsprogramm und vom DTP-System unterstützt werden. So beherrscht z. B. Adobe Photoshop bis zur Version 5 keine FAX-G4-Komprimierung, ein für bitonale Images ausgesprochen effektives Komprimierungsverfahren; und das von MS-Word akzeptierte Spektrum an Formaten ist immer noch gering.

Erstellt man eine Graphik in einem anderen Programm, um sie dann als EPS in das DTP-Dokument einzubetten, so sollte man (inzwischen) das Binärformat des EPS sowie Level 2 oder Level 3 wählen. Gleiches gilt bei der Erstellung von PostScript-Dateien für eine Weiterverarbeitung. Bei Level 3 sollte man sicherstellen, daß es vom nachfolgenden Verarbeitungsprogramm – etwa einem Belichter, dem Druckertreiber oder z. B. Adobe Acrobat – verarbeitet werden kann.

Tabelle 8-2 Komprimierungsverfahren für verschiedene Datentypen

Inhalt	Verfahren	typischer Kompr.-faktor	Anmerkung
Strichzeichnung	LZW	1,5–4	universell, aber geringer Faktor
	FAX G4	5–20	wird nicht von allen Programmen beherrscht
Halbton, S/W	LZW, PNG	2–10	beide verlustfrei
	JPEG	2–10	verlustbehaftet
Farbbilder, 8 Bit	GIFF, PNG	2–10	gute Komprimierung, verlustfrei
Farbbilder, 24 Bit	PNG, LZW	2–3	verlustfrei, geeignet bei scharfen Kanten und vielen Details
	JPEG	3–20	gut bei flächigen Bildern, Faktor/Qualität variabel einstellbar
	Wavelet	5–100	proprietäre Verfahren
EPS	binär	2–4	Binärversion von EPS wählen
Text, DTP	Hufmann, (ZIP)	1,5–4	universell, aber geringer Faktor

8.7 Komprimieren – aber richtig

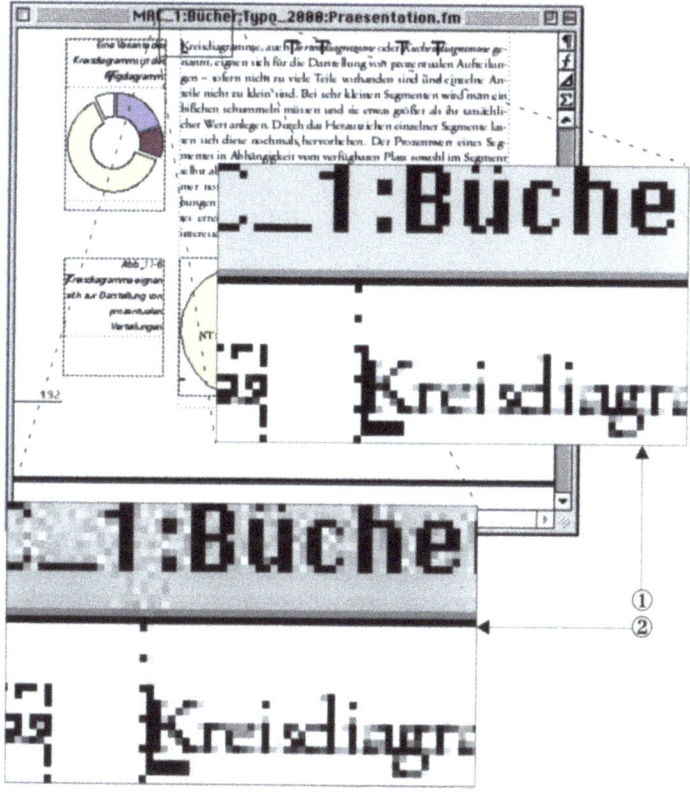

Abb. 8-23
Komprimierungsbeispiel:
Farbbild, 24 Bit Farbtiefe,
300 dpi, RGB,
79 mm x 82 mm,
2,6 MB unkomprimiert,
1,8 MB LZW-komprimiert,
1,6 MB PNG-komprimiert,
JPEG-Komprimierung:
790 KB, hohe Qualität,
150 KB, mittlere Qualität,
96 KB, geringe Qualität
Auch bei hoher
JPEG-Komprimierung sind
kaum Qualitätsverluste
erkennbar.

Abb. 8-24
Effekte verlustbehafteter
Komprimierung am
Beispiel eines
Bildschirmabzugs:
großes Bild links oben:
693 kB unkomprimiert,
95 kB verlustfrei mit LZW
komprimiert

Ausschnitte, 24fach
vergrößert:
①: LZW-Komprimierung
②: JPEG-Low-Quality
Hier ist JPEG also nicht
geeignet!

Kapitel 8
Abbildungen

Abb. 8-25
Farbbild eines
Geparden.
Das Original ist A4
(29,7 cm x 21,9 cm)
und wurde mit 200 dpi
und 24 Bit als Farbbild
erfaßt.

Tabelle 8-3 zeigt die absoluten Größen und die erzielten Komprimierungsfaktoren des Photos von Abbildung 8-25 bei unterschiedlichen Komprimierungsverfahren.

Tabelle 8-3
Volumina und
Komprimierungsfaktoren
der Graphik aus
Abb. 8-25
bei unterschiedlichen
Formaten und
Komprimierungsverfahren
(jeweils bei einer
Bildgröße von
29,7 cm x 21,9 cm
und einer Auflösung von
200 dpi)

Format	Größe	Komprim. Faktor	Anmerkung
TIFF, 24 Bit Farbe, CMYK	14,1 MB	1,0	unkomprimiert
TIFF, LZW, 24 Bit F.	8,7 MB	1,6	verlustfrei komprimiert
PNG, 24 Bit Farbe	8,8 MB	1,6	verlustfrei komprimiert
JPEG, hohe Qualität	5,0 MB	2,8	fast verlustfrei
JPEG, geringe Qualität	1,0 MB	14,1	kaum sichtbarer Verlust
Fraktale Komp., hohe Q.	1,1 MB	12,8	kaum Qulitätsverlust
Fraktale Komp., hohe K.	150 KB	94,0	noch gute Qualität
bei 8 Bit Farbtiefe			
TIFF, 8 Bit Farbe	3,8 MB	1,0	unkomprimiert
TIFF, 8 Bit Farbe, LZW	2,3 MB	1,6	verlustfrei
PNG, 8 Bit Farbe	2,2 MB	1,7	verlustfreie Qualität
JPEG, 8 Bit Grau	0,45 GB	8,4	hohe Qualität
PNG, 8 Bit Grau	2,4 GB	1,6	verlustfreie Qualität
Fraktale Komp., 8 Bit Grau	80 KB	47,5	gute Qualität

8.8 Farbe in Dokumenten

Farben beleben Publikationen. In Präsentationsfolien, Dias und in Online-Dokumenten, im Web und in Datenblättern wird Farbe erwartet. Fernsehen und Magazine sind nur noch in Farbe, PCs werden nur noch mit Farbbildschirmen verkauft, die Welt um uns ist voller Farbe, nur bei Büchern und technischer Dokumentation wird Farbe relativ wenig eingesetzt – bedingt durch die deutlich höheren Produktionskosten.

Farbe ist ein Thema, das schnell mehrere Bücher füllt; es reicht von Farbtheorien über die Farbbildverarbeitung bis hin zu Farbsystemen und -räumen und zur Farbseparation. Wir möchten uns deshalb hier auf einen ersten Einstieg, wenige Aspekte und einfache Ratschläge zum Umgang mit Farbe beschränken.

8.8.1 Der Einsatz von Farben

Mit der Verfügbarkeit von guten Farbbildschirmen, preiswerten und schnellen Farbdruckern und Präsentations-Beamern,* und dem Einsatz von Farbe selbst in Tageszeitungen nimmt die Bedeutung von Farbe in Publikationen und verstärkt in Präsentationen stark zu. In Zeitschriften spielt Farbe schon lange eine wesentliche Rolle, und selbst das konservative Magazin DER SPIEGEL sah sich durch die neue, farbige Konkurrenz des FOCUS gezwungen, mehr Farbe einzusetzen.

> *Dies sind Projektoren, die an einem PC angeschlossen werden und die Bildschirmausgabe direkt projizieren.

In der normalen Publikation kann Farbe an mehreren Stellen eine nützliche Funktion haben: in Bildern, Graphiken, bei einzelnen Linien zur Hervorhebung oder als schmückendes Element und in Tabellen.

Bei Photos ist Farbe neben Form und Halbton ein zusätzlicher Informationsträger, was sich technisch auch im Speichervolumen von Farbbildern niederschlägt. Farbe wirkt dort als zusätzliches Differenzierungsmerkmal einzelner Gegenstände und als zusätzliches Mittel, um Stimmungen auszudrücken.

In Tabellen kann Farbe – zurückhaltend und in hellen, blassen Tönen eingesetzt – die Strukturierung besser unterstützen als verschiedene Grauraster.

In Graphiken erlaubt Farbe stärker als Grautöne und Schraffuren, Elemente gegeneinander abzugrenzen – oder auf Schraffuren ganz zu verzichten. Farbe kann – sparsam eingesetzt (etwa in Form einer Kontrast- oder Signalfarbe) – einzelne Objekte hervorheben; in einer Menge kräftiger Signale geht das einzelne Signal jedoch

**Kapitel 8
Abbildungen**

wieder unter. Auch hier gilt wieder die Regel: Sparsamer, wohldosierter Umgang mit Stilmitteln; sowohl eine einzelne Graphik als auch eine ganze Seite darf farbig sein – aber nicht bunt!

> Im laufenden Text aber hat Farbe selten eine nützliche Funktion, sieht man einmal von vereinzelten *Auszeichnungen* und *Hervorhebungen* ab – und dies nur in technischen Beschreibungen, Betriebsanleitungen und Handbüchern.

> Farbe als Seitenhintergrund eingesetzt – vollständig oder auf spezielle Seitenpartien beschränkt –, sollte in normalen Dokumenten in hellen, blassen Tönen verwendet werden.
> Für Internet-Dokumente ist sehr viel mehr Spielraum möglich.

In speziellen Dokumenten hat Farbe vielfach einen festen Platz, z. B. in den in Kapitel 10 besprochenen Präsentationsfolien.

Briefbögen nutzen zunehmend Farbe. Sie bietet dort neue, zusätzliche Gestaltungsmöglichkeiten;* sie gestattet außerdem, die *Firmenfarbe* im Logo wiederzugeben und in anderen Elementen aufzugreifen. Auch in Visitenkarten wird Farbe zunehmend eingesetzt – und gerade private Visitenkarten bieten hier ein interessantes Spielfeld.

* *Siehe Beispiele in Abb. 8-30.*

Auf weißem Hintergrund ist ein farbiger Text schlechter lesbar als schwarzer Text – da kontrastärmer; gelbe Schrift auf weißem Hintergrund ist z. B. kaum lesbar. Bei farbigem Hintergrund muß für ausreichend Kontrast gesorgt werden und zwar in einer Kombination, die das Auge nicht stört (siehe die problematischen Beispiele aus Abb. 8-32). Eine gelbe Schrift hebt sich z. B. gut gegen einen dunkelblauen oder schwarzen Hintergrund ab – sofern sie fett genug gesetzt ist, während sie auf rotem Hintergrund fast untergeht.

In den meisten Fällen ist eine abgetönte Farbe einer gesättigten Farbe vorzuziehen. Die Abtönung kann sowohl zu Schwarz als auch zu Weiß hin erfolgen, wobei dunklere Farben zurückhaltender und seriöser sind als Pastellfarben, die oft sehr kindlich wirken.

Farbe erlaubt eine Differenzierung verschiedener Linien, etwa in Diagrammen. Farbe ist hier meist besser als unterschiedliche Linienformen oder Schraffuren.

Auch in Karten oder Plänen gestattet Farbe mehr Information unterzubringen, ohne daß der Betrachter die Übersicht verliert – solange Farbe konsistent eingesetzt wird. Hier ist zusätzlich darauf

8.8 Farbe in Dokumenten

zu achten, daß die Farben für abstrahierte Objekte genutzt werden, die wir auch aus anderen Zusammenhängen damit assoziieren, also z. B: Blau für Gewässer, Grün für Wälder oder Braun für Berge.

Firmen nutzen Farben als Erkennungsmerkmal, z. B. das dunkle Blau von Mannesmann, das Blau-Weiß von Nivea, das Orange und Gelb von Kodak, das Gelb der Post oder Lila von Milka.

Farbe gehört nicht auf eine Seite verteilt, sondern gezielt und konzentriert eingesetzt und auf die sinnvollen Objekte beschränkt. Dies verstärkt ihren Effekt.

8.8.2 Stimmung und Wirkung von Farben

Farben können Stimmungen, Bedeutungen und Gefühle ausdrücken. So wird Blau in dunkler Tönung als kühl und zurückhaltend und in der hellblauen Tönung von Eis als erfrischend empfunden, während Rot als warm und Farbe der Liebe verstanden wird. Grün wird in heller Tönung als jugendlich und frühlingshaft bewertet und in dunklerer Tönung – der des Blattgrüns – als beruhigend und ausgleichend empfunden.

Rot ist politisch als die Farbe der links gerichteten Parteien belegt, während wir Schwarz den rechten, braun den rechtsradikalen und Grün den ökologischen Parteien zuordnen – in Deutschland.

Pupur war lange Zeit das Privileg der Könige und das farblich nicht so weit entfernte Lila die Farbe der Kardinäle.

Hier wird sichtbar, daß die Zuordnung auch etwas mit dem Kulturkreis zu tun hat. So gilt bei uns Schwarz als die Farbe der Trauer und des Todes, während es in Indien die Farbe Weiß ist. Hinzu kommen individuelle, persönliche Unterschiede, fragt man eine Person doch zuweilen nach ihrer Lieblingsfarbe.

Die Mode zeigt, daß Farbe auch etwas mit Temperament und Extrovertiertheit zu tun hat. Daß Farben zusätzlich Modetrends unterworfen sind, zeigt die Kleidermode und die Werbung – letztere jedoch im langsameren Wechsel.

Farben wirken jedoch nicht nur singulär, sondern beeinflussen sich gegenseitig. Eine Farbe wirkt vor Schwarz oder Weiß anderes als vor einem farbigen Hintergrund, und Farbe wirkt anders, wenn sie als kleines Element eingesetzt wird (z. B. in einem Text im normalen Schriftgrad) oder als größere Fläche. Rot wirkt z. B. vor Schwarz oder Grautönen auch in kleinen Elementen oder Flächen (z. B. das dunkelrot-weiße Logo der Firma Stocke in Abb. 8-28), während Grün deutlich mehr Fläche braucht, um sich abzuheben und aufzufallen.

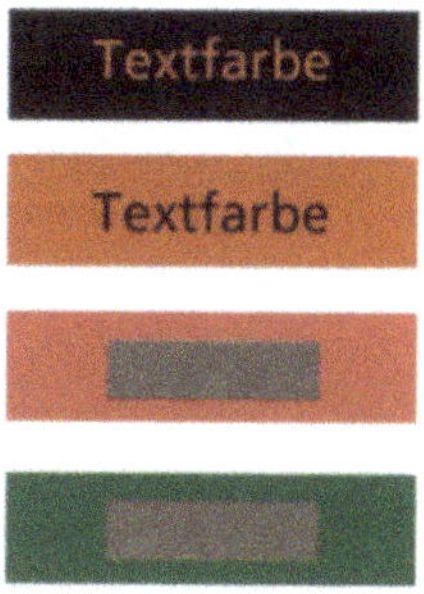

Farbstimmungen:
kühl, distanziert
Wasser, Stahl

frisch, jung
Frühling

ruhig
Natur, Blätter

hell, fröhlich
Sonne, Achtung

warm, aktiv
Feuer, Warnung

Abb. 8-26
Wechselwirkung von Farben: Oben wirkt das Braun heller als unten.

**Kapitel 8
Abbildungen**

Eine Farbe wirkt alleine – eventuell in gleichfarbig abgestuften Tönen – intensiver; sie verliert an Wirkung, wenn sie in Konkurrenz zu mehreren anderen Farben tritt.

Viele gute Beispiele für den Einsatz von Farbe findet man im Internet. Dies liegt einerseits daran, daß dort Farbe durch die entfallenden Druckkosten faktisch kostenlos ist. Zusätzlich hat sich das Internet zu einem kreativen Medium entwickelt, in dem neue Design-Ideen ausprobiert werden. Zusätzlich gilt es dort, sich aus der Menge der Angebote abzuheben.

Im Beispiel von Abb. 8-27 hat die sonst eher charakterlose Farbe *Helles Braun* in der Web-Seite von COW im Zusammenspiel mit weißer Schrift eine hohe Eigenständigkeit und Spannung gegen den ruhigen dunkelbraunen Hintergrund; sie hat durch ihre Variation genug Vitalität, um den dunklen Hintergrund nicht trist erscheinen zu lassen. Schwarz oder Dunkelbraun und ein monotones Hellbraun dagegen wären langweilig. Die Spannung entsteht durch die klaren, einfachen Formen, den Kontrast weiße (fette) Schrift auf fast schwarzem Hintergrund und in den Abstufungen der Brauntöne in der Holzstruktur. Der Eindruck wird durch den sparsamen Umgang mit Text verstärkt.

Daß man auch bei kargem Umgang mit Farben einen starken Eindruck erzielen kann, zeigt die Web-Einstiegsseite der Firma Stokke (siehe Abb. 8-28). Stokke stellt Sessel und Schaukelstühle her. Die Darstellung ist Schwarzweiß und setzt Farbe – abgesehen vom

Abb. 8-27
Web-Einstiegsseite von ›www.cow.com‹. Die Wirkung ist in der Bildschirmdarstellung noch stärker als in der gedruckten Wiedergabe.

8.8 Farbe in Dokumenten

eigenen Logo oben links – nur für die Holzelemente der Stühle ein und hebt diese damit hervor.

Die Firma Toca – ein Beratungsunternehmen zum Thema Interaktion und Interface-Design – zeigt in ihrer Homepage, wie man mit Nuancen von Schwarz und Grau arbeiten kann und Rot als einzige zusätzliche Farbe eine starke Wirkung zeigt (siehe Abb. 8-29).

Auch in Visitenkarten und Briefpapier genügt neben Schwarz und Weiß vielfach eine einzige Farbe – eventuell in mehrere Töne abgestuft, wie die Beispiele in Abbildung 8-30 zeigen. Der Einsatz nur einer Farbe reduziert die Druckkosten, da hier mit zwei

Abb. 8-28
Web-Einstiegsseite der Firma Stokke (www.stokke.com).
Der sparsame Einsatz von Farbe verstärkt deren Effekt.

Mit freundlicher Genehmigung der Firma Stocke.

© 2000 Stocke

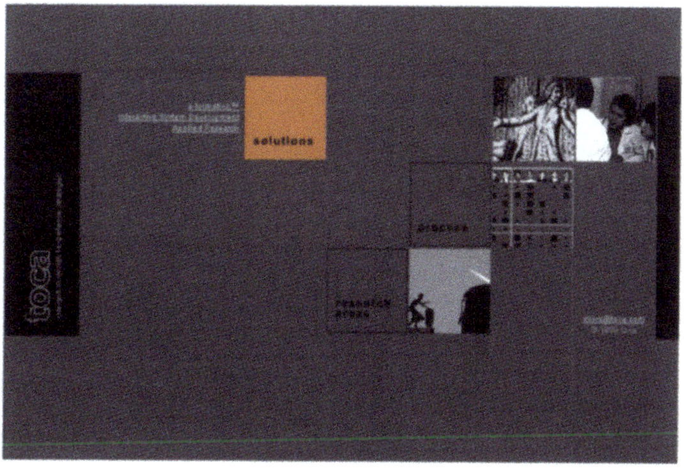

Abb. 8-29
Web-Einstiegsseite der Firma toca (www.toca.com).
Auch hier ein sparsamer Einsatz von Farben und trotzdem eine starke Farbwirkung des Rots.

Mit freundlicher Genehmigung der Firma Toco.

© 2000 TOCA LLC

Kapitel 8
Abbildungen

(Schwarz und Volltonfarbe) statt der beim Vierfarbdruck üblichen vier Filme, Druckplatten und Durchläufe gearbeitet werden kann.

Natürlich gibt es gute Gründe, auch mehr Farben in einer Publikation einzusetzen, die Diagramme aus Kapitel 10 sind dafür ein Beispiel. Jedoch gilt es auch dort, die eingesetzte Farbpalette auf das notwendige Minimum zu beschränken, konsistent zu halten und den Eindruck von bunt statt farbig zu vermeiden.

Abb. 8-30
Drucksachen unter Verwendung nur einer Farbe:
Briefkopf, Visitenkarte und Briefpapier

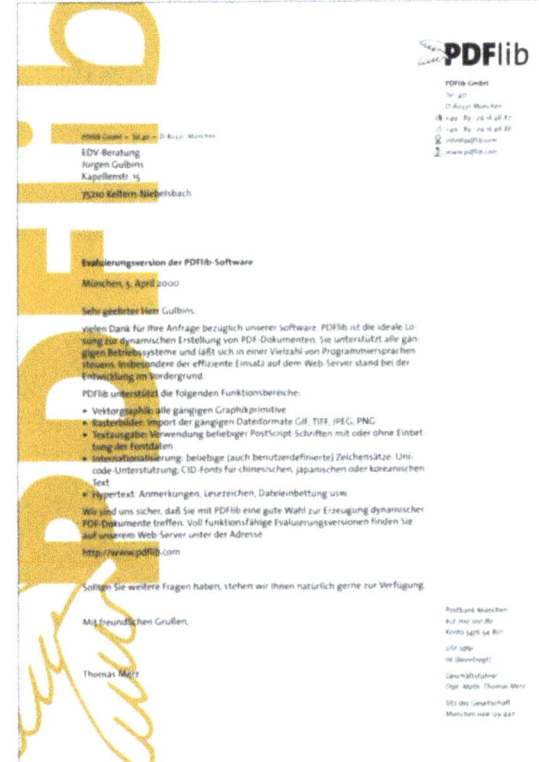

8.8.3 Farben im Farbkreis

Für das Arbeiten mit Farbe ist es nützlich, sich eines der zahlreichen Farbschemata zuzulegen. Der Farbkreis in Abb. 8-31 dargestellt, ist eine mögliche Variante. Komplementärfarben, die für die menschliche Wahrnehmung einen maximalen Kontrast ergeben, liegen darin jeweils gegenüber der gewählten Farbe, d.h. um 180° versetzt im Kreis bzw. in dem Nummernschema 60 addiert oder subtrahiert.

Benutzt man für die Farbwahl statt einer vordefinierten Farbpalette das HLS-Farbsystem, in dem der Farbton über einen Winkelwert angegeben wird, so ist dieses Schema direkt anwendbar. HLS steht für den Farbton (englisch: *Hue*), dessen Helligkeit bzw. *Luminanz* und dessen Sättigung (englisch: *Saturation*). Die Gesamtheit der Farben ist dabei auf einem dreidimensionalen Farbkegel abgebildet, auf dem die eigentlichen Farben abhängig von ihrem Winkel in horizontaler Richtung angelegt sind. Die Sättigung ergibt sich aus der Distanz des Farbpunktes von der Mittelachse, und die Helligkeit bestimmt den Wert auf der vertikalen Achse.

Das Schema des Farbkreises zur Kombination von Farben ist natürlich auch ohne die Verwendung des HLS-Farbsystems möglich.

Wie man sieht, werden sowohl nach außen als auch nach innen die Farbunterschiede zum Nachbarwinkelsegment geringer, ja teilweise kaum noch erkennbar. Dabei ist die Segmentierung des Farbkreises in 12 Winkel- mit jeweils 8 Kreissegmenten hier willkürlich gewählt.

8.8 Farbe in Dokumenten

Der Farbton liegt zwischen 0° und 360°. Die Werte ›0‹ und ›360‹ ergeben jeweils Rot.

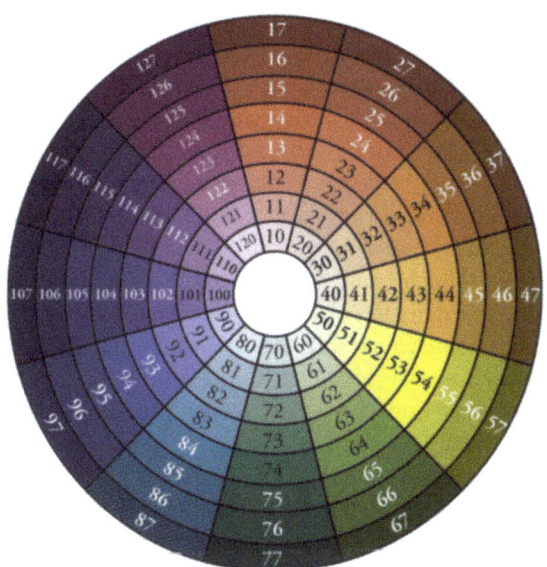

Abb. 8-31
Farbkreis-Schema mit 12 Winkeln und 8 Segmenten je Winkel.

Die Komplementärfarbe erhält man, indem man zur Farbkennung 60 hinzuzählt oder abzieht.
Die Werte mit der 4 am Ende werden als ›gesättigte‹ Farben betrachtet.

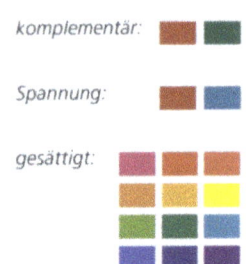

Wählt man statt der Komplementärfarbe eine Farbe, die dicht daneben liegt, so ergibt sich sogar eine höhere Spannung zwischen zwei farbigen Objekten. Benutzt man das Nummernschema aus Abb. 8-31, so ergibt 15 mit 65 oder 85 kombiniert eine höhere Spannung als mit der als 75 gekennzeichneten Farbe.

Die Werte mit der letzten Ziffer 4 werden als *gesättigte Farben* bezeichnet (also 14, 24, 34, ...). Im HLS-System haben sie eine Luminanz von 50% und eine Sättigung von 100%. Dunklere Farben (z.B. 15, 16, 17) haben eine kleinere Luninanz, Schwarz hätte die Luminanz von 0%. Das Schema für die Helligkeitsabstufungen sieht für Abb. 8-31 wie folgt aus:

HLS				heller	**gesättigt**	dunkler		
Farbe	x0	x1	x2	x3	**x4**	x5	x6	x7
Luminanz	90%	77%	67%	57%	**50%**	42%	37%	27%

Das Schema für die Farbtöne sieht wie folgt aus (nicht ganz winkelkonsequent):

Farbe	1x	2x	3x	4x	5x	6x	7x	8x	90x	100x	110x	120x
Farbton	0°	12°	24°	36°	60°	95°	120°	156°	215°	233°	251°	275°

Verwendet man das CMYK-Farbsystem statt HLS, so erhält man die dunkleren Farben aus Abb. 8-31 ausgehend von der gesättigten Farbe, indem man jeweils 15%, 25% oder 45% Schwarz beimischt. Die helleren Farben ergeben sich durch geringere Anteile der Grundkomponenten (Cyan, Magenta, Gelb).

Warum erläutern wir das Schema so ausführlich? Weil man sich darin relativ sicher bewegen kann: Komplementärfarben suchen, Spannungen aufbauen, Farbketten auswählen und Abstufungen definieren – es hilft beim Orientieren.

Es empfiehlt sich beim Arbeiten mit Farben, mit einem Farbschema zu arbeiten. Es darf auch ein eigenes sein. Ein solches Schema hilft konsistent zu bleiben. Man sollte aus den Farben eine Farbpalette aufbauen – ein Schachbrett von Flächen unterschiedlicher Farben – als Vorlage abspeichern und in ähnlichen Aufgaben wiederverwenden.

Für die Standard-Farbpaletten (Pantone, HKS, ...) gibt es Tafeln (auch für unterschiedliche Papiere), aus denen man die RGB-, CMYK- oder HLS-Werte ablesen kann.

8.8 Farbe in Dokumenten

8.8.4 Farbharmonie

Farben, die in einer Graphik oder auf einer Seite kombiniert werden, müssen miteinander harmonieren, ansonsten wirken sie als Störfaktor, bremsen die Aufnahmegeschwindigkeit des Lesers oder rufen Unbehagen hervor. Abbildung 8-32 zeigt solche störenden Kombinationen; ihre Interferenz ist auf dem Bildschirm noch stärker.

Abb. 8-32
Beispiel für
›sich beißende‹ Farben

Ein einfaches Rezept für Farbharmonie sind abgestufte Farbtöne der gleichen Grundfarbe, wobei die Stufen einigermaßen gleichmäßig und doch ausreichend groß sein sollten, um eine Differenzierung nebeneinander stehender Elemente zu erreichen. Farben etwa im gleichen Abstand zu ihrer gesättigten Version sind ein weiteres Mittel der Harmonie. Im Farbkreis aus Abb. 8-31 wären dies z. B. die Farben 15, 35, 55 und 75.

Gesättigte Farben wirken aufgeregter als Farben mit mehr Schwarzanteil, und helle Farben haben mehr Liebliches an sich, wobei jeweils zu prüfen ist, ob es zur Aufgabe paßt. Manche Farben werden in der Kombination als harmonisch empfunden, andere als spannungsreich und wieder andere als unangenehm.

Einige Beispiele für Farbzusammenstellungen, wenn auch ein wenig vom amerikanischen Landhausstil angehaucht, enthält ›Color Harmony Workbook‹ von Leisa Sawahta; weitere Beispiele findet man unter:
http://www.colorize.com

Farbverläufe

Farbverläufe bringen Variation und Plastizität in ein Objekt oder eine Fläche. Beim Farbverlauf wird in kleinen, möglichst nicht erkennbaren Stufen eine Farbe in eine andere übergeführt. Die modernen Werkzeuge gestatten dabei nicht nur Verläufe innerhalb einer oder zweier Farben, sondern gestatten mehrere Zwischenfarben zu setzen. Was bei mehreren Farben herauskommt, ist zuweilen *bunt* und nicht mehr ein Farbakzent. Auch der Bildaufbau oder Druck einer solchen mehrfarbigen Fläche ist langsam und kann den Treiber sogar zum Absturz bringen. Häufig hilft es hier, die Anzahl der Stufen im Verlauf zu reduzieren, was mit vielen der Werkzeuge möglich ist.

Man sollte deshalb mit Umsicht Farbverläufe einsetzen – in der Regel reichen ein oder maximal zwei Farbtöne, sie können dann aber ein Objekt plastischer erscheinen lassen, wie die beiden nebenstehen Symbole für eine Magnetplatte zeigen.

Farbverläufe geben einem Objekt mehr Plastizität.

**Kapitel 8
Abbildungen**

8.8.5 Farben in Diagrammen und Graphiken

Die Farben in einem Diagramm sollten aufeinander abgestimmt werden. Dabei ist einerseits auf eine ausreichende Differenzierung benachbarter Elemente zu achten und andererseits auf eine harmonische Farbkomposition. Auch die Hervorhebung läßt sich durch geeignete Farbwahl unterstützen. Werkzeuge zum Erstellen von Diagrammen – etwa MS Excel oder Macromedia Freehand – schlagen hier bereits akzeptable Werte vor, an denen man sich auch dann orientieren kann, wenn man ein Diagramm frei anlegt.

Zusätzlich sollte eine Publikation oder Präsentation eine weitgehend durchgängige, einheitliche Verwendung von Farben aufweisen, sowohl was die Farbe der Texte und Führungszeichen in den einzelnen Gliederungsstufen betrifft als auch die Verwendung von Farben in Diagrammen und anderen Graphiken.

Farbverläufe können Balken und Flächen eine höhere Plastizität verleihen, sind aber etwas aufwendiger und können – im Übermaß verwendet – den Bildaufbau oder den Druck stark verlangsamen.

Farben in Präsentationen unterliegen stärker noch als die eigentliche Graphik dem Zeitgeist. 1998/99 waren z.B. zarte, sorgfältig abgestufe Farben *in*. Zuvor arbeitete man eher mit klaren, kräftigen Farben in Diagrammen. Soll eine Graphik mehrere Jahre eingesetzt werden, so wird man sich auf wenige, klare, nicht zu grelle Farben beschränken. Auch der Einsatz von Schatten mit weich verlaufendem Rand ist im Jahr 2000 modern.*

* Siehe Abb. 9-8, auf Seite 199.

Steht Text in einem Farbfeld, so muß er sich farblich ausreichend abheben, um lesbar zu sein. Im Zweifel benutzt man hier Komplementärfarben, etwa Weiß auf Schwarz, Blau auf Gelb und Grün auf Violett/Rot (oder jeweils umgekehrt).*

** Siehe Abb. 8-31.

Soll – was bei Präsentationen oft der Fall ist –, zusätzlich ein Schwarzweißausdruck der Präsentation für die Teilnehmer erstellt werden, so ist darauf zu achten, daß der Text auch in der Graustufendarstellung noch vor dem Hintergrund lesbar ist. Dies läßt sich oft nur durch Probieren ermitteln. Ein besonderes Problem stellen dabei Fehler in den Drucktreibern der verschiedenen Systeme dar, die dazu führen, daß in der Folie weißer Text vor dunklem Hintergrund als Schwarz ausgegeben wird, und der Text damit nicht mehr erkennbar ist. Einige Windows-Treiber haben hier schon manchen Anwender zur Verzweiflung getrieben.

Gleiches gilt bei Schwarzweiß- oder Halbtonausdrucken auch für über- oder nebeneinander liegenden graphischen Elementen.

8.8 Farbe in Dokumenten

8.8.6 Farben an das Ausgabemedium adaptieren

Beim Einsatz von Farbe ist in gewissem Umfang auf das Ausgabemedium Rücksicht zu nehmen. Dies liegt daran, daß nicht jedes Medium das volle Farbspektrum wiedergeben kann. So können Bildschirme auf der Basis von Kathodenstrahlröhren (der bisher überwiegende Teil der Monitore) durch die Anregung des Phophors deutlich brilliantere Farben und ein größeres Spektrum darstellen, als sie auf Papier gedruckt möglich ist. Dias verwenden nochmals eine andere Technik.

Beim Papierdruck wird das breiteste Spektrum und die intensivsten Farben mit rein weißem, glattem (gestrichenen) Papier erzielt, während eine andere Papierfarbe deutlichen Einfluß auf die Farbwiedergabe hat, und rauheres Papier den Farben Brillanz nimmt. Bei rauherem bzw. nicht gestrichenem Papier muß man deshalb den Kontrast etwas erhöhen – sowohl bei Halbton- als auch bei Farbbildern. Auch bei Druckern nach dem Prinzip der Tintenspritzer erhält man ein deutlich differenzierteres Farbspektrum und kräftigere Farben, wenn man hochwertiges, glänzendes Photopapier verwendet (mit deutlich höherem Preis).

Die meisten Farblaserdrucker haben Probleme, zarte, helle Töne korrekt wiederzugeben und verlieren auch in den dunklen Bereichen Nuancen. Hier gilt es, hellere Farben etwas in der Farbsättigung anzuheben und dunklere Farben etwas abzusenken, um bessere Ergebnisse zu erhalten.

Tintenstrahldrucker sind gute Werkzeuge für einen Testdruck zur Beurteilung von Farben. Mit spezieller Software ausgerüstet, sind sie sogar in der Lage, die Eigenschaften verschiedener Druckverfahren zu simulieren.

Bei Präsentationen mit einem Beamer verflacht das Medium deutlich die Farben, so daß man hier gegenüber dem Bildschirm, auf dem man solche Präsentationen erstellt, satte und dunklere Farben und mehr Kontrast zwischen Farbelementen einsetzen muß – und bei wichtigen Präsentationen das Ergebnis tunlichst mit dem Beamer vor der Präsentation prüft. Hier spielt zusätzlich der Anteil des vorhandenen Tageslichtes eine Rolle.

Bildschirme sollte man vor der Farbverarbeitung und wichtigen Präsentationen justieren. Dazu stehen verschiedene einfache Werkzeuge und für höhere Ansprüche auch rückkoppelnde Meßgeräte zur Verfügung. Diese Justagen sind regelmäßig zu wiederholen. Flachbildschirme haben eine höhere Leuchtdichte und einen höheren Kontrast als Kathodenstrahlröhren, geben die Farben jedoch

**Kapitel 8
Abbildungen**

nicht so getreu wieder. Kritische Darstellungen sind hierfür entsprechend zu korrigieren.

Bei Web-Dokumenten empfiehlt es sich, Farbe auf eine 8-Bit-Darstellung bzw. auf 216 Farben zu beschränken. Potentiell erlauben zwar 8 Bit 256 möglich Farben, da jedoch einige Farben für andere Zwecke auf dem Bildschirm reserviert sein müssen (z.B. für den Fensterrand und die Fensterbeschriftung), gilt hier die Regel ›216‹. Aktuelle Versionen der Web-Werkzeuge bieten diese Farbpalette bereits fertig an. In zwei bis drei Jahren wird diese Schranken fallen, da dann der überwiegende Teil der PCs und Internet-Geräte eine höhere Farbtiefe unterstützen wird.

Kapitel 9
Von Zahlen zu Diagrammen

TABELLEN sind eine kompakte, geordnete Form für Ergebnisse und Werte. Abbildungen erlauben oft die vereinfachte Darstellung von Abläufen und Funktionszusammenhängen. Diagramme schließlich sind eine komprimierte Darstellung von Entwicklungen, Abhängigkeiten oder Relationen. Sowohl in Publikationen als auch in Präsentationen sind sie ein nützliches Element, um Zusammenhänge schnell erfaßbar und diskutierbar darzustellen.

Kapitel 9
Diagramme

9.1 Verschiedene Diagrammarten

Eine gute Anleitung zur Erstellung von Diagrammen ist in [Zelazny] zu finden.

Diagramme sind kompakter und schneller zu erfassen als Tabellen – insbesondere bei der Visualisierung von Trends. Zusätzlich sind sie optisch attraktiver. Bei der Gestaltung von Diagrammen gilt es, das passende Design für eine Aussage zu finden. Die gängigen Formen sind dabei das Kreisdiagramm, das Balken- und Stabdiagramm, das Liniendiagramm und das Organigramm. Aufwendiger, aber attraktiv und plastisch wirkend, sind Figurendiagramme.*

* Siehe Abb. 9-8 auf Seite 199.

Bietet das DTP- oder Präsentationsprogramm keine verschiedenen Diagrammarten an, so legt man Diagramme nicht von Hand mit den Graphikfunktionen des Präsentationsprogramms an, sondern erstellt sie wesentlich effizienter in Tabellenkalkulationsprogrammen oder mit speziellen Diagrammwerkzeugen und importiert sie in das Dokument oder die Präsentation.

9.1.1 Kreisdiagramme

Kreisdiagramme, auch *Tortendiagramme* oder *Kuchendiagramme* genannt, eignen sich für die Darstellung von prozentualen Aufteilungen – sofern die einzelnen Anteile nicht zu klein sind. Bei sehr kleinen Segmenten muß man ein bißchen schummeln und wird sie etwas größer als ihr tatsächlicher Wert anlegen. Der Prozentwert eines Segmentes steht idealerweise im Segment – falls möglich auch die Segmentbezeichnung. Bei kleinen Segmenten muß die Bezeichnung und eventuell sogar der Segmentwert herausgezogen werden und eine Mischung ist durchaus zulässig. Hervorhebungen lassen sich durch das Herausziehen eines einzelnen Segments erreichen. Das 3D-Diagramm in Abb. 9-1 wirkt zwar visuell interessanter, macht einen direkten Größenvergleich jedoch etwas schwieriger.

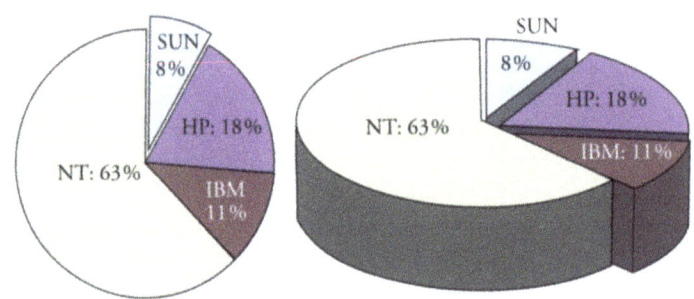

Abb. 9-1 Kreisdiagramme eignen sich zur Darstellung von prozentualen Verteilungen.

Entwicklungen lassen sich mit einem Kreisdiagramm kaum darstellen, es sei denn, man beschränkt sich auf ein oder zwei Stufen wie in Abb. 9-2. Da das Kreisdiagramm zunächst nur Prozentsätze anzeigt, wurde durch die Vergrößerung des linken Kreisdiagramms zusätzlich versucht, das Gesamtwachstum anzuzeigen, was jedoch nur sehr bedingt gelingt. Besser wäre hier eine Darstellung wie in Abbildung 9-5.

9.1 Verschiedene Diagrammarten

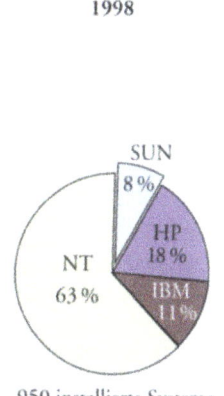
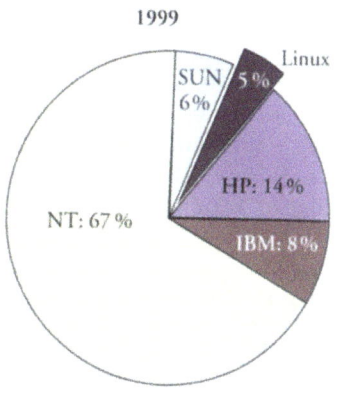

Abb. 9-2
Versuch, eine Entwicklung mittels Kreisdiagrammen darzustellen. Abb. 9-5 zeigt hierzu die bessere Lösung.

Ringdiagramme

Eine Variante der Kreisdiagramme sind Ringdiagramme. Bei ihnen läßt sich z.B. das Thema des Diagramms statt als Überschrift im freien Innenraum des Diagramms plazieren – was für eine Präsentationsfolie oder ein Plakat geeignet sein mag, für ein Diagramm in einer Publikation aber oft nicht paßt. Ein weiterer Nachteil dieser Darstellung liegt darin, daß die Segmentbeschriftung zumeist nicht im Segment, sondern außerhalb stehen muß.

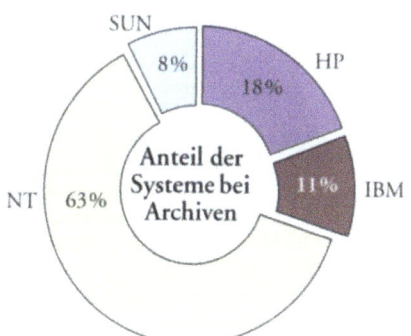

Abb. 9-3
Ringdiagramm

Kapitel 9
Diagramme

9.1.2 Balkendiagramme

Balkendiagramme sind eine geeignete Form, um Rangreihenfolgen darzustellen. Es ergibt sich eine höhere Übersichtlichkeit, wenn optisch eine Sortierung stattfindet – von oben nach unten oder umgekehrt. Dies ist jedoch nicht immer die geeignete Reihenfolge der Aufzählung, wenn z. B. ein wichtiger Bereich mitten in der Liste vorkommt. Hier kann man abweichende oder auffallende Farben verwenden, um spezielle Werte hervorzuheben, wie in Abb. 9-4 mit *Italien* angelegt.

Vorteilhaft bei einem horizontalen Balkendiagramm ist der Platz neben den Balken, der für die Beschriftung benutzt werden kann – im Standardfall links. Sind die einzelnen Balken groß genug, so läßt sich der zugeordnete Begriff im Balken selbst unterbringen. Man muß dann für einen ausreichenden Kontrast der Schrift sorgen. Ist der Platz knapp und wird der Text links (rechtsbündig) angeordnet, so können sich die Balken auch leicht überschneiden. Dies sieht in der Regel besser aus als zu schmale Balken.

Da ein Ablesen des Wertes über die bloße Skala oft relativ ungenau ist, bietet es sich an, den Wert rechts neben den Balken zu setzen.

Viele Diagramm-Werkzeuge legen im Standardfall die Linien relativ dick an, was für Präsentationsfolien geeignet sein mag, für gedruckte Publikationen aber nicht paßt. In Abb. 9-4, die mit Microsoft Excel erzeugt wurde, haben wir deshalb die Linienstärken explizit reduziert und die Werte rechts der Balken farbgleich mit dem Hintergrund grau hinterlegt, so daß die Skalen-Linien nicht die Zahlen durchkreuzen.

Abb. 9-4
Säulendiagramm,
hier mit Wirtschaftsdaten

Quelle:
Statistisches Bundesamt

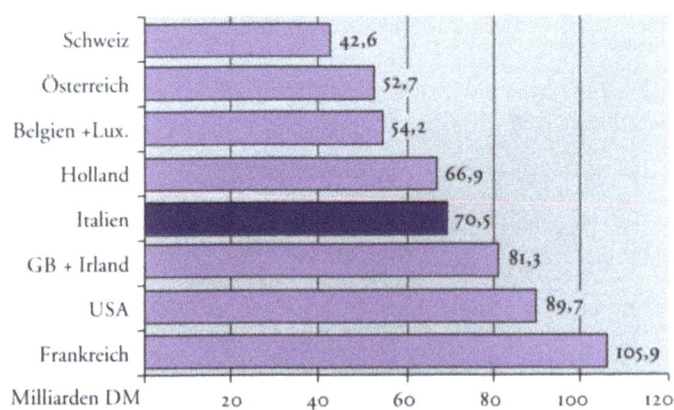

9.1 Verschiedene Diagrammarten

9.1.3 Stabdiagramme

Entwicklungen über die Zeit lassen sich gut in Stabdiagrammen visualisieren. In ihnen ist auch eine weitere Unterteilung in verschiedene Anteile möglich. In der Form von Abb. 9-5 ist jedoch der prozentuale Anteil weniger gut abzuschätzen als im Kreisdiagramm.

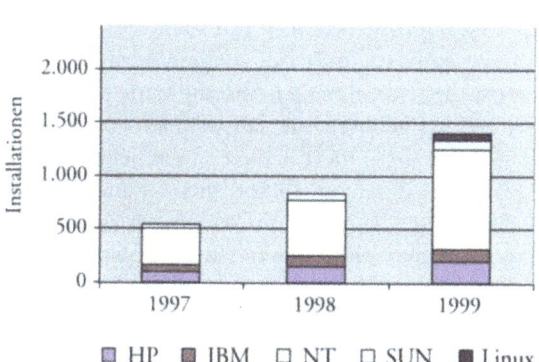

Abb. 9-5
Stabdiagramme eignen sich zur Darstellung von zeitlichen Entwicklungen

Im nachfolgenden Diagramm wurde die Entwicklung eines weiteren Jahres hinzugenommen und eine 3D-Variante erstellt. Dreidimensionale Diagramme wirken zunächst zwar interessanter, durch die Perspektive geht jedoch ein Stück Darstellungsgenauigkeit verloren und das Ablesen bzw. Abschätzen der einzelnen Werte wird für den Betrachter schwieriger.

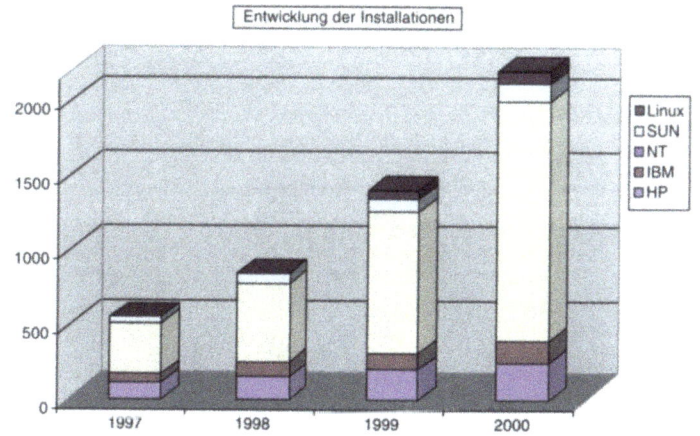

Abb. 9-6
3D-Stabdiagramm mit den Standardeinstellungen von Excel erstellt

197

**Kapitel 9
Diagramme**

Verbesserungen: Das Diagramm in Abb. 9-6 wurde ohne spezielle Einstellungen mittels Microsoft-Excel erstellt. In den Standardeinstellungen versieht Excel die meisten Elemente mit unnötigen Rahmen, verwendet für die Zahlendarstellung ein zuweilen ungeeignetes Standardformat und die Standardschrift des Systems; es plaziert in den Legenden den Text zu dicht an die Elemente.

In Abb. 9-7 wurden die Excel-Einstellungen beim Anlegen des Diagramms korrigiert, d. h. andere Schriften verwendet, das Zahlenformat der senkrechten Achse korrigiert und die seitliche Legende etwas weiter weg und oben bündig mit dem optischen Rand der Diagrammfläche gesetzt. Zusätzlich stellten wird den Namen jeweils ein Leerzeichen vor, um den Abstand zum Führungszeichen zu vergrößern. Auch gehören die Jahreszahlen unter den Balken (Stäben) besser zentriert – hierfür bietet Excel jedoch keine Möglichkeiten. Man hätte dies manuell korrigieren können, indem man das von Excel erzeugte Diagramm im geeigneten Format exportiert (z. B. EPS) und in einem entsprechenden Graphikprogramm überarbeitet.* Dabei wäre auch der Abstand der Zahlen links etwas zu erhöhen. Ein solcher Aufwand lohnt sich für eine Buchpublikation, ist jedoch für Folienpräsentationen, die häufig unter Zeitdruck erstellt werden, nicht immer möglich.

* z. B. Adobe Illustrator, Macromedia Freehand oder CorelDraw.

Plaziert man das Diagramm in eine Publikation, so ist die Schrift an die Publikation anzupassen. Da wir in diesem Buch für Zahlen die ADOBE GARAMOND EXPERT einsetzen, wurden diese Änderungen für Abb. 9-7 vorgenommen. Wird das Diagramm in einer Folienpräsentation verwendet, wird man eher – wie dann durchgängig für die Präsentation – eine serifenlose Schrift einsetzen.

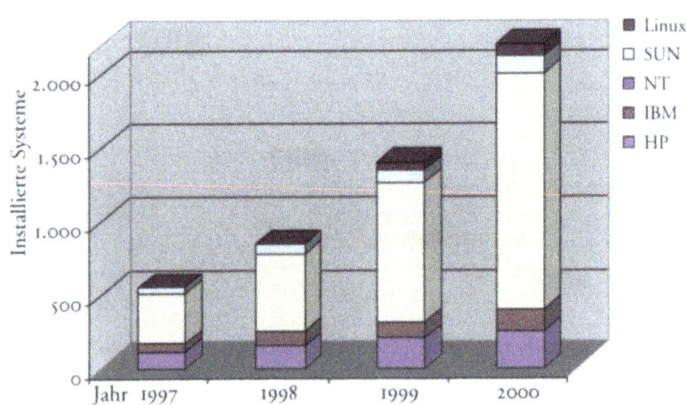

Abb. 9-7
Diagramm aus Abb. 9-6 mit verschiedenen Verbesserungen. Der immer noch schlechte Zeichenabstand liegt an den typographischen Limitationen von Excel.

9.1 Verschiedene Diagrammarten

Die Mächtigkeit der fetten Überschrift wurde in Abb. 9-7 durch die Graustufe der Überschrift zurückgenommen.

Achten Sie darauf, daß der Abstand zwischen den einzelnen Säulen ausreichend groß ist. Dies beschränkt die Anzahl darstellbarer Säulen und zwingt zur Informationskomprimierung.

9.1.4 Figurendiagramme

Eine Variante des Säulen- oder Stabdiagramms ist das Figurendiagramm. Hier wird die Säule durch eine dem Thema entnommene Figur ersetzt, etwa ein Ölfaß, wenn es um die Darstellung der Ölimporte geht oder ein Apfel für die Entwicklung der Obstmenge oder – wie in Abb. 9-8 – eine abstrahierte Person zur Darstellung des Personalwachstums. Die dazu verwendeten Figuren sollten minimalistisch und nicht zu detailliert oder realitätsnah sein.

Beim Skalieren ist darauf zu achten, daß mit einem proportionalen Skalieren (sowohl in der X- als auch in der Y-Achse) das Volumen im Quadrat der Größe zunimmt und sich damit oft ein unerwünschter, den Maßstab verzerrender Größeneindruck ergibt – entspricht die Zunahme dem Maßstab der Höhe oder dem des Volumens? Statt einer Figur, die man skaliert, lassen sich auch viele Figuren übereinander setzen.

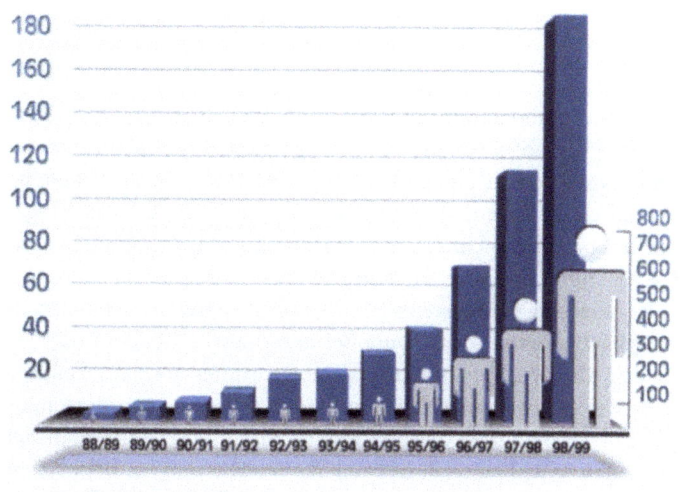

Abb. 9-8
Kombination von
Säulen- und
Figurendiagramm

Kapitel 9
Diagramme

9.1.5 Liniendiagramme

Liniendiagramme eignen sich zur Visualisierung von Entwicklungen, Zeitreihen oder Häufigkeitsverteilungen. Sie sind insbesondere dann vorteilhaft, wenn die Reihe zahlreiche Stützpunkte besitzt. Sie erlauben besser als die meisten anderen Formen, die Darstellung mehrerer Entwicklungen in einem Diagramm darzustellen. In diesem Fall werden durch unterschiedliche Farben, Wertmarkierungen und eventuell zusätzlich verschiedene Linienformen (z. B. punktiert, durchgehend, gestrichelt) die einzelnen Entwicklungen differenziert – durchaus auch durch die Addition dieser Stile.

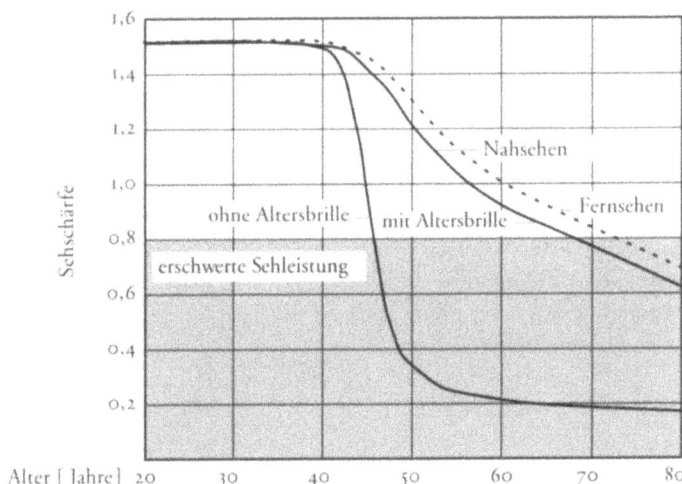

Abb. 9-9
Liniendiagramm

Entwicklung des menschlichen Sehvermögens über das Lebensalter.
Quelle: U. Dudek: ›Sehen am Bildschirmarbeitsplatz‹, 1998.

Linien- und Stabdiagramme lassen sich auch in einer Darstellung mischen. Hier ordnet man die jeweilige Skala links und rechts an. Damit lassen sich in einer Diagrammform zwei unterschiedliche, aber logisch in einem Zusammenhang stehende Entwicklungen darstellen – z. B. die Umsatzentwicklung eines Unternehmens und das Wachstum der Mitarbeiterzahlen.

Insbesondere dann, wenn die Graphik später in Schwarzweiß wiedergegeben wird – was heute bei den meisten Büchern oder bei der ausgedruckten Version eines Vortrags immer noch der Fall ist – müssen die verschiedenen Elemente noch ausreichend unterscheidbar sein. Legt man die Graphik deshalb in Farbe an, muß man sich durch einen S/W-Kontrollausdruck davon überzeugen. Bei Flächen kann man sich hier auch durch unterschiedliche Schraffuren behelfen. Allerdings wirken diese im Farbbild unruhiger als gut aufeinander abgestimmte Farben.

9.1.6 Netzdiagramme

Möchte man mehrere Eigenschaften verschiedener Systeme vergleichen, so eignet sich das Netzdiagramm. Es gestattet relativ übersichtlich, etwa 5–7 Achsen darzustellen und darin die Kennwerte der zu vergleichenden Objekte zu markieren. Wählt man den gleichen Maßstab für alle Achsen – etwa *schlecht* (Stufe 0 im Zentrum) bis *sehr gut* (außen) in etwa 5–7 Schritten, so ergibt sich eine relativ gute Übersichtlichkeit. Abb. 9-10 zeigt in einem Netzdiagramm einige Eigenschaften unterschiedlicher Datenträger in dieser Art normiert. Das entstehende Vieleck, welches ein Objekt charakterisiert, kann als graphische Figur erkannt und behalten werden.

Überdecken sich in einigen Teilen die Linien zweier Objekte, so läßt sich eine Kombination von durchgehender und gestrichelter Linienform einsetzen, wobei die gestrichelte Linie oben liegen muß.

Etwas problematisch ist die Beschriftung der Achsen, wenn man den Text direkt an die Achse setzt. Diese direkte Beschriftung ist jedoch wesentlich leserfreundlicher als eine Kennzeichnung über Nummern oder Farben und eine Auflistung in der Legende.

Vergleicht man nicht zu viele Elemente und sind die Formen deutlich unterschiedlich, so lassen sich statt farbiger Linien auch farbige Flächen einsetzen. Hier muß man dann sich überlappende Flächen semi-transparent setzen, wozu eine Nachbearbeitung mit einem Graphikwerkzeug erforderlich ist, da die meisten Diagrammwerkzeuge dies nicht unterstützen.

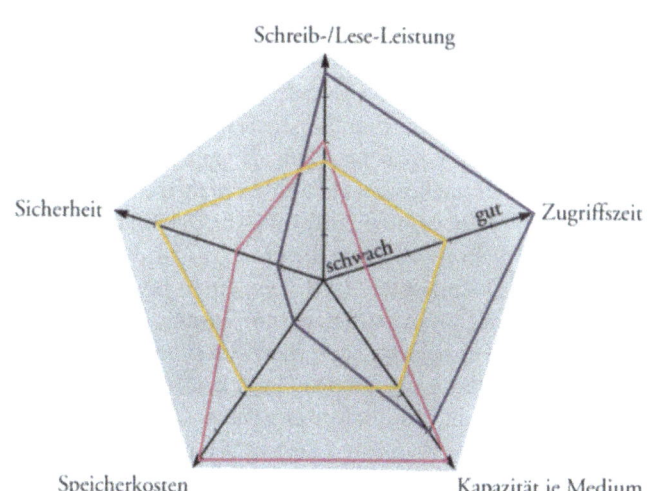

Abb. 9-10
Netzdiagramm

— Magnetplatte
— Magnetband
— WORM

**Kapitel 9
Diagramme**

9.2 Dreidimensionale Diagramme

Dreidimensionale Graphiken liegen im Trend und machen ein Diagramm plastisch. Dabei ist jedoch zu beachten, daß eine schlecht gewählte Perspektive eher verwirrt als hilft und das Ablesen von Werten erschwert. Insbesondere Blickwinkeln von oben oder stark seitlich verkürzen Linien. Mit einer perspektivischen Flucht wird dieser Effekt noch verstärkt, wie Abb. 9-11C zeigt.

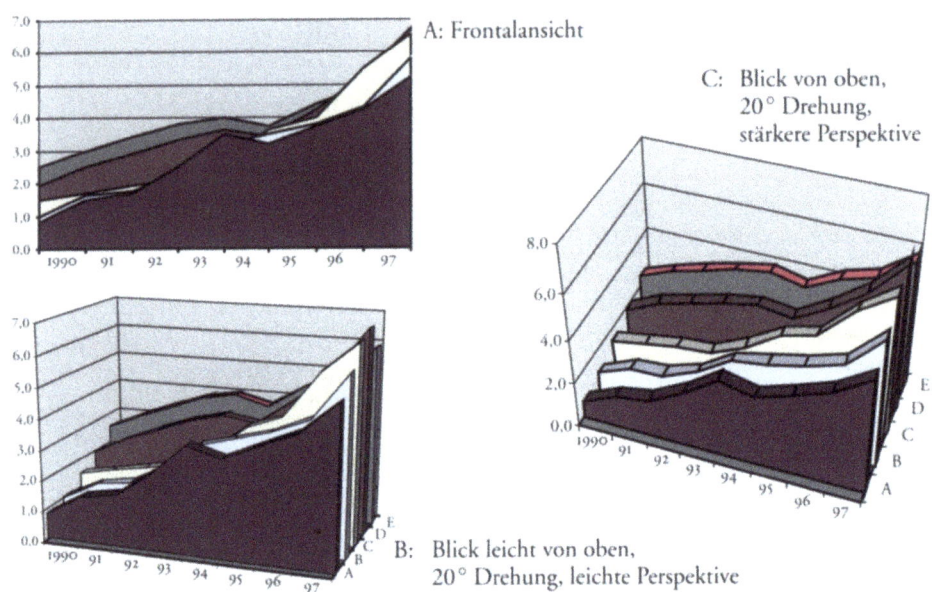

*Abb. 9-11
3D-Darstellungen:
Ein ungeschickter
Blickwinkeln kann das
Ablesen der Werte
erschweren.*

Dreidimensionale Diagramme machen dort Sinn, wo wirklich eine dritte Dimension oder mehrere Kurven zweidimensionaler Reihen mit Überdeckungen bei einer Frontalsicht darzustellen sind. Das Problem der Darstellung der drei Dimensionen auf der zweidimensionalen Fläche bleibt jedoch bestehen. Es gilt deshalb, bei statischen Bildern die Perspektive sorgfältig zu wählen – in der Regel indem man mehrere Positionen ausprobiert. Der Blickwinkel von oben sollte dabei nicht zu steil und die Flucht nicht zu extrem sein.

Bei digitalen Dokumenten (z.B. bei einer Bildschirm- oder Beamer-Präsentation) ist zu prüfen, ob ein Format gewählt werden kann, bei dem die Perspektive noch dynamisch veränderbar ist, so daß der Betrachter durch ein Drehen einen besseren räumlich Eindruck gewinnen kann. Ein dafür geeignetes Format wäre z.B. VRML (*Virtual Reality Modelling Language*), auch die meisten Programme zur Erstellung von Diagrammen bieten diese Möglichkeit.

9.3 Skalen

In Diagrammen müssen die Achsen beschriftet sein, und in aller Regel ist der Maßstab und die Einheit anzugeben – bei groben Trendangaben kann beides entfallen. Der Grad der Unterteilung der Skalen ist an der Bedeutung der Details und der Genauigkeit der vorliegenden Daten auszurichten. Man sollte den Eindruck hoher Genauigkeit nicht durch eine unnötig feine Einteilung vortäuschen. Soll nur ein Trend aufgezeigt werden, so reichen grobe Unterteilungen.

Muß man einen großen Wertebereich im Diagramm darstellen, so gibt es dazu zwei Möglichkeiten:

❑ Gibt es bei einem Stab- oder Balkendiagramm nur ein oder zwei Ausreißer, so richtet man die Skala nach den kleineren Werten aus und zeichnet die Ausreißer, indem man oberhalb des normalen Bereichs deren obere Enden legt und den Bruch graphisch anzeigt (siehe Abb. 9-12). Zusätzlich sollte man bei ihnen den Wert explizit angeben, um dem Betrachter eine bessere Bewertung zu ermöglichen.

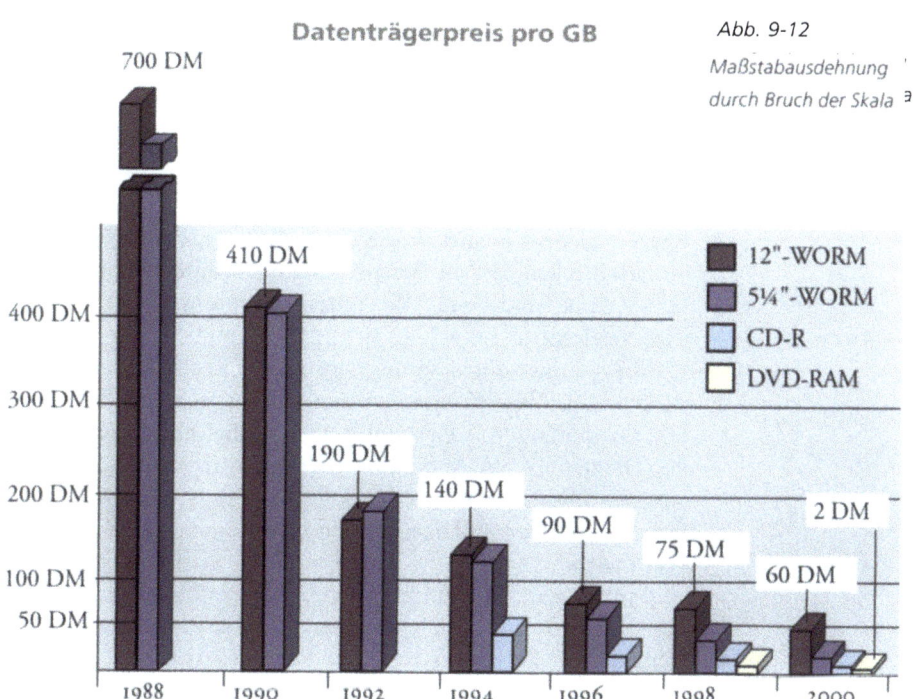

Abb. 9-12
Maßstabausdehnung durch Bruch der Skala

**Kapitel 9
Diagramme**

❏ Man benutzt einen logarithmischen Maßstab. Dieser erlaubt, sehr große Wertebereiche abzudecken. Hier kann man durch Zwischenlinien (im logarithmischen Abstand) deutlich machen, daß es sich um keine lineare Skala handelt.

*Abb. 9-13
Ein logarithmischer Maßstab erlaubt sehr große Wertebereiche abzudecken.*

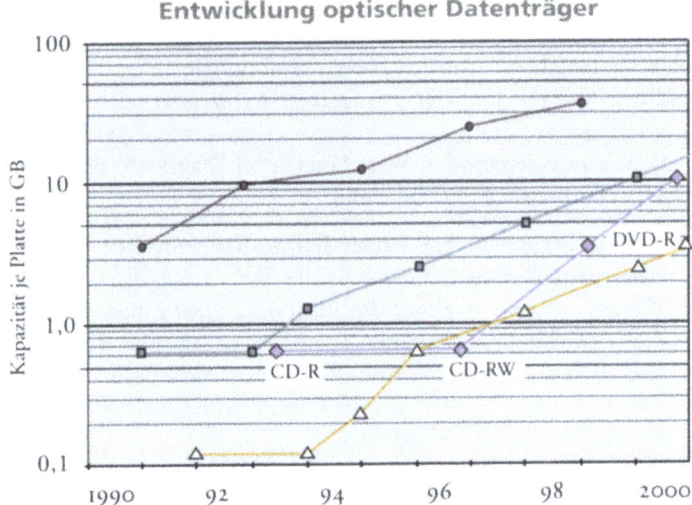

9.4 Weitere Regeln bei Diagrammen

Bewahren Sie auch in Diagrammen Konsistenz und minimieren Sie die Anzahl der eingesetzten Diagrammtypen. Benutzen Sie in den Diagrammen die gleiche Schriftart wie in Abbildungen – in der Regel 1–2 Punkt kleiner als die Werkschrift der Publikation. In Präsentationsfolien darf die Beschriftung nicht unter 12 Punkt sinken, 14–16 Punkt sind besser. Wo möglich, sollte man auf große fette Titel verzichten.

Diagramme sollten so angelegt sein, daß sie auch ohne Farbe wirken – also klar strukturiert und auf das Wesentliche reduziert. Die Darstellung in Abbildung 9-9 ist ein Beispiel dafür, und auch das Diagramm von Abbildung 9-13 kommt faktisch ohne Farbe aus. Wird Farbe verwendet, so sollte man für gleiche Objekte, sofern sie in mehreren Diagrammen vorkommen, die gleiche Farbe verwenden.

Möchten Sie für den Druck ein Dokument farbseparieren, so ist beim Importieren von Diagrammen in das DTP-Programm darauf achten, daß die Farben nicht als Schmuck- sondern als Prozeßfarben definiert sind bzw. entsprechend umgewandelt werden.

9.4 Weitere Regeln bei Diagrammen

In Diagrammen, die neue Entwicklungen darstellen, ist es nützlich, eine bekannte bzw. anerkannte Referenz anzuzeigen. Dies erlaubt dem Betrachter, Ähnlichkeiten und Abweichungen besser zu bewerten. So bietet sich bei einer Verteilung die der erwarteten Normalverteilung an oder beim Kurs einer Aktie der Kursverlauf des entsprechenden Marktes.

In Abb. 9-14 wurde zusätzlich – wie bei Kursen vielfach üblich – die Kurve mit den Mittelwerten über 38 Tage aufgenommen, da sie zusätzliche Informationen liefert, ohne das Diagramm zu überladen. Das Schema läßt sich auf andere Diagramme übertragen.

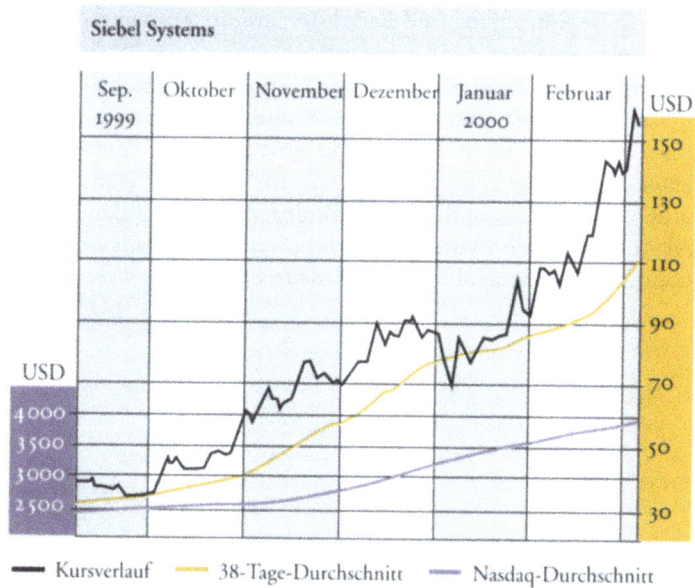

Abb. 9-14
Bekannte Werte – hier rot der Nasdaq – helfen eine Entwicklung besser einzuschätzen.

Hier die Kursentwicklung der Firma Siebel und des Nasdaqs in dieser Zeit
Quelle: comdirect-bank

Sorgfältig gestaltete Diagramme sind arbeitsaufwendig. Dies liegt unter anderem daran, daß die Voreinstellungen der meisten Werkzeuge für Publikationen nicht passen – z.B. zu dicke Linien, zu viele Ränder, ungeeignete Schriften oder Farben. Sind Diagramme häufiger zu erstellen und hat man einmal die passenden Einstellungen gefunden, so sollte man sie in einer eigenen Diagramm-Vorlage abspeichern, um sie wiederverwenden zu können. Dies spart erheblich Zeit!

Bewahren Sie die Daten bzw. die Tabelle, die ihrem Diagramm zugrunde liegt, auf, um auch später nochmals auf die Einzelheiten zurückgreifen bzw. das Diagramm für weitere spätere Publikationen aktualisieren zu können.

Kapitel 9
Diagramme

Importiert man Diagramme aus anderen Anwendungen, so ist es schwierig, beim Skalieren der Diagramme die korrekte Schriftgröße zu erhalten. Deshalb ist es oft besser, auf die Beschriftung im Original ganz zu verzichten und die Beschriftung erst nachträglich in der DTP-Anwendung anzubringen.

Weitere Diagrammarten

Natürlich gibt es zahlreiche weitere Diagrammvarianten, wie etwa Punkt- und Wolkendiagramme, verschiedene Flächendiagramme oder Organigramme. Die für die bisher gezeigten Formen aufgeführten Regeln hinsichtlich Beschriftung, Farbwahl, Skalen und vor allem die Vereinfachung und Reduktion auf die Kernaussage lassen sich ebenso für diese Arten einsetzen.

Denken Sie daran, daß die Darstellung dem Leser entgegenkommen und von ihm schnell und einfach verstanden werden muß. Überladen Sie deshalb ihre Diagramme nicht. Zerlegen Sie Fakten in mehrere Diagramme, verlagern Sie einen Teil der Information in Tabellen, in die Diagrammlegende oder in den Begleittext – oder in Ihren s Vortrag. Ein einfacheres Bild bleibt wesentlich besser im Gedächtnis als eine überladene Graphik.

Präsentationen

Kapitel 10

Zum Alltag im Unternehmen zählen Präsentationen, in denen Konzepte, Organisationen, Produkte oder Ergebnisse vorzustellen sind. Sie sind eine Art Visitenkarte des Unternehmens und des Vortragenden. Die Überzeugungskraft solcher Präsentationen wird durch die Ausdrucksstärke der Präsentationsfolien unterstützt. Zu ihrer Gestaltung möchte dieses Kapitel Ratschläge geben.

Einige Anmerkungen beziehen sich nicht nur auf die Typographie der Präsentation, sondern auch auf andere Aspekte und basieren auf den Erfahrungen aus vielen Veranstaltungen.

Kapitel 10
Präsentationen

10.1 Vorüberlegungen zu Präsentationen

Eine gute Darstellung dieses Themas ist in [Schrader] zu finden. [Nöllke] behandelt die Vorbereitung und einige psychologische Aspekte des Präsentierens.

Eine für den Gestalter etwas frustrierende Festsstellung ist, daß eine gute Präsentation zuerst durch die Lebendigkeit der Vortrags und der Sprache bestimmt wird und erst danach durch die Präsentationsbilder. Oft ist deshalb ein guter Vortrag mit weniger Präsentationsfolien besser als eine gute Darstellung mit einem schlechtem Vortrag.

Der Tod einer Präsentation ist eine Vielzahl überfüllter Folien. Die Folien sollen ein visueller Leitfaden für die Zuschauer und eine Gedankenstütze für den Redner sein und kein Bilderbuch! Einzelne Graphiken können dabei komplexe Zusammenhänge veranschaulichen oder Trendaussagen visualisieren. Der Begriff *Folie* sei hier stellvertretend für eine wirkliche Overheadfolie verstanden, für eine Seite aus einer Präsentation mit einem Beamer oder auf dem Bildschirm oder ein Dia.

3 bis 5 Minuten je Folie sind eine durchaus angemessene Vortragszeit und besser als ein ›Daumenkino‹ an Folien.

Für die Präsentationsplanung sind drei bis fünf Minuten pro Folie ein guter Anhaltswert. Mehr Folien erschlagen das Erinnerungsvermögen des Teilnehmers. Weniger Folien können durchaus besser sein.

Daneben sollte für einen Vortrag das Motto gelten: *Man darf über alles reden – nur nicht über 45 Minuten* (unabhängig von Gestaltung und Typographie)! Die Hälfte ist besser.

Damit ergibt sich für einen Vortrag eine natürliche Obergrenze von maximal 15 Folien – vorzugsweise 9 bis 12. Dies zwingt auch den Vortragenden, sich auf die ihm wichtigen Aussagen zu beschränken.

Stellen Sie sich für eine Präsentation – wie für jede andere Dokumentation – folgende Fragen:

❑ Wer sind die Zuhörer und was erwarten sie?

❑ Was ist ihr Vorwissen?

❑ Was ist der Kern der Aussage und wie läßt er sich kompakt und überzeugend darstellen?

❑ Was soll beim Zuhörer hängen bleiben?

❑ Welches Medium wird eingesetzt (Flipchart, Folie, Diaprojektor, Beamer oder Großmonitor) und welche Programme und Schriften stehen auf dem Präsentationssystem zur Verfügung?

Es macht einen besseren Eindruck, wenn das Begleitmaterial zum Austeilen vorbereitet ist, als wenn es nachgeschickt wird.

❑ Wieviel Zeit steht für die Präsentation zur Verfügung?

❑ Welches Begleitmaterial soll der Zuhörer bekommen und wie wird dieses vervielfältigt?

10.2 Von der Information zur Präsentation

Wie für alle Publikationen gilt auch für die Präsentation folgende Vorgehensweise:

- ❏ Sammeln von Informationen
- ❏ Auswählen von Informationen
- ❏ Aufbereiten und Verdichten der Information
- ❏ Formulieren und Gestalten der Information

Sammeln

Für den ersten Schritt – das Sammeln – ist bei einem bevorstehenden Präsentationstermin häufig wenig Zeit. Der erfahrene Autor *hamstert* deshalb analog zur Planung eines Buches bereits im Vorfeld Artikel, Zahlenmaterial, Graphiken und neuerdings auch Internet-Links zu seinem Themenbereichen. Man (frau) sollte dabei nicht vergessen, sich die Quellen und eventuelle Urheberrechte zur gesammelten Information zu notieren.

Auswahl

Bei der Auswahl der Information für die Präsentation gilt es, sich auf das Wesentliche zu fokussieren. Die Auswahl bietet jedoch zugleich Manipulationsmöglichkeiten, lassen sich hier doch unliebsame oder widersprüchliche Fakten übergehen. Deshalb ist zugleich eine ausgewogene Darstellung anzustreben.

Welche Daten sind neu? Welche Daten und Zusammenhänge sind gut visualisierbar?

Bei der Auswahl ist einerseits der Umfang der Präsentation zu berücksichtigen und das Informationsmaterial entsprechend zu reduzieren und anderseits das Vorwissen der Adressaten und sein Interessensfokus in Betracht zu ziehen.

Zusätzlich gilt es nochmals, die Aktualität der Informationen zu prüfen und gegebenenfalls neuere Werte oder Aussagen einzuholen.

Aufbereiten und verdichten

In den meisten Fällen muß die zusammengetragene Information für den aktuellen Zweck neu aufbereitet werden – etwa Zahlen und Fakten aus unterschiedlichen Quellen und Bereichen. Legen Sie nun auch die Reihenfolge fest, in der Sie Fakten und eigene Aussagen präsentieren möchten.

Ebenso wesentlich ist die Verdichtung der Information – just hierin liegt bei vielen Präsentationen der Wert des Vortrags für den Teilnehmer. Überlegen Sie sich, welche einzelnen Fakten oder Trends wichtig sind und den Adressaten interessieren und welche

Kapitel 10
Präsentationen

Zwischenschritte oder Details weggelassen werden können – ohne daß der Adressat dabei offensichtlich manipuliert wird. Hier gilt es, zu abstrahieren und in zulässigen Grenzen zu simplifizieren.

Dies ist für den Präsentierenden die anspruchsvollste Aufgabe – die Darstellung und Gestaltung kann er eventuell einem Graphiker überlassen.

Ist die erste Version der Präsentation und Visualisierung erstellt, so ist hier häufig eine nochmalige Verdichtung notwendig, um den vorgegebenen Rahmen nicht zu überschreiten. Deshalb hilft es in diesem Schritt, wenn man bereits in einzelnen Präsentationsschritten (oder Folien) denkt und entsprechend auf Papier skizziert.

Gestaltung und Visualisierung

Der letzte Schritt ist die Gestaltung – angepaßt an das jeweilige Präsentationsmedium und den Stil der Vorlage – häufig vorgegeben durch das CI (*Corporate Identity*) des Unternehmens. Trotzdem bleibt genügend Spielraum für die eigene Ausdrucksweise und persönliche Präferenzen.

Hier gilt es, unter Berücksichtigung der Aufbereitungsschritte, zu entscheiden, ob zu vermittelnde Zahlen und Fakten als Aufzählung, als Tabelle, als Diagramm oder als Infogramm präsentiert bzw. visualisiert werden.

Bleiben Sie bei der Visualisierung objektiv, insbesondere in Diagrammen – der Übergang vom Informieren zum Manipulieren ist fließend. Abbildung 10-1 zeigt zwei Beispiele zur unterschiedlichen Darstellung und den damit ausgedrückten Trends. Zu einem Diagramm gehört z. B. immer die Einheit der Achsen!

Abb. 10-1
Unterschiedliche Darstellung der gleichen Fakten

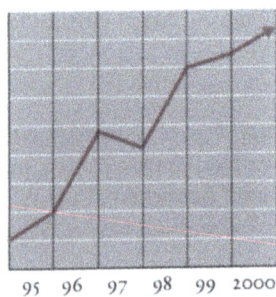
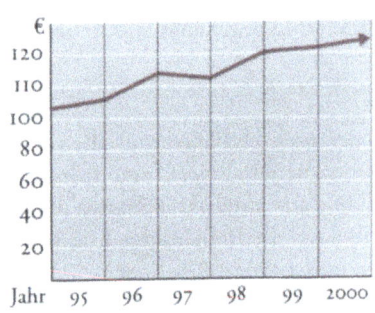

10.3 Präsentationsmedien

Bei der Planung, Umsetzung und Präsentation gilt es, einige Unterschiede des Präsentationsmediums zu beachten:

- **Overhead-Folien**
  Verwenden Sie diese ausschließlich im Querformat – Hochformate sind *out* und verleiten zu einer unübersichtlichen Auflistung zu vieler Punkte pro Folie.
  Decken Sie den nicht benutzen Bereich des Projektors ab, da sonst eine zerrissene, oft blendende Projektion entsteht. Ein gutes Verfahren ist hier die Benutzung von entsprechenden Folienhüllen mit ausklappbaren Randstreifen aus Karton.
  Für die Gestaltung gelten die Regeln, die auch für den Beamer gelten. Es sollten hier kräftige Farben und deutliche Farbunterschiede zwischen den einzelnen Elementen verwendet werden.

- **Projektion über einen Beamer,**
  wobei dieser direkt aus einem Präsentationsprogramm auf einem Rechner angesteuert wird. Diese Form wird zunehmend eingesetzt und erlaubt nicht nur kurzfristige Änderungen,[*] sondern auch unterschiedliche Überblendeffekte und Animationen.
  Hier ist zu klären, mit welcher Darstellungsauflösung und mit welcher Farbtiefe gearbeitet werden kann. Je geringer die Auflösung des Beamers, um so größer muß die verwendete Schrift sein. Das untere Ende liegt heute bei 800 × 600 Bildpunkten und verursacht bereits ein sichtbares Pixelraster in den Schriften und deutlich sichtbare Treppenstufen in schrägen Linien. Am oberen Ende liegen Beamer mit 1 280 × 1 024 Bildpunkten bei jeweils 16 Bit Farbtiefe.[**] Für die Farbe sollte man immer die größtmögliche Farbtiefe verwenden. Eine Farbtiefe von 8 Bit mit maximal 256 möglichen Farben erfordert eine deutliche Begrenzung der verwendeten Farben.
  Bei der Erstellung der Präsentation am Bildschirm ist zu berücksichtigen, daß die Farben in der Projektion deutlich blasser erscheinen als in der Bildschirmdarstellung. Man sollte deshalb mit kräftigen, auf dem Bildschirm dunkler wirkenden Farben arbeiten.
  Wie bei Overhead-Folien verwendet man für Graphiken kräftige, ausreichend dunkle Linien (≥ 1,0 Punkt) und nicht zu kleine Pfeilspitzen.
  Nutzen Sie für die Präsentation stets den vollen Bildschirm – soweit es das Präsentationsprogramm nicht automatisch tut.
  Im Rest des Kapitels wird diese Präsentationsart als Referenz

[*] *was nicht immer der Qualität und Fehlerfreiheit dient!*

[**] *Dies entspricht 32 768 möglichen Farben.*

Als Faustformel gilt: Die maximale Entfernung des Betrachters sollte nicht mehr als zwölfmal der Breite der Projektionsfläche entsprechen.

verwendet; die meisten Empfehlungen gelten jedoch ebenso für die anderen Präsentationsverfahren.

❏ **Bildschirmpräsentation**
Sie entspricht in allen Punkten jener mit dem Beamer; Farben erscheinen hier jedoch dunkler und satter. Zusätzlich ist zu klären, welche Farbtiefe darstellbar ist: 8 Bit, 16 Bit oder 24 Bit (Truecolour). Die Farbtiefe wird dabei kaum vom Bildschirm selbst, sondern von der verwendeten Graphikkarte und deren Einstellung bestimmt.

Mehr als 3 bis 5 Personen sollten bei einer Bildschirmpräsentation nicht teilnehmen.

Die Bildschirmpräsentation benötigt, wenn sie nicht von einem Vortragenden, sondern vom Zuschauer gesteuert wird, deutlich sichtbare und intuitive Navigationselemente – in der Regel am oberen oder unteren Folienrand.

❏ **Diaprojektion**
Sie wird heute seltener und nur in sehr großen Sälen bei Großveranstaltungen benutzt. Das Format ist hier vorgegeben. Dias bieten einen sehr hohen Kontrast und erlauben einen großen, differenzierten Farbumfang. Für sie gelten weitgehend die typographischen und gestalterischen Regeln, die auch für Overhead-Folien und Beamer gelten. Zu dunkle Dias (und zu leises Reden) wirken aber wegen des notwendigerweise abgedunkelten Raumes einschläfernd. Dem läßt sich mit deutlichem Reden mit wechselnder Stimmlage begegnen.

Dia-Projektionen sind für eine Präsentation vor einer großen Zuhörermenge (>20) geeignet.

❏ **Flipchart-Präsentation**
Sie sind entweder von Hand zu erstellen oder relativ teuer, da sie mit Großflächen-Inkjet-Druckern erstellt werden. Die Erstellung von Hand schränkt die typographische Gestaltung stark ein. In jedem Fall ist eine große klare Schrift zu verwenden und pro Seite ist eine Beschränkung auf wenige Punkte und kurzen Text unumgänglich.

❏ **Schautafeln**
Sie sind wie Flipcharts und werden in der Regel mit Großflächendruckern erstellt, was erhöhte Kosten mit sich bringt. Bei ihnen ist der Betrachtungsabstand jedoch geringer als bei Flipcharts. Entsprechend können – mit Zurückhaltung – mehr Details vorhanden sein und Graphiken können auch einmal kleinere Schriften enthalten. Sorgen Sie bei mehreren Schautafeln durch eine einheitliche Aufhängung und durch eine gut sichtbare Numerierung für Übersicht und Führung des Betrachters durch die einzelnen Informationen und Informationsfolgen.

10.4 Gliederung der Folien

Die meisten Präsentationsprogramme bieten bereits in den mitgelieferten Vorlagen eine klare Gliederung der Grundelemente an. Hierzu zählen die drei Informationsbereiche:

- **Folientitel/Folienüberschrift**
  Der Titel sollte deutlich ausgezeichnet sein – entweder durch Schriftgrad, Schriftschnitt oder die Schriftfarbe. Durch ein durchgängiges Layout erscheint der Titel immer an der gleichen Position.
  Der Titel sollte kurz sein – vorzugsweise einzeilig!

- **Eigentlicher Folieninhalt bzw. Folientext**
  Die einzelnen Punkte werden optisch durch entsprechenden Zwischenraum gut gegliedert. Unterpunkte sollten erkennbar weniger Abstand zum dazugehörigen als zum nachfolgenden Hauptpunkt aufweisen.
  Auch hier gilt: möglichst knapp – vorzugsweise nur eine Zeile pro Punkt – und nicht mehr als 7 Punkte pro Folie.

  Der Inhalt darf natürlich auch eine Graphik sein. Auch sie benötigt freien Raum zu den umgebenden Elementen

- **Fußzeile mit Konsultationstext**
  Zu diesem optionalen Teil gehört z. B. die Foliennummer, der Autor, Copyright-Vermerke und ähnliches. Diesen Teil setzt man deutlich sowohl im Schriftgrad als auch optisch ab. Der Schriftgrad kann an der unteren Grenze der Erkennbarkeit liegen. Hier bietet sich eine kleine Zeile am unteren Folienrand an, welche die Folien optisch unten als eine Art Linie abschließt. Als Schriftgrad sind hier 8 bis 9 Punkt ausreichend.*

  * und selbst dann noch lesbar, wenn als Unterlage ein Ausdruck mit 2 oder 3 Folien pro A4-Seite ausgegeben wird.

Titel — **Potentielle Geschäftsfelder im Internet** — MANNESMAN Pilotentwicklung — Firmen-Logo

Inhalt:
- Online-Dienst Outsourcing
- VPIN (Virtual Private Internet Networks)
- Intranet
  - Unternehemens-intern
  - andere Unternehmen
- Trustcenter
- öffentliche Terminals in Banken + Bahnhöfen

Fußzeile — mpe

Abb. 10-2 Schema einer Folie. Klare Strukturen verleihen der Folie hohe Übersichtlichkeit

Hierzu kommen häufig Zusätze wie:

❏ **Firmen- oder Autoren-Logo**
Aus Sicht der Selbstdarstellung sind hierfür sowohl die rechte obere als auch die rechte untere Ecke geeignet, da beide das Auge stark auf sich lenken. Die Darstellung darf jedoch nicht so groß oder farblich dominant sein, daß es vom eigentlichen Folieninhalt ablenkt.

❏ **Wiederholung des Vortragsthemas oder eines Teilthemas**
Dies ist nur bei längeren Präsentationen notwendig. Hierfür bietet sich der linke oder rechte Rand an. Da diese Information eher untergeordneter Natur ist, kann diese Komponente auch einmal senkrecht stehen, wie die nachfolgende Folie zeigt.

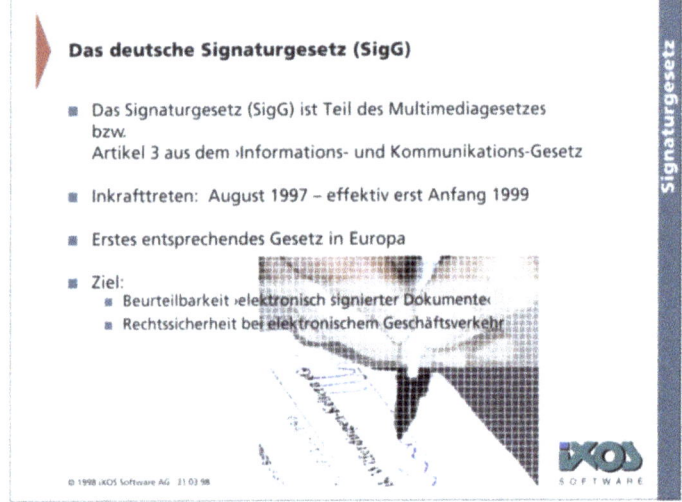

Abb. 10-3
Das Thema des Vortrags ist hier zusätzlich zum Folientitel im rechten Rand zu finden. Die Farbe des Streifens nimmt dabei die Farbe des Firmenlogos auf.

Wo möglich, sollten Achsen aufgenommen werden – und zwar optisch und nicht mathematisch. Im Beispiel von Abb. 10-3 bildet der Folientitel eine Flucht mit den Führungszeichen der Hauptpunkte des Inhalts und dem linken Rand der Fußzeile. Die Unterkante der Fußzeile steht auf der gleichen Linie wie die Unterkante des Firmen-Logos. Auch der senkrecht laufende Thementext im Randstreifen schließt mit der Oberkante des Folientitels ab. Der Titel im Randstreifen wurde weiß und fett gesetzt, um den geringeren Kontrast zum dunkelgrünen Hintergrund zu kompensieren.

10.5 Schrift in Folien

Präsentationen benötigen große Schriften, damit sie auch in größerer Entfernung gut lesbar sind. Für Dias, Overhead-Folien und Bildschirm- und Beamer-Präsentationen sind folgende Schriftgrade zu empfehlen:

- 28–24 Punkt für den Folientitel
- 22–18 Punkt für die Hauptpunkte einer Folie
- 18–16 Punkt für untergeordnete Punkte
- 16–14 Punkt in den Graphiken
- 10–9 Punkt für den Text der Fußzeile
  Dieser Text muß nur auf einem Ausdruck lesbar sein, nicht in der Präsentation.

Die hier aufgeführten Werte passen ebenso für Overheadfolien im A4- Format wie für eine Präsentation mit einem Großbildschirm.

Mit diesen Werten ist eine A4-Querfolie sowohl in der Projektion gut lesbar als auch in einem 2-Folien-Ausdruck für den Zuhörer. Dafür werden jeweils zwei Folien quer auf einer A4-Seite hoch ausgegeben. In einer anderen für den Zuhörer nützlichen Variante wird auf einer A4-Seite – für den schnellen Ausdruck immer noch die einfachste Form – auf der oberen Hälfte die Folie ausgegeben und auf der unteren Hälfte erscheinen vom Autor erstellte Annotationen und etwas Platz für die eigenen Anmerkungen des Zuhörers.

Wie bei anderen Publikationen gibt es für Folienpräsentation den Streit zwischen serifenlosen und Serifenschriften. Allerdings ergeben bei der geringen Auflösung von Beamern und Bildschirmen serifenlose Schriften weniger Rasterstufen in der Abbildung und damit ein harmonischeres Bild. Möchte man trotzdem Antiqua-Schriften einsetzen, so sollte man solche mit kräftigen Serifen oder sogar eine serifenbetonte Schrift wählen – z. B. die MEMPHIS oder ROCKWELL. Auch kursive Schnitte reduzieren die Lesbarkeit. Man sollte die Kursive deshalb lediglich als Auszeichnung und nie für ganze Textblöcke verwenden.

Text wird grundsätzlich linksbündig formatiert, Blocksatz ist zu vermeiden und überflüssig, da Texte möglichst einzeilig und maximal dreizeilig sein dürfen. Trennungen sollte man soweit als möglichst vermeiden und falls doch notwendig, die Zeilen sorgfältig und sinnfällig trennen.

Schwarzer Text auf weißem Hintergrund hat den höchsten Kontrast und ist damit am besten lesbar. Auf weißem Hintergrund sollte deshalb Text nur zur Auszeichnung und nicht als Absatzfarbe verwendet werden. Die Farbe muß dann kräftig und eher dunkel sein. Auf farbigem Hintergrund muß sie sich deutlich abheben. Dort wo man fette Schriften einsetzt, sollte man den fetten Schnitt verwenden und keine Verfettung der Grundschrift durchführen, wie sie von den Programmen leider angeboten werden; gleiches gilt für kursiven Text.

Beschränken Sie die Anzahl der Schriftfamilien möglichst auf eine einzige und die Anzahl der Schriftschnitte möglichst auf zwei (z. B. Roman und Fett/Bold), maximal auf drei (kursiv als Auszeichnung). Bleiben Sie auch bei den Schriftgraden bei einer kleinen Anzahl – drei sollten für den eigentlichen Folieninhalt reichen.

Hingegen werden in Graphiken teilweise mehrere Schriftfarben benötigt, um einen ausreichenden Kontrast zwischen Schrift und Hintergrund zu erzielen. So bietet sich schwarze Schrift auf hellem Hintergrund und weiße Schrift auf dunklem Hintergrund oder vor kräftigen Farben an. Auch dann ist mit Schriftfarben spartanisch umzugehen. In der Regel reichen zwei, drei ist das Maximum! Schriften vor einem farbigen Hintergrund sollten zur besseren Lesbarkeit etwas weiter und fetter gesetzt werden, soweit das Graphik- oder Präsentationsprogramm dies erlaubt.

Der Text in einer Graphik sollte die Graphik nicht dominieren, sondern nur erläutern. Beschränken Sie sich auch hier auf möglichst wenig unterschiedliche Schriftgrade – maximal zwei reichen.

Wichtige Aussagen im Folientext wirken intensiver, wenn sie durch eine passende Plazierung hervorgehoben werden – z. B. durch großzügig umgebenden Weißraum –, große, fette Schrift ist hier die schlechtere Lösung. Zusätzlich kann man ein andersfarbiges Führungszeichen einsetzen. Versalien haben in Folien nichts zu suchen – es sei denn im Firmennamen!

Zu viele Abstufungen wirken eher verwirrend als gliedernd. In fast allen Fällen reichen zwei Stufen mit zwei Schriftgraden. Ist eine dritte Stufe unabdingbar, so kann man den zweiten Schriftgrad beibehalten und die dritte Stufe durch eine weitere Einrückung und ein geändertes Führungszeichen absetzen.

Ein Schatten hinter einer Schrift mag zwar auf den ersten Blick schick erscheinen, ist jedoch als weiterer Stil zu betrachten und reduziert die Lesbarkeit der Schrift, insbesondere bei größerem Leseabstand oder bei kontrastarmer Projektion.

Wird eine Hintergrund-Graphik eingesetzt, so muß sich der Text dagegen ausreichend abheben, um gut lesbar zu sein. Man kann dies dadurch erreichen, daß man die Graphik im Textbereich mit einem hellen Streifen aufhellt (bei schwarzem Text) oder abdunkelt (bei hellem Text).*

Siehe das Beispiel in Abschnitt Abb. 10-3.

10.6 Makro- und Mikrotypographie in Präsentationen

Für Präsentationsfolien gelten die gleichen typographischen Regeln wie in anderen Publikationen – mit kleinen Anpassungen an das Medium. So sind ausreichend große Schriften zu verwenden.* Schriftgrade unter 14 Punkt sind in den hinteren Reihen oder bei niedriger Auflösung des Beamers oder des Großbildschirms nicht mehr zu lesen. An die Lesbarkeit der Schrift werden hohe Anforderungen gestellt, muß der Folientext doch aus größerer Entfernung gelesen werden und ist der Kontrast zwischen Projektionsfläche und Inhalt bei Overhead-Projektoren und Beamern oft schlecht. Wichtige Aussagen sollte man deshalb durch Weißraum, Schriftgrad oder Farbe auszeichnen, nicht aber durch übermäßige Größe, Verfettung oder gar VERSALIEN – wenn schon Großbuchstaben, so sind echte, zur Not auch imitierte KAPITÄLCHEN besser!

Siehe die Vorschläge in Abschnitt 10.5.

Eigentlich erfordert Schrift auf farbigem Hintergrund ein leichtes Sperren und einen etwas fetteren Schnitt. Die verbreiteten Präsentationsprogramme – typisch ist hier PowerPoint von Microsoft – erlauben jedoch leider solche typographischen Feinheiten nicht.

Trennen Sie die einzelnen Punkte bzw. Aussagen innerhalb einer Folie durch ausreichend Weißraum – eine Folie sollte nie wie ein Fließtext aussehen. Gliedern sie innerhalb eines Aussagepunktes einzelne Teile klar durch entsprechende Führungszeichen und durch eine weitere Schriftgradabstufung.

Beschränken Sie sich dabei auf wenige Stufen – drei sind das Maximum, zwei sind besser und nur eine Stufe ist am übersichtlichsten. Hier ist es oft besser, einzelne Aussagen in weiteren Folien zu detaillieren statt eine Folien zu überfüllen.

Vermeiden Sie Worttrennungen wenn möglich ganz, und trennen Sie, falls doch notwendig, Worte oder besser ganze Satzteile sinnfällig.

Als Einführungszeichen ist ein Bullet (•), ein kleines Rechteck (❏)oder der Halbgeviertstrich (–) einsetzbar, jedoch kein Bindestrich! Er ist zu klein und unpassend. Man muß das Führungszeichen in der Regel über eine spezielle Tastenkombination für Sonderzeichen eingeben oder – wie bei MS PowerPoint möglich – aus der Tabelle der Sonderzeichen auswählen. Auch die Führungszeichen sind konsistent innerhalb einer Präsentation einzusetzen.*

Zum Thema ›korrekte Textstriche‹ siehe Kapitel 6.6.

* wobei eine entsprechende Vorlage hilft.

Zwischen das Anführungszeichen und den nachfolgenden Text gehört ein Zwischenraum, etwa in der Größe eines Halbgevierts oder eines Gevierts – wenn es gar nicht anders geht, erfüllen dies auch zwei Leerzeichen. Bei weniger Leerraum stört das Führungs-

**Kapitel 10
Präsentationen**

zeichen den Text und bei mehr Leerraum hängt es in der Luft. Auch Größe, Farbe und der Letter des Führungszeichens tragen zur Orientierung bei. Das Führungszeichen sollte, wenn es graphisch ist, etwa 70–120% des Schriftgrads der Absatzschrift haben.

Es gibt zahlreiche brauchbare Präsentationsprogramme auf dem Markt. Ihre Stärke liegt darin, daß sie von Designern erarbeitete vorgefertige Vorlagen mitbringen, eine Grundfarbpalette definiert haben und spezielle Abspielfunktionen sowie Überblend-, Animations- und Annotationsmöglichkeiten bieten. Sie vereinfachen die Erstellung und die Durchführung einer Präsentation auf dem Bildschirm oder über einen Beamer erheblich. Zu ihnen zählen Programme wie *Astound* von Astound Inc., *Freelance* von Lotus, *Presents* von Applix, *Easy Presentation* von Havard Graphics und als wohl verbreitetste Variante *PowerPoint* von Microsoft.

Die Mikrotypographie vieler dieser Präsentationsprogramme ist ausgesprochen bescheiden – miserabel bis *nicht existent,* um es deutlich zu sagen. So beherrscht PowerPoint z.B. keine Unterschneidungen,[*] (ver-)fettet und kursiviert Schriften künstlich statt auf die halbfetten, fetten oder kursiven Schnitte zurückzugreifen und gestaltet das Setzen von Abständen zwischen dem Führungszeichen und dem nachfolgenden Text schwierig.

Natürlich läßt sich eine Präsentation auch mit einem klassischen DTP-Programm wie *QuarkXpress*, *PageMaker*, *InDesign* oder *FrameMaker* erstellen, in ein PDF-Format ausgeben und im Acrobat-Reader präsentieren – allerdings ist dieses Verfahren in kaum einer Firma anzutreffen.

* Dies trifft zumindest bis zur PowerPoint Version 98 zu.

10.6.1 Typo-Orthographie – Schreibregeln

Zum Thema ›Schreibregeln‹ siehe Kapitel 6.6.

Selbstverständlich gelten für Präsentation die gleichen Regeln die auch sonst bei einem guten Satz angewendet werden. Typische, sehr oft anzutreffende Mißgriffe sind hier falsche Anführungszeichen: '...' statt ,...' oder "..." statt „...". Die Präsentationsprogramme gestatten hier fast alle Voreinstellungen, bei denen diese falschen Anführungszeichen automatisch in korrekte umgesetzt werden. Anführungszeichen erübrigen sich oft durch eine kursive Schrift des Begriffs oder Zitats. Eine bewährte Alternative ist eine Klammerung durch ›...‹ oder »...«.

Verwenden Sie ansonsten kursive Schriftschnitte nur zur Auszeichnung. Längere Textstücke in kursivem Schnitt sind auf Folien schlechter lesbar als der Standardschnitt. Auch Wörter oder gar ganze Texte in VERSALIEN oder KAPITÄLCHEN sind unpassend

10.6 Makro- und Mikrotypographie

und schlechter lesbar als die übliche Groß-/Kleinschreibung. Verwendet man sie doch, so darf kein ›ß‹ darin vorkommen – dies muß als ›SS‹ geschrieben werden!

Sonderzeichen wie etwa das schmale Leerzeichen für Sequenzen wie beispielsweise ›z.|B.‹ sind in vielen Präsentationsprogramm unbekannt. In diesem Fall ist es dann besser, auf den korrekten schmalen Zwischenraum zu verzichten als ein normales Leerzeichen zu verwenden.

Pfeile im Text sehen so aus: ➜, ➔ oder →, aber nicht so: ->, =>. Korrekte Pfeilzeichen sind z. B. im Zeichensatz WINGDINGS (unter Windows), in ZAPF DINGBATS oder in SYMBOL zu finden.

10.6.2 Eine sorgfältige Vorlage ist die halbe Arbeit

Wie bei anderen Publikationsarten auch, ist bei der Erstellung von Präsentationen eine sorgfältig erstellte Vorlage ein wesentlicher Effizienzfaktor. Überlegungen zu geeigneten Schriftgraden, Schriftschnitten und Abständen müssen so nur einmal angestellt werden. Alle gängigen Präsentationsprogramme unterstützen solche Vorlagen.

Legen Sie sich neben den eigentlichen Folientypen (Einleitungsfolie, Inhaltsfolien, eventuell Schlußfolie) auch eine Bibliothek mit in Ihrem Themenbereich immer wieder benötigten Graphiken und Symbolen an, und definieren Sie, wie bereits im Kapitel 8.8.3 empfohlen, eine eigene Palette von Farben. Besorgen Sie sich bei kritischen Farben – z. B. die CI-Farbe Ihres Unternehmens – die genaue Farbdefinition und versuchen Sie, diese möglichst gut mit den Mitteln des Präsentationsprogramms zu treffen. Besorgen Sie sich rechtzeig notwendige, häufig benutzte Logos in einem geeigneten Format.

Um so erstaunlicher ist es, mit wie wenig Sorgfalt die Vorlagen vieler Firmen erstellt und wie inkonsequent Firmenvorlagen eingesetzt werden. Oft sind die Abstände zwischen den Aussagepunkten zu klein und die zweite und dritte Abstufung ist oft kaum noch sinnvoll belegt.

Natürlich sind bei bestimmten Folien gewisse Anpassungen notwenig – etwa die Verringerung des Abstands zwischen zwei Punkten bei viel Folieninhalt oder die Verringerung des Schriftgrads bei langen Titeln. Doch dies sollte die Ausnahme sein und sich auf einzelne Folien beschränken.

**Kapitel 10
Präsentationen**

10.7 Graphiken in Folien

Bei Graphiken in Präsentationen ist zu unterscheiden zwischen Hintergrundgraphiken, die eher eine Stimmung wiedergeben, und Graphiken, welche einen Sachverhalt darstellen, einen Trend aufzeigen oder einen Ablauf erklären.

Sowohl für die Hintergrund- als auch Darstellungsgraphik gilt eine Reduktion auf das Notwendige.

10.7.1 Bilder als symbolischer Hintergrund

Hintergrundbilder sollten zurückhaltend angelegt sein, z. B. etwas unscharf und in abgeschwächten Farben. Dabei ist darauf zu achten, daß sich die Schrift des Folieninhalts ausreichend gegen die Graphik abhebt, um noch lesbar sein. Unter Umständen ist dazu der Bereich der Graphik, in dem der Folientext erscheint, speziell aufzuhellen (bei dunkler Schriftfarbe) oder abzudunkeln (bei heller Schriftfarbe) oder bei der Schrift mit Komplementärfarbe zum Hintergrund zu arbeiten.

Soll ein Photo mit vielen kräftigen Farben als Hintergrund verwendet werden, so kann man es zunächst in ein Halbtonbild umwandeln, um die Farbe zu entfernen und nun das Halbtonbild wieder mit einer geeigneten Farbe einfärben – z. B. mit einem dunklen Blau, um dann die Schrift in Weiß davor zu setzen.

Denkbar ist hier auch, daß das Hintergrundbild nur auf der ersten Folie des Themas erscheint – zur Einstimmung – mit wenig zusätzlichem Text. Die nachfolgenden detaillierenden Folien verzichten dann auf das Hintergrundbild oder nehmen es nochmals stärker zurück.

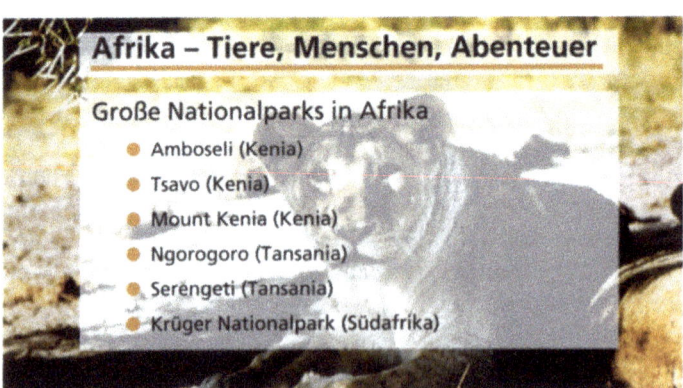

*Abb. 10-4
Bilder als symbolischer Hintergrund müssen entweder von der Farbsättigung stark abgeschwächt werden oder die Schrift ist geeignet zu unterlegen.*

Graphiken haben durchaus einen eigenen Stil, wie Abb. 10-5 zeigt (die Graphiken und Photos entstammen der CorelDraw-Bibliothek). Auch ob die Graphik oder ein Photo in Farbe oder als schwarzweißes Halbtonbild eingesetzt wird, macht einen Unterschied. Während man in Folienpräsentationen zumeist Farbe verwendet, kann auch hier eine Halbtongraphik oder ein in der Farbigkeit (Farbsättigung) stark reduziertes Bild für bestimmte Zwecke (z. B. als Hintergrund) passend sein.

> ## 10.7 Graphiken in Folien
>
> Auf die Verwendung von Farben in Graphiken und Präsentationen geht Kapitel 8.8 ein.

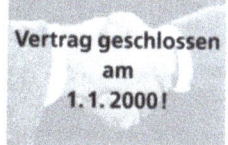

> Abb. 10-5
> Das gleiche Thema in unterschiedlichen Techniken
>
> Abb. 10-6
> Neben der vollen Farbe haben auch andere Lösungen ihre Berechtigung.

Man sollte deshalb die Graphiken bzw. deren Stil an den Inhalt des Vortrags, an den Teilnehmerkreis und Vortragszweck anpassen und innerhalb einer Präsentation konsistent bleiben.

Vergessen Sie bei Diagrammen, die sie aus anderen Publikationen übernehmen, nicht die Angabe der Quelle und andere Aspekte des Urheberrechts. Sie sollten in der Graphik zwar in einem kleinen (Konsultations-) Schriftgrad erscheinen, bei Zitaten ist jedoch der Urheber größer anzugeben oder zumindest verbal zu nennen.

10.7.2 Funktionsgraphiken

Informationsgraphiken müssen schnell erfaßbar und dazu relativ klar und einfach aufgebaut sein. Ist eine komplexe Graphik zur Darstellung eines Ablaufs oder eines Zusammenhangs notwendig, so erleichtert ihr allmählicher Aufbau dem Zuhörer das Verständnis. Dies kann entweder dadurch geschehen, daß die Graphik über mehrere Folien hinweg aufgebaut wird oder über eine Animation erst allmählich entsteht.

So wurde die Graphik der Folie aus Abb. 10-7 in drei Schritten (Folien) von links nach rechts angezeigt. Im Vortrag wurde jeweils der Ablauf des neuen Schritts erst erklärt, wenn die nächste Kompo-

**Kapitel 10
Präsentationen**

nente hinzugekommen war. Die Numerierung der Ablaufschritte hilft zusätzlich beim Verstehen der Graphik.

Beschränken Sie sich auf wenige unterschiedliche Elemente und auf eine starke Symbolik (siehe auch Abschnitt 10.7.3).

Achten Sie auf eine konsistente Verwendung von Symbolen, Farben und Schriften. Warum soll z.B. in Graphiken eine Person auf einer Folie rote Kleider tragen und in der nächsten Folie blaue – es sei denn, man möchte signalisieren, daß es sich explizit um zwei unterschiedliche Personen handelt.

Die mit den Präsentationsprogrammen ausgelieferten Standardgraphiken sind zwar nicht allzu schlecht, inzwischen aber so oft verwendet, daß sie bereits lieb- und phantasielos wirken. Die nebenstehende Graphik für einen Computer-Benutzer aus PowerPoint ist dafür ein Beispiel. Der Markt bietet inzwischen zahlreiche und auch preiswerte Bild- und Graphikbibliotheken, in denen man schnell passende Bilder findet. Eine andere Möglichkeit besteht darin, ein Bild einzuscannen, unnötige Teile zu entfernen und dann freizustellen. Dabei ist natürlich auf Urheberrechte zu achten. Es lohnt sich dann auch, eine private oder Firmenbibliotheken solcher Graphiken anzulegen und konsistent in den Präsentationen zu verwenden.

*Oben: abgenutzte Graphiken.
Im Internet findet man neuere und teilweise kostenfreie Graphiken.*

In größeren Unternehmen arbeiten zumeist Graphiker, die auch firmenspezifische Symbole und Graphiken erstellen und in einer Symbol-Bibliothek zur Verfügung stellen können (z.B. In Intranet), was die Möglichkeiten der Außendarstellung durchaus erleichtert.

*Abb. 10-7
Die Graphik ist zu komplex um auf einmal zu erscheinen. Sie wird deshalb in 3 Stufen in aufeinanderfolgenden Folien aufgebaut (linker Teil, zusätzlich Mitte und schließlich rechter Teil).*

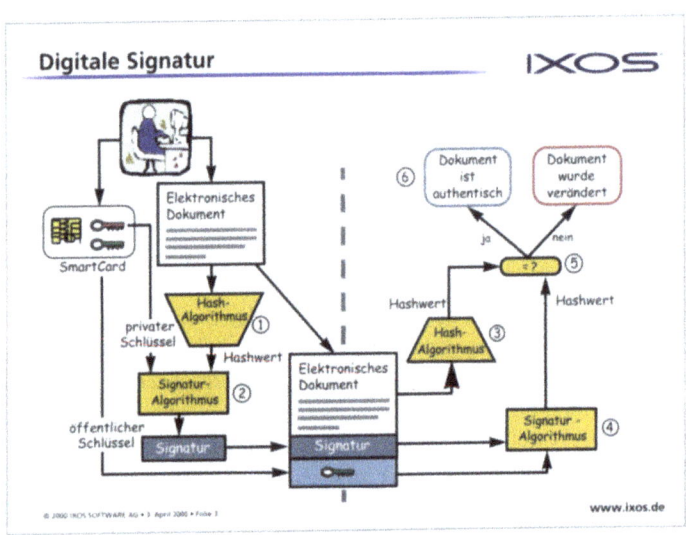

10.7 Graphiken in Folien

10.7.3 Weitere Prinzipien bei Graphiken

Überladen Sie Graphiken nicht mit graphischen Objektauszeichnungen wie Randstärken und -farben, Schatten und 3D-Effekten. Benutzt man 3D-Effekte (siehe Abb. 10-8 rechts), so kann man auf Schatten verzichten und setzt man Schatten ein, so kann man auf weitere 3D-Effekte verzichten.

Pfeile in Graphiken beginnen am Rand des einen Objekts und die Pfeilspitze endet vor dem Rand des Zielobjekts. Die Liniestärke muß zur Linienstärke der Objekte passen und sollte größer als deren Rand-Linienstärke sein. Der Pfeil darf nicht verstümmelt sein, d. h. er muß eine ausreichend lange Linie außerhalb der Spitze haben.

Zur Hervorhebung wichtiger Objekte ist sowohl eine ausgezeichnete Farbe als auch eine abweichende Form geeignet. In einer Folie sollten jedoch nur ein, maximal zwei solcher Objekte vorhanden sein, da sich sonst der Effekt verliert. Zusätzlich sollte das Verfahren der Hervorhebung konsistent im ganzen Foliensatz bleiben. Da der Blickfokus des Betrachters sich zunächst auf das Zentrum der Folie richtet – sofern er nicht explizit abgelenkt wird – ist hier der beste Platz für hervorzuhebende Elemente. Gute Farben für eine Hervorhebung sind Rot, Gelb oder Orange bei sonst stärker gedeckten Farben (etwa Blau, dunkles Grün oder dunkle Grau- oder Violett-Farben).

Überlegen Sie, welche Abstraktionsstufen sinnvoll sind. Die Tastatur eines symbolisierten Rechners braucht keine einzel erkennbaren Tasten zu haben, oder bei der Darstellung eines Fahrzeugs als Symbol für ein Verkehrs- oder Transportmittel kommt es nicht auf die Detailtreue an. Personen können z. B. – in Abb. 10-8 dargestellt – in Form von Photos, als Graphik oder als noch stärker abstrahierte Figur dargestellt werden. Je mehr Platz ist und je weniger Objekte eine Graphik hat, um so gegenständlicher kann man zeichnen. Je komplexer eine Graphik und ein dargestellter Vorgang ist, um so stärker sollte man abstrahieren.

Abb. 10-8 Unterschiedliche Abstraktionsstufen am Beispiel von Menschen

10.8 Überblendeffekte und Animationen

Fast alle Präsentationsprogramme gestatten, die Präsentation mit Animationen zu versehen. Diese können mit einer besonderen Überblendtechnik von Folie zu Folie beginnen und können sich über den allmählichen Aufbau einer Folie in mehreren Schritten bis hin zu Ablaufsequenzen von Graphiken und Videosequenzen erstrecken. Eine Animation sollte einen von drei Zwecken verfolgen:

- ❏ Sie baut einen komplexen Zusammenhang oder Aussage schrittweise auf und erzielt damit ein besseres Verständnis.
  Fast alle Präsentationsprogramme gestatten z.B., die Hauptmenüpunkte einer Präsentation schrittweise erscheinen zu lassen. Benutzen Sie dazu einfache Effekte – etwa das Einfließen von links oder von oben –, und verzichten Sie auf Show-Effekte. Der Zuschauer möchte den Ablauf schnell erfassen und nicht auf das Fertigwerden einer Kapriole warten.

- ❏ Sie demonstriert einen Ablauf oder Veränderungen.
  Der Ablauf muß dabei ein angemessenes Tempo vorlegen – ausreichend langsam, um dem Betrachter ausreichend Zeit zum Erfassen und dem Vortragenden genügend Zeit für Erklärungen zu geben und andererseits zügig, um keine Langeweile aufkommen zu lassen.
  Verwenden sie dabei einfache Schemata und verändern Sie von Bild zu Bild nicht zu viel; Überraschungen sind eher verwirrend als beeindruckend.

- ❏ Sie erzeugt einen Überraschungseffekt.
  Diese Art ist nur in wenigen Wiederholungen einsetzbar und sollte sinnvoll und sparsam angewendet werden. Das dritte Mal ist eine Überraschung vorhersehbar und eher fad.

Achten Sie bei Animationen wie bei anderen Stilelementen auf Konsistenz. Es geht nicht darum, möglichst viele Effekte einzusetzen, sondern darum, wenige gezielt anzuwenden. Berücksichtigen Sie auch, daß die Geschwindigkeit einer Animation eventuell rechnerabhängig ist und damit auf Ihrem Autorenrechner anders abläuft als auf dem Präsentationsrechner. Gleiches kann für den Darstellungseffekte, bei unterschiedlichen Auflösungen und Farbtiefen gelten. Für längere Animationseffekte eignen sich spezielle Programme wie etwa SreenCam von Lotus oder Apple QuickTime-Videosequenzen besser als die Animationsmöglichkeiten der Präsentationsprogramme.

10.9 Weitere Tips für Präsentationen

Die nachfolgenden Tips haben nichts mit Typographie zu tun, sind für Präsentationen jedoch ebenso wichtig.

- ❏ Bereiten Sie den Raum vor dem Eintreffen der Zuhörer vor. Hierzu gehören das Installieren des Projektors oder Beamers, das eventuell notwendige Abdunkeln, das Heizen des Raums und die Verteilung der Präsentationsunterlagen. Legen Sie sich einen Zeigestab oder einen Laser-Pointer zurecht.

- ❏ Stellen Sie sich am Anfang kurz vor (z. B. mit Autorenangabe auf der Titelfolie) und geben Sie bei längeren Vorträgen einen kurzen Überblick (mit einer Folie) zum Ablauf des Vortrags.
Starten Sie Ihren Vortrag mit einer überraschenden oder provokanten Aussage – Sie gewinnen damit die Aufmerksamkeit der Zuhörer.

- ❏ Schauen Sie während des Vortrags zum Publikum, nicht auf den Boden oder nur auf Ihren Monitor. Drehen Sie sich möglichst nicht zur Projektionswand um, und sprechen Sie nicht vom Publikum abgewandt.
Bei einer Beamer-Präsentation ist es deshalb vorteilhaft, wenn Sie den Rechner so einstellen, daß das Bild sowohl auf dem Display vor Ihnen als auch auf dem Beamer erscheint.

    Für einen Vortrag mit einem Overhead-Projektor ist es besser, mit einem Stift auf der Folie etwas zu zeigen, als mit einem Zeigestock an der Wand.

- ❏ Schließen Sie Ihrer Präsentation mit einer Zusammenfassung ab – die wiederum maximal eine Folie lang sein sollte.

- ❏ Schalten Sie für längere Diskussionen und am Ende des Vortrags den Beamer dunkel – z. B. indem Sie am Ende eine schwarze Folie plazieren; der Zuhörer wird dann weniger abgelenkt.

- ❏ Reden Sie laut, deutlich und moduliert, d. h. mit wechselnder Tonlage und Lautstärke.

- ❏ Beantworten Sie Verständnisfragen sofort und verschieben Sie Diskussionspunkte an das Ende des Vortrags.
Versuchen Sie sich bei Versprechern nicht zu lange zu korrigieren, sondern gehen Sie über den Fehler einfach hinweg.
Bleiben Sie ruhig, auch bei provokanten Zwischenrufen.

    Weichen Sie störenden Diskussionen mit dem Hinweis aus, daß es mehrere mögliche Bewertungen geben kann.

- ❏ Überlegen Sie sich vor dem Vortrag, welche Fragen kommen könnten und haben Sie die Antworten darauf bereit – eventuell in Form zusätzlicher Folien, die Sie aber erst bei Bedarf zur Detaillierung nutzen.

**Kapitel 10
Präsentationen**

❏ Bedanken Sie sich beim Sprecher, wenn Sie auf einen Fehler hingewiesen werden, korrigieren Sie ihn entweder sehr schnell (in der Beamer-Präsentation), besser aber erst später.
Legen Sie sich Notizzettel und Stift bereit, um Anmerkungen und Zwischenfragen der Zuhörer, die Sie nicht sofort beantworten möchten, im Anschluß zu diskutieren oder später zu klären.

❏ Lassen Sie sich nicht aus der Ruhe bringen, wenn die Präsentationstechnik ausfällt, sondern reden Sie nun lauter, verweisen Sie auf die eventuell vorhandenen Unterlagen und lassen Sie einen anderen die Technikprobleme beheben.
Eventuell kann man eine kurze Pause einlegen oder aufgetretene Fragen beantworten.

Der Standardbrief

Kapitel 11

DER Standardbrief ist ein Dokument, dessen Grundlayout bereits in bestimmten Grenzen festgelegt ist. Das Kapitel beschreibt seine Konventionen und zeigt an drei Beispielen Möglichkeiten, Layouts im Rahmen des Standards zu gestalten. Auch wenn das Ganze etwas trocken und bürokratisch wirkt, ist doch der Brief häufig der erste Kontakt mit einer anderen Person oder einem anderem Unternehmen und stellt so eine Art Visitenkarte dar.

Kapitel 11
Der Standardbrief

11.1 DIN-Brief

Die DIN-Normen in Deutschland legen nicht nur die Papiergrößen in unterschiedlichen Reihen fest (siehe Anhang A.5), sondern stellen auch einen Rahmen für einen Standardbriefbogen zur Verfügung. Dieser Entwurf ist insbesondere für die heute im Geschäftsbereich verwendeten langen Briefumschläge mit Sichtfenster ausgelegt. Abbildung 11-1 zeigt die wichtigsten Maße und Bereiche eines solchen Normbriefs, wobei die meisten Bereiche nur für die erste Seite eines Briefes ihre Gültigkeit besitzen. Die folgenden Seiten sollten sich jedoch zumindest im Bund-, Außen- und Fußsteg an das Layout der ersten Seite halten.

Das Grundmaß ist die DIN-A4-Seite mit der Größe von 210 mm × 297 mm. Das Adreßfenster, welches bei Umschlägen mit Sichtfenster von außen sichtbar ist, gliedert sich in zwei Bereiche:

a) Der Bereich für die Absenderangaben
   Er ist nur 5 mm hoch und 85 mm breit. Hier ist ein kleiner Schriftgrad erforderlich. Da die Absenderangabe jedoch nicht im Vordergrund steht, ist dies vollkommen ausreichend und auch gewollt, da sich dadurch auch optisch Absender und Empfänger leichter unterscheiden lassen. Die Absenderangaben werden zumeist einzeilig in einem Schriftgrad von 6 bis 9 Punkt gesetzt.[*]

b) Das Adreßfeld des Empfängers
   Dieser Bereich ist mit 40 mm × 85 mm ausreichend groß, um später bei Schreibmaschinenschrift oder einer Schrift mit 10 oder 12 Punkt etwa 25–28 Zeichen aufzunehmen.

Die beiden vertikalen Falzmarken auf der linken Seite dienen dem Schreiber nur als optische Hilfe beim Falzen des Briefs. Sie sollen aus kurzen, dünnen Linien bestehen. Hier kann auch noch eine Mittelmarke (148,5 mm von oben) vorgesehen werden, die beim Lochen des Briefes hilft.

Die horizontale Falzmarke ist für das kurze Umschlagformat gedacht. Es findet heute im Geschäftsverkehr nur noch selten Verwendung. Auch hier gilt, daß die Linie kurz und dünn sein sollte.

Eine weitere vertikale Marke (257 mm von oben), die bei Benutzung einer Schreibmaschine den Schreiber darauf hinweist, daß er sich nun in der letzten Zeile der Seite befindet, kann in Situationen, in denen die Briefe mit Textsystemen erstellt werden entfallen.

---

[*] *Das Absenderfeld muß als Platz zwar reserviert sein, die Absenderangabe darf jedoch entfallen.*

Im Druckgewerbe spricht man nicht vom ›Falten‹, sondern nur vom ›Falzen‹.

11.1 DIN-Brief

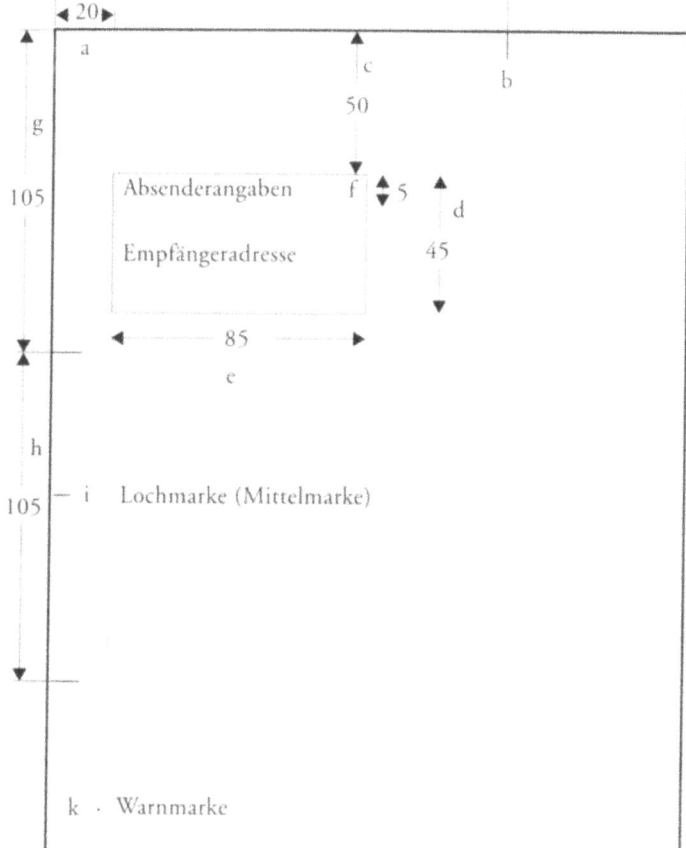

Abb. 11-1
Schema eines
DIN-A4-Standardbriefs
(alle Maßangaben in
Millimeter)

a) Heftrand (20 mm)
b) horizontale Falzmarke
c) oberer Abstand d. Sichtf.
d) Höhe des Sichtfensters
e) Breite des Adreßfeldes
f) Absenderangaben
g) 1. vertikale Falzmarke
h) 2. vertikale Falzmarke
i) Mittel- bzw. Lochmarke
k) untere Warnmarke

Kapitel 11
Der Standardbrief

Der vollständige Briefkopf-Bereich, in dem in gut lesbarer Größe Name, Firmenemblem und Datum erscheinen, ist im Standardbrief ebensowenig definiert wie der eigentliche Textbereich. Für diesen ist nur vorgegeben, daß er einen 20 mm breiten Heftrand auf der linken Seite freilassen muß.

Auffallende Firmen-Signets setzt man vorzugsweise auf die obere rechte Seite, da diese dann beim Suchen von eingehefteten Briefen schneller auffallen. Angaben zur Firma, wie die Namen der Geschäftsführer oder die Bankverbindungen, werden in der Regel auf der ersten Seite unten quer oder unten rechts plaziert.

Wie in anderen Bereichen auch, unterscheiden sich hierbei natürlich die Normentwürfe von Land zu Land. Die Schweiz sieht beispielsweise einen 30 mm breiten Heftrand und das Adreßfeld rechts vor.

Das Muster, das die DIN-Norm für einen Standardbrief vorgibt, ist eine sinnvolle Empfehlung und weniger eine verbindliche Vorschrift. Die Norm läßt noch ausreichenden Gestaltungsfreiraum. Sie darf in Details auch ignoriert werden.

Möchte man Briefe im Standardfall mit einem Laserdrucker ausgegeben, so ist beim Anlegen der Falzmarken zu berücksichtigen, daß die meisten Laserdrucker nicht ganz bis zum Rand drukken können und deshalb die Marke ausreichend weit in das Papier hineinreichen muß – etwa 6 bis 7 mm sollten reichen.

Formate im Brief

Innerhalb eines Briefes gibt es großen Gestaltungsfreiraum – analog zur Gestaltung des Briefformulars. Einige Regeln sollten jedoch beherzigt werden. So ist ein größerer Schriftgrad als in Zeitschriften und Büchern zu wählen – 11 bis 12 Punkt mit einem Zeilenabstand von 14 bis 15 Punkt sind gute Werte.

Die Schrift darf wie das Briefpapier individuell sein – aber gut lesbar. Vermeiden Sie hier *abgenutzte* Schriften wie TIMES oder ARIAL. Für private Briefe passen z.B. die FRIZ QUADRATA oder die feminin anmutende OPTIMA; für Firmenbriefe wird man auf die CI-Schrift des Unternehmens zurückgreifen.

In Nachempfindung der Handschrift in Briefen ist ein linksbündiger Flattersatz dem Blocksatz vorzuziehen, und ein breiter rechter Rand (ca. 30 mm) verleiht eine gewisse Großzügigkeit.

Der Satzspiegel links ergibt sich entweder durch den Briefbogen (z.B. bündig mit dem linken Rand des Adreßfensters) oder man setzt ihn etwas größer als die 20 mm des Heftrands; unten sollte ein ausreichender freier Fußraum bleiben – etwa 25 bis 30 mm.

11.1 DIN-Brief

Beispiele für Briefbögen

Beispiel 1: Das Beispiel in Abbildung 11-2 zeigt eine Briefgestaltung in Anlehnung an den deutschen Normbrief. Ein guter Teil der eigentlichen Gestaltung ist natürlich eine Frage des Firmenstils und des Geschmacks.

Die grauen Bereiche sind im Brief nicht grau gehalten, sondern zeigen für die erste Seite die Bereiche, in die Text (Adresse, Betrifft-Angaben, Briefinhalt) eingesetzt werden kann. Die senkrechte Falzmarke entfällt. Die Punkte bei a) und b) zeigen beim Ausfüllen des Briefbogens mit der Schreibmaschine das Ende des Adreßbereichs (Punkt a) und das Ende des Schreibbereichs (Punkt b) an. Zugleich markieren sie den linken Rand.

Abb. 11-2
Beispiel eines vollständig (und sehr brav) gestalteten Geschäftsbriefbogens

**Kapitel 11
Der Standardbrief**

Da der Briefbogen durch den Heftrand eine gewisse Asymmetrie erhält, darf der rechte Randsteg schmäler als der linke Randsteg sein.

Während das Adreßfeld, der Bereich mit ›Ihr Zeichen‹ und die Bankverbindungen nur auf der ersten Seite vorkommen, kann das Firmenemblem mit den Angaben der Firmenadresse auch auf den nachfolgenden Seiten erscheinen. Statt dessen läßt man dort manchmal den Firmennamen und die Firmenadresse in relativ kleinem Schriftgrad im Kopfsteg der Seite erscheinen. Der eigentliche Schreibbereich muß dann wie auf der ersten Seite entsprechend tiefer gesetzt werden.

Dominierende Designkomponenten wie das Firmenlogo sollten vorzugsweise rechts oben angeordnet werden.

Beim Briefentwurf ist der sparsame Umgang sowohl mit Schriftarten als auch mit Schriftgraden zu empfehlen.

Beispiel 2: Die nächste Seite zeigt (verkleinert) ein Beispiel, in dem dies in sehr schöner schlichter Form geschehen ist. Auf die Falt- und Warnmarken wurde darin ganz verzichtet. In der Abbildung nicht erkennbar, wurde das ›ix‹ von SIX und der Firmennamen ›SCHWARZ UND KISSNER GMBH‹ in der Farbe HKS 59 (Türkis) gesetzt. Die belebt das sehr sparsame Design.

Der rechtsbündige Satz der Firmenangaben und das senkrecht laufende ›Schwarz und Kissner‹ ergeben eine dezente rechte Kante. Der Absender und das S von SIX stehen auf einer Linie. Die linke Kante des großen S und die linke Kante des Textblocks unten rechts bilden eine Flucht. Um dies zu erreichen wurde der Text unten auf die entsprechende Breite gesperrt. Der Textblock unten rechts ist komplett in Versalien gesetzt, deutlich gesperrt und mit einem für den Schriftgrad großen Durchschuß ausgestattet. Er wirkt durch das Sperren und den Durchschuß leicht und erhält doch ein größeres Gewicht, als es der Schriftgrad ohne Versalien und Sperren erreichen würde. Als Schrift wurde durchgängig ROCKWELL benutzt.

Obwohl dies nicht ausdrücklich durch eine Linie angedeutet ist, sollte diese Linie auch den rechten Satzrand (Schreibrand) für den Brieftext definieren. Werden die Briefe auf einem Rechner erstellt, muß die Vorlage oder die Textspalte entsprechend so ausgelegt sein, daß ihr linker Rand bündig mit dem Absender steht und die rechte Seite etwas vor der linken Kante des großen S abschließt.

Sⁱˣ STADIONSTRASSE 1-3, 7022 L.-ECHTERDINGEN

Sⁱˣ SCHWARZ UND KISSNER GMBH

STADIONSTR 1-3
7022 L.-ECHTERDINGEN
TEL. 0711/9494-180
FAX 0711/9494-185
GESCHÄFTSFÜHRER
RALPH KISSNER
DEUTSCHE BANK
KT-NR. 8800690
BLZ 60070070
AMTSGERICHT
NÜRTINGEN
HRB 3057

**Kapitel 11
Der Standardbrief**

Beispiel 3: Das Beispiel der nachfolgenden Seite demonstriert ebenfalls in entsprechend verkleinerter Abbildung den Briefbogen eines Küchenstudios, in dem die Freiheiten des Briefbogenkonzepts in weiten Grenzen ausgenutzt werden. Wie im vorhergehenden Entwurf verzichtet man hier auf die Absenderangabe über dem Adreßfenster. Erscheint der Absender anderweitig auf dem Briefumschlag, ist dies keine Auslassung, sondern verleiht dem Brief selbst durch Weglassen eine klare, einfache Struktur.

Dem Thema der Firma entsprechend, ›Maßküchen‹ zu liefern, werden Marken und Maße als Designelement aufgegriffen und noch betont. Sie erscheinen hier sogar im Logo und den Firmenangaben im rechten unteren Block. Alle Maße und die Logo-Umrandung sind in einem dunklen Ocker gesetzt, ebenso wie die ersten zwei Zeilen des unteren Textblocks. Damit ist unten in dem sonst recht vollen Block die wichtige Information der Adresse und der Telefon- und Faxnummer schnell zu erkennen und der Textblock nochmals durch die Farbe untergliedert.

Als Schrift wird für den Textblock oben rechts die COPPERPLATE in mager für ›Lindhorst‹ und in einem Normalschnitt für ›KÜCHEN STUDIO‹ eingesetzt. Die Maßangaben und der untere rechte Textblock verwenden wieder die magere Variante. Die Maßpfeile weisen ein dezentes Grau auf.

Der Textblock unten rechts ist, wie im vorherigen Beispiel, so gesperrt, daß die einzelnen Zeilen die Form voll ausfüllen. Für den Text werden hier Kapitälchen benutzt. Der Durchschuß ist etwas klein, da alles in Versalien gesetzt ist.

Der Zeitgeist

Natürlich unterliegt auch das Briefpapier dem Zeitgeist und anderen technischen Entwicklungen. So werden heute überwiegend serifenlose Schriften (zumindest im Bogen) eingesetzt, die Gestaltung wird aufwendiger, und zunehmend hält Farbe und ein etwas mutigeres Design Einzug. Selbst im privaten Bereich trifft man heute Farbe im Briefbogen an, wenn auch, der höheren Kosten wegen, zumeist beschränkt auf eine Farbe, eventuell in verschiedenen gleichfarbigen Abstufungen.[*]

* Man nennt dies eine Schmuckfarbe (Spot-Color).

Während sich für Geschäftsbriefe eine zwar moderne, aber eher zurückhaltende Schrift empfiehlt – wo vorhanden die Firmenschrift oder eine optisch ähnliche Schrift –, erlaubt private Post durchaus eigenständigere Schriften einzusetzen (z. B. die COPPERPLATE, die FRIZ QUADRATA, die ZAPF HUMANIST oder die FUTURA).

80

105

148

**Kapitel 11
Der Standardbrief**

11.2 Umschläge und Falzarten

Der Standardbrief ist hauptsächlich für den Geschäftsverkehr vorgesehen. Als Umschlag kommen die DIN-Langhülle, die DIN-C5-Hülle und die DIN-C6-Hülle als Umschlagformat zum Einsatz. Die DIN-Langhülle dominiert im Geschäftsbereich. Abbildung 11-3 zeigt, wie der A4-Brief mit seinem Adreßfeld in diese Hüllen gefaltet (korrekter *gefalzt*) wird.

*Abb. 11-3
DIN-Umschläge und die
Falzung des A4-Bogens*

DIN-C5-Umschlag
(229 mm × 162 mm)

DIN-Langhülle
(218 mm × 114 mm)

DIN-C6-Umschlag
(162 mm × 114 mm)

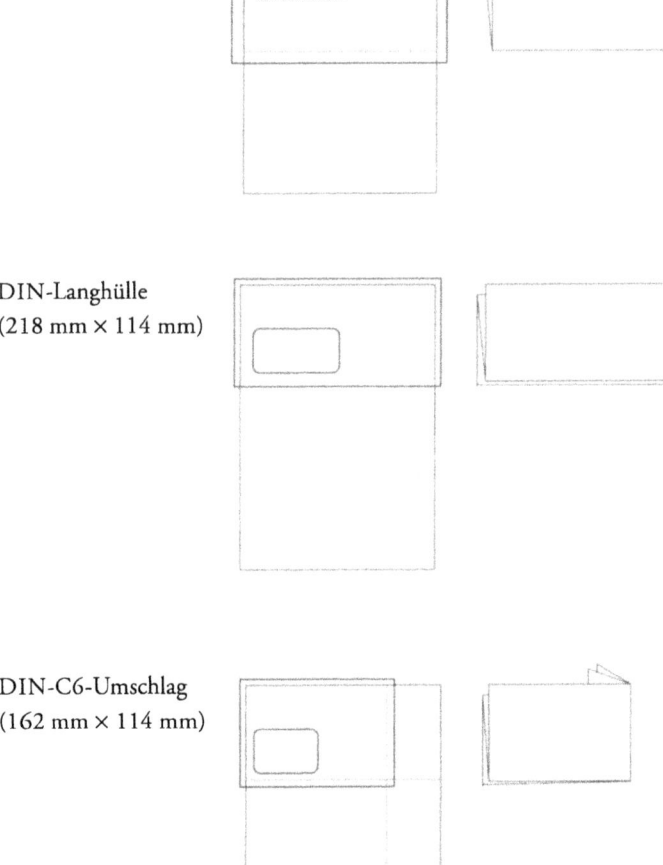

Kapitel 12

Von der Seite zum Buch

IN einem Schnelldurchlauf wird im folgenden Kapitel versucht, den Herstellungsweg eines Buchs zu erklären. Nach der Satzherstellung an einem DTP-System durchläuft jedes Buch und jede Broschüre noch viele weitere Arbeitsschritte. Das Produkt im Buchregal bedarf auf dem gesamten Herstellungsweg der Aufmerksamkeit vieler Fachleute. Für die Interessierten folgt hier eine Zusammenfassung.

Kapitel 12
Von Seite zum Buch

12.1 Arbeitsablauf einer Publikation

Auch wenn Desktop-Publishing einige Funktionen und Prozesse zusammenfaßt und eventuell beschleunigt, die beim traditionellen Verfahren in verschiedenen Händen liegen, so bleiben auch hier Arbeitsschritte, die in der Regel nicht vom Dokumentenersteller erledigt werden – ja teilweise auch nicht getan werden sollten.* Nachfolgend werden deshalb die Aufgaben und Schritte skizziert, wie sie auch noch mit DTP bei der Herstellung von Publikationen anfallen. Der vereinfacht dargestellte klassische Ablauf sieht wie folgt aus:

* *Hierzu zählt beispielsweise das endgültige Korrekturlesen.*

1. Ziel der Publikation und Randbedingungen festlegen
2. Erstellung des Manuskripts
3. Korrektur des Manuskripts
4. Setzen des Manuskripts
5. Korrektur des gesetzten Manuskripts
6. Anfertigen der Titelei und des Anhangs
7. Erstellen der Druckvorlagen (Filme)
8. Montage der Filme zu Druckbogen
9. Drucken der Publikation
10. Drucken des Umschlags
11. Zusammentragen, Falzen, Schneiden und Binden

Betrachtet man die obigen zehn Schritte genauer, so wird deutlich, daß DTP lediglich die Schritte 2, 3, 4 und eventuell noch den Schritt 6 umfaßt. Unter Umständen kann auch die Aufgabe des Schritts 1 von der gleichen Person erledigt werden; es bleiben jedoch noch weitere Schritte mit denen in der Regel noch eine ganze Reihe weiterer Personen mit der Produktion befaßt sind. Bei Inhouse-Publikationen mit geringer Auflage wird auf die Punkte 7 bis 10 häufig verzichtet.

Ziel der Publikation festlegen

Der erste Schritt bei der Erstellung einer Broschüre, eines Buchs oder einer anderen Publikation erscheint fast trivial und wird deshalb manchmal vergessen: Es gilt, die Ziele der Publikation möglichst präzise und vollständig zu definieren. Sie haben die nachfolgenden Punkte bereits zu Beginn des Buchs in der Einleitung gelesen.

Hier nun nochmals geringfügig erweitert die Fragen, die zu Beginn der Arbeit geklärt werden sollten:

12.1 Arbeitsablauf einer Publikation

- **Was soll die Publikation erreichen oder vermitteln?**
  Hier wird festgelegt, ob es sich primär um Werbung, um eine Anleitung oder beispielsweise um Wissensvermittlung handelt. Dies bestimmt den Aufbau und die geeigneten Stilmittel. Es bestimmt ebenso das Format und andere technische Randbedingungen. Definieren Sie hier auch die wichtigsten Informationen und Inhalte.

- **Wer ist der Adressat bzw. der Leser?**
  Die Zielgruppe und ihre Vorkenntnisse bestimmen zusammen mit dem Zweck der Publikation den Sprachstil, die Detaillierung, das Niveau, die Darstellung sowie unter Umständen das Medium (z. B. Buch oder Online-Dokument). So wird man die Generation über 50 heute kaum mit elektronischen Medien sondern eher mit solchen auf Papier ansprechen.
  Die Zielgruppe hat auch Einfluß auf die Typographie. Kinderbücher benötigen beispielsweise einen größeren Schriftgrad und die Information muß lockerer präsentiert werden.

- **Wie sieht das Distributionsformat aus?**
  Ist es das klassische Papier oder ein digitales Format wie HTML oder PDF oder sogar ein digitales Buch?

- **Was darf es kosten?**
  Dies gibt den Rahmen vor, der an finanziellem Aufwand in die Erstellung für Graphiken und Bilder, für den Druck und das Binden fließen kann. Bei knappem Budget muß man beispielsweise auf Farbe und Photos bei Papier verzichten.

- **Bis wann soll die Publikation fertig sein?**
  Berücksichtigen Sie, daß die Produktion mit der Fertigstellung des DTP-Produkts noch lange nicht fertig ist. Bei kleinen Dokumenten ist dies sogar der kleinste Zeitaufwand.

- **Welche Vorlagen und Richtlinien gibt es bereits?**
  In vielen Situationen sind Teile der Typographie, das Format der Publikation und die Art des Drucks schon durch ähnliche Publikationen (z. B. in einer Buchreihe) oder durch Firmenkonventionen oder Vorschriften vorgegeben. Man sollte sich diese rechtzeitig besorgen und berücksichtigen.

- **Wie sieht das Format aus?**
  Ist die Frage nicht bereits durch die vorhergehenden Schritte beantwortet, ist nun das Format festzulegen. Damit beginnt der eigentliche typographische Arbeitsprozeß.

Kapitel 12
Von Seite zum Buch

Erstellung des Manuskripts

Wird das Manuskript nicht direkt in den Rechner eingegeben, so sollte es möglichst mit der Schreibmaschine erstellt werden. Ein großer Zeilenvorschub (zweizeilig) erleichtert dabei die Korrektur.

Erfolgt die Eingabe direkt in einen Rechner, so spricht man bei diesem Arbeitsschritt auch vom *Erfassen*.

Korrektur des Manuskripts

Vor dem Setzen des Manuskripts sollte eine Korrektur der Vorlage erfolgen und zwar von einer anderen Person als dem Autor oder demjenigen, der das Manuskript zuvor erfaßt hat. Bei umfangreicheren Werken mit größeren Auflagen ist es keinesfalls abwegig, das Manuskript von mehreren Personen korrigieren zu lassen.

Erfassen und Setzen des Manuskripts

Dies erfolgt klassisch bei einem Satzunternehmen oder in der Setzerei der eigenen Firma. Ergebnis des traditionellen Verfahrens sind hier die Satzfahnen, die vom Autor und idealerweise zusätzlich vom Korrektor nochmals zu korrigieren sind. Hier wird nun auch festgelegt, wo Abbildungen und Tabellen einzufügen sind. In der DTP-Praxis erfaßt und strukturiert der Autor das Manuskript. Dies muß nicht ungedingt mit dem endgültigen Satzsystem sein, sondern kann mit einem Textsystem wie etwa MS-Word erfolgen. Dies wird dann entweder von einem Fachmann überprüft und nochmals vom Layout und der Feingestaltung korrigiert oder in das eigentliche Satzsystem – etwa PageMaker, QuarkXpress, InDesign oder FrameMaker importiert und dort satztechnisch fertiggestellt.

Korrektur des gesetzten Manuskripts

In diesem Schritt kontrolliert beim herkömmlichen Verfahren der Autor den Fahnenabzug einer Publikation. Dann sollten hier nur noch kleinere Korrekturen notwendig werden, die keinen größeren (und teueren) Neuumbruch erfordern.

Beim Einsatz von DTP, bei dem vielfach der Autor oder die Autoren selbst die zurückliegenden Schritte erledigt haben, muß eine andere Person das Korrekturlesen übernehmen! Bei Verlagen ist dies Aufgabe des Korrektors (zumeist eine externe freie Mitarbeiterin oder ein Mitarbeiter). Man sollte gerade beim DTP diesen Schritt ernst nehmen und nicht überspringen. Die Erfahrung zeigt, daß insbesondere bei etwas umfangreicheren Publikationen trotz des mehrfachen, sorgfältigen Korrekturlesens immer noch Fehler übersehen werden. *

> **12.1 Arbeitsablauf einer Publikation**
>
> * *Die dabei benutzten Korrekturzeichen werden im Kapitel 13 erläutert.*

Anfertigen der Titelei und des Anhangs

Zu einer Broschüre, einem Katalog oder einem Buch gehört nicht nur der reine Inhalt, sondern es kommen noch weitere Informationsseiten wie ein separates Titelblatt, ein Inhaltsverzeichnis und ein Stichwortverzeichnis hinzu. Sie gehören ebenso zu einer guten Typographie wie die in den zurückliegenden Kapiteln behandelten Themen. Hierauf geht der Abschnitt 12.2 dieses Kapitels ein.

Erstellen der Druckvorlagen

Wird die Publikation nicht nur in kleinen Stückzahlen und nicht nur auf dem Laserdrucker erstellt, so sind fast immer Filme als Vorlage für den nachfolgenden Druckprozeß notwendig. Einen Überblick dazu gibt Kapitel 15.2. Dort wird auch behandelt, was bei der Ausgabe auf Laserdrucker zu berücksichtigen ist.

Montage der Filme zu Druckbogen

Da beim Drucken auf Druckmaschinen zumeist mehrere Seiten mit einer Druckplatte erstellt werden, müssen vor dem Übertragen der Vorlage auf die Platte die Seiten (Filme) zu einem Druckbogen zusammenmontiert werden. Man nennt diesen Vorgang auch *Ausschießen*. Dieser Arbeitsgang wird in Kapitel 15.2 beschrieben.

Drucken und Binden

Mit dem Drucken erfolgt die eigentliche Produktion einer Auflage. Die für DTP-Folgeschritte gängigsten Druckverfahren beschreibt Kapitel 15.3 bis Kapitel 15.6. Danach entsteht durch Falzen, Beschneiden und Heften oder Binden aus den einzelnen Druckbogen das endgültige Produkt.

Die wichtigsten Methoden, eine Broschüre oder ein Buch zu binden, behandelt Kapitel 15.7.2.

Kapitel 12
Von Seite zum Buch

12.2 Die Teile eines Buchs

Unter einem *Buch* soll hier eine Publikation verstanden werden, die mehr als einige wenige Seiten umfaßt und als Ergebnis der Tätigkeit des Autors, zumeist eines Verlegers und anderer Beteiligter aus dem graphischen Gewerbe entsteht. Eine UNESCO-Empfehlung definiert das Buch dabei als »eine nicht periodisch erscheinende Publikation von mindestens 49 Seiten«. Andere, mehrseitige Publikationen werden als *Hefte* oder als *Broschüren* bezeichnet.*

* Diese Definitionen sind [Klein] *entnommen.*

Ein solches Buch oder eine entsprechende Broschüre enthält neben dem reinen Inhalt bzw. Textteil noch die sogenannte *Titelei*. Dieser dem Textteil vorausgehende Teil wird auch als *Präliminarien* bezeichnet. Zu ihnen gehört das Inhaltsverzeichnis. Bei Fach- und Sachbüchern kann dem Textteil dann noch ein Anhang folgen. Listet man alle vorkommenden Komponenten in der Reihenfolge ihrer Anordnung in einem Buch auf, so ergibt sich folgende Aufstellung:

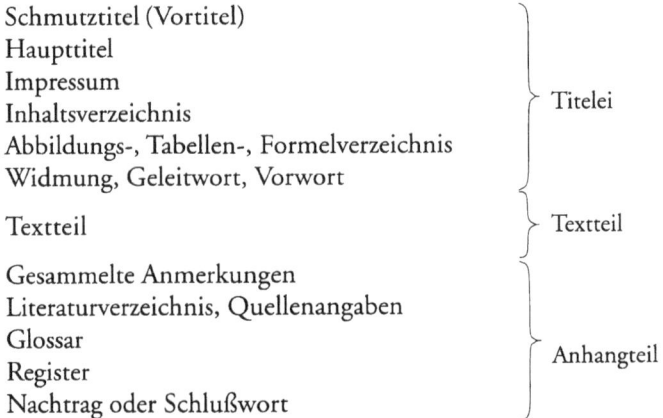

Eine etwas getrennte Einheit stellt der Einband dar. Er wird häufig weitgehend separat entworfen und produziert.

Weitere Teile können hinzukommen – etwa das Kolophon. Es enthält Angaben zu verwendeten Schriften, zum Satzverfahren oder gibt weitere produktionstechnische Informationen.* Das Kolophon verschmilzt zunehmend mit dem Impressum – wieder eine Seite gespart.

* Als Beispiel siehe Seite 430.

Nicht immer werden alle in der obigen Liste genannten Teile bei der Publikation von Büchern berücksichtigt. Die Thematik des Titels und die Art der Publikation entscheidet über die Verwendung der einzelnen Teile. So findet man die Komponenten des

12.2 Die Teile eines Buchs

Anhangs in der Regel nur bei Fachbüchern und dort dann zumeist ohne Nachtrag. Werden Anmerkungen bereits im Buch in Marginalspalten oder Fußnoten gelegt, so fallen die gesammelten Anmerkungen hier weg. Auch das Vor- oder Geleitwort muß nicht unbedingt vorhanden sein. Die aufgeführten Teile müssen auch nicht unbedingt in der genannten Reihenfolge erscheinen. So kann das Kolophon sowohl in der Titelei als auch am Ende des Buch stehen. Auch die Verzeichnisse von Abbildungen, Tabellen und Formeln trifft man zuweilen im Anhangsteil.

Standardmäßig beginnt jeder der genannten Teile auf einer neuen rechten Seite. Bei umfangreicheren Büchern gilt dies auch für die jeweils erste Seite eines Kapitels; Unterkapitel dürfen dann entweder auf einer beliebigen neuen Seite oder mit ausreichendem Abstand innerhalb einer Seite beginnen. Ausnahmen bestätigen auch hier wie so oft die Regel.

Seitenzählung, Pagina

Gezählt wird die Pagina (Seitenzahl) bei 1 beginnend, und zwar für die Titelei und den Textteil getrennt, während der Anhang mit fortlaufenden Seitenzahlen hinter dem Textteil folgt.

Für die Titelei benutzt man häufig römische Seitenzahlen, für den Text- und Anhangteil arabische. Diese Konvention stammt daher, daß beim konventionellen Satz das Inhaltsverzeichnis erst zum Schluß erstellt wird, wenn der Rest des Buchs bereits gesetzt ist. Mit Ausnahme des Impressums beginnen alle Buchteile auf einer neuen rechten Seite. Statt einer separaten Zählung von Titelei und Textteil kann auch fortlaufend gezählt werden. Hier erhalten dann alle Seiten eine arabische Seitenzahl.[*]

Auf der jeweils ersten Seite eines Buchteils wird die Seitenzahl weggelassen aber nur dann, wenn die Pagina im Kopf einer Seite steht. Ist sie im Fußteil und damit etwas unauffälliger plaziert, so darf sie auch hier vorkommen. Beginnt man neue Kapitel auf einer eigenen rechten Seite, was bei umfangreicheren Werken üblich ist, so entfällt dort häufig der lebende Kolumnentitel und damit auch die dort plazierte Pagina. Dies wird nur für Hauptkapitel, nicht jedoch für Unterkapitel eingesetzt.

Bei Verwendung von lebenden Kolumnentiteln verzichtet man auch auf diese bei ansonsten leeren Seiten. Solche leeren Seiten heißen *Vakatseiten*. Bei der Titelei werden zwar alle Seiten mitgezählt, aber weder Schmutz- noch Haupttitel erhalten eine Pagina, weder auf der Vorder- noch auf der Rückseite.

[*] *Dies wird häufig dann gemacht, wenn für die Titelei kein eigener Druckbogen verwendet wird.*

12.3 Titelei

Unter der *Titelei* versteht man bei der Buchherstellung die Seiten vor dem eigentlichen Textteil. Die Titelei besteht aus dem Schmutztitel, der den eigentlichen Titel vor Verschmutzung schützen soll und die erste Seite des Buchblocks ist, dem Haupttitel, welcher alle bibliographisch wichtigen Angaben zum Buch enthält, den Widmungen, Vor- und Geleitworten und schließlich dem Inhaltsverzeichnis. Diesem können vor dem eigentlichen Textteil noch weitere Abbildungs-, Tabellen- und Formelverzeichnisse folgen.

12.3.1 Der Schmutztitel

Die Aufgabe des Schmutztitels ist mehr historisch bedingt und stammt aus der Zeit, als entsprechende Papp- oder Kunststoffdeckel das Werk nicht ausreichend vor Verschmutzung schützten. Er wird auch als *Vortitel* bezeichnet und hat sich so fest in der Buchtypographie eingebürgert, daß er bei Broschüren und Büchern heute fast immer vorhanden ist. Er ist auch mit dem Buchvorsatz (ein Stück breit) verleimt, dem ersten, leeren Blatt des Buchs. Durch den Vorsatz ist der Buchblock mit dem Bucheinschlag verbunden.*

Siehe hierzu Kapitel 15.7.2.

Der Schmutztitel wird möglichst kurz gehalten und gibt zumeist nur den Autor und den Buchtitel an. Er wird unauffällig gesetzt; beim Autorennamen entfällt der Vorname; der Buchtitel darf hier verkürzt angegeben werden.

Die Rückseite des Schmutztitels ist entweder leer (also eine *Vakatseite*) oder wird für einen Reihentitel benutzt, in seltenen Fällen auch für eine kurze Widmung.

Der Schmutztitel kann auch ganz entfallen; dies muß jedoch mit dem Verlag abgestimmt werden.

12.3.2 Der Haupttitel

Der Haupttitel ist ein Teil des Buchs, der mit Sorgfalt gesetzt sein sollte. Hier darf auch *gestaltet* werden. Der Titel nennt den Autor oder die Autoren (mit Vornamen), den vollen Titel des Buchs zusammen mit eventuell vorhandenen Untertiteln und zumindest (zumeist im unteren Teil der Seite) den Verlag, oft mit dessen Signet. Bei technischen Publikationen ist hier auch die Anzahl der Abbildungen, Tafeln und Tabellen zu finden (siehe Beispiel in Abb. 12-2).

In älteren und klassischen Werken findet man hier oft den Axialsatz, wie das Beispiel des Schmutz- und Haupttitels aus dem Buch von Tschicholds Aufsätzen zur Buchtypographie (siehe [Tschichold/1]) in der nachfolgenden Abbildung zeigt. Angenehm fällt darin die sehr harmonische, ruhige Gestaltung auf.

Heute sind hier sowohl linksbündiger als auch rechtsbündiger Satz anzutreffen; Blockssatz ist hier ausgesprochen ungeeignet, selbst bei längeren Titeln. Ansonsten wird das Blatt eher karg gehalten. Aufwendige Graphiken und Farbe sind dem Umschlag vorbehalten.

Die Schrift des Haupttitels muß sich ebenso wie die des nachfolgenden Impressums und des Schmutztitels nach der des Inhaltes richten, bzw. darf dieser nicht widersprechen. Vorzugsweise wird hier die Werkschrift benutzt oder die in den Überschriften verwendete Schriftart.

Abb. 12-1 Schmutz- und Haupttitel aus [Tschichold/1]

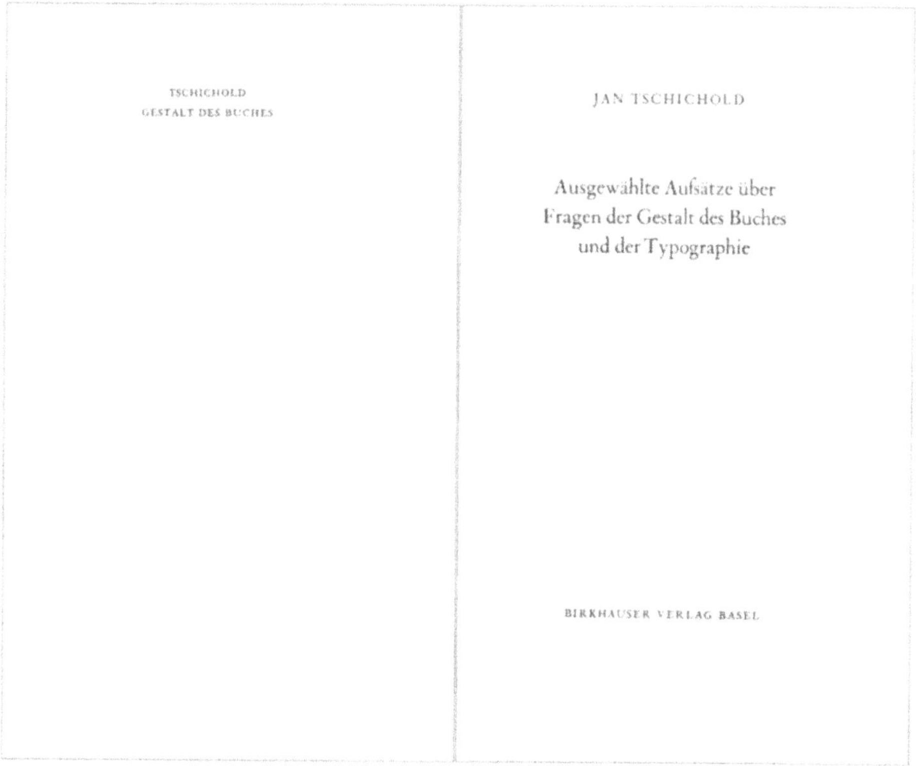
TSCHICHOLD
GESTALT DES BUCHES

JAN TSCHICHOLD

Ausgewählte Aufsätze über
Fragen der Gestalt des Buches
und der Typographie

BIRKHÄUSER VERLAG BASEL

Schmutztitel — Haupttitel

**Kapitel 12
Von Seite zum Buch**

12.3.3 Impressum

Die Rückseite des Haupttitels enthält das *Impressum* – es beginnt ausnahmsweise nicht auf einer rechten Seite. Das Impressum macht wesentliche Angaben zum Buch aus Sicht der Buchproduktion. Hier sind die üblichen Copyright-Vermerke zu finden, die ISBN-Nummer, die ISSN-Nummer, der CIP-Code.* Es gehören auch das Erscheinungsjahr dazu, Angaben zur Druckerei, zum Umschlagsentwurf, zur Auflage und eventuell zu verwendeten Schriften, Papier und ähnliches. Einige dieser Angaben könne auch in ein Kolophon wandern.

* *Diese Begriffe sind im Glossar erläutert.*

*Abb. 12-2
Beispiel für den linksbündig gesetzten Haupttitel eines Sachbuchs.
Ihm folgt das Impressum.*

Jürgen Gulbins   Karl Obermayr

Desktop Publishing mit
FrameMaker

Mit 281 Abbildungen
und 62 Tabellen

Springer-Verlag
Berlin Heidelberg New York
London Paris Tokyo
Hong Kong Barcelona
Budapest

12.3 Titelei

Bei Handbüchern und Produktbeschreibungen sind hier häufig auch die Warenzeichennamen aufgeführt, zusammen mit den Firmen, denen das Warenzeichen gehört. Dies kann bei vielen Namen zu Platzproblemen führen. Man druckt in diesen Fällen einen allgemeinen Hinweis, etwa folgender Art:

> Die Wiedergabe von Gebrauchsnamen, Handelsnamen, Warenbezeichnungen usw. in diesem Werk berechtigt auch ohne besondere Kennzeichnung nicht zur Annahme, daß solche Namen im Sinne der Warenzeichen- und Markenschutz-Gesetzgebung als frei zu betrachten wären und daher von jedermann benutzt werden dürfen.

All diese Angaben werden in einem Schriftgrad gesetzt, der kleiner oder maximal gleich dem der Grundschrift ist. Wird diese Seite zu voll, kann ein Teil der Angaben auf die letzte Seite des Buchs verlegt werden, sofern dort ausreichend Platz vorhanden ist.

Möchte man gute Typographie liefern, wird dem Impressum beim Setzen die gleiche Sorgfalt gewidmet wie dem Haupttitel.

12.3.4 Inhaltsverzeichnis

Aufgabe des Inhaltsverzeichnisses ist es, dem Leser eine schnelle Orientierung zu geben und das Auffinden von bestimmten Themen zu erleichtern. Detaillierungsgrad und Layout werden von der Art des Dokuments bestimmt.

Bei Romanen, die rein sequentiell gelesen werden, kann das Inhaltsverzeichnis oft ganz entfallen oder braucht nur die Hauptkapitel anzugeben. Es darf dann auch ausnahmsweise am Schluß des Buchs stehen.

Bei Fach- und Sachbüchern sollte es hingegen detailliert und ausreichend gegliedert sein. Es steht immer am Anfang der Publikation vor dem Textteil – bei Berichten und kleinen Broschüren nach dem Deckblatt (der 3. Seite), bei richtigen Büchern auf der Seite 5 (oder römisch V) bzw. hinter dem Vor- und Geleitwort. Es beginnt auf einer rechten Seite.

Dem Zweck der Übersicht sollte auch das Layout und die Gestaltung folgen, d.h. es sollte so deutlich wie nötig und so einfach bzw. ruhig wie möglich gestaltet sein. Eine Gliederung läßt sich hier nicht nur durch die eher unruhigen Einrückungen erreichen, sondern ebensogut durch eine entsprechende Schriftwahl oder durch unterschiedlich große Zeilenzwischenräume. Die beiden letzten Verfahren ergeben in den meisten Fällen ein übersichtlicheres Bild, wie Abbildung 12-3 zeigt.

Kapitel 12
Von Seite zum Buch

Sind die einzelnen Titel im Verzeichnis relativ kurz, gemessen an der Satzbreite der Publikation, so sollte das Inhaltsverzeichnis mit einer kleineren Spaltenbreite gesetzt werden, so daß für den Leser der Zusammenhalt zwischen Titel und Seitenzahl noch erhalten bleibt. Bei Titeln mit stark unterschiedlicher Länge kann, wie in Abbildung 12-3, eine Auspunktierung das Auge des Lesers vom Titel zur Seitenzahl leiten. Man kann natürlich die Seitennummer auch direkt hinter den Titel des Kapitels setzen, sollte ihn dann aber ausreichend optisch absetzen – z. B. durch ein Geviert-Leerzeichen oder durch Verwendung eines anderen Schriftschnitts.

Für den Leser lästig ist es, wenn zu viele Teile vor dem Inhaltsverzeichnis stehen und das Inhaltsverzeichnis *gesucht* werden muß, z. B. wegen der vorgeschalteten Werbeseite oder durch ein mehrseitiges Vorwort. Hier ist zu prüfen, ob man solche Komponenten nicht an das Buchende verlegen kann.

Die Gestaltung des Inhaltsverzeichnisses läßt sehr viel Freiraum, solange Übersichtlichkeit erhalten bleibt. So sind bei langen Kapiteltiteln am linken Rand ausgerichtete Seitennummer schneller zu finden als flatternde Positionen; bei kurzen Titeln ist es umgekehrt.

Abb. 12-3
Untergliederung eines Inhaltsverzeichnisses durch Einrückung oder Schrift- und Abstandswahl

12.3 Titelei

Weitere Verzeichnisse in der Titelei

Bei Bildbänden, in vielen technischen Papieren und Fachbüchern folgt dem eigentlichen Inhaltsverzeichnis noch ein Abbildungsverzeichnis; diesem folgt eventuell ein Verzeichnis aller Tabellen und bei Mathematik-, Physik- oder Chemie-Werken zuweilen auch ein Verzeichnis der wichtigen Formeln. Diese Seiten werden fortlaufend zum Inhaltsverzeichnis numeriert. Sie dürfen im Gegensatz zum Inhaltsverzeichnis auch auf einer linken Seite beginnen. Sind diese Verzeichnisse nur klein, können sie auch untereinander auf einer Seite stehen. Die Gestaltung all dieser Verzeichnisses sollte der des Inhaltsverzeichnisses entsprechen.

Zuweilen läßt sich ein Inhaltsverzeichnis auch gänzlich anders gestalten, wie das Beispiel auf Seite 150 zeigt. Insbesondere bei Zeitschriften und Informationsblättern kann man zu solchen Stilmitteln greifen.

12.3.5 Vor- oder Geleitwort

Wird einem Buch ein Geleitwort gegeben, so findet sich darin oft die philosophische Einstimmung auf das Buch durch einen Fachkollegen des Autors wieder.

Genauso philosophisch, und bei Sachbüchern oder Fachbüchern überflüssig, ist die Widmung des Werkes an die Eltern, die Frau, den Ehemann oder an andere, dem Autor nahestehende und durch das Bücherschreiben leidgeprüfte Personen.

Man kann im Vorwort aber auch in kurzer knapper Form die Intention der Publikation kundtun und damit eventuell auf eine Einleitung verzichten – oder man verzichtet ganz auf das Vorwort oder setzt es als Abschnitt vor die Einleitung. Dies hat den Vorteil, daß der Leser zügig zum Inhaltsverzeichnis gelangt, ohne lange das Vorwort überblättern zu müssen.

Das Vorwort und weitere Geleitworte und Widmungen stehen in manchen Buchtypographien vor dem Inhaltsverzeichnis und beginnen dort auf einer rechten Seite. Das Inhalts- und die weiteren Verzeichnisse verschieben sich hierbei. Das Inhaltsverzeichnis beginnt dann auf einer neuen rechten Seite hinter dem Vorwort. Bei technischen Dokumenten findet man das Vorwort häufiger nach dem Inhaltsverzeichnis. Es hat dort praktisch die Funktion einer Einleitung.

Handelt es sich um eine nicht sehr umfangreiche Publikation, darf das Vorwort auch auf der (dann linken) Rückseite des Titel-

Kapitel 12
Von Seite zum Buch

* *Es sollte dann jedoch nicht länger als eine Seite sein.*

blatts stehen,* sofern das Impressum entfallen oder an das Ende des Buchs verlegt werden kann. Handelt es sich beim Vorwort nur um eine Widmung, kann es auch ganz ans Ende der Publikation wandern.

In manchen Büchern ist sowohl eine Widmung als auch ein Geleitwort zu finden. Diese beginnen dann jeweils auf einer rechten Seite und verschieben das Inhaltsverzeichnis entsprechend nach hinten – oft zum Mißvergnügen des Lesers.

Seltenere Teile der Titelei

In der Titelei können noch weitere, jedoch seltener vorkommende Teile vorhanden sein. Hierzu gehört beispielsweise ein Bild oder eine Abbildung auf der Rückseite des Schmutztitels. Dieses wird auch als *Frontispiz* bezeichnet. In einigen Büchern ist dies ein Bild des Autors, in Biographien ein Bild desjenigen, von dem die Biographie handelt. Bei Reisebüchern findet man hier auch Landkarten oder bei Romanen den Plan des für die Handlung wesentlichen Gebäudes oder Geländes.

Benötigt man dafür eine Doppelseite, so läßt sich dies beispielsweise auch auf die Innenseite des Buchdeckels und auf die erste Vorsatzseite legen. Alternativ dazu könnte man solche Karten und Abbildungen an das Ende der Publikation auf die beiden letzten Seiten legen. In diesem Fall sollte im Text (eventuell in der Einleitung) darauf hingewiesen werden.

Auch zur Titelei gehört das bereits erwähnte *Kolophon* mit ergänzenden Angaben – zumeist zur Produktionstechnik. Hier können benutzte Schriften, Angaben zum Umschlag, Satz, Druck, Papier, Binden oder Quellen zu verwendeten Bildern genannt werden, soweit diese nicht in eigenen Quellenangaben aufgeführt sind.

Korrekturseiten, in denen auf erst nach dem Druck festgestellte Druckfehler hingewiesen und Korrekturen angegeben werden, waren früher bei umfangreichen wissenschaftlichen Werken und Sachbüchern durchaus üblich und teilweise recht umfangreich. Sie sind heute eher selten und dann meist als lose Blätter am Anfang des Buchs eingelegt. Hier zeigt sich einer der Vorteile von DTP und dem Vorläufer in Form des Photosatzes.

12.4 Anhang

Funktion des Anhangs ist es, Informationen, auf die im Buch Bezug genommen wird oder die innerhalb des Textteils den Lesefluß oder die Übersicht stören würden, zusammenhängend und übersichtlich am Ende des Buchs zu präsentieren. So wird die Notwendigkeit und der Umfang der einzelnen Komponenten stark von der Art des Buchs bestimmt.

Zu ihnen gehören die verschiedenen Register wie Glossare, Stichwortverzeichnis, Bibliographien mit Literaturangaben, Quellenangaben, Anhänge mit Tabellen, Graphiken und andere Übersichten. Zuweilen werden auch Anmerkungen oder Fußnoten in Form von *Endnoten* in den Anhang verschoben. Auch Karten können statt in die Titelei hierher verlegt werden.

Bei Romanen, Gedicht- und Bildbänden, in Werbebroschüren und Geschäftsberichten können solche Anhänge vollständig oder teilweise entfallen.

Auf der vorletzten (rechten) Seite eines Buchs findet man zuweilen noch Angaben zum Buch (ein Kolophon), die vom Impressum hierher verlegt wurden, um das Impressum nicht zu überfrachten. Typische Angaben hier sind solche zur Art und zum Schriftgrad der eingesetzten Schrift und zum Typ des Papiers.

12.4.1 Bibliographie

Sieht man einmal von einem Roman oder einer reinen Werbebroschüre ab, so werden in den meisten Publikationen Hinweise auf andere Dokumente gegeben, oder es werden sogar Zitate oder Ausschnitte aus solchen verwendet. In diesen Fällen sollte das Dokument möglichst vollständige Angaben zu der verwendeten oder referenzierten Literatur machen. Bei wissenschaftlichen Papieren und Büchern ist dies sogar ein Muß!

Die Angaben können entweder jeweils am Ende eines Kapitels erfolgen oder am Ende einer Broschüre als eigener Abschnitt gesammelt werden. Dieser wird dann als *Bibliographie* oder als *Literaturverzeichnis*, bei wissenschaftlichen Arbeiten auch als *Quellenverzeichnis* bezeichnet. Sind in einer Publikation nur sehr wenige Angaben notwendig, so lassen sie sich auch in entsprechende Hinweise im Text direkt, in Marginalien oder in Fußnoten setzen. Legt man für das Literaturverzeichnis einen eigenen Abschnitt an, so muß er so gegliedert werden, daß der Leser Verweise darin schnell findet (siehe Abbildung 12-4).

Kapitel 12
Von Seite zum Buch

Die Angaben sollten so vollständig sein, daß der Leser etwas damit anfangen kann, d.h. daß er mit der Angabe auch in der Lage ist, das Buch oder den Zeitschriftenartikel zu finden oder zu bestellen. Bei Büchern werden deshalb teilweise die ISBN-Nummern, bei Zeitschriften die ISSN-Nummern* aufgeführt.

Die wichtigste Angabe in der Bibliographie ist der Autor und der Titel. Der Titel, in dem ja selbst wieder Satzzeichen vorkommen können, muß klar erkennbar sein. Dies erreicht man entweder dadurch, daß man ihn in Anführungszeichen setzt, in einem anderen Schriftschnitt (in der Regel kursiv) setzt oder indem man ihn optisch klar abgrenzt.

* Diese ist zugegebenermaßen zuweilen schwer oder gar nicht zu finden.

*Abb. 12-4
Drei Gestaltungsvarianten für Literaturangaben. Das letzte Beispiel zeigt die vollständige Angabe einer Literaturreferenz auf einen Zeitschriftenartikel.*

OTL AICHER: *Typographie*
 Ernst & Sohn Verlag, Berlin, 1989; ISBN 3-433-02090-6.

FRANK BAESELER, BÄRBEL HECK: *Desktop Publishing Gestaltung*
 McGraw-Hill, Hamburg, 1989; ISBN 3-89028-170-2.

Bosshard, H. R., »Technische Grundlagen zur Satzherstellung«,
 Verlag des Bildungsverbandes Schweizer Typographen BST,
 Bern 1980; ISBN 3-85584-010-5.

Collier, D., »Desktop Design and Typography«,
 Addison-Wesley, New York 1990; ISBN 0-201-54416-4.

ZIMMERLI 1987
 Zimmerli, W. C.: Wandelt sich die Verantwortung mit dem technischen Wandel? In: Lenk, H., Ropohl, G. (Hrsg.): Technik und Ethik, S. 92–111. Stuttgart: Reclam 1987

Nicht Teil der Bibliographie-Konventionen, jedoch aus Erfahrung für den Leser hilfreich, sind Hinweise, die bei internen Papieren oder nicht mehr frei erhältlicher Literatur auf diesen Umstand hinweisen. Es erspart ihm dann die vergebliche Suche. Auch die Angabe des Erscheinungsjahrs ist nützlich und bei Zeitschriften zusammen mit der Nummer des Heftes immer notwendig.

Wie Literaturhinweise im Text bzw. in Anmerkungen gegeben werden, ist weitgehend dem Autor überlassen; sie sollten jedoch

12.4 Anhang

im gesamten Dokument einheitlich und als Literaturangaben erkennbar sein. Bei technischen und wissenschaftlichen Werken hat sich eine Kurzform in der Art [Bosshard] oder eine Nummer, etwa in der Art /23/ eingebürgert. In beiden Fällen sollte dann diese Schreibweise mit den ausführlichen Angaben auch in der Bibliographie erscheinen. Wird auf mehrere Publikationen des gleichen Autors verwiesen, so kann man beispielsweise dem Autorennamen die Jahreszahl der Erscheinung anfügen (also z. B.: [Bosshard-1980]) oder einfach dessen Publikationen durchnumerieren.

12.4.2 Glossar

Das Glossar ist ein Buchteil, den man vorwiegend in Fachbüchern und technischen Beschreibungen findet – leider zu selten. Es läßt sich in einem gewissen Umfang auch als erweitertes Stichwortverzeichnis behandeln, wobei hier jedoch weder Hinweise auf die Seite im Buch erscheinen müssen, noch alle Stichworte aufgeführt werden. Im Glossar werden verwendete Fachbegriffe und wichtige Grundlagen, die nicht als Allgemeinwissen vorausgesetzt werden können, in knapper Form erläutert. Dies ist insbesondere dann von Bedeutung, wenn mehrdeutige Termini im Buch benutzt werden. Auch nicht allgemein gängige Abkürzungen mit ihrer Erklärung helfen dem Leser.

Da die Informationen im Glossar einerseits kurz gehalten werden und andererseits möglichst viel Information bieten sollen, sind hier, stärker als sonst üblich, Abkürzungen erlaubt. Wird beispielsweise in der Erklärung ein Ausdruck benutzt, der an anderer Stelle des Glossars beschrieben ist, so kann man dem Begriff einfach einen Pfeil (in der Form ›→*Begriff*‹ oder ›↑*Begriff*‹) voranstellen, um ihn als weiteren Hinweis zu kennzeichnen.

Das Glossar ist eine Art Serviceleistung für den Leser; entsprechende Sorgfalt ist also dafür angebracht.

12.4.3 Register

Das Register ist eine zweite Art von Inhaltsverzeichnis und hilft dem Leser, sich in einer Publikation zurechtzufinden. Während das Inhaltsverzeichnis den eigentlichen Anfang einer Publikation kennzeichnet, schließt ein Register diese ab. In ihm sollten alle Begriffe und Stichworte vorkommen, die in der Publikation behandelt werden. Für Gebrauchs- und Reparaturanleitungen ist das Stich-

**Kapitel 12
Von Seite zum Buch**

wortverzeichnis ebenso eine Notwendigkeit wie für Fach- und Sachbücher.

Selbst wenn das DTP-Paket die automatische Erstellung von Stichwortverzeichnissen unterstützt – leider ist dies noch nicht der Standard – kann es nicht voll automatisch erzeugt werden. Nur auf Textstellen, die für das Verständnis relevant sind, sollte im Stichwortverzeichnis hingewiesen werden. Dem Autor bleibt also die Mühe festzulegen, welche Worte als Stichwort zu kennzeichnen und welche Erklärungen als relevant zu betrachten sind.

Die Bezeichnungen, die man für das Register antrifft, sind recht vielfältig und abhängig von dessen Inhalt und Aufbau. Die häufigsten hier sind: *Index, Stichwortverzeichnis, Schlagwortverzeichnis, Stichwortregister, Sachregister* und *Thesaurus*[*].

* Der Begriff Thesaurus wird primär in wissenschaftlichen Werken verwendet und kann dort auch ein knapp gehaltenes Glossar sein.

Das Stichwortverzeichnis bzw. seine Einträge erfordern eine erkennbare Systematik, die sich zuweilen besser erst nach der Fertigstellung (bzw. nach der Fertigstellung des eigentlichen Inhalts) erzielen läßt. So hilft es beispielsweise dem Leser, wenn bei Nennung von mehreren Seiten zu einem Begriff, die wichtigste Seite (beispielsweise die, auf welcher der Begriff definiert oder erstmals erläutert wird) gekennzeichnet wird. Ein halbfetter oder fetter Schnitt bieten sich hierfür an.

Bei Fachbüchern kommen auch häufiger mehrstufige Stichworteinträge vor. Durch Einrückungen schafft man bei solchen Einträgen eine klare Gliederung:

Das Tilde-Zeichen steht hier für das ausgelassene Stichwort in den Untereinträgen.

Geviert   33, 232
    -leerzeichen   134
    -strich   137
    Drittel-~   153
    Halb-~   153
    Halb-~-strich   280
    Viertel-~   153
Glossar   176
goldener Schnitt   325

Hebt man jeweils das erste Stichwort mit einem neuen Buchstabenanfang hervor, so erleichtert dies dem Leser die Suche. Alternativ läßt sich auch der Buchstabe selbst als eine Art Zwischenüberschrift einfügen (wie in diesem Buch geschehen). Bei Verwendung eines lebenden Kolumnentitels kann, ähnlich wie in Lexika, die Kopfzeile der Seite das erste und eventuell auch das letzte Stichwort der Seite aufführen.

Eine recht übersichtliche, wenn auch in DTP etwas aufwendigere Art der Gestaltung ist in [Bosshard][**] zu finden und in

** Siehe Seite 361.

12.4 Anhang

Abbildung 12-5 umgesetzt. Sie vermeidet zu lange Spalten. Der Aufwand besteht darin, im DTP-Programm die parallelen Spalten und die dort vorhandenen Textzeilen manuell zu adaptieren. Dies ist bei häufiger zu aktualisierenden Dokumenten sehr aufwendig, sofern die Automatisierung nicht vom DTP-System unterstützt wird.

Das Stichwortverzeichnis selbst darf in einem kleineren Schriftgrad – jenem der Konsultationsschrift – gesetzt und auch dann mehrspaltig sein, wenn das Hauptwerk wie bei vielen Fachbüchern üblich, nur eine Spalte hat.

Im Gegensatz zum Inhaltsverzeichnis, welches zum Vorspann (zur Titelei) eines Buchs gehört und mit römischen Seitenzahlen versehen wird, erhält das Stichwortverzeichnis die gleiche Numerierungsart wie der Haupttext – die Seiten werden also einfach fortlaufend numeriert.

Achten Sie im Stichwortverzeichnis auf eine konsistente Schreibweise von Begriffen. Inkonsistenzen entstehen gerade bei automatisch oder halbautomatisch erzeugten Verzeichnissen. So ist es unschön, wenn der Begriff einmal im Plural und einmal im Singular erscheint, oder wenn gleiche Begriffe einmal kleingeschrieben als Adjektiv oder Verb und anschließend großgeschrieben als Substantiv erscheinen. Gleiches gilt für unterschiedliche Schreibweisen (etwa ›E-Mail‹ und ›email‹) mit und ohne Bindestrich. Hier empfiehlt es sich generell, eine Liste solcher Wörter anzulegen – und zwar bereits bei der Manuskripterstellung.

Abb. 12-5
Beispiel für eine stärker horizontale Ausrichtung der Spalten eines Registers

F Fahne 236
Fahnenabzug 236
Falz 236
Farbauszug 237
Fett 237
Fettegrad 10
Figurensatz 44
Filmerstellung 159
Flachdruck 165
Flatterrand 39

Flattersatz 237
Fleisch 7
Fließtext 237
Font 10, 237
Formatlage 237
Formel
 typographisch 125
Formsatz 44
Fraktur 237
Frakturschrift 237

Freischlagen 237
Freistellen 237
Fuß 176
Fußlinien 88
Fußnote 237
Fußsteg 58, 237
Fußzeile 238

G Garnitur 10
Gedankenstrich 136
Gelenk 176
Gemeine 9, 238
geschlossene Tabelle 88
Gesperrt 238
Gestaltungsraster 72, 238
Geviert 33, 238

Geviert
 -leerzeichen 134
 -strich 137
 -leerraum 238
goldener Schnitt 56
gotische Schriften 238
größte Oberlänge 38
größter Schriftgrad 38

Gaukeil 325
Grobe Kanon 55, 281
Grotesk 15
Groteskschrift 238
Grund
 -linie 8, 238
 -schrift 63, 238
 -strich 239

255

12.5 Einband

Der Einband hat sowohl bei einer klassischen Broschüre als auch beim Taschenbuch oder einem Buch in der Hardcover-Technik zwei Funktionen – er gibt dem Buch Festigkeit bzw. Halt (und ermöglicht damit erst, daß es im Regal vernünftig steht) und er schützt den Buchinhalt vor Verschmutzung.

Daneben bekommt er zunehmend die Funktion des Blickfangs bzw. des Werbeträgers und erhält damit auch mehr Beachtung bei der Gestaltung. Diese ist natürlich stark von der Art des Buchs und, da es sich um Werbung handelt, auch von dem anzusprechenden Kundenkreis abhängig. Während hier Fachbücher noch weitgehend vornehme Zurückhaltung üben, haben viele Taschenbuchromane und zunehmend auch Sachbücher eine schon fast schreierische Aufmachung – ein Tribut an den Massenmarkt. Die Rückseite des Buchs wird bei Sachbüchern vielfach für eine Inhaltsübersicht oder zu Angaben über den Autor benutzt – oder wieder als Werbefläche. Dies gilt insbesondere für Firmenbroschüren, wo man hier häufig die Adressen der Niederlassungen antrifft.

Bei Büchern, die über den Buchhandel vertrieben werden, ist hier aus sehr praktischen Handhabungsgründen inzwischen die ISBN in Klartext und als Barcode im unteren Bereich angeordnet.

Umschlag

Neben dem festen Einband trifft man bei teuren Büchern und insbesondere bei Bildbänden noch den Schutzumschlag an – bei Taschenbüchern, Fach- und Sachbüchern entfällt er zunehmend aus Kostengründen. Seine Werbefunktion ist noch deutlicher als die des Buchumschlags.

Sowohl der Schutzumschlag als auch der eigentliche Umschlag erhalten auf dem Buchrücken den Titel des Buchs,[*] den Verfasser und das Signet des Verlags – ein Grund, weswegen Verlage die für manche Handbücher recht praktische Ringbindung nicht mögen, da hier der Rückentitel entfällt und das Buch damit im Regal der Buchhandlung etwas untergeht.

Da nur umfangreiche Bände im Rücken breit genug sind, um den Titel waagerecht zu setzen, muß dieser häufig gedreht werden. Vorzugsweise setzt man dabei Autor und Titel von unten nach oben laufend, da die meisten Menschen den Kopf zum Lesen lieber nach links als nach rechts neigen. Die internationale Konvention ist jedoch ›von oben nach unten‹.

* Hier wird bei längeren Titeln eine Kurzfassung verwendet.

Kapitel 13

Satz und Korrektur

U M EIN Manuskript setzen zu können, sind Satzanweisungen notwendig. Was darin festgelegt sein sollte, beschreibt der erste Teil dieses Kapitels.

Manuskripte sind nach der ersten Erstellung in allen Fällen einer Korrektur zu unterwerfen. Der zweite Abschnitt zeigt deshalb die in Deutschland üblichen Korrekturzeichen und gibt Hinweise auf ihre Anwendung und Interpretation. Die Reihenfolge mag falsch erscheinen, jedoch benötigt man auch zur Manuskript-Korrektur gewisse Satzvorgaben.

Kapitel 13
Satz und Korrektur

13.1 Satzanweisungen

Unter der *Satzanweisung* versteht man die Anweisungen zu einer Handskizze, einem mit Schreibmaschine erstellten oder per Computer erfaßten oder aufgebauten Manuskript. Erst diese Auszeichnungen ermöglichen dem Setzer oder dem Desktop-Publisher, es korrekt zu setzen, d. h. entsprechend den Vorstellungen des Auftraggebers. Die Satzanweisung ist vergleichbar einem Drehbuch. Sie erfüllt zwei wichtige Aufgaben:

1. Der Aufbau des Dokuments muß darin klar umrissen sein; sie zwingt also zum Durchdenken aller Einzelteile und deren Komposition.
2. Die Erstellung einer Druckvorlage bedeutet nicht nur, den Text irgendwie aufzuteilen, sondern der Text muß in seinen Rahmen passen. Der gestalterische Rahmen wird durch den Satzspiegel, das Papierformat, die Papierart, Farben, Graphiken, Bilder und vor allem durch den Eindruck der Schrift festgelegt. Die Satzanweisung soll deren Zusammenspiel möglichst klar definieren.

Die Satzanweisung ist eine Art Checkliste, die zur Überprüfung der eigenen Vorstellungen und als Anweisung zu deren Umsetzung dient. Sie soll die Kommunikation zwischen dem Auftraggeber, der Satzherstellung, dem Belichtungsstudio und der Druckerei vereinfachen, Fehler vermeiden helfen und bereits vor der Erstellung des Dokuments einen schnellen Überblick über die Kosten der Herstellung schaffen. Die Kommunikation zwischen den Beteiligten eines Druckproduktes wird durch die Satzanweisung erleichtert und verhindert Mißverständnisse, Ärger und spart Zeit!

Auch wenn, wie bei DTP häufig der Fall, Autor und Setzer die gleiche Person sind, ist die Satzanweisung für die Kommunikation mit den weiteren Beteiligten unabdingbar. Eine gut geplante Arbeit ist immer rationeller zu bewältigen, deswegen empfiehlt sich auch die schriftliche Ausarbeitung von Formularen, wie eines auf Seite 261 für den Satz bzw. eigene DTP-Arbeiten und auf Seite 282 als Anweisung für ein Belichtungsstudio gezeigt werden.

Einer Satzanweisung entsprechen die Vorgaben, die für die Erstellung von Diplom- oder Doktorarbeiten erfüllt werden müssen. Mit Richtlinien zu Papierformat, Rändern, Zeilenabstand und Stand der Pagina will man ein einheitliches Erscheinungsbild erreichen.

Unter Freunden werden schon Satzanweisungen erteilt, wenn das Gespräch auf das Aussehen eines einfachen Briefbogens kommt.

13.1 Satzanweisungen

Die Vorstellungen konkretisieren sich durch die Vorgabe von Schriftart, Auszeichnung, Abständen, Ausrichtungen, Laufweiten und weiteren Details.

Mit der Einführung des Photosatzes haben Layouter und Typographen versucht, die technischen Möglichkeiten auszunutzen, indem sie auch die Größe des Wortzwischenraums bei unterschiedlichen Satzarten angaben. Sogar Unterschneidungswerte bei bestimmten Buchstaben- oder Zifferkombinationen wurden vorgegeben. Nichts sollte dem Zufall überlassen werden. Dies macht deutlich, wie exakt ein Dokument bereits im Kopf und im Layout sein kann, wenn dem Gestalter alle Einzelheiten und deren Wirkung im Ganzen klar sind.

Ein DTP-System gibt Ihnen nun die Möglichkeit, professionell zu arbeiten. Sowohl für die Vergabe von Satzarbeiten in der Setzerei, als auch für Sie selbst sollten Sie folgende Punkte durchdacht haben:

- Seitengröße
- Satzspiegel
- Absatzausrichtung
 (links- oder rechtsbündig, Blocksatz oder Mittelachse)
- Schriften (mit Herstellerangaben) und deren Laufweiten
- Zeilenabstand bzw. Durchschuß
- Auszeichnungsarten (kursiv, Kapitälchen etc.)
- Zeilenzahl pro Seite
- Umfang des gesamten Dokumentes:
 Soll es z. B. ein 4- oder 8seitiges Dokument werden?
 Wenn es umfangreicher ist, sollte die Seitenzahl mit dem Druck abgeglichen werden. Erfolgt der Druck beispielsweise mit 8 oder 16 Seiten pro Bogen, so sollte die Seitenzahl durch diesen Faktor teilbar sein, um zu viele leere Seiten zu vermeiden.
- Art der Ziffern (Tabellenziffern oder Mediävalziffern)
- Art der Anführung (deutsche Anführung oder französische Anführung in deutscher Schreibweise »...«)
- Satzart der Überschriften
- Trennarten:
 Mindestgröße der Trennsilben; welche Begriffe dürfen nicht getrennt werden? Wieviele Trennungen untereinander dürfen vorkommen oder darf gar nicht getrennt werden?
- Satzart von Zusatzinformationen:
 Fußnoten, Fußnotenziffern, Literaturhinweise, Inhaltsverzeichnis, Stichwortverzeichnis, Randbemerkungen, Tabellenüberschriften, Bildunterschriften, Numerierung von Formeln, ...

**Kapitel 13
Satz und Korrektur**

- Kolumnentitel (lebend oder tot)
- graphische Hervorhebungen wie Raster/Farben im Text
- Linienstärken

Wenn all diese Dinge geklärt sind, ist das Dokument in seiner inneren typographischen Form bereits von der ersten bis zur letzten Seite gut durchstrukturiert. Im Hinblick auf die Weiterbearbeitung, z. B. das Korrekturlesen, die Belichtung und den Druck müßten noch folgende Punkte festgelegt werden:

- Schreibweise laut Duden oder nach dem Manuskript?
- Satz auf Stand oder in Fahnen?
- Umbruch in der Montage
  (z. B. wenn Bilder noch von Hand eingefügt werden müssen) oder Ganzseitengestaltung am Monitor?
  (Dann müssen Logos, Bilder und Graphiken unbedingt dem Dokument auf Diskette beigelegt werden.)
- Mit welcher Auflösung soll belichtet werden?
  (Vorwiegend werden heute 1 200 oder 2 400 dpi benutzt.)
- Welcher Raster soll benutzt werden?
  Angabe erfolgt in lpi (Linien pro Inch) oder L/cm.
- Farben müssen genau definiert sein
  (z. B. Pantone-Farben mit ihren Nummern oder eine Vierfarbseparation).

Wie man sieht, ist das Ganze arbeitsaufwendig. Man sollte diese Arbeiten jedoch der Bedeutung wegen sorgfältig und ausführlich ausführen!

Eine erste Satzanweisung bzw. Satzdefinition für dieses Buch sieht als DTP-Spezifikation etwa so wie auf Seite 261 dargestellt ausaus.

Nun mag sich mancher fragen, was dies soll? Möchte der engagierte DTPler doch eventuell selbst die Ausgabedatei erzeugen – sei es für die Ausgabe auf einen Laserdrucker, direkt auf den Belichter oder in einem Online-Format. Jedoch auch hier ist eine schriftliche Aufstellung nützlich – und zwar vor Beginn der Textarbeiten. Sie hilft nicht nur dem Autor, sondern auch anderen Personen in der Verarbeitungskette und erlaubt z. B. auch der Schlußkorrektur, die gesetzten Vorgaben zu überprüfen.

13.1 Satz-anweisungen

Seitengröße:	165 mm × 242 mm	
Satzspiegel:	100 mm × 196,5 mm, Stege: oben 24 mm, Bund 15 mm	
	Marginalien:	30 mm mit 5 mm Zwischenschlag, (42 Zeilen zu 13 Pt.)
	lebender Kolumnentitel über Marginalien mit Überschrift Stufe 1 links und Stufe 2 rechts; mit 40 % Schwarz unterlegt.	
Schrift:	*Werksatz:*	Adobe Garamond Regular 11,0/13 Pt., Blocksatz
	Überschriften:	Adobe Frutiger Black, 10 Pt., 40 % schwarz Laufweite: 1 % gesperrt linksbündig, keine Silbentrennung Abstand: oben 2, unten 1 Leerzeile
	Kapitelanfang:	Adobe Frutiger Black, 26/26 Pt., 40 % schwarz Abstand unten: 10 Leerzeilen linksbündig, keine Silbentrennung 1. Absatz beginnt mit Initiale (zweizeilig) und 1. Wort benutzt SmallCaps der Grundschrift
	Marginaltexte:	Adobe Frutiger Light, Kursiv, 8/13 Pt. Laufweite: 2 % gesperrt linke Seite: rechtsbündig, rechte Seite: linksbündig
	In Abbildung:	Monotype Garamond 10,0 Pt., 2 % gesperrt
	In Tabellen:	Monotype Garamond 10,0 Pt. oder Frutiger Roman 9 Pt. bei engen Tabellen
	Pagina:	Frutiger Black, 10 Pt., 40 % schwarz
Trennung:	max. 3 aufeinanderfolgende Trennungen; Vorsilbe min. 2 Zeichen, Nachsilbe min. 3; in Marginalien keine Trennung	
Rechtschreibung:	nach der alten Rechtschreibung	

❏ Auszeichnung im laufenden Text: 10 Pt. kursiv oder 10 Pt. halbfett (Medium); im Grundtext Minuskelziffern (Garamond Expert-Font); in den Marginalien Tabellenziffern; Anführungszeichen: ›...‹ (Begriff) und »...« (Rede oder Zitat)

❏ Tabellennumerierung und Bildnumerierung beginnen in jedem Kapitel bei 1 mit führender Kapitelnummer: n-m

❏ Trennlinien 0,6 Pt. (Tabellen und Abbildungen)

Endprodukt:	PostScript-Datei bzw. Offsetfilm mit Formatmarken, Auflösung 2 400 dpi, Raster 150 lpi
Termin:	Filme bis zum 15. 3. 2000

**Kapitel 13
Satz und Korrektur**

13.2 Korrekturen, Korrekturzeichen

Eine gute Beschreibung für den deutschsprachigen Raum zu ›Satz- und Korrekturanweisungen‹ findet man in dem gleichnamigen Handbuch [Duden/5] des Dudenverlags (siehe Seite 363]).

Kein Brief, kein Bericht und erst recht keine Broschüre oder gar ein Buch sollte ohne den expliziten Arbeitsschritt des Korrekturlesens hinausgehen bzw. zur Produktion freigegeben werden. Die Korrektur sollte zumindest vierfach erfolgen:

1. durch den Autor oder den Ersteller des Dokuments
2. Korrektur durch einen spracherfahrenen und rechtschreibsicheren Korrektor. Dies darf nicht der Autor oder Setzer selbst sein!
3. fachliche Begutachtung durch einen Fachlektor oder -korrektor
4. Schlußkorrektur sowohl auf sprachliche Richtigkeit als auch auf satztechnische Grundlagen

Die nachfolgenden Angaben beziehen sich auf den zweiten und vierten Korrekturlauf, gelten jedoch weitgehend auch für die erste Korrektur.

Wird der traditionelle Weg über ein zuerst von Hand oder mit der Schreibmaschine (oder einem Textautomat) erstelltes Manuskript eingeschlagen, so sollte zunächst durch entsprechende Korrekturen das Manuskript von Fehlern befreit und nach dem Setzen ein Abzug des Satzdokuments korrigiert werden. Beim Licht- oder Bleisatz wird dabei der sogenannte *Fahnenabzug*[*] korrigiert, beim Einsatz von DTP eine auf dem Laserdrucker erstellte Ausgabe des Dokuments – und zwar nach dem fertigen Umbruch. Trennfehler und Löcher im Satz (zu große Wortabstände) können durch einen geänderten Umbruch neu auftreten!

[*] Dies wird auch ›Korrekturfahne‹ genannt.

Beim Korrekturlesen wird das Manuskript auf folgende Punkte überprüft: Grammatik, Rechtschreibung, sprachlichen Ausdruck, Satzzeichen, Einhaltung von Satzkonventionen, korrekte Silbentrennung, eine korrekte bzw. konsistente Verwendung von Schriftauszeichnungen, Fehler in Tabellen und Graphiken. Wie die Aufzählung beweist, ist dies keine leichte Aufgabe und erfordert in der Regel das mehrfache Lesen, wobei jeweils nur eine oder wenige der genannten Fehlerklassen geprüft werden. Für die Korrektur muß klar sein, ob nach *alter* oder *neuer* Rechtschreibung gearbeitet werden soll (dieses Buch nutzt noch die alte Rechtschreibung)

Fehler werden mit Korrekturzeichen, einer Art halbformalen Notation, gekennzeichnet. Die Korrekturzeichen sind dabei von Land zu Land unterschiedlich.

Korrekturzeichen

13.2 Korrekturen, Korrekturzeichen

Fehler werden stets zweifach markiert – einmal im Text selbst und ein zweites Mal am Spaltenrand und dort zumeist rechts. Die Wiederholung der Kennzeichnung am Spaltenrand erlaubt, den korrigierten Text schnell zu überfliegen und nach Korrekturen zu durchsuchen, ohne daß man dabei einzelne Markierungen im Text übersieht. Am Rand wird auch die richtige Schreibweise angegeben.

Die Art des Fehlers wird durch das Korrekturzeichen gekennzeichnet. Reicht dies nicht aus, werden am Rand Zusatzangaben neben oder über das Korrekturzeichen gestellt. Dies spricht dafür, auf der rechten Seite der Korrekturfahne bzw. dem Korrektur-Ausdrucks ausreichend freien Raum zu lassen – möglichst auch oben und unten für ergänzende, längere Anmerkungen.

Kommen in einer Zeile mehrere gleiche Fehler vor, variiert man das Korrekturzeichen für jedes Vorkommen. So ist beispielsweise das Zeichen *|* das Symbol für einen falschen Buchstaben. Treten in einer Zeile mehrere falsche Zeichen auf, so wird beispielsweise das erste Zeichen durch *|* markiert, das zweite mit *L*, das dritte mit *Ŀ* und so weiter. Hierbei hat der Korrigierende gewisse Freiheiten beim Verändern der Korrekturzeichen. Alle Korrekturen werden am Rand wiederholt!

Bei zu vielen Fehlern – die nach der ersten Korrektur eigentlich nicht mehr vorkommen sollten – wird die ganze Zeile durchgestrichen und am Rand neu geschrieben. Ist dort nicht ausreichend Platz, kann die korrigierte Zeile auch an den Kopf oder Fuß der Seite bzw. des Bogens gestellt und am Rand darauf hingewiesen werden.

Die Korrektur sollte mit einem dünnen (d.h. spitzen), aber gut erkennbaren Stift oder Füller, am besten mit roter Farbe geschrieben werden. Erfolgt danach eine zweite Korrektur, wird dazu eine zweite Farbe verwendet. Ist der Untergrund oder die Schrift selbst farbig, ist darauf zu achten, daß sich die Korrekturzeichen deutlich davon abheben.

Die nachfolgende Beschreibung erklärt die in Deutschland üblichen Korrekturzeichen und deren Anwendung.* Es handelt sich dabei um DIN-Zeichen (oder dienliche Zeichen?) entsprechend der Norm DIN 16 511. In anderen westlichen Ländern werden ähnliche Zeichen verwendet; sie können jedoch geringfügig abweichen. Für den englischsprachigen Raum findet man die dort üblichen Korrekturzeichen z.B. im ›The Chicago Manual of Style‹.

Für den englischsprachigen Raum gibt [Chicago] (siehe Seite 362) einen Überblick über die dort üblichen Korrekturzeichen.

* Übersichten zu den Korrekturzeichen anderer Länder sind im [Duden/5] und in [Siemoneit/2] zu finden.

Kapitel 13
Satz und Korrektur

Übersicht über die Korrekturzeichen

Funktion:	Zeichen:
Einzug	⌐⎯
kein Einzug	⎯
mehr Durchschuß	)⎯
weniger Durchschuß	(⎯
auf Mitte setzen (zentrieren)	I⎯I
als Blocksatz setzen	⊢⎯⊣
linksbündig/rechtsbündig	⊢⎯ bzw. ⎯⊣
Schriftlinie halten	=
Satz/Linie ausrichten	‖
Zwischenraum einfügen	⌐
Zwischenraum größer	Υ oder Υ
Zwischenraum kleiner	↑
kein Zwischenraum	⌣
Absatz	⌐⎯⌐
kein Absatz	⌒⎯⌒
Buchstabe ersetzen/einfügen	I /L 7Γ Ł 7F
Buchstaben vertauscht	∏
falsche Ligaturen	∏
Textstück ersetzen	⊢⎯I ⊢⎯⊣ ⊢⎯т ⊢⎯⊣
Text oder Zeichen löschen	⎯⎯/
Wörter umstellen	⌐⎯⌐
unleserlich/unpassend	⊢⎯⊠
gedrucktes Formatzeichen	#
in falscher Schrift gesetzt	=
Text oder Zeichen ist lädiert	○
kursive	⎯⎯ kursiv ∼∼∼
halbfette	⎯⎯ halbfett
Grundschrift	⎯⎯ Grundschrift
sperren, nicht sperren	⎯ sperren ⎯ nicht sperren
Versalien, Kapitälchen	⎯ Vers ⎯ Kap
Korrektur ist ungültig	. . . . .

264

13.2 Korrekturen, Korrekturzeichen

Erklärung und Beispiele zu den Korrekturzeichen

Bei den nachfolgenden Beispielen sind die Wiederholungen der Korrekturzeichen am Rand jeweils in die Marginalien gesetzt. Üblicherweise erfolgt dies am rechten Rand.

Markierung am Rand:

1. Einzugsfehler

Ein falscher Einzug wird durch die senkrechten Schenkel des Einzugssymbols möglichst genau gekennzeichnet. Am Rand kann die genaue Größe des Einzugs angegeben werden.

⊢——— Ein überflüssiger Einzug wird durch einen Strich angezeigt, der vom Einzug bis zur gewünschten Satzkante reicht.

2. Durchschuß-Änderungen

Ein Strich zwischen zwei Zeilen mit einem öffnenden Kreisbogen fordert mehr Durchschuß;

ein Strich mit einem schließenden Bogen verlangt, daß der Zeilenabstand reduziert wird. Hier kann die Marke am Rand entfallen. Generell signalisiert der Bogen (waagerecht oder senkrecht), daß eine Abstandskorrektur notwendig ist.

3. Ausrichtungsfehler

Die beiden Pfeile oder ein Strich in der Mitte zwischen zwei Randsymbolen geben bei einem nicht auf Mittelachse gesetzten Text vor, daß dieser zu zentrieren ist. Der Text selbst wird durch Klammern im Text gekennzeichnet.
[Zentrum der Welt]

⊢Der Strich links bei links nicht ausgerichtetem Satz zeigt an,
——————— daß hier linksbündig zu setzen ist.

Der Strich rechts bei Flattersatz rechts zeigt an, daß der Text rechts auf Kante zu setzen ist, d. h. entweder rechtsbündig oder im Blocksatz.

Mit zwei langen Randsymbolen zeigt der Korrektor an, daß ein Textstück als Blocksatz auszurichten ist. Die Position der Randlinien zeigt dabei die gewünschte Satzbreite an.

**Kapitel 13
Satz und Korrektur**

4. **Schriftlinie halten**
   Stehen Zeichen in einer Zeile nicht auf der gleichen Schriftlinie, so wird dies durch einen Strich angezeigt. Dies kommt im DTP-Bereich zuweilen beim Mischen von Schriften unterschiedlicher Hersteller in einer Zeile vor. Läuft die Schrift unten heraus, wird der Text unterstrichen, läuft sie oben aus der Schriftlinie, wird er überstrichen. Kommt beides vor, wird unter- und überstrichen und am Rand markiert.

5. **Satz oder Linie ausrichten**
   Ist eine Linie nicht gerade oder hat ein Absatz, der ausgerichtet sein sollte, einen Flatterrand, so markiert man die Linie oder den Zeilenbereich durch die Doppellinie.

6. **Zwischenraum korrigieren**
   Ist **Wortzwischenraum** zu groß, so wird dies durch den Bogen oben gekennzeichnet; ist er überflüssig, wird dies mit zwei Bögen ohne Strich markiert.
   Kein Zwischenraum darf beispielsweise zwischen der Zahl und der Endung stehen, wenn sie wie in 3 teilig zusammenkommen. Der Bogen oben und unten signalisiert hier, daß der Zwischenraum zu löschen ist.
   Fehlt ein Zwischenraum, so wird dies entweder durch ein Häkchen oder aber entsprechend der DIN-Norm durch den öffnenden Bogen mit Strich markiert.

7. **Neuer Absatz oder Absatz anhängen**
   Soll ein Teil eines Absatzes in einen neuen Absatz verlegt werden, so markiert man die gewünschte Trennstelle durch das nachfolgende Symbol im Text. Soll ein Absatz an den vorhergehenden angehängt werden, so wird dies durch die S-Linie markiert.
   Man führt sie vom Anfang des zweiten Absatzes zum Ende des vorhergehenden.

8. **Fehlende und falsche Zeichen und Wörter**
   Einzelne fehlende Zeichen kennzeichnet man im Text, indem man den vorhergehenden Buchstaben durchstreicht und am Rand zusammen mit dem oder den fehlenden Zeichen wiederhol.
   Fehlt ein Wort, fehlen sogar mehrere Worte, so setzt man dort einen Einfügehaken ein und schreibt den fehlenden Text neben den Haken an den Ränder. Falsche Textstellen werden durch-

13.2 Korrekturen, Korrekturzeichen

gestrichen und am Rand mit dem Ersetzungssymbol korrekt wieder. Mehrere gleiche falsche Zeichen werden zwar entsprechend oft im Text markiert, brauchen am Rand jedoch nur einmal angegeben zu werden. Überflüssige Teile erhalten das Deliaturzeichen am ~~am~~ Rand.

9. **Vertauschte Zeichen, Worte oder Wortfolgen**
   Verstellte Buchstaben streicht man durch und gibt auf dem Rand die korrekte Reihenfolge an.
   Zwei vertauschte Wörter korrigiert ⌐das⌐man⌐ durch Symbol für die Umstellung.
   Stehen mehrere Wörter in einer falschen Reihenfolge, numeriert man diese in der korrekten Reihenfolge und gibt dies am Rand an, wie in:
   Die Wörter werden bei größeren Umstellungen beziffert.
   Vertauschte Zahlen werden prinzipiell durchgestrichen und am Rand korrekt wiedergegeben, wie beispielsweise in ~~1929~~.

10. **Falsche Silbentrennung**
    Bei einer falschen Silbentrennung erfolgt die Korre-
    ktur sowohl in der alten, als auch in der neuen Zeile.

11. **Fehlende oder falsche Ligaturen**
    Fehlt eine Ligatur, wie beispielsweise in ›Schraffur‹, so werden die beiden Zeichen markiert und am Rand als Ligatur geschrieben.
    Ist eine Ligatur zu viel, wie in dem Wort ›Stofflage‹, so werden die falschen Ligaturzeichen wie zuvor im Text markiert und am Spaltenrand mit einem Trennstrich getrennt.

12. **Zeichen aus einer anderen Schrift**
    werden im Text einfach durchgestrichen und am Rand doppelt unterstrichen wiederholt.

13. **Unleserliche, zweifelhafte oder unpassende Teile**
    eines Manuskripts werden im Text durchgestrichen und am Rand zusätzlich mit dem ⊠-Symbol gekennzeichnet. Hier muß dann das ursprüngliche Manuskript oder der ~~schlampige~~ Autor zu Rate gezogen werden.

Kapitel 13
Satz und Korrektur

14. Druckender Abschluß oder Leerzeichen
Solche Fehler werden in der Typographie *Spieße* genannt und kommen beim DTP-Einsatz kaum vor. Sie werden im Text unterstrichen und am Rand durch # markiert.

15. Falsche Schriften oder Auszeichnungen
Sind einzelne Zeichen oder Textstücke in einer *falschen Schrift* gesetzt, so wird der entsprechende Teil unterstrichen und der Strich am Rand mit dem Namen der korrekten Schrift oder der korrekten Auszeichnung (ausgeschrieben oder abgekürzt) wiederholt.

Kursiv zu stellende Worte werden zuweilen auch durch die Schlangenlinie darunter gekennzeichnet.

16. Lädierte oder teilweise überdeckte Zeichen.
Ist im Bleisatz oder Lichtsatz ein Zeichen defekt oder beim DTP-Einsatz ein Textteil durch eine Graphik überdeckt, so wird der Bereich mit einem Kreis markiert und dies am Rand vermerkt. Beschädigte Zeichen kommen bei Verwendung von DTP nicht vor, jedoch zuweilen durch eine weiße Graphik oder einen Rahmen teilweise überdeckte Textstücke. Auch hier würde man diese Markierung einsetzen.

17. Zu viele Trennungen
Kommen in einem Text eine nicht akzeptable Anzahl aufeinanderfolgender Trennungen vor – als Wert, der noch akzeptabel ist, darf hier wohl drei, maximal vier angesehen werden – so markiert man den ganzen Bereich am Spaltenrand und notiert dies daneben.

Diese Markierung wird auch genutzt, wenn ein Zeilenbereich in einer anderen Schrift gesetzt werden soll.

18. Versehentlich falsch korrigiert
Hat man versehentlich etwas als falsch im Text angestrichen, so wird dies durch eine gestrichelte oder punktierte Linie unterhalb der Korrekturstelle angezeigt. Die Korrektur am Rand wird durchgestrichen.

Das Belichten

Kapitel 14

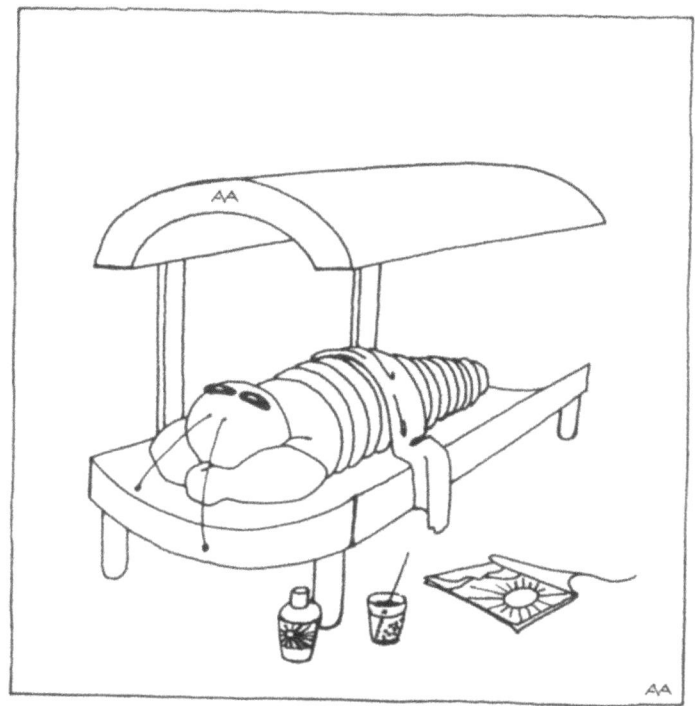

GRÖSSERE Auflagen werden heute typisch im Offset-Druckverfahren produziert. Dazu wird zuvor ein Film als Basis für die Druckplattenerstellung erzeugt – das Dokument muß dazu also belichtet werden. Was dabei zu beachten und wie das Belichtungsformular auszufüllen ist, erklärt dieses Kapitel.

Kapitel 14
Das Belichten

14.1 Die Belichtung

Wurde das Design erstellt, das Dokument aufgebaut, alle Regeln der Typographie in dem Dokument eingehalten, stimmen Seitenformate, sind Bilder richtig positioniert und dafür sogar die Raster bestimmt, so ist das DTP-Produkt fast fertig. Vielleicht wurden sogar farbige Graphiken integriert. Schließlich hat man auch die notwendigen Korrekturläufe ausführen lassen und die Korrekturen in das Dokument eingearbeitet. Die Endkontrolle auf dem Laserdrucker zeigt ein befriedigendes Ergebnis.

Jetzt müssen für einen Offsetdruck nur noch Filme belichtet werden. Diese zunächst im Vergleich mit den anderen Arbeiten einfach aussehende Aufgabe erweist sich leider häufig als gar nicht trivial. Es bedarf sorgfältiger Planung und auch ein bißchen Erfahrung, um diese DTP-Klippe zu bewältigen.

Die nachfolgenden Abschnitte versuchen, Ihnen prinzipielle Vorgehensweisen zu zeigen und einige Tips und Hinweise zu geben. Sie kommentieren dabei weitgehend das Ausfüllen eines Belichtungsformulars, wie es auf Seite 283 zu sehen ist, und das Sie in jedem Fall zu einem Belichtungsauftrag ausfüllen sollten. Nur so läßt sich Zeit, Ärger und Geld sparen!

Das Belichtungsformular

Der Auftraggeber muß deutlich aus einer Bestellung hervorgehen. Dazu gehören nicht nur der Name, sondern auch Anschrift, Telefon- und Telefaxnummer für Rückfragen. Es ist auch sinnvoll, eine eventuell abweichende Rechnungsanschrift einzutragen.

Auf dem Datenträger der Belichtungsdateien sollte das Datenträgerformat, der Dateiname und der Name des Auftraggebers vermerkt sein.

Mit dem Datenträger sollte ein Ausdruck der Datei bzw. des Dokuments mitgeschickt werden. Bei umfangreichen Dokumenten reichen einige Musterseiten. Das Belichtungsstudio benötigt diese ausgedruckte Vorlage, um zu überprüfen, ob alle Vorgaben des Kunden beim Belichten eingehalten werden. Zuvor ist zu klären, welche Datenträger das Belichtungsstudio verarbeiten kann.

Zunehmend setzen sich auch Datenübertragungen per Internet durch. Lassen Sie sich dazu vom Studio die Internet-Adresse und ein Paßwort geben, mit dem Sie in die zuständige Internet-Seite bzw. auf den FTP-Server kommen. Für die Datenübertragung sollte man auf ein möglichst schnelles Modem zurückgreifen – vorzugsweise ISDN oder, wo verfügbar, sogar xDSL. Zuvor sollte man die Daten in jedem Fall komprimieren und zu einigen wenigen Archiv-Dateien zusammenfassen.*

Wenn größere Dateien mit einem Datenkomprimierungsprogramm bearbeitet wurden, so muß das verwendete Programm mitgeschickt werden oder bei allgemein gebräuchlichen Programmen zumindest dessen Namen und Einstellungen.

Die Menge der zu belichtenden Seiten, deren Größe und die ungefähre Komplexität sind anzugeben. Vorzugsweise liefert man, wie bereits erwähnt, auch einen Laserausdruck als Kontrollvorlage mit. Die Dokumentendaten selbst können, wie nachfolgend beschrieben, in zwei unterschiedlichen Verfahren angeliefert werden.

> *Hierfür eignen sich unter Windows PKZIP-Programme und unter MAC/OS Stuffit (oder ebenso ein PKZIP-Emulator). Unter UNIX verwendet man gzip, welches auch das PKZIP-Format packen und entpacken kann.*

14.2 PostScript, PDF oder Dokument?

Dem Belichtungsstudio können die zu belichtenden Dateien prinzipiell auf drei Arten geliefert werden:

1. als PostScript-Dateien
2. als PDF (bzw. Acrobat-Datei)
3. als Dokumentendatei zu einem anzugebenden DTP-Programm

Die Verfahren haben ihre Vor- und Nachteile. Beim Belichtungsauftrag ist jeweils anzugeben, welches Verfahren benutzt wird.

14.2.1 PostScript-Dateien

PostScript-Dateien haben den Vorteil, daß die Belichtungsinformation darin weitgehend vollständig vorhanden ist. Lediglich die später diskutierte Schriftenfrage ist zu beachten.

Einige DTP-Programme ziehen nicht alle Graphiken in das PostScript-Dokument hinein, sondern tragen dort nur Referenzen auf die Bilder ein. In diesem Fall müssen alle notwendigen Bilddateien zusätzlich mitgeliefert werden, und zwar in der korrekten Anordnung innerhalb der Dateikataloge (d.h. der Dateibaum mit der PostScript-Datei und den Bilddateien auf der Diskette muß so strukturiert sein, wie er es beim Probeausdruck auf dem Laserdrucker war).

Darüber hinaus kann eine PostScript-Datei ohne spezielle Zusatzprogramme nicht vom Belichtungsstudio korrigiert oder in einzelne Seiten gestückelt werden. Problematische Seiten lassen sich

Kapitel 14
Das Belichten

so nicht überspringen oder einzeln ausbelichten. Auch sind PostScript-Dateien deutlich größer und damit aufwendiger zu übertragen als die Dokumenten-Dateien in PDF oder im DTP-Format.

Übergibt man dem Belichtungsstudio PostScript-Dateien, so sollten diese einzelnen Dateien nicht zu viele Seiten enthalten, da der Film beim Belichten nicht beliebig lang ist. Hier ist bei größeren Dokumenten eine Aufteilung in mehrere kleine Portionen notwendig, eine Arbeit die einige Zeit in Anspruch nehmen kann. Größen von 5 bis 7 Seiten je PostScript-Datei, nach Absprache mit dem Studio auch 20 oder 30 Seiten sind sinnvolle Einheiten.

Erkundigen Sie sich, welche PostScript-Version das Studio bearbeiten kann – Level 1, Level 2 oder sogar Level 3. Je höher der Level, um so besser erlaubt PostScript eine Komprimierung der Daten. Mit den höheren Leveln kommen weitere Möglichkeiten (z. B. hinsichtlich der Farbverarbeitung) hinzu. Level 2 sollte das Minimum sein. Auf der anderen Seite muß Ihr System bzw. die entsprechenden PostScript-Drucker-Treiber in der Lage sein, den gewünschten Level zu erzeugen.

Um Belichtungsprobleme zu vermeiden, sollte man bei PostScript-Dateien die verwendeten Fonts einbetten – soweit dies die Fonts-Lizenzen erlauben.

14.2.2 Adobe Acrobat – PDF

PDF = Portable Document Format

Das von Adobe entwickelte Acrobat-Format – kürzer als PDF bezeichnet – hat sich als Austauschformat in der Druckvorstufe etabliert. Es besitzt die Vorteile von PostScript – d. h. der Umbruch ist festgelegt und verändert sich auf einer anderen Plattform nicht mehr. PDF ist zusätzlich deutlich kompakter als PostScript und läßt sich über den kostenlosen Adobe-Acrobat-Viewer anzeigen, ausdrucken und in gewünschten Seitenportionen auf den Belichter schicken. Zusätzlich lassen sich in einer Acrobat-Datei nachträglich mit dem Programm *Acrobat* (bis zur Version 3 das Programm *Acrobat Exchange*) noch nachträglich kleinere Korrekturen durchführen.

Das Adobe-Acrobat-Paket gibt es für MACIOS, Windows und einige UNIX-Plattformen.

Die PDF-Erzeugung erfolgt, indem man bei der Druckausgabe zunächst einen PostScript-Druckertreiber für den Belichter auswählt und die Druckausgabe in eine Datei umleitet. Hat man den Druckertreiber für den Zielbelichter nicht, so genügt ein anderer PostScript-Druckertreiber – vorzugsweiser einer von Adobe. Die HP-PostScript-Druckertreiber sind dabei nicht geeignet, da bei ihnen zu Beginn der PostScript-Datei eine vom Acrobat Distiller nicht erkannte Umschaltanweisung von HPGL nach PostScript eingefügt wird.

Die so erzeugte PostScript-Datei wird anschließend mit dem *Distiller* (ein Teil des Adobe-Acrobat-Pakets) *distilliert* d.h. in ein PDF-Dokument umwandelt. Vor dem Distillerlauf sind die richtigen Konvertierungsoptionen zu wählen (im Distiller-Menü über »Distiller« → »Einstellungen«). Hier können Sie auch angeben, welche Schriften in das PDF-Dokument eingebettet werden sollen – beachten Sie dabei die Lizenzverträge der Schriftenanbieter! Für die meisten Belichtungen empfehlen wir folgende Einstellungen:

Allgemein: Bei den allgemeinen Einstellungen sollte man ›Acrobat 4.0‹ wählen – sofern das Belichtungsstudio dies bereits kann, ansonsten ›Acrobat 3.0‹. Die Auflösung des Belichters stellt man minimal auf 1 200 dpi. Die PDF-Optimierung sollte man aktivieren.

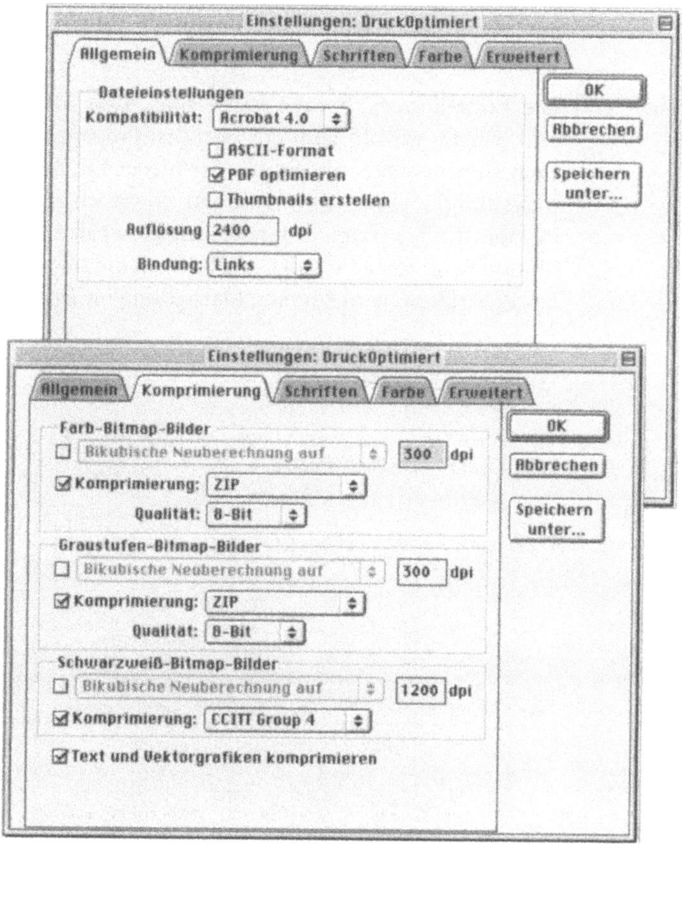

14.2 PostScript, PDF oder Dokument?

Einen sehr guten Einblick in Acrobat-Themen geben die Bücher von Th. Merz (siehe [Merz_1] und [Merz_2] auf Seite 366).

Abb. 14-1
Distiller-Einstellungen für die Erzeugung einer PDF-Datei zum Belichten (hier aus dem Acrobat 4.0 Paket)

Kapitel 14
Das Belichten

Komprimierung: Wichtig sind die Einstellungen für die Komprimierung. Hier sollten nur verlustfreie Verfahren gewählt werden. Lediglich für Photos und Farbrasterbilder ohne scharfe Kanten ist JPEG verwendbar (man erzielt eine höhere Komprimierung). Screenshots sollten man z.B. tunlichst nicht mit JPEG komprimieren. Die Einstellungen von Abb. 14-1 haben sich für die Belichtung als universell erwiesen.

Font-Einbettung: Im Standardfall sollte man alle benutzten Schriften einbetten – auch die Standard-Fonts – und Untergruppen auf 99% einstellen, so daß nur die Zeichen eingebettet werden, die benötigt werden. Soll aber das Belichtungsunternehmen in der Lage sein, noch kleinere Korrekturen in der PDF-Datei vorzunehmen, so sollten Font-Untergruppen deaktiviert sein.*

* Dies kann das Urheberrecht des Schriftenanbieters verletzen!

Möchten Sie gegen unserem Rat TrueType-Fonts zum Belichten verwenden, so ist das Buch von Merz** eine gute Informationsquelle bei potentiell auftretenden Problemen.

** Siehe [Merz/1] auf Seite 366.

Farbe: Die Einstellungen für die Farbe sind etwas kritisch und hängen sowohl vom erzeugenden Programm als auch vom Belichter ab. Fragen Sie hierzu Ihr Belichtungsstudio. Fehlen Informationen, so sollten Sie die in Abb. 14-3 gezeigten Einstellungen wählen. Die Option ›Convert all Colors to sRGB‹ eignet sich, falls das PDF-Dokument für eine Darstellung im Internet

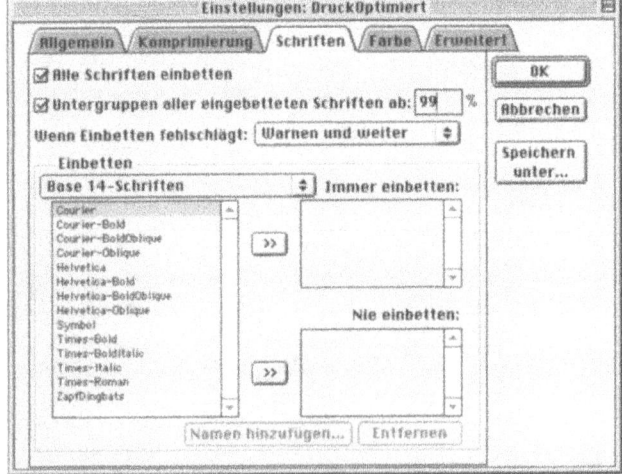

Abb. 14-2
Distiller-Einstellungen für eine PDF-Belichtungs-Datei mit den Werten für die ›Fonteinbettung‹

14.2 PostScript, PDF oder Dokument?

benutzt werden soll oder falls das Belichtungsstudio aus PDF die Farbseparation durchführen möchte.

Erweitert: Hier haben sich die Parameter aus Abb. 14-3 bewährt. Mit ihnen werden die wichtigsten Einstellungen (z. B. die Rasterwinkel) des Programms, welches die PostScript-Datei erzeugt hat, in das PDF-Dokument übernommen.

Die so einmal definierten Einstellungen lassen sich schließlich unter einem Profilenamen abspeichern. Eventuell stellt Ihnen auch Ihr Belichtungsstudio oder Druckunternehmen die für seine Geräte geeigneten PDF-Profile zur Verfügung.

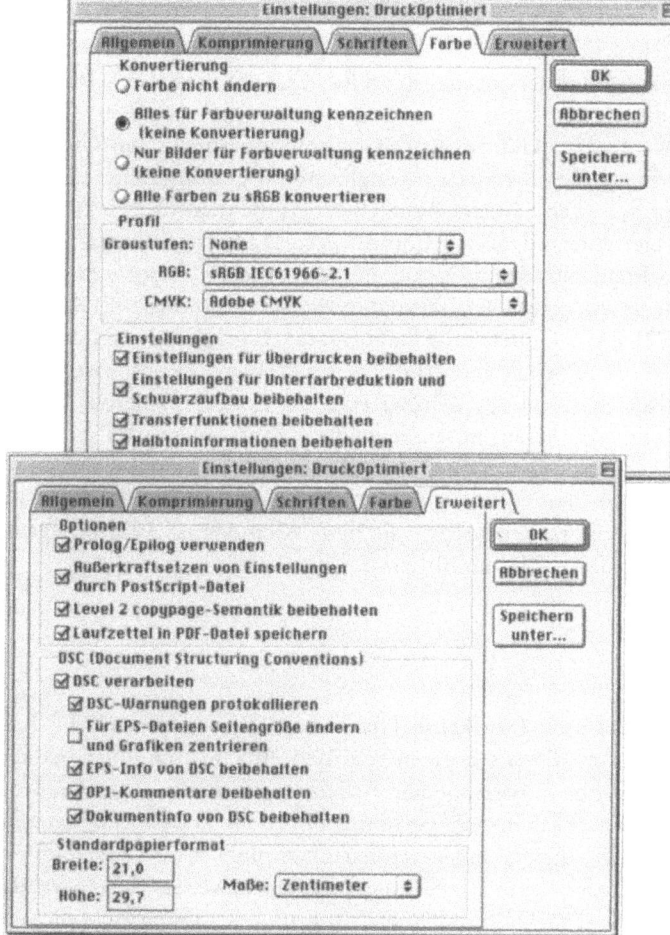

Abb. 14-3
Distiller-Einstellungen
für eine
PDF-Belichtungs-Datei
mit den Werten für die
›Farbe‹ und ›Erweitert‹

14.2.3 Dokumenten-Dateien

Statt einer fertigen PostScript-Datei oder PDF ist es zuweilen sinnvoll, dem Belichtungsstudio die Dokumentendatei selbst zu übergeben. Dies setzt jedoch voraus, daß das Studio das verwendete DTP-Paket besitzt und damit vertraut ist. Der Vorteil dieses Verfahrens besteht darin, daß auftretende Probleme direkt beim Belichtungsunternehmen geklärt und behoben werden können – etwa kleine Textkorrekturen, welche beim Belichten erst auffallen, die Einstellung geeigneter Rasterwinkel und -weiten für das Belichten, oder daß erst das Belichtungsunternehmen die Farbseparation vornimmt mit den für seine Geräte gereigneten Parametern.

Da das zu belichtende Dokument beim Belichtungsunternehmen direkt aus einem Programm heraus zum Belichter geschickt wird, entfallen hier auch die eventuell umfangreichen PostScript-Dateien. Hierbei ist es wichtig, das Programm und die benutzte Versionsnummer anzugeben (z. B.: ›QuarkXPress 4.5‹). Jede Programmversion hat zum Vorgänger Änderungen erfahren, die Einfluß auf das Dokumentenformat und eventuelle den Umbruch haben können; bereits eine englische Programmversion der gleichen Serie kann anders abspeichern als die deutsche!

Liefert man dem Belichtungsstudio DTP-Dateien, so ist darauf zu achten, daß alle im Dokument verwendeten (importierten) Graphiken im geeigneten Format mitgeliefert werden (EPS, TIFF, PICT, PAINT oder ähnliche Formate). Eigentlich muß man auch die verwendeten Fonts mitliefern, um Probleme zu vermeiden. Hier schlägt aber nun das Urheberrecht der Font-Designer zu – es ist praktisch für keine der kommerziellen Fonts zulässig!

Aus den geforderten Randbedingungen leitet sich ab, daß die Übergabe der DTP-Dateien zum Belichten (oder zum Direct-To-Plate-Verfahren) nur selten die beste Methode ist. In den meisten Fällen dürfte PDF das Mittel der Wahl sein!

14.3 Schriften beim Belichten

Das wohl problematischste Thema beim Belichten von DTP-Produkten sind die verwendeten Schriften. Alle im Dokument benutzten Schriften müssen auf dem Belichtungsformular angegeben werden – es sei denn, man verwendet PDF als Transportformat und bettet alle Schriften in die Acrobat-Datei ein! Läßt der Lizenzvertrag der Schriften eine Einbettung oder anderweitige Übergabe der Fonts nicht zu, so ist besonderes Augenmerk auf den Hersteller der

14.3 Schriften beim Belichten

Schrift zu legen, denn wie mehrfach erwähnt, ist beispielsweise die HELVETICA des einen Herstellers nicht identisch mit der eines anderen Anbieters. Die NOVARESE-Schrift von Berthold sieht nicht nur ein wenig anders aus als die gleichnamige Schrift von Adobe, sondern läuft auch unterschiedlich.[*] Jeder Hersteller hat seinen Schriften in der Ausarbeitung des Aussehens nicht nur einen eigenen kleinen Touch gegeben, sondern auch jeweils unterschiedliche Dickten und Unterschneidungswerte. Das kann zur Folge haben, daß ein mit der GARAMOND erstelltes Dokument recht unterschiedlich umbrechen kann, abhängig davon, welche der zahlreichen GARAMOND-Varianten verwendet wird, da alle geringfügig andere Laufweiten aufweisen. Der Text, der bei der MONOTYPE GARAMOND noch in eine Zeile paßt, bricht bei der breiter laufenden ITC GARAMOND eventuell in die nächste Zeile. Aus Ziffern, die bei der Benutzung des dazugehörigen Expertfonts im Original Mediävalziffern waren, können bei der Belichtung gewöhnliche Ziffern werden – oder wurde etwa die STEMPEL GARAMOND benutzt?

Auf einem Macintosh-System lassen sich die Schriftenhersteller weitgehend an den Logos der Druckerschriften im Schriftenordner erkennen.[**] Auf den anderen Systemen ist die Herstellerermittlung der Schriften leider nicht so einfach. Hier muß man wirklich wissen, welche Schriften man gekauft und installiert hat. Dies ist auch ein Grund, sparsam mit Schriften umzugehen! Besitzt man die AFM-Dateien (Font-Metrik-Dateien) einer Schrift – und diese werden praktisch bei allen kommerziell angebotenen Schriften mitgeliefert –, so läßt sich in dieser ASCII-Datei der Hersteller herauslesen.

Nachdem die Hersteller aller verwendeten Schriften feststehen, sind auch alle Schriftschnitte aufzuführen. Die Liste für dieses Buch würde beispielsweise wie folgt aussehen:

- MONOTYPE GARAMOND und Expertfonts
  Schnitte: Normal, Fett, Kursiv
  Kapitälchen, Brüche und Mediävalziffern aus dem
  Expert-Font
- ADOBE FRUTIGER: Mager (Light) und Book, jeweils in normal und kursiv; Fett und Extrafett (Black) nur in Normal
- ADOBE ZAPF DINGBATS, Normal
- Systemschrift SYMBOL in Normal

Einige DTP-Programme erlauben die Auflistung der im Dokument verwendeten Schriften. Dabei werden nur deren Namen und deren Schnitte ausgegeben, den Hersteller muß man selbst kennen oder ermitteln.

[*] *Das heißt, die einzelnen Zeichen der beiden Schriften haben unterschiedliche Dickten.*
Siehe hierzu Kapitel 2.

[**] *Siehe hierzu Abb. 14-4.*

Die Schriften importierter Graphiken müssen ebenfalls angegeben werden, denn auch wenn das DTP-Paket die im Dokument benutzten Schriften aufführt, kennt es die Schriften importierter Graphiken nicht – insbesondere dann, wenn diese im EPS-Format importiert wurden.

Rufen Sie Ihren Belichtungsservice an, bevor Sie etwas verschicken und klären Sie ab, mit welchen Schriften dort gearbeitet wird. Einige haben die Agfa-Bibliothek, andere arbeiten nur mit Linotype oder Adobe.

Spezielle Werkzeuge – z. B. der PDF *Fontinspektor* der deutschen Firma Callas (Berlin) oder das Programm *FlightCheck* der Firma Markzware (USA) – erlauben, eine PostScript- oder PDF-Datei auf darin verwendete und eingebettete Fonts zu untersuchen und teilweise auch noch fehlende Fonts nachträglich einzubetten. Erstellt man häufiger Belichtungsdateien, so ist die Anschaffung dieser Werkzeuge schnell rentabel.

Haben Sie ausgefallene Schriften verwendet, die das Belichtungsunternehmen nicht besitzt, müssen diese im geeigneten Format mitgeschickt werden. Dies gilt auch immer dann, wenn Sie selbst Schriften neu erstellt oder vorhandene Schriften abgeändert haben!

Abb. 14-4
Auf dem Macintosh läßt sich an der Ikone des Druckerfonts der Hersteller erkennen.

Adobe

Agfa

Berthold

Bitstream

Emigre

Fontshop

Fuse

Monotype

Emigre

14.4 Graphiken und Bilder

Da die meisten DTP-Programme bei importierten Graphiken nur eine Bildschirmdarstellung im Dokument abspeichern und zusätzlich nur einen Verweis auf die benutzte Graphikdatei eintragen, müssen alle eingebauten Graphiken und Bilder mitgeschickt werden. Dies ist bei Ablieferung der Dokumentendatei statt einer PostScript-Datei immer der Fall. Fehlen die Bilder bei der Belichtung, so wird die Bildschirmdarstellung eingesetzt, die als Bitmap-Darstellung sehr grob (36 dpi oder 72 dpi) und somit unbrauchbar ist. Arbeitet man mit dem OPI-Verfahren, bei dem im Dokument wie beschrieben nur eine niedrigere auflösende Graphik vorhanden ist und die hochauflösenden Rastergraphiken in separaten Dateien liegen, ist ebenso sicherzustellen, daß diese Dateien beim Belichten oder beim Direktdruck vorliegen und unter den richtigen Namen zu finden sind.

Einige Programme erlauben bei der Erstellung von EPSF-Dateien, alle Bilddaten mit in die PostScript-Datei zu stecken. Dieses Verfahren ist insbesondere dann vorzuziehen, wenn nur wenige, unproblematische Seiten zu belichten sind.

14.5 Angaben zum Belichten

Für die Erstellung der Filme reicht es nicht einfach ›Filme belichten‹ zu bestellen, denn hierbei kommt es auf das Druckverfahren an, das bei der Verarbeitung eingesetzt werden soll. Für den Offsetdruck wird beispielsweise ein seitenverkehrter Positivfilm benötigt, für den Siebdruck muß es ein seitenrichtiger Positivfilm sein. Für den Anzeigendruck werden teilweise seitenverkehrte Negativfilme benötigt, da davon noch ein Klischee hergestellt wird. Ähnlich sieht es bei der Stempelherstellung aus. Bei technischen Dokumentationen wird zumeist der Offsetdruck benutzt.

Die wichtigsten Druckverfahren für DTP sind in Kapitel 15 beschrieben.

Neben dem Druckverfahren hat auch die Verwendung von Farben und die erforderliche Bogenmontage* Einflüsse auf die Belichtung. Damit die Farbformen und der Stand der Seiten beim Druck genau stimmen, werden die Filmseiten mit Formatmarken und bei Verwendung von Farben auch mit Farbmarken ausgegeben. Diese Marken, zumeist 34 Punkt bzw. 11 mm groß und außerhalb des Dokuments stehend, vergrößern das Belichtungsformat.**

* Siehe hierzu Kapitel 15.2.

Beträgt beispielsweise das Seitenformat 190 mm × 240 mm, so werden dafür mit Farb- und Formatmarken 212 mm × 262 mm benötigt; der Film kann also noch als DIN-A4-Seite belichtet werden.

** Siehe das Beispiel von Abbildung 8-15 auf Seite 166.

Es ist notwendig, das genaue Dokumentenformat anzugeben, da der Belichtungsservice häufig mit unterschiedlichen Filmbreiten arbeitet und aus Kostengründen versucht, die Seiten so materialsparend wie möglich auf dem verwendeten Film zu plazieren. Durch die Angabe von Höhe und Breite des Dokumentenformates kann der Belichter z. B. entscheiden, ob er auf einem 305 mm breiten Film die Seiten quer stellt oder ob er sie bei einer Materialbreite von 255 mm hochkant stehen läßt.

Im direkten Zusammenhang mit der Dokumentengröße steht die Auflösung der Belichtungsdatei. Für reine Textdateien reicht in den meisten Fällen eine Auflösung von 1 200 dpi völlig aus. Werden jedoch Graphiken mit Kurven, Halbtonbildern oder Farben benutzt, so ist eine Auflösung von 2 400 dpi vorzuziehen. Höhere Auflösungen erfordern jedoch längere Belichtungszeiten, unter Umständen den Einsatz teurerer Belichter und erhöhen damit auch die Belichtungskosten.

Im Belichtungsformular sind entsprechend die Art des Films (auch ein Belichten auf Papier oder direkt auf eine Druckplatte ist teilweise möglich), das Dokumentenformat, die Art der Format- und Farbmarken und die Auflösung für das Belichten anzugeben.

14.6 Raster beim Belichten

Schließlich bleibt noch festzulegen, wie die technischen Raster, also die im DTP-Programm selbst erstellten Raster, belichtet werden sollen. Im Kapitel 8.6 wurde bereits etwas ausführlicher auf Raster eingegangen. Auf einem groben Papier oder beim Zeitungsdruck werden auch nur grobe Raster benötigt; feine Raster würden hier leicht zu einem Zulaufen der Rasterflächen bei Halbtonbildern führen. Je feiner das Papier und je mehr der Grauton als Farbfläche erscheinen soll, desto feiner muß das Raster sein. Als erster Anhaltspunkt mögen die Zahlen und Anmerkungen von Tabelle 14-1 gelten.

Weisen Sie Ihr Belichtungsstudio ausdrücklich darauf hin, wenn Sie bereits in der PostScript- oder PDF-Datei die Rasterweiten- und Winkel definiert haben, da es sonst leicht passiert, daß der Belichter diese Parameter durch die seines Belichters überschreibt!

Tabelle 14-1
Rasterweiten in Abhängigkeit von Druck- und Papierqualität.
Die Angaben sind in ›Linien pro Inch‹ (lpi) und ›Linien pro cm‹ (L/cm).

Raster:		Anwendung:
53 lpi,	21 L/cm	Laserdrucker, 600 dpi, 65 Graustufen
60 lpi,	24 L/cm	Zeitungsdruck, grobes Papier
70 lpi,	27 L/cm	Zeitungsdruck, grobes Papier
90 lpi,	35 L/cm	guter Zeitungsdruck, grobes Papier
120 lpi,	47 L/cm	Zu fein für Zeitungen; durchschnittliche Qualität. Der Rasterpunkt ist noch genau zu sehen. Kann noch einigermaßen kopiert werden.
133 lpi,	52 L/cm	Gute Qualität; Punkte sind noch zu erkennen. Geeignet für Offset- und Siebdruck.
150 lpi,	59 L/cm	Hochauflösend; der Rasterpunkt ist kaum mehr wahrnehmbar. Für Sieb- und Offsetdruck geeignet.
200 lpi,	79 L/cm	Sehr hochwertiger Druck. Glattes (gestrichenes) und weißes Papier erforderlich.

14.7 Belichten von Farben

Das Thema ›Farbseparation‹ wurde bisher bewußt vermieden, da es den Rahmen des Buchs sprengen würde. Beim Arbeiten und Belichten sind recht detaillierte Kenntnisse und einige Erfahrung Voraussetzung.

Farbe ist eine jener Ursachen, die am häufigsten zu Fehlbelichtungen führt. So ist beispielsweise ein wesentlicher Punkt, daß für jede im Dokument benutzte Farbgraphik die gleiche Farbseparation benutzt wird.

Zum Beispiel sollte eine im Graphikprogramm Freehand erstellte Farbgraphik bereits dort mit der Farbseparation gespeichert werden, mit der später bei der Belichtung gearbeitet werden soll. Werden dem Studio PostScript-Dateien übergeben, sind diese bereits zuvor in die notwendigen Auszüge zu separieren. Wird die Dokumentendatei übergeben, sind die gewünschten und die bereits in Graphiken vorgenommenen Separationen genau anzugeben. Bei der Separation spielen die verwendeten Rasterwinkel eine wesentliche Rolle – für jede Farbe in den Farbauszügen eine andere!*

* *Siehe hierzu Kapitel 8.6, Seite 169.*

Im einfachsten Fall überläßt man die Farbseparation dem Belichtungsstudio und übergibt ihm dazu eine PostScript Composit-Datei, d.h. eine Datei, in der noch alle Farben gemeinsam vorhanden sind. Alternativ – zuvor aber abzustimmen – liefert man eine unseparierte PDF-Datei, die erst vom Belichtungsstudio separiert wird. Inzwischen sind eine Reihe von Werkzeugen auf dem Markt, die es dann erlauben, entweder aus der PostScript-Datei heraus oder auf der Basis einer PDF-Datei die Farben zu separieren. Auch Adobe liefert mit *InProduction* ein optionales Plug-In für Acrobat, das es erlaubt, die PDF-Datei zu separieren und auf potentielle Probleme hinsichtlich verwendeter Schriften und Farben zu untersuchen.

Achten Sie darauf, daß Sie, falls eine Farbseparation für einen Vierfarbdruck geplant ist, selbstdefinierte Farben im DTP-Dokument nicht versehentlich als Schmuckfarbe (*Spot Color*), sondern als Prozeßfarbe anlegen! Schmuckfarben sind nur dort sinnvoll, wo sie wirklich als eigene Farbauszüge, Filme und Druckplatten geplant sind – entweder, weil man mit weniger als mit einem Vierfarbdruck arbeiten möchte, oder weil die betreffende Farbe zusätzlich gedruckt werden soll. Jede zusätzliche Schmuckfarbe erhöht hier jedoch die Kosten.

14.8 Belichtungsformular

Sind alle Fragen geklärt und schriftlich festgehalten, sollte man nicht vergessen, zum Schluß auch noch die notwendigen Termine festzulegen. Lassen Sie sich ein Belichtungsformular zuschicken und füllen Sie dieses sorgfältig aus. Ein Beispiel dafür ist auf der nächsten Seite zu sehen.

Stellen Sie fest, welche Datenträger zum Austausch der Belichtungsdaten in Frage kommen, oder mit welchen Transportprotokollen Sie Ihre Daten per DFÜ (z. B. per Internet) versenden können. Auf dem Datenträger der Belichtungsdateien sollte das Datenträgerformat, der Dateiname und der Name des Auftraggebers vermerkt sein. Mit dem Datenträger ist unbedingt ein Ausdruck der Datei bzw. des Dokuments mitzuschicken. Das Belichtungsstudio benötigt diese ausgedruckte Vorlage, um zu sehen, ob alle Vorgaben des Kunden beim Belichten eingehalten werden.

Wenn größere Dateien mit einem Datenkomprimierungsprogramm bearbeitet wurden, so sind Namen und Einstellungen anzugeben. Die Menge der zu belichtenden Seiten, deren Größe und die ungefähre Komplexität müssen aufgeführt werden. Vorzugsweise liefert man, wie bereits erwähnt, auch einen Laserausdruck als Kontrollvorlage mit.

Belichtungsbüros können die zum Teil sehr günstigen Seitenpreise nur dann einhalten, wenn keine Eingriffe in eine Datei vorgenommen werden müssen und die Belichtung problemlos abläuft. Sollten Sie als Benutzer Fehler gemacht haben, werde diese mitbelichtet. Es finden keine Kontrollen Ihrer Arbeit statt. Andernfalls werden Stundenzeiten berechnet. Daher ist es ratsam, bei umfangreichen Dokumenten eine Probebelichtung zu machen. Sprechen Sie auf jeden Fall mit dem Belichtungsservice, bevor Sie etwas hinschicken. Häufig kann man Ihnen Tips geben, die sich zum Beispiel auf die von Ihnen benutzte Programmversion beziehen.

Wie bei vielen anderen Problemen ist auch hier der Dialog zwischen den Beteiligten ein gutes Hilfsmittel.

14.9 Proof – Probedruck

Komplexe Graphiken und farbkritische Graphiken können ein Problem beim Belichten und beim späteren Druck bedeuten. Bevor man also ein komplettes umfangreiches Dokument belichten und drucken läßt, lohnt es sich, mit diesen Seiten einen Testlauf zu machen. Dies wird vom Fachmann auch *Proof* genannt. Dazu muß

BELICHTUNGSAUFTRAG

An: Licht-Blitz Belichtung	Von	Termin
Am Waldrand 12		☐ Kurierdienst
75229 Irgendwo	Eingang	☐ Post
Tel: 07849/1111	Ansprechpartner	☐ Wird abgeholt
Fax: 07849/1119	Telefon	☐ Andere
Auftragsnr.	Telefax	
	Lieferung	

System	☐ Apple	☐ UNIX	☐ Windows / NT
Datenträger	☐ 1,4 MB	☐ 650 MB Optical	☐ 2,5 GB Optical
	☐ 100 MB ZIP	☐ CD	☐ 1 GB SYQUEST
	☐ andere		
Komprimiert mit			
Programm		Version	
☐ Deutsch ☐ Engl			
Dateien	☐ Dokument	☐ PostScript	☐ Acrobat/PDF
Name/Seiten:		von .... bis	
		von .... bis	
		von .... bis	
		von .... bis	
Schriften	☐ Adobe ☐ Berthold	☐ Linotype	☐ andere

Material	☐ Film	☐ Papier	☐ SR	☐ Negativ
	☐ Farbausdruck			
Format	☐ A4	☐ A3	☐ A2	☐ eigenes
	☐ Hoch	☐ Hoch	☐ Beschnitten	☐ Passer
	☐ Montagefläche			
Größe	☐ Originalgröße 100%	☐ Skalierung .... %		
Auflösung	☐ 1.200 dpi (472 L/cm)	☐ 2.400 dpi (945 L/cm)		
	☐ 3.600 dpi (1.417 L/cm)	☐ andere		
Rasterweiten	☐ 65 lpi/25er	☐ 75 lpi/29er	☐ 100 lpi/39er	
	☐ 120 lpi/47er	☐ 140 lpi/55er	☐ 150 lpi/59er	
	☐ 180 lpi/70er	☐ 200 lpi/78er	☐ andere	
Farbseparation	(Bitte farbspanierte Laserausdrucke beilegen)			
	Prozeßfarben	☐ Cyan	☐ Magenta	
		☐ Gelb	☐ Schwarz	
	Schmuckfarben			

Kapitel 14

nicht in allen Fällen die Belichtungs- und Druckmaschine angeworfen werden, sondern häufig genügt es, die Ausgabe auf einen *Proof-Drucker* zu geben, der die Eigenschaften des geplanten Druckverfahrens und Papiers simuliert. Dieses Verfahren, das insbesondere zur Überprüfung der Farben eingesetzt wird, ist natürlich wesentlich schneller und billiger als das wirkliche Belichten und Andrucken. Vor jedem Proof sollte man zusätzlich das gesamte Dokument in Schwarzweiß ausdrucken – auf einem PostScript-Drucker. Was sich hier nicht fehlerfrei ausdrucken läßt, macht mit Sicherheit auch später Probleme! Diesen Ausdruck sollte man zum Belichten mitgeben, um in der Produktion feststellen zu können, ob alles fehlerfrei belichtet wurde oder um bei auftretenden Problemen nach der Ursache zu suchen.

Preflight – der Test vor dem Belichten

Neben dem Probedruck ist ein Werkzeug für das Belichten ausgesprochen nützlich, welches die Belichtungsdatei im PDF- oder PostScript-Format auf verschiedene potentielle Probleme untersucht – ein sogenanntes *Preflight-Tool*. Diese Programme finden in der Regel folgende typische Fehler und potentielle Probleme:

- ❏ fehlende (nicht eingebettete) Schriften
- ❏ TrueType- statt PostScript-Schriften
- ❏ RGB- oder CieLab-Farben statt CMYK-Farben
- ❏ Farben, die als Schmuckfarben statt als Prozeßfarben angelegt sind
- ❏ Bilder mit zu geringer Auflösung
- ❏ Haarlinien bzw. zu dünne Linien
- ❏ fehlende OPI-Dateien (nicht eingebettete, sondern nur referenzierte Dateien)

Der Markt bietet eine ganze Anzahl solcher Preflight-Programme, wobei einige davon einen Teil der Fehler zugleich beheben können, wie etwa fehlende Schriften einbetten und Farben in ein geeignetes Farbformat konvertieren. Verwendet man PDF als Ausgangsformat, so können einige der Werkzeuge zugleich die Farbseparation vornehmen. Zu den bekannten Preflight-Programmen gehören *pdfInspector* und *pdfBatchProcessPro* der Firma Callas (Berlin), *PitStop** der Firma Enfocus (Belgien) oder *InProduction* von Adobe. Mit ihnen lassen sich auch noch Schnittmarken anbringen.

Fehlende Schriften lassen sich auch nachträglich noch in EPS-Dateien einbetten, z.B. mit *FontIncluder* von Callas.

* *PitStop stellt einen regelrechten PDF-Editor zur Verfügung.*

Drucken und Binden

Kapitel 15

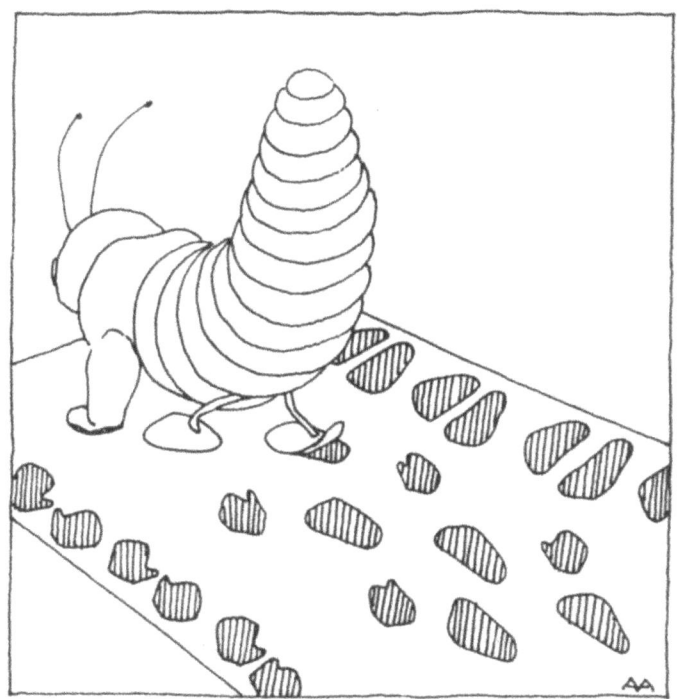

D IESES Kapitel skizziert die Vorarbeiten für die Herstellung der Druckvorlagen und geht auf die wichtigsten Druckverfahren ein. Dabei zeigt es neben den vereinfacht dargestellten Techniken auf, was bei den Verfahren aus typographischer Sicht zu berücksichtigen ist. Dem folgt eine Übersicht über Techniken der Druckweiterverarbeitung wie Falzen, Schneiden und Binden.

Kapitel 15
Drucken und Binden

15.1 Verschiedene Druckverfahren

Auf alle heute eingesetzten Druckverfahren einzugehen, würde den Rahmen dieses Buches sprengen. Auch sollen hier nur die Druckverfahren berücksichtigt werden, die als Produktionsstufen nach der Aufbereitung eines Dokuments mit DTP-Verfahren in Frage kommen. Als gängigste Verfahren lassen sich hier folgende nennen:

- ❏ Ausgabe und Produktion auf dem Laserdrucker
- ❏ Ausgabe auf dem Laserdrucker und Vervielfältigung über Photokopierer
- ❏ Ausgabe der Auflage über schnelle digitale Druckmaschinen (nach dem *Printing-on-Demand*-Prinzip)
- ❏ Erstellen der Papierdruckplatten auf dem Laserdrucker und Druck im Offset-Verfahren
- ❏ Repro-Erstellung von Laserdruckervorlagen über das Photodirektverfahren auf die Druckplatten
- ❏ Offsetdruck über Vorlagen, die auf einem Laserbelichter erstellt werden (von Film- oder von Papiervorlagen)
- ❏ Tiefdruck (bei sehr hohen Auflagen)
- ❏ Hochdruck (kaum noch)

Die Ausgabe über Tintenstrahldrucker wurde hier bewußt ignoriert, da sie zwar in Einzelfällen qualitativ akzeptable Ergebnisse liefern mag, bei umfangreicheren Publikationen aber bereits in den meisten Fällen zu langsam und arbeitsintensiv ist. Gute Tintendrucker sind jedoch als Proof-Drucker für einzelne Farbgraphiken bzw. Farbseiten durchaus geeignet. Hierzu sollte man dann jedoch ein Farb-Management-System[*] einsetzen – aber auch dessen Behandlung würde den Rahmen (und das Thema) dieses Buches sprengen.

Breitformatige Tintendrucker kommen zusätzlich für Großformatdrucke bei kleinen Auflagen zum Einsatz.

Produktionstechnisch unterscheidet man nochmals zwischen der Erstellung der sogenannten *Druckvorlage*, die Ausgangsbasis des eigentlichen späteren Drucks ist, und dem Druckverfahren. In einzelnen Fällen kann beides identisch sein, beispielsweise bei der Herstellung nur über Laserdrucker.

Außer bei der Produktion über Laserdrucker und Photokopierer, wird man bei allen anderen oben erwähnten Verfahren auf die Dienste einer Druckerei oder eines Satzunternehmens zurückgreifen und deren Kenntnisse zu Drucktechniken, Materialien und ihre professionelle Abwicklung nutzen – zum eigenen Vorteil.

[*] *Eine gute Einführung dieses Themas findet man bei [Homann] (siehe Seite 364); eine verkürzte, englischsprachige Information zu diesem Thema hat Adobe unter [CMS] (siehe Seite 374) ins Internet gestellt.*

15.2 Druck-Vorbereitungen

Erfolgt der Druck eines Dokuments nicht über einen Laserdrucker oder auf einem Direktfarbdrucker, so müssen Seitenfilme als Druckvorlage hergestellt und für die Druckform zu Druckbogen montiert werden.

Ein Testlauf auf einem Laserdrucker ist immer empfehlenswert – selbst dann, wenn später ein Film belichtet werden soll. Was sich nicht korrekt ausdrucken läßt – vorzugsweise auf einem PostScript-Drucker – läßt sich mit Sicherheit auch später nicht korrekt belichten!

15.2.1 Belichten des Films

Filme, als Vorlage für einen späteren Druck, erstellt man im DTP-Bereich heute fast ausschließlich mittels eines PostScript-Belichters. Dazu gibt das DTP-Paket die Seitenbeschreibung in der Seitenbeschreibungssprache ›PostScript‹ aus. Diese wird dann im Belichter durch den RIP (*Raster Image Processor*) in ein Rasterbild der Seite umgewandelt und zunächst im RAM-Speicher des Belichters bzw. des RIPs zwischengespeichert. Von dort wird das Muster durch einen Laser auf den Film übertragen – teilweise auch auf Photopapier oder direkt auf entsprechend beschichtete Druckplatten aus Kunststoff oder Metall. Das belichtete Material wird danach entwickelt.

Als RIP wird der Rechner bezeichnet, der die PostScript-Beschreibung in ein Rasterbild umwandelt. RIP steht für ›Raster Image Prozessor‹.

Da diese Geräte Filme belichten können, die breiter als eine A5- oder A4-Seite sind, erlauben manche DTP-Pakete (oder deren separate Software) bei breitem Film, mehrere Seiten nebeneinander auf den Film zu plazieren. Einige Belichter erlauben dies auch selbständig durch eine Optimierungssoftware.

Abhängig vom danach verwendeten Druckverfahren, muß der Film eine Positiv-, eine Negativ- und spiegelverkehrte Darstellung des Seitenbildes ergeben. Das Invertieren und Spiegeln kann dabei entweder bei der Druckausgabe des DTP-Pakets oder erst beim Belichten durch eine entsprechende RIP-Einstellung erfolgen.

Die Auflösung des Films bzw. des Belichters ist abhängig von der Art des Belichters und vom Zweck des Produktes. Typische Belichterauflösungen liegen heute etwa bei 2 400–3 600 dpi. Da die Belichtungszeit abhängig von der gewählten Auflösung ist, kann man bei geringeren Qualitätsansprüchen oder falls keine Halbtonbilder im Dokument vorhanden sind, die Auflösung der Belichter heruntersetzen und damit die Belichtungszeit deutlich verkürzen.*

* Hinweise zum Belichten und ein Formular für einen Belichtungsauftrag enthält Kapitel 14.

**Kapitel 15
Drucken und Binden**

15.2.2 Ausschießen

Da die meisten Publikationen aus mehreren Seiten bestehen und die Druckmaschinen in der Regel Bogen bedrucken können, die das Mehrfache einer A4-Seite aufnehmen, werden vor dem Übertragen der Vorlage auf die eigentliche Druckplatte mehrere Seiten des Dokuments auf einen Druckbogen zusammenmontiert. Dies wird als *Ausschießen* bezeichnet. Bei Broschüren und Büchern mit Seitengrößen von A4 oder kleiner versucht man dabei 8, 16, 32 oder auch 64 Seiten auf einem Bogen auszuschießen. Das Ausschießen erfolgt, indem die Filmteile der Seiten zugeschnitten und zu einem großen Filmbogen zusammengeklebt werden.

Inzwischen gibt es gute Software, die das Ausschießen bereits bei ausreichender Filmbreite vor dem Belichten weitgehend automatisch durchführt und so erlaubt, ganze Bogen zu belichten, so daß eine spätere Montage entfallen kann oder nur noch größere Teile zusammengesetzt werden müssen. Dies senkt die Montagekosten erheblich. Als Eingabe dienen PostScript- oder PDF-Dateien.

Beim Ausschießen werden die einzelnen Seiten für das spätere Falzen und Schneiden passend auf den Gesamtbogen plaziert. Berücksichtigt werden dabei die notwendigen Format-, Falz- und Farbmarken, die automatisch mitbelichtet werden (können). Zusätzlich wird der notwendige Montagerand für die Lochstanzung berücksichtigt. Diese Stanzung erlaubt später die Montage der Druckplatte in der Druckmaschine.

Abbildung 15-1 zeigt dies vereinfacht (und verkleinert) für zwei Druckbogen mit jeweils 8 Seiten. Als Schöndruckbogen wird beim zweiseitigen Druck der Bogen der zuerst bedruckten Papierseite bezeichnet. Diese Seiten hatten früher eine etwas bessere Druckqualität (bedingt durch die glattere Papieroberfläche) als jene Seiten, die danach auf die Rückseite gedruckt werden und die man *Widerdruck* nennt. Qualitätsunterschiede gibt heute kaum noch.

Sollen in einer Publikation konventionell (d.h. mittels Repro-Technik[*] und nicht mittels DTP-Techniken) erstellte Bilder einmontiert werden, so erfolgt dies bereits zuvor im Seitenfilm.

[*] Als Repro-Technik wird das Arbeiten mit Reprokameras bezeichnet, die Vorlagen auf Film aufnehmen.

Wie man leicht erkennt, setzt diese Arbeit einige Erfahrung und das Wissen um die zum Falzen und Beschneiden notwendigen Abstände voraus, zumal bei Bogen mit 16 und mehr Seiten hier auch die Papierstärke und das Falzverfahren, sowie die dabei eingesetzten Maschinen mit eingehen und auch die Laufrichtung des Papiers zu berücksichtigen ist.

Auch wenn die Publikation nur aus wenigen Seiten besteht, versucht man die volle Platten- oder Zylindergröße der vorgesehenen

15.2 Druck-Vorbereitungen

Druckmaschine bzw. der Papierbogen auszunutzen. Werden beispielsweise Visitenkarten oder Briefbogen hergestellt, so montiert man mehrere identische Vorlagen auf den Druckvorlagebogen. Man spricht dann von einem *mehrfachen Nutzen*. Dazu werden zuvor die Vorlagen phototechnisch kopiert oder mehrfach belichtet.

Die so zu Bogenmontagen zusammengestellten Seitenfilme werden danach, wie bei den nachfolgend beschriebenen Druckverfahren angegeben, auf die Druckplatten oder Druckzylinder übertragen.

Aus dem Verfahren, mehrere Seiten auf einen größeren Papierbogen zu drucken und diesen später zu falzen, zu heften und zu beschneiden, erklären sich auch einige leere Seiten am Ende mancher Bücher. Beim üblichen Buchformat werden zumeist 16 oder 32 Seiten auf einem Bogen gedruckt. Die Verlage versuchen diese freien Seiten mit Werbung zu füllen. Plant man jedoch eigene Publikationen, so sollte man den Dokumentenumfang möglichst gleich auf den Bogen abstellen (es sei denn, es handelt sich um Einzelblätter) und auf ein Vielfaches von 8, 16 oder 32 Seiten auslegen; eine oder zwei leere Seiten am Ende stören dabei nicht.

Erfolgte das Ausschießen früher manuell auf einem Montagetisch, auf dem die einzelnen Seiten zu einem Bogen zusammenmontiert wurden, so geschieht dies zunehmend digital mit speziellen Programmen. Sie erhalten als Eingabe entweder PostScript oder PDF (Adobe Acrobat). Erst die damit erstellte Datei wird dann auf einen breitformatigen Belichter geschickt und so der gesamte Bogen belichtet.

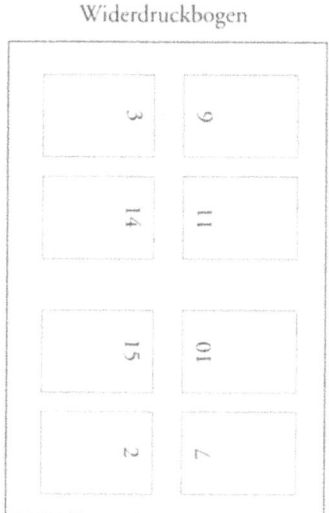

Abb. 15-1
Das Ausschießen von (in diesem Beispiel jeweils 8 Seiten) auf einem Bogen. Als ›Schöndruck‹ wird die zuerst bedruckte Papierseite bezeichnet, als ›Widerdruck‹ die Rückseite desselben Bogens.

**Kapitel 15
Drucken und Binden**

15.3 Drucken über Laserdrucker

Für einfache Ansprüche reicht heute in einigen Fällen die Ausgabe mit einem Laserdrucker. Insbesondere für das sogenannte *Proofreading*, d.h. für die Ausgabe für Prüf- und Korrekturzwecke wird heute der Laserdrucker fast ausschließlich eingesetzt – zumindest im Schwarzweiß-Bereich. Die heute gängigsten Laserdrucker haben eine Auflösung von 600 dpi, neuere und etwas teurere Modelle erlauben auch 1200 dpi. Solange eine Publikation keine Halbtonbilder[*] (oder Farbbilder) enthält, reicht dies für viele Zwecke. Man kann die Qualität durch die Benutzung eines geeigneten Papiers etwas steigern.

Ist die Seitengröße des Dokuments deutlich kleiner als die des Druckers, so läßt sich eine Qualitätssteigerung auch dadurch erreichen, daß man das Dokument so vergrößert ausgibt, daß es gerade noch auf das größte mögliche Format des Druckers paßt und das Ergebnis danach mit einem sauber eingestellten Kopierer verkleinert.[**] Dies ist ein Verfahren, welches viele Fachbuchverlage heute beim Publizieren von Büchern mit geringer Auflage praktizieren – allerdings wird dort die Vorlage mit Repro-Techniken verkleinert auf Film übertragen.

Aus wirtschaftlichen Gesichtspunkten lohnt ein Druck auf dem Laserdrucker nur für die Ausgabe des Originals oder für eine kleine Anzahl von Kopien. Hier wird die Vervielfältigung mittels (gut eingestelltem) Photokopierer schnell billiger. Ab einer Auflage von ca. 200 bis 300 Stück ist dann bereits die Produktion mittels Offsetdruck zu überlegen – auch wenn sie etwas mehr Gesamtbearbeitungszeit in Anspruch nimmt.

Neue Ansteuerungstechniken – man spricht hier von *Resolution Enhancement* – für den Laserdrucker erlauben inzwischen auch bei Druckern mit 600 dpi die Ausgabe von Halbtonbildern – nicht zu hohe Qualitätsanforderungen und kein allzugroßer Graustufenumfang vorausgesetzt. Als Beispiel seien die ›FinePrint‹- und ›Photo-Grade-Technik‹ von Apple, die ›*Resolution Enhancement Technik*‹ von Hewlett-Packard oder die ›Image Enhancement-Technik‹ von NewGen genannt. Firmen wie NewGen und LaserMaster bieten bereits DIN-A4- und DIN-A3-Drucker mit Auflösungen bis zu 2400 dpi für den Schwarzweiß-Bereich an – simuliert durch die zuvor genannte Technik, bei der eine durch den Laser erzeugte Punktgröße moduliert wird. Bei Farblaserdruckern ist ein hohe Auflösung noch wesentlicher als beim Schwarzweißdrucker, da hier nicht nur der Halbton, sondern auch noch die Farbmischung durch mehrere kleine Punkte erzeugt werden muß.

---

[*] Als ›Halbtonbild‹ wird ein Bild bezeichnet, in dem, wie z.B. in einer Photographie, Graustufen vorkommen.

[**] beispielsweise von DIN A4 auf DIN A5

15.3 Drucken über Laserdrucker

Das Druckprinzip

Der Laserdrucker arbeitet weitgehend nach dem gleichen Prinzip wie ein moderner Photokopierer, wobei jedoch mit Laser belichtet wird. Der Laser *schreibt* dabei das Bild auf eine lichtempfindliche Trommel. Eine Aufladeeinheit ① lädt dazu die Belichtungstrommel zunächst positiv auf. Das Schreiben durch den Laserstrahl erfolgt in Punkten und zunächst zeilenweise.* Ein Drehspiegel ② lenkt den Strahl horizontal ab. Die Trommel ③ wird durch das Laserlicht an den getroffenen Stellen elektrisch entladen bzw. negativ geladen. Beim Vorbeilaufen am Tonersystem ④ nimmt sie an den belichteten Stellen positiv geladene Tonerpartikel auf, während die unbelichteten, positiv aufgeladenen Stellen der Trommel den Toner abstoßen. Der Toner wird nun auf das Papier übertragen. Das Papier durchläuft danach eine Wärmewalze ⑤, die den Toner auf dem Papier fixiert bzw. ihn auf das Papier schmilzt.

Die Auflösung des Druckers hängt von der Schärfe des Lasers, von der Präzision des Drehspiegels und der Mechanik der Trommel- und Papierführung ab. Typische Auflösungen liegen hier heute bei 600 dpi, zunehmend auch bei 1200 dpi und vereinzelt bei 2400 dpi (letztere nur horizontal).

An Stelle der Belichtung durch einen vom Spiegel abgelenkten Laserstrahl, kann das Belichten der Trommel auch durch eine LED-Zeile erfolgen oder durch Licht, dessen Durchgang mittels einer LCD-Zeile gesteuert wird.

Druckplattenerstellung auf dem Laserdrucker

Genügt für die Produktion im Offset-Druck die Qualität eines 1200-dpi-Laserdruckers, so lassen sich Papier- oder Kunststoffdruckplatten auch auf dem Laserdrucker erstellen. Sie erbringen zwar nur eine Druckstückzahl von maximal 1000 Drucken, doch reicht dies für viele Auflagen bereits aus. Der Drucker muß jedoch für den Durchlauf der etwas steifen Druckplatten geeignet sein. Insbesondere Dokumente mit wenig Raster und Grauwerten sind für eine solche Produktion geeignet.

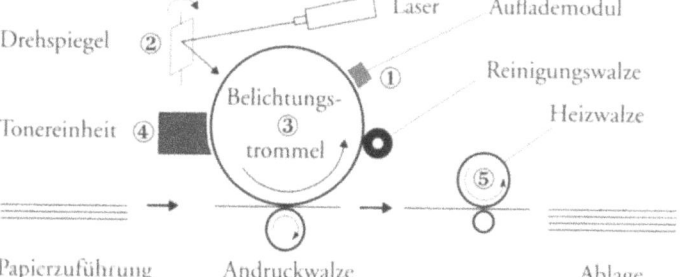

*Abb. 15-2
Schemabild eines Laserdruckers*

Kapitel 15
Drucken und Binden

Farblaserdrucker

Inzwischen haben Farblaserdrucker Preise erreicht, die man vor wenigen Jahren noch für gute Schwarzweißlaserdrucker bezahlt hat. Mit Auflösungen zwischen 600 dpi und (simulierten) 2500 dpi erzielen sie für viele Zwecke brauchbare Ergebnisse; – an die Qualität eines Farbdrucks mit Offset-Technik kommen sie aber noch nicht heran. Das Papier durchläuft beim Farblaserdruck ähnlich wie beim Offsetdruck 4 Tonerbäder (Cyan, Magenta, Gelb und Schwarz) und muß zuvor viermal aufgeladen werden. Dies führt gegenüber dem Schwarzweiß-Laserdrucker zu entsprechend längeren Druckzeiten; die Druckleistungen liegen typisch bei 2 bis 5 Seiten pro Minute, die Druckkosten bei ca. 0,2 bis 0,3 Euro pro Seite – abhängig vom Anteil der Farbe im Seitenbild.

Einschränkungen bei der Laserdruckerausgabe

Ist die endgültige Ausgabe auf Laserdrucker vorgesehen, so sollte man im Dokument möglichst auf Farben (bei Schwarzweißdruckern), komplexe Rasterverläufe und Rasterflächen sowie auf Schriften mit sehr feinen Haarlinien und zu kleinen Mittellängen verzichten, insbesondere dann, wenn die eigentliche Produktion mit dem Kopierer erfolgen soll. Die Flächen kommen hierbei zu grob, erscheinen deutlich dunkler, als wenn die Ausgabe auf dem Belichter erfolgt, Verläufe zeigen unschöne Abstufungen bzw. Streifen und die Haarlinien können ausreißen. Photokopieren verstärkt diese Effekte nochmals; die Schrift erscheint schnell fetter und die Lichthöfe werden oft geschlossen. In dieser Situation sollte man die Strich-Schraffur dem Raster vorziehen und ganz auf das Unterlegen von Schrift durch Raster verzichten.

Die heute verfügbaren PostScript-Farbdrucker[*] erbringen zwar für Präsentationsfolien und Probeausdrucke eine ausreichende Qualität, reichen aber für hohe Ansprüche nicht aus. Dies liegt daran, daß sie zwar zumeist eine Auflösung von 600 oder 1200 dpi besitzen, die Mischfarben aber durch ein Punktmuster aus verschiedenen Farben zusammensetzen müssen (man nennt dies *Farb-Dithering*) und damit ihre reale Auflösung bei Farbe sinkt. Dies trifft nicht zu, wenn man nur mit den im Drucker eingesetzten Primärfarben arbeitet.

Die relativ hohen Seitenpreise (zwischen 0,4 und 2,0 Euro pro Seite) und langen Druckzeiten der Farbtintenstrahldrucker legen es bereits bei kleinen Stückzahlen nahe, auf Farblaserdrucker oder auf die konventionelle Farbdrucktechnik umzusteigen.

[*] *Es handelt sich in der Regel nicht um Laserdrucker, sondern um Thermo-Transfer- oder Farbsublimationsdrucker. Die Modelle am oberen Ende arbeiten nach dem Prinzip der Farbkopierer.*

15.4 Offsetdruck

Beim Offsetdruck – für den Buchdruck heute das verbreitetste Verfahren – wird das Seitenbild phototechnisch auf eine Druckplatte übertragen. Als Vorlage dienen dazu seitenverkehrte Positiv- oder Negativfilme oder seitenrichtige Papiervorlagen. Die Platte wird danach entwickelt, wobei nichtdruckende Bereiche glatt und damit wasserabweichend bleiben und druckende Bereiche als rauhe, wasserannehmende Flächen herauskommen.* Die Vertiefungen sind darüber hinaus rauh bzw. etwas porös, so daß sie Wasser aufnehmen können. Die vorbereitete Druckplatte wird auf eine Walze ③ montiert. Beim Druck dreht sich diese an einer Feuchtwalze ① vorbei, wobei die tiefer liegenden rauhen Stellen Wasser aufnehmen. An einer zweiten Farbwalze ② stoßen diese (feuchten) Bereiche die fetthaltige Farbe ab und nur die höherstehenden glatten Flächen nehmen die Farbe auf. Die Farbe wird beim Weiterdrehen auf das Gummituch ④ einer weiteren Walze übertragen und von diesem schließlich auf das Papier abgegeben.

Da hier zwischen der Druckplatte (auf dem Zylinder ③) und dem Papier das Gummituch (der Walze ④) als Zwischenträger benutzt wird, spricht man auch von einem *indirekten Druckverfahren*.

Beim Mehrfarbendruck durchläuft das Papier nacheinander mehrere solcher Druckeinheiten (*Druckwerke*).

Statt Papierrollen (Rollenoffset) werden bei kleineren bis mittleren Auflagen (500–10 000) einzelne Papierbögen auf Bogenoffset-Maschinen eingesetzt.

* *Der Offsetdruck wird zur Unterscheidung vom Hoch- und Tiefdruck auch als ›indirekter Druck‹ bezeichnet.*

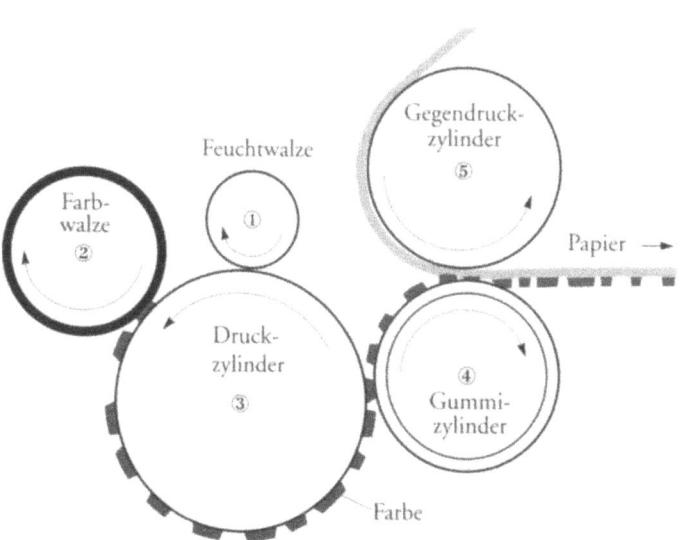

Abb. 15-3
Schemabild des Offset-Verfahrens, hier in der Version des Rollen-Offsetdrucks

**Kapitel 15
Drucken und Binden**

Wird das Papier, wie bei mehrseitigen Publikationen üblich, beidseitig bedruckt, so durchläuft auch hier das Papierband oder der Papierbogen mehrere Druckwerke, wobei im nachfolgenden Werk die Rückseite bedruckt wird. Da die Qualität der zuerst bedruckten Seite etwas besser ist als jene der danach bedruckten, spricht man bei der ersten Seite auch von der *Schöndruckseite*, bei der Gegenseite von der *Widerdruckseite*.[*]

Nach dem gleichen Schema werden Maschinen, die das Papier nur auf einer Seite bedrucken, als ›Schöndruckmaschinen‹ bezeichnet.

Als (Druck-)Plattenmaterial kommen Metallplatten, Kunststoffplatten und bedingt auch Papierplatten in Frage.

Die recht billigen Papierplatten erlauben nur eine maximale Stückzahl von etwa 1000 Drucken, wobei die Qualität durch den Verschleiß zunehmend sinkt. Feine Strukturen in Bildern und feine Raster lassen sich damit nicht erreichen. Handelt es sich jedoch um reinen Text und um Strichzeichnungen mit ausreichender Linienstärke, sind dieses Verfahren innerhalb der genannten Grenzen preiswert einsetzbar.

Kunststoffplatten sind günstiger als Metallplatten und erlauben eine Druckleistung bis zu etwa 10.000 Drucken. Wie bei Papierplatten nimmt die Qualität dabei spürbar ab (wenn auch deutlich langsamer als bei Papierplatten). Was die Wiedergabetreue von feinen Abbildungsdetails und Rastern betrifft, liegt die Kunststoffplatte zwischen denen aus Papier und jenen aus Metall.

Am oberen Ende der Offset-Qualität (und des Materialpreises) stehen Druckplatten aus Metall – bei kleinen Auflagen aus Aluminium. Sie erlauben Druckauflagen bis zu 100 000 und mehr pro Platte. Sie sind auch in der Lage, sehr feine Abbildungsdetails und Raster wiederzugeben. Bei entsprechender Lagerung sind auch nach längerer Zeit Metalldruckplatten noch für eine Neuauflage einsetzbar, Konservierungs- und Lagerkosten machen jedoch häufig eine erneute Plattenerstellung wirtschaftlicher.

Da die Druckplatten sowohl mit Umkehrbeschichtung als auch mit einer Positiv-Beschichtung zur Verfügung stehen, läßt sich als Vorlage sowohl ein Positiv- als auch ein Negativfilm verwenden.

Seit einiger Zeit werden auch Offsetdruckmaschinen angeboten, bei denen die Belichtung nicht mehr über den Zwischenträger Film geht, sondern man belichtet hier direkt auf die Platte oder den Zylinder, der für einen neuen Druck gereinigt und mit einer Chemikalie neu beschichten wird, um dann belichtet zu werden. Man nennt dieses Verfahren *Computer-to-Plate* (kurz CTP). Man spart sich hier also den Zwischenschritt der Filmbelichtung. Das Verfahren erfordert – der teureren Maschinenzeiten wegen – eine noch sorgfältigere Vorbereitung der Daten, werden Fehler hier doch häufig erst während bzw. nach dem Druck festgestellt!

15.5 Tiefdruck

Die Tiefdrucktechnik leitet sich aus dem Kupferstich und der Technik der Radierung ab. Hier erhält eine Druckplatte bzw. der Druckzylinder Vertiefungen*, die Farbe aufnehmen. Überschüssige Farbe wird von der Platte mit einem sogenannten *Rakel* abgestrichen, so daß die höherstehenden, nichtdruckenden Flächen farbfrei sind. Das Papier wird nun auf die Platte gepreßt bzw. im Rotationsdruck daran vorbeigeführt und saugt dabei die Farbe aus den Vertiefungen. Die Farbe wird bei schnellaufenden Produktionen danach durch ein Gebläse getrocknet. Da die Farbe beim Druck recht flüssig sein muß, damit sie vom Papier aufgesaugt werden kann, ist sie entsprechend stark mit Lösungsmitteln verdünnt. Diese müssen später beim Trocknen aus Gründen des Umweltschutzes und der Gesundheit des Personals zuliebe abgesaugt (und wiedergewonnen) werden.

* *Diese werden als ›Tiefdrucknäpfchen‹ bezeichnet.*

Beim modernen Tiefdruck wird die Druckvorlage (der Film) zunächst auf Pigmentpapier kopiert. Auf dieses kommt zuvor ein über den ganzen Bogen laufendes Rastermuster. Das Pigmentpapier wird entwickelt und danach auf den Kupferzylinder ① aufgequetscht. Nach dem Abziehen des Papiers bleibt dessen Gelatineschicht auf dem Zylinder und dieser wird nun geätzt. Dabei dringt, abhängig von der Vorlage, die Säure unterschiedlich tief in die Rasteröff-

Typisches Tiefdruckraster

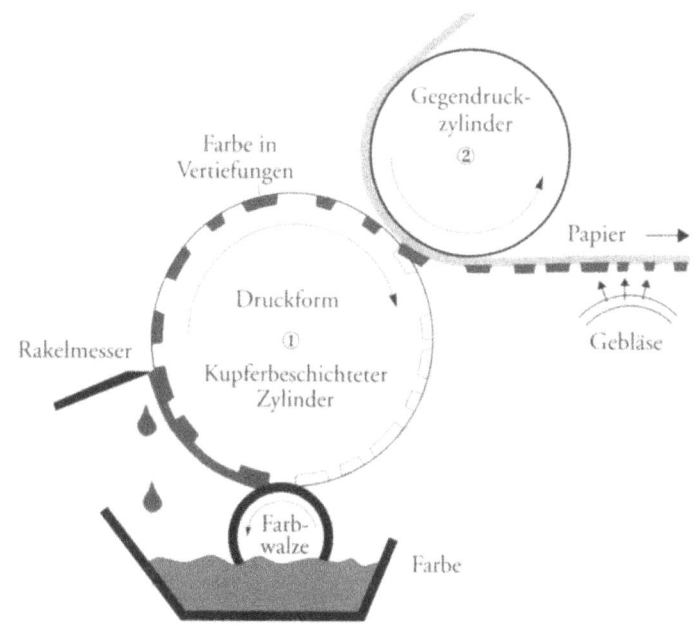

*Abb. 15-4
Prinzip des Tiefdruckverfahrens*

nungen ein und erzeugt die Farbnäpfchen; das Kreuzraster bleibt in Form von Stegen stehen. Die Gelatineschicht wird danach entfernt.

Die Tiefe der Farblöcher bestimmt die Farbmenge und damit die Deckung der einzelnen Farbpunkte oder Farbflächen. Während beim Offsetdruck glatte Flächen nicht gerastert sein müssen, sind im Tiefdruck durch das Grundraster alle Flächen in Rasterpunkte aufgelöst.

Im Gegensatz zum Offset- und Hochdruck, bei denen Halbtöne durch unterschiedlich große und unterschiedlich dichte Punktraster erzielt werden, erlaubt der Tiefdruck eine Art *echter Halbtonbilder*, wobei sich der Tonwert hier durch die Tiefe des Farblochs ergibt. Tiefe Löcher geben mehr Farbe ab und ergeben damit eine stärkere Deckung bzw. einen dunkleren Ton. Das Raster ist auf dem Papier durch die hohe Deckung kaum noch erkennbar.

Wie beim Offset- und Tiefdruckverfahren werden zum Mehrfarbendruck und zum Bedrucken beider Papierseiten mehrere Druckwerke hintereinander angeordnet.

Der industrielle Tiefdruck ist für sehr hohe Auflagen ausgelegt.*
* bis zu 2 Millionen Drucke pro Zylinder

Die Arbeitsbreite beim Tiefdruck kann recht groß sein. Seine Stärken beweist der Tiefdruck bei der Wiedergabe von Halbtonbildern sowohl bei einer als auch bei mehreren Farben, die Rasterung kann hier sehr fein sein. Feine Schriften werden hingegen durch das Kreuzraster eher etwas ausgefranst. Der typische Einsatzbereich des Tiefdrucks liegt bei auflagenstarken Illustrierten (Farbdrucke), Versandhausprospekten und im Verpackungsdruck. Auch Textilien bzw. Textilfarben lassen sich mit dem Tiefdruck besser als mit anderen Techniken verarbeiten.

Banknoten, Aktien und andere Wertpapiere sowie Briefmarken werden in einem speziellen *Stichtiefdruckverfahren* mit dieser Druckmethode hergestellt. Sie galt als besonders fälschungssicher – bis der Farbkopierer mit hoher Wiedergabequalität kam. Dieser mußte deshalb spezielle Farbverfälschungen erhalten, um das Fälschen solcher Papiere zu erschweren.

Abb. 15-5
Schema der Farbnäpfchentiefe bei Abbildung eines Graukeils

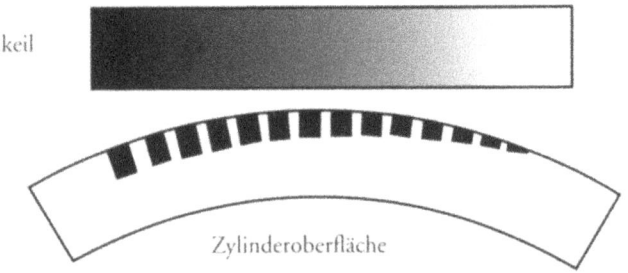

15.6 Hochdruck (Buchdruck)

Der Hochdruck ist das älteste Druckverfahren. Nach dieser Methode stellte Gutenberg seine Bibeldrucke her. Er wird deshalb auch als *Buchdruck* bezeichnet.*

Beim Hochdruck wird, wie bei den beiden anderen beschriebenen Verfahren, das Seitenbild von einem Film phototechnisch auf eine Druckplatte übertragen. Beim Entwickeln bleiben die druckenden Teile der Platte stehen, während nichtdruckende Flächen weggeätzt werden und damit tiefer liegen. Die Druckplatte wird nun entweder wie in Abbildung 15-7 auf eine Walze ① montiert oder liegt wie zu früheren Zeiten (Abbildung 15-6) auf einem ebenen Druckrahmen. Eine Farbwalze trägt die Farbe nun nur auf die höher liegenden Teile auf. Die Druckplatte oder die Druckwalze gibt die Farbe dann an das Papier ab, welches mittels einer zweiten Walze ① relativ fest an die Druckplatte gepreßt wird. Hierdurch entstehen im Papier kleine Vertiefungen (*Quetschränder*), ein typisches Erkennungsmerkmal des Hochdrucks (bei neueren Maschinen für den Laien kaum noch erkennbar).

Da es sich beim Hochdruck um ein Direktverfahren handelt (der Druckkörper färbt das Papier), muß das Druck- bzw. Seitenbild im Druckkörper seitenverkehrt vorhanden sein.

Der Hochdruck wird heute vielfach im sogenannten Werkdruck eingesetzt – bei Massendrucksachen im Rotations-Rollendruck. Hierzu zählen Tageszeitungen, Werbedrucksachen und hochwertiger Bilderdruck. Auch im Akzidenzdruck ist das Hochdruckverfahren zu finden – dann allerdings als Bogen-Hochdruck, beispielsweise für Geschäfts- und Privat-Drucksachen. Charakteristisch ist die klare Detailzeichnung und der hohe Kontrast, sowohl im Schwarzweiß- als auch im Mehrfarbendruck. Dies setzt ein glattes Papier voraus. Der Farbauftrag kann mit dem Hochdruckverfahren bei entsprechend intensiven Farben recht dünn gehalten werden.

* *Natürlich lassen sich auch mit allen anderen Verfahren Bücher drucken. Sie werden dazu heute sogar häufiger als der Hochdruck verwendet!*

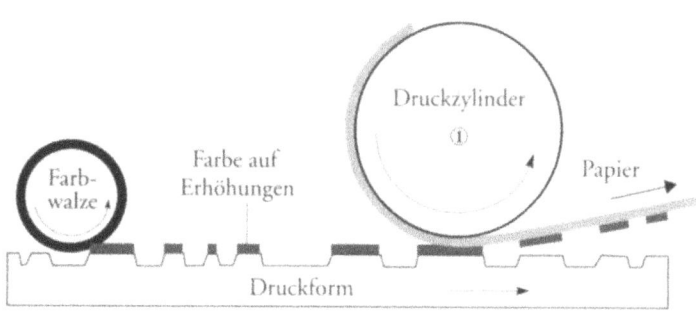

Abb. 15-6
Schema des Hochdruckverfahrens, hier in der Version des Bogen-Hochdrucks

**Kapitel 15
Drucken und Binden**

Auch beim klassischen Handsatz handelt es sich um ein Hochdruckverfahren, bei dem die Bleilettern in einen Druckrahmen gestellt werden.

Das Hochdruck-Verfahren erlaubt hohe Auflagen und im Rollenrotationsverfahren sehr hohe Druckgeschwindigkeiten, wie sie für große Zeitungen und auflagenstarke Zeitschriften benötigt werden.

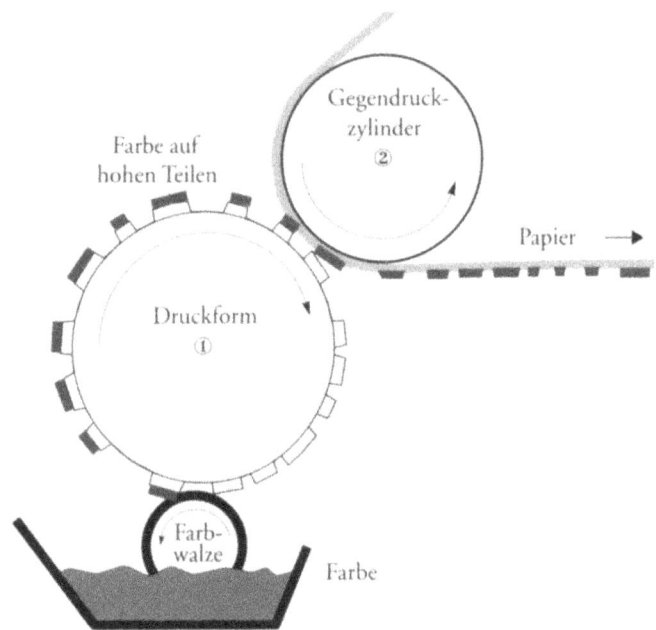

Abb. 15-7
Schema des Hochdruckverfahrens, hier in der Version des Rollen-Rotations-hochdrucks

15.7 Druck-Weiterverarbeitung

Unter *Druck-Weiterverarbeitung* versteht man das Zusammentragen der Seiten, das Falzen und Beschneiden der bedruckten Papierbogen, sowie das Binden.

15.7.1 Falzen

Ein Falzen ist immer dort notwendig, wo mehrere Seiten auf einen Bogen gedruckt wurden. Sollen die Seiten zusammenhängend bleiben,* so bieten sich mehrere Falzarten an, die natürlich zuvor beim Seitenlayout bzw. beim Ausschießen berücksichtigt werden müssen. Hierzu gehören z. B. der einfache und der mehrfache Bruchfalz; die Seite wird dabei vertikal gefalzt. Abhängig von welcher Seite und wie oft dabei gefalzt wird, spricht man von einem *einfachen Bruchfalz*, einem *Zickzackfalz* (auch *Leporellofalz* genannt) oder einem *Wickelfalz* (siehe hierzu Abbildung 15-8).

Wird sowohl vertikal als auch horizontal gefalzt, spricht man von einem *Kreuzfalz*. Dies ist bei Zeitschriften und bei Büchern oft mehrfach erforderlich.

Bei größeren Auflagen erfolgt das Falzen auf Falzmaschinen, die entweder nach dem Schwert- oder dem Stauchprinzip arbeiten.

* *Typisch ist hier z. B. eine mehrseitige Referenzkarte, wie man es von manchen Softwarepaketen her kennt.*

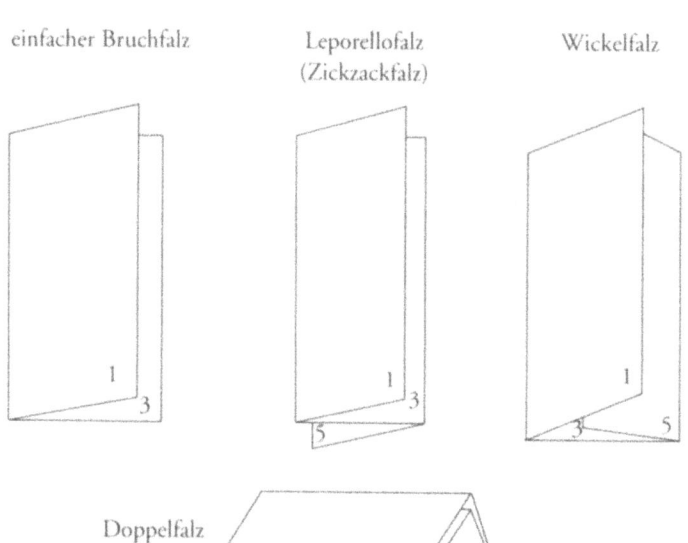

Abb. 15-8
Einfache Falzarten

Beim Schwert- oder Messerprinzip (siehe Abbildung 15-9) läuft der Bogen gegen eine Anlegemarke; ein Messer (auch Schwert genannt) stößt es an der Falzkante durch eine schmale Öffnung durch die Auflageplatte hindurch zwischen zwei gegeneinander drehende Falzwalzen. Die Walzen ergreifen den Bogen und erzeugen den Bruch (den Falz).

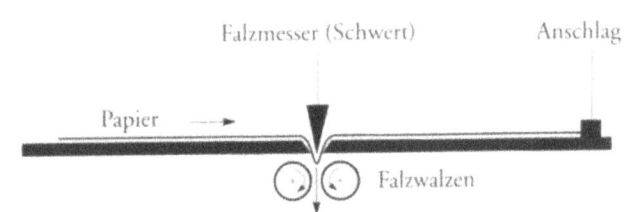

Abb. 15-9
Schema der
Messerfalzmaschine

Bei der Stauchfalzmaschine läuft das Papier in eine verstellbare Tasche, weicht in der Öffnung nach unten aus und wird dort von den Falzwalzen ergriffen und gefalzt.

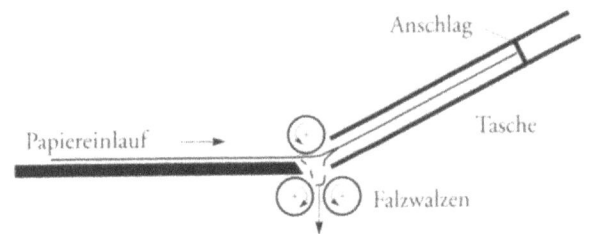

Abb. 15-10
Schema der
Stauchfalzmaschine

Für Kreuzfalzungen können mehrere solcher Falzwerke hintereinander geschaltet werden, so daß sich fast beliebig komplizierte Faltungen (korrekter *Falzungen*) anfertigen lassen.

Abb. 15-11
Schema der Falzung
von Druckbogen mit
mehreren Seiten

2-Bruch-Kreuzfalz
(8 Seiten)

Falzung eines 16seitigen Bogens

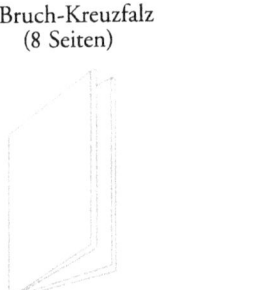

15.7 Druck-Weiterverarbeitung

15.7.2 Zusammentragen, Heften und Binden

Besteht eine Publikation aus mehr Seiten als die einfache Falzung ermöglicht, so sollten bzw. müssen die gefalzten Bogen geheftet oder gebunden werden. Dazu trägt man sie zunächst zusammen.

Zusammentragen

Beim Zusammentragen werden die gefalteten Druckbogen in der richtigen Reihenfolge aufeinandergelegt. Um das Zusammentragen bei umfangreicheren Publikationen zu erleichtern und Verwechslungen zu vermeiden, erhalten die Druckbogen eine Kennzeichnung mit dem Namen der Publikation und der Nummer des Bogens. Diese Kennzeichnung wird als *Bogensignatur* bezeichnet. Die Signatur steht außerhalb des Seitenbereichs auf einem Teil des Bogens, der beim späteren Beschneiden wegfällt (im *Beschnitt*), so daß sie im fertigen Produkt nicht mehr sichtbar ist. Sie wird bereits beim Ausschießen der Filme für die Druckplatte angelegt.

Nach dem Zusammentragen wird die korrekte Reihenfolge nochmals kontrolliert – man nennt diesen Vorgang *Kollationieren*. Damit bei mehreren zusammengetragenen Bogen die korrekte Reihenfolge schnell kontrolliert werden kann, versieht man die Bogen an den Teilen, die nach dem Falten im Falzrücken liegen, mit einer *Flattermarke*. Diese Marken werden von Bogen zu Bogen so versetzt, daß sie später, wenn die Bogen in der korrekten Reihenfolge zusammengetragen sind, eine Treppe von unten nach oben ergeben.* Das Zusammentragen geschieht bei hohen Auflagen heute weitgehend automatisch auf entsprechenden Maschinen.

* Unten sind die ersten Seiten, oben liegen die letzten Seiten; siehe Abbildung 15-12.

Rückenstichheftung

Eine einfache Heftung stellt die sogenannte *Rückenstichheftung* dar. Bei ihr wird der Druckbogen in der Mitte vertikal gefalzt. Nachdem die einzelnen Bogen in der richtigen Reihenfolge ineinander gelegt sind, werden sie im Falz von hinten mit zwei oder drei

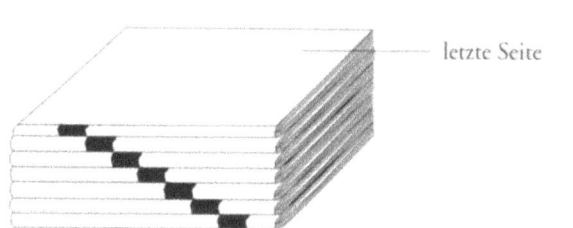

Abb. 15-12 Anordnung der Flattermarken im fertig zusammengetragenen Buch

Kapitel 15
Drucken und Binden

Metallklammern* durchstochen und diese innen zusammengebogen. In der maschinellen Produktion besteht die Klammer aus einem Rollendraht der automatisch abgeschnitten wird. Das Verfahren erlaubt, abhängig von der verwendeten Papierstärke, bis zu etwa 32 Bogen (mit jeweils 4 Druckseiten) und damit 128 Seiten zu heften. Dieses Verfahren wird auch als *Sattelstich* bezeichnet.

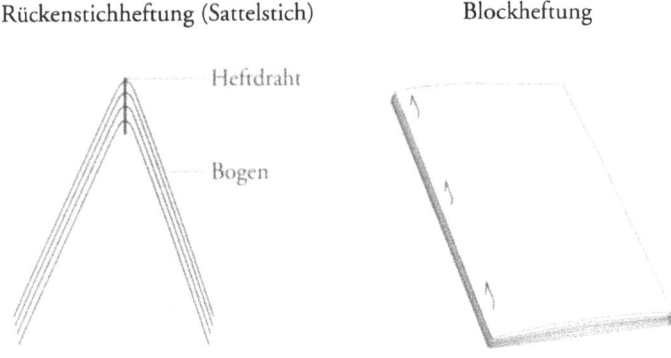

Abb. 15-13
Die Rückenstichheftung
und die Blockheftung

Blockheftung

Eine billige Alternative, insbesondere bei etwas umfangreicheren Publikationen, ist die seitliche Heftung, auch *Blockheftung* genannt. Hier werden die Heftklammern von oben durch den Bundsteg der Broschüre getrieben und hinten umgebogen. Der Nachteil des Verfahrens liegt darin, daß nun die Klammern mit einem Band, das auch den Buchrücken überspannt, verdeckt werden sollten, was in der Regel nicht gänzlich gelingt. Auch kann bei dieser Art der Heftung das Dokument nicht vollständig aufgeklappt werden. Die Blockheftung ist deshalb nur für geringe Ansprüche ausreichend und hat nur eine eingeschränkte Haltbarkeit. Man kennt dies von Schreibblöcken und Abreißkalendern.

Spiralbindung

Als weitere preiswerte Alternative bei kleinen Stückzahlen kommt noch die Spiralbindung in ihren verschiedenen Varianten in Frage, insbesondere deshalb, da hierfür preiswerte Maschinen (ca. 500 bis 1.000 DM) zur Verfügung stehen. Jedoch ist auch bei ihnen die Grenze bei etwa 200 bis 300 Seiten erreicht. Bei den billigen Maschinen ist darüber hinaus darauf zu achten, daß man nicht zu

15.7 Druck-Weiterverarbeitung

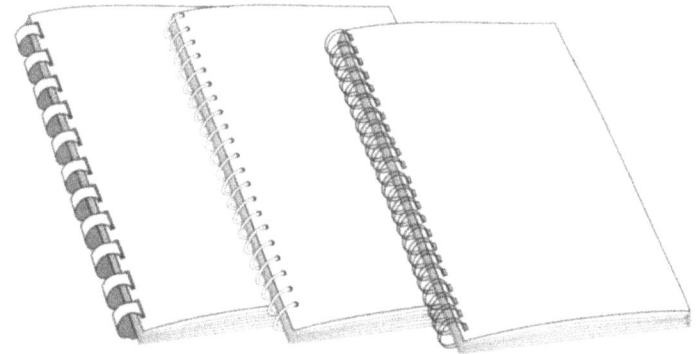

Abb. 15-14
Drei Beispiele für das Spiralbinden von Publikationen

viele Seiten zugleich locht, da die Stanze sonst eine sehr kurze Lebenszeit hat.* Auch ist bei größeren Stückzahlen eine andere Bindeart (hier nun bei einer Buchbinderei) oftmals billiger und besser. Der Vorteil des Spiralbindens liegt darin, daß die Broschüren leicht aufgeschlagen werden können und auch aufgeschlagen liegenbleiben. Der Nachteil ist die nur bedingte Belastbarkeit und der Umstand, daß der Buchrücken nicht bedruckt werden kann.

* da ihr Stanzmechanismus bricht.

Die Heißklebetechnik

Eine weitere, in kleinen Stückzahlen billige Bindung, die auch mit preiswerten Maschinen selbst durchgeführt werden kann, ist die Heißklebetechnik. Sie ist insbesondere dann geeignet, wenn häufiger schnell ein paar Seiten gebunden werden sollen. Hierbei wird den einzelnen (soweit notwendig) beschnittenen Seiten oder den zusammengetragenen und im Rücken und den drei weiteren Seiten beschnittenen Bogen im Rücken ein Klebestreifen unter Hitze

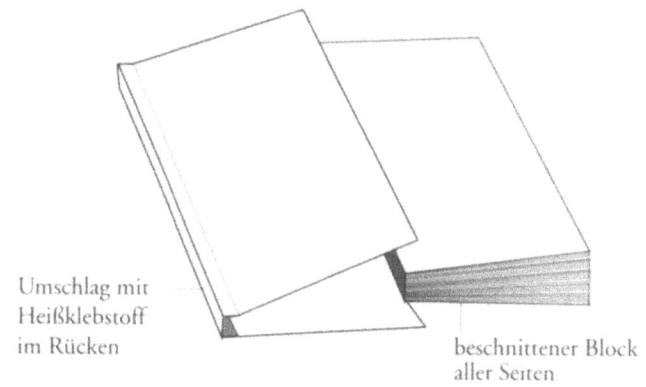

Umschlag mit Heißklebstoff im Rücken

beschnittener Block aller Seiten

Abb. 15-15
Bei einem einfachen Heißklebeverfahren wird der vorbereitete Block in den Umschlag eingelegt und durch Erhitzen des Rückens das Klebegranulat im Rücken geschmolzen.

aufgeschmolzen – in der Regel zusammen mit einem Umschlag. Häufig werden dabei vorgefertigte Umschläge benutzt, die den Heißklebstoff bereits als Schicht im Rückenteil und schmal auch im Seitenteil enthalten. Der Leim (Kunststoff) verfestigt sich beim Kaltwerden und bleibt in einem bestimmten Umfang elastisch. Auf diese Weise lassen sich Broschüren bis zu etwa 100 Seiten schnell und sauber binden.

Die Haltbarkeit der Klebung läßt unter Belastung (breites Aufschlagen) jedoch zu wünschen übrig. Die Stabilität läßt sich durch das Aufkleben eines Gazestreifens im Rücken (unter der Buchdecke) deutlich verbessern.

Klebebindung

Eine Variante der Heißklebetechnik, jedoch ausgereifter und älter als diese, ist die konventionelle Klebebindung – auch *Lumbecken* genannt, da ein Buchhändler namens Lumbeck dieses Verfahren erfand und verbreitete. Mit ihr lassen sich nicht nur wie beim Heißkleben bis zu 100 Seiten, sondern bis zu etwa 2 000 Seiten binden.*

Hierbei werden die Seiten oder Bogen des Buchblocks, wie zuvor beschrieben, gefaltet und zusammengetragen. Der Buchrücken wird danach gefräst oder beschnitten. Dabei werden die Bogen im Rücken aufgetrennt und die Papierkanten zur Aufnahme von Leim aufgerauht. Dann wird der Rücken mit einem Kunststoffleim bestrichen und damit zum Buchblock verbunden. Ein Gazestreifen auf den Rücken geleimt, erhöht die Festigkeit.

Nach dem Abbinden des Leims wird der Buchblock auf den verbleibenden drei Seiten beschnitten; beim später erwähnten *Paperback* erfolgt das Beschneiden der freien Seiten erst nachdem der Buchblock in die Buchdecke eingeschlagen ist.

* *Der Buchbinder nennt dies alles nicht ›Binden‹, sondern ›Heften‹. Erst das fertige Buch ist ›gebunden‹.*

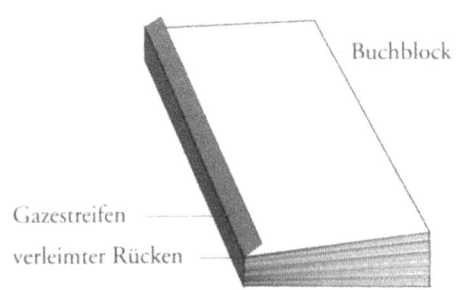

Abb. 15-16
Prinzip des Klebebindens

15.7 Druck-Weiterverarbeitung

Die Fadenbindung

Das beste, jedoch auch aufwendigste Heftverfahren ist das *Fadenbinden*. Hierbei werden, ähnlich wie beim Rückenstich, mehrere Bogen ineinandergelegt und statt mit einer Klammer oder einem Draht mit einem Faden geheftet. Solche zusammengehefteten Bogen werden *Lagen* genannt.

Der Faden wird beginnend in der Nähe des unteren Bogenrandes von außen mit einer Nadel durch den Bogenrücken gestochen und ein Stück weiter wieder von innen nach außen geführt. Dies erfolgt auf der Rückenlänge mehrmals. Die Fadenenden können danach entweder verknotet* oder verklebt werden. Bei manchen Heftverfahren werden sie auch vom Faden der nächsten Lage erfaßt und so fixiert. Um die Festigkeit zu erhöhen, werden bei manchen Büchern die Bogen auf einen Gazestreifen genäht bzw. *geheftet*, wie der Buchbinder sagt. Dieser kann jedoch auch später aufgeleimt werden. Der Gazestreifen wird dabei häufig breiter als der Buchrücken gewählt und die Überstände später mit dem Vorder- und Hinterdeckel verleimt.

* *Man spricht dann von einer ›Knoten-Fadenheftung‹.*

Der Buchblock wird danach auf drei Außenseiten beschnitten und anschließend vor dem Einhängen des Buchblocks in die Buchdecke noch gerundet. Bei sehr dünnen Büchern kann das Runden entfallen. Die Rundung verleiht dem Buchblock Stabilität und Standfestigkeit und sorgt dafür, daß sich auch dicke Bücher vollständig aufschlagen lassen. Schließlich wird bei besseren Büchern oben und unten am Rücken noch ein Stoffband angeleimt, das sogenannte *Kapitalband*.** Es verleiht dem Rückenteil oben und unten einen harmonischen Abschluß, erhöht die Festigkeit und wurde früher sogar mit farbiger Seide umstochen. Bei wirklich mit Liebe gemachten Büchern wird dabei noch ein Bändchen als Lesezeichen in den Rücken eingeklebt – leider immer seltener.

** *Siehe hierzu Abb. 15-18.*

Buchdecke

Der fertige Buchblock, sei er fadengeheftet oder klebegebunden, wird danach in die, wie es in der Buchbindersprache heißt, *Buchdecke eingehängt* oder *eingeschlagen*. Wird dabei eine feste Buchdecke verwendet, spricht man vom einem *Hardcover*, und erst dies ist für den Buchbinder ein richtiges *Buch*. Wird eine dünne Buchdecke verwendet, spricht der Buchbinder von einer *Broschur* oder der Fachhandel von einem *Paperback*.

Die beiden zuletzt genannten Verfahren erlauben das Binden auch umfangreicher Publikationen von bis zu etwa 2000 Seiten.

Abbildung 15-18 zeigt hierzu nochmals die Komponenten eines Buchs (aus Sicht des Buchbinders) und deren Bezeichnungen.

Der Begriff *Buch* ist im Druckgewerbe etwas vieldeutig. Die DIN-Norm empfiehlt, von einem Buch zu sprechen, wenn ein Dokument mehr als 49 Seiten hat – eine Zahl, die für jeden 2er-Potenz-gläubigen Informatiker eine schaurige Definition ist. Der Buchbinder hingegen spricht von einem *Buch* (oder *Band*[*]), wenn es aus den zwei wesentlichen Komponenten, dem *Buchblock* und einer eigenständig gefertigten *Buchdecke* zusammengesetzt ist. Der Umfang des Buchblocks spielt dabei keine Rolle.

[*] Man spricht auch vom ›Verlagsband‹.

Liegt keine wirkliche Buchdecke vor – dies ist beispielsweise bei den Taschenbüchern der Fall, so spricht der Buchbinder von einer *Broschur* (mit ›u‹ und nicht mit ›ü‹!).

Die *Buchdecke* eines Buchs besteht für den Buchbinder aus mehreren Komponenten: dem *Vorderdeckel*, der *Rückeneinlage* und dem *Hinterdeckel*. Diese werden durch ein Überzugsmaterial wie Leder, Gewebe oder Kunststoff miteinander verbunden. Die Deckel selbst bestehen fast immer aus Pappe. Das Überzugsmaterial wird auf allen Seiten eingeschlagen und ergibt damit einen zusätzlichen Kantenschutz.

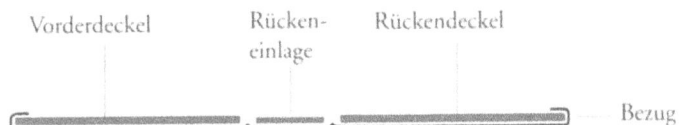

Abb. 15-17 Die Teile einer Buchdecke

Einhängen

Der Buchblock wird schließlich mit Hilfe des Vorsatzes in die Buchdecke *eingehängt*. Es heißt ›das Vorsatz‹. Der Begriff leitet sich von dem *Vorsatzblatt* ab. Dabei werden auch die Seiten am Ende des Buchs als *Vorsatz* bezeichnet. Das Vorsatz sind Seiten, die vor der ersten und nach der letzten Seite des eigentlichen Buchs mit dem Buchblock zusammengebunden sind.

Die zweite Seite des Vorsatzblatts hängt dabei am Schmutztitel und ist zumeist mit diesem noch etwa 2 bis 5 mm verleimt, weswegen sich der Schmutztitel auch nicht vollständig aufschlagen läßt.

Die erste Seite des Vorsatzblatts wird beim Einhängen mit der Vorderdecke verleimt und ergibt dort den *Spiegel*. Das gleiche erfolgt am Buchende. Damit sind Buchblock und Buchdecke miteinander verbunden.

15.7 Druck-Weiterverarbeitung

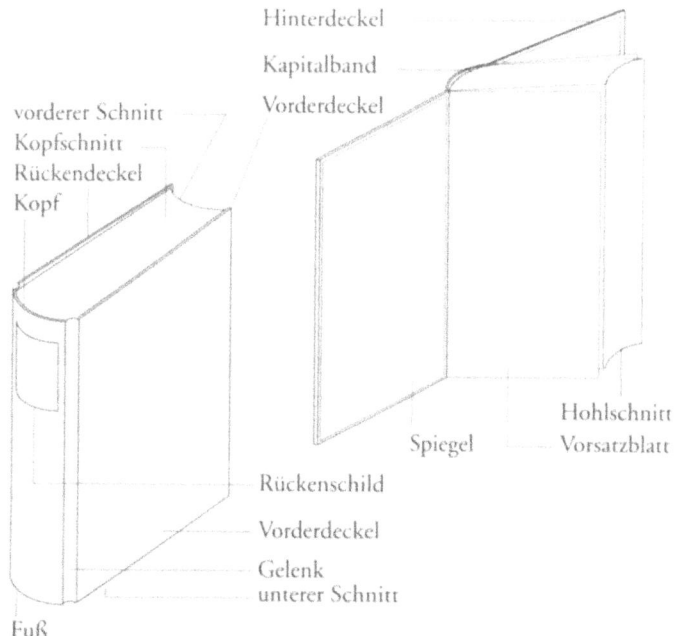

Abb. 15-18
Das Buch und seine Komponenten aus Sicht des Buchbinders

Der Buchbinder

Bereits diese stark vereinfachte Schilderung der Buchbindearbeiten, die sich dazu noch auf wenige Bindevarianten beschränkt, zeigt, daß das Buchbinden eine eigene, nicht ganz einfache Kunst oder besser ein Handwerk ist, das auch in unserer Zeit der Automatisierung immer noch viel Erfahrung und Handarbeit erfordert.

Einbandarbeiten führt deshalb am schnellsten und bei größeren Auflagen auch am preiswertesten, die Buchbinderei aus. Sie bietet zahlreiche weitere Techniken zum Binden von Büchern und Broschüren und berät bei der Auswahl der Verfahren und Materialien.

Da das Buchbinden am Ende des Produktionsprozesses steht, wird es zuweilen vernachlässigt, d.h, es ist dafür häufig ein zu kleines Budget und zu kurze Zeit vorgesehen. Das saubere Binden und die ausreichende Ausstattung des Buchs mit einer robusten und haltbaren Buchdecke vollenden aber erst die Arbeit einer Publikation. Der hierbei zu rechtfertigende Aufwand ist zwar stark von der Art der Publikation abhängig, gehört jedoch zum Erscheinungsbild wie Inhalt und Typographie. Insbesondere bei umfangreicheren Büchern, die lange leben sollen oder stark strapaziert werden (wie beispielsweise Handbücher, Schulbücher oder andere Lehrbücher),

**Kapitel 15
Drucken und Binden**

sollten ausreichende Mittel für das Binden oder Broschieren eingeplant werden. Als *Broschieren* wird das vereinfachte Binden ohne eigenständige Buchdecke im Sinne des Buchbinders bezeichnet, so wie es bei Taschenbüchern üblich ist.

15.8 Printing-on-Demand

Unter *Printing-on-Demand* – Drucken auf Anforderung – versteht man ein Drucken auf digitalen Drucksystemen, bei denen man ein fertig formatiertes Dokument direkt vom Rechner zum Drucker schickt ohne den Zwischenschritt des Belichtens und der Druckplattenherstellung. Das Eingangsformat hierzu ist zunehmend PDF (Adobe Acrobat) – kann jedoch auch aus bereits gerasterten Seiten oder PostScript bestehen. Das Verfahren ist für Auflagen zwischen 50 und 2000 Stück geeignet. Im Gegensatz zum Offsetdruck werden dabei nicht zunächst einzelne Bögen in der gewünschten Auflage gedruckt, sondern alle Seiten oder Bögen eines Exemplars, das dann hinten fertig sortiert aus der Maschine fällt. Für mehrere Exemplare wird dies entsprechend wiederholt.

Die Qualität reicht für moderate Ansprüche,[*] kommt jedoch noch nicht an die eines guten Offset- oder gar Tiefdrucks heran. Inzwischen ist auch Farbdruck auf solchen Systemen möglich – bisher wiederum mit niedriger bis maximal mittlerer Qualität. Beim Farbdruck wird bisher noch überwiegend mit Schmuckfarben (einzelne zuvor definierten Farben) gearbeitet, da man hierbei mit niedrigerer Auflösung auskommt, solange die vorhandene Anzahl von Farbdruckrollen im System ausreicht, aber auch Vierfarbdruck wird angeboten.

Da diese Systeme ständig Fortschritte machen und zunehmend für Werbedrucke (typisch bis A3) und andere kurzfristig zu erstellende Drucksachen eingesetzt werden, ist auch hier mittelfristig mit einer mittleren Qualität in der Nähe jener des Offsetdrucks zu rechnen.

Einige der hier eingesetzten Drucksysteme – sie liegen heute alle noch im oberen Preisbereich – können nicht nur drucken, sondern das Ergebnis auch falzen, heften und beschneiden. Auch hier darf man bisher noch keine allzu hohen Anforderungen stellen. Es ist jedoch absehbar, daß viele einfache Publikationen in kleinen Auflagen hiermit produziert werden, z.B. Tagungsbände, schnell veraltende Manuale und ähnliches. Dies wird zunehmend nicht mehr in der klassischen Druckerei erfolgen, sondern in zentralen Lagern oder längerfristig sogar beim Buchhändler selbst.

* * Stand Anfang 2000 ist hier eine Druckauflösung von ca. 600 dpi. Höhere Auflösungen dürften noch im Jahr 2000 auf den Markt kommen.*

Mit Printing-on-Demand erfolgt eine Verlagerung vom Konzept ›Drucken und Verteilen‹ hin zum ›Verteilen und Drucken‹.

Kapitel 16

Digitale Formate – HTML und PDF

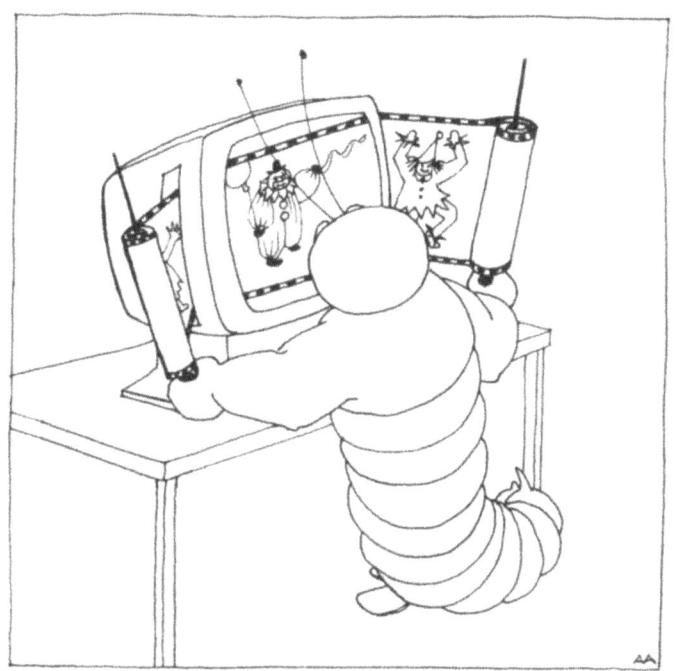

D IGITALE Formate und elektronische Distributionsformen gewinnen zunehmend an Bedeutung, seien es Online-Handbücher, CD-Produktionen oder Informationen im Internet. Der Produktionsprozeß solcher Dokumente erfordert Änderungen gegenüber dem Publizieren auf Papier. Deshalb gibt dieses Kapitel einen Überblick über die für eine digitale Distribution geeigneten Formate HTML und PDF, die dafür sinnvollen Werkzeuge und was bei der Erstellung zu beachten ist.

Kapitel 16
Digitale Formate

16.1 Digitale Formate

Die wachsende Verbreitung von PCs, rasant verstärkt durch das Internet, hat dazu geführt, daß Publikationen zunehmend nicht mehr (nur) auf Papier, sondern auch elektronisch verteilt und gelesen werden – angefangen mit den Online-Handbüchern auf dem Rechner über Fachberichte im Intranet bis hin zu Online-Formularen im Internet und elektronischen Lexika auf CDs. Damit steigt rasch der Anteil und damit die Bedeutung digitaler Distributionsformate. Gab es in der Vergangenheit eine Vielfalt zumeist proprietärer Formate, so haben sich inzwischen zwei Formate durchgesetzt:

- HTML als das Standardformat des World Wide Web
- PDF als Format im Prepress-Bereich und dort, wo umfangreiche und komplex formatierte Dokumente distributiert werden sollen

Beide Formate haben ihre spezifischen Einsatzfelder, und beide Formate erfahren eine ständige Weiterentwicklung.

Erstellt man ein Dokument für eine digitale Distributionsform, so muß man die Vor- und Nachteile und die Eigenheiten dieser Formate beachten – nicht nur beim Erzeugen der Distributionsdatei, sondern bereits beim Layout, der Strukturierung der Texte und Tabellen sowie der Wahl der Graphikformate und Schriften.

Bei der Wahl des Formats sind nicht nur die unterschiedlichen Gestaltungsmöglichkeiten zu berücksichtigen, sondern auch, ob der Adressat über die notwendigen Anzeigemöglichkeiten verfügt. Ein Web-Browser gehört inzwischen zur Standardausrüstung fast jedes PCs und ist teilweise sogar in Kommunikationsgeräten wie Handys und speziellen Internet-Geräten zu finden.

Für den PDF-Viewer ist dies nicht in diesem Maß der Fall, wenn man auch den Acrobat-(PDF)-Viewer von Adobe kostenlos vom Internet herunterladen kann und ihn auf zahlreichen CDs vorfindet. Zusammen mit dem kostenlosen Acrobat Reader kommt ein Plug-In, um PDF-Dokumente auch im Web-Browser direkt anzuzeigen.

Zu beiden Formaten können wir hier nur einen ersten Überblick geben und Hinweise, was bei der Konzeption der Dokumente zu beachten ist. Für weiterreichende Information sei auf die zahlreiche, insbesondere für die Erstellung und Gestaltung von Web-Seiten vorhandene Literatur verwiesen.

Für das Publizieren im Web (und allgemein in elektronischer Form) mit Acrobat bzw. PDF dürfte ›Mit Acrobat ins World Wide Web‹ von Thomas Merz das Standardwerk sein (siehe [Merz/2]).

16.1 Digitale Formate

Die nachfolgende Tabelle vergleicht die beiden Formate und ist an eine Tabelle aus [Merz/2] angelehnt:

Merkmal	HTML	PDF
Formatdefinition durch	W3C (Konsortium)	Adobe
Standardisierung	vorhanden, jedoch viele proprietäre Erweiterungen	einheitlich (durch Adobe)
Viewer verfügbar	kostenlos für praktisch alle Plattformen	kostenloser Acrobat-Viewer
Viewer-Plattformen	Windows, MacOS, OS/2, UNIX, LINUX	Windows, MacOS, OS/2, UNIX, LINUX
Einheitlichkeit der Viewer	große Unterschiede zwischen Anbietern	hoch durch Adobe-Referenz
Bildschirm-Zoom möglich?	nein	ja, flexibel
Hypertext-Funktionen	sehr gut	(sehr) gut
Suche im Dokument	gut	gut
Annotation im Dokument	nein	mächtig*
Wer bestimmt das Aussehen des Dokuments?	Betrachter	Autor
Erstellung der Datei direkt	mit Text- oder HTML-Editor	kaum möglich
Konvertierung aus anderen Formaten	programmspezifische Filter	PostScript + Distiller oder PDF-Writer
Meta-Information zum Dokument	Meta-Tags	Dokument-Info-Felder
Erweiterungsmöglichkeiten	Plug-Ins, viele vorhanden	Plug-Ins, viele vorhanden
Packung in einer Datei	nein, (Graphiken fehlen)	ja, (Ausnahmen möglich)
Eignung für Bildschirm	sehr gut	gut – bei geeigneter Gestaltung
Eignung für Drucken	gering	sehr gut
Layout und Typographie	gering	sehr gut
Einbettung von Schriften	noch proprietär	Standard
Komplexität d. Dateiformats	gering, einfache Tags, ASCII-Format	komplex, binär
mittlere Dateigröße	gering	mittel bis hoch, jedoch gute Graphik- und Textkomprimierung
Formularfunktion	gut	sehr gut, mit Signatur

Tabelle 16-1
HTML und PDF im Vergleich

* nur als Teil des Vollprodukts, nicht im Reader

Kapitel 16
Digitale Formate

16.2 HTML – Hypertext-Markup-Language

HTML war zunächst als ein einfaches Format zum Austausch von Informationen über das Internet angelegt. Es bot zwar vom Start an Möglichkeiten, die Informationen zu strukturieren – optisch und logisch –, hatte jedoch nicht den Anspruch, komplexe Formatierungen zu bieten. Statt dessen standen *Hyperlinks* im Vordergrund. Sie bieten die Möglichkeit, auf ein anderes Dokument oder eine andere Stelle des gleichen Dokuments zu verweisen. Klickt man auf sie, springt der Web-Browser dorthin; das Ziel kann in einem Dokument am anderen Ende der Welt liegen. Einfache Rastergraphiken im GIF-Format waren früh Teil dieses Formatkonzepts.

GIF gestattet nur 8 Bit pro Pixel und damit maximal 256 mögliche Farben in einem Bild.

Mit zunehmender Nutzung des Webs kam der Wunsch nach mehr Gestaltungsmöglichkeiten. Das Formatieren wurde deshalb in den HTML-Versionen ausgebaut und mit jeder Browser-Version erweitert. Tabellen, neue Graphik- (wie etwa JPEG), Audio- und sogar Videoformate kamen hinzu, und schließlich boten viele Firmen für eigene, proprietäre Formate sogenannte *Plug-Ins* an.* Plug-Ins werden zum Web-Browser installiert und unterstützen im Browser-Fenster die Ausgabe des zusätzlichen Formats. Die HTML-Entwicklung geht ständig weiter. Inzwischen lassen sich sogar Schriftstil und -größe vorgeben. Zuvor benutzte der Browser, und ohne spezielle Formatanweisungen tut er es noch immer, Standardschriften und -größen. Sie sind in den Browser-Einstellungen vom Anwender definierbar.

* Z. B. für spezielle CAD-Zeichenformate, für neue Audio- und Videoformate oder für MS-Office-Dokumente.

Seit 1999 lassen sich sogar spezielle Schriften in ein HTML-Dokument einbetten und erhöhen damit die Gestaltungsmöglichkeiten des Autors.** Zuvor – und dies ist Anfang 2000 immer noch der Standard – mußte man komplex formatierte und mit speziellen Schriften vorgegebene Passagen in einem anderen Werkzeug formatieren, um sie als Rasterbild in das HTML-Dokument einbetten zu können. Damit entstehen jedoch voluminöse HTML-Seiten mit langen Ladezeiten; der Text ist nicht mehr durchsuchbar.

** Hier kommen jedoch mehrere unterschiedliche, konkurrierende Formate zum Einsatz, da ein Standard fehlt.

Graphiken – gleich welcher Art – sind wie Audio- und Videoclips bei HTML-Dokumenten eigene Dateien, auf die nur eine Referenz im HTML-Code steht. Ein Dokument mit zahlreichen Graphiken besteht damit aus einer Vielzahl einzelner Dateien, deren Zusammenhalten und Verwalten aufwendig ist.

HTML ist ein sehr kompaktes Dokumentenformat, große Graphiken können es jedoch aufblähen. Bisher konnten Graphiken ohne zusätzlichen Plug-Ins nur als Rasterbilder vorhanden sein. Mit SVG hält 2000 zusätzlich ein Vektorgraphikformat Einzug in den Web-Browser und schafft neue Möglichkeiten.

SVG = Scalable Vector Graphics

16.2 HTML

Gemeinsamkeiten bei der Gestaltung

Eine ganze Reihe von Aspekten gelten hinsichtlich der Dokumentengestaltung für beide Formate, insbesondere dann, wenn es sich um Dokumente handelt, die überwiegend am Bildschirm gelesen werden sollen.

Bildschirme haben heute immer noch eine Auflösung, die wesentlich geringer als jene von Laserausdrucken oder gar die beim Offsetdruck üblichen Belichter ist. Typische Bildschirmauflösungen liegen hier bei 72–100 dpi, während wir auf Papier 600–1200 dpi (Laserdrucker) bis 3600 dpi (Laserbelichter) antreffen. Erst ein 21-Zoll-Bildschirm* erlaubt eine A4-Seite größengleich darzustellen, während viele Bildschirme noch bei 15 oder 17 Zoll liegen. Durch die geringe Auflösung sinkt die Lesbarkeit von Schriften und die Detailzeichnung von Graphiken.

21" = 53 cm (Bildschirmdiagonale), 17" = 43 cm

Es empfiehlt sich deshalb die Verwendung größerer Schriftgrade – 12 bis 14 Punkt für Bildschirmdokumente – und serifenloser Schriften, da diese weniger Schrägen und damit weniger sichtbare *Treppenstufen* mit sich bringen. Insbesondere Schriften mit feinen Serifen sind für die Bildschirmdarstellung ungeeignet. Möchten Sie spezifische Schriften einsetzen, so dürfen Sie diese beim Anwender nicht voraussetzen, sondern müssen sie in das Dokument einbetten – unter Beachtung der Lizenzbedingungen des Schriftenherstellers.

Legen Sie Graphiken nicht zu klein und nicht zu detailreich an und verwenden Sie bei Rasterbildern nur die notwendige Auflösung.*

* Siehe hierzu Abschnitt 16.3.1 auf Seite 321.

Auch hinsichtlich des Farbspektrums ist Rücksicht zu nehmen. Ältere Bildschirmkarten bieten nur eine Farbtiefe von 8 Bit und damit insgesamt 256 möglichen Farben. Da man auch noch einige Farben für den Fensterrand und andere Elemente benötigt, sollte man sich hier auf eine Palette von 216 Farben beschränken, denn im Dithering-Verfahren simulierte Farben wirken grob und kosten weitere Auflösung.

Vermeiden Sie bestimmte Muster – z.B. dichte, parallele horizontale oder vertikale Linien –, bei denen Bildschirme anfangen zu flimmern, und testen Sie Ihr Dokument mit einer Bildschirmeinstellung von 256 Farben (bzw. 8 Bit) und mit geringer Auflösung.

Wählen Sie Seitenformate (bei PDF) und Gestaltungseinheiten (bei HTML), die sich gut lesbar auf dem Bildschirm darstellen lassen. DIN A4 ist für PDF-Bildschirm-Dokumente zu hoch und A5 für die vorgeschlagenen Schriftgrade zu schmal.

Nutzen Sie die Möglichkeit von Hyperlinks und bieten Sie zusätzliche Navigationselemente in der Seite an.

16.2.1 Die Stärken von HTML

HTML ist ein einfaches Format, in dem die Elemente durch Tags in der Art <A>...</A> geklammert sind und *A* die Art der Struktur oder Information vorgibt. Als Codierung wird ASCII verwendet, so daß eine HTML-Datei auch mit sehr einfachen Texteditoren erstellt werden kann. Das Format ist damit kompakt und einfach analysier- und darstellbar. Der Mechanismus von Hyperlinks mittels URLs (*Universal Resource Locators*) gestattet, externe Objekte per Referenz einzubetten.

WWW-Browser sind kostenloser Bestandteil praktisch aller Betriebssysteme und inzwischen auf allen Arbeitsplatzsystemen voraussetzbar.

Der Anwender kann die Darstellung im Browser-Fenster stark beeinflussen – sowohl über Voreinstellungen zur Art, Farbe und Größe der Standardelemente als auch durch die Fenstergröße. HTML bricht bei einer Veränderung automatisch erneut um und paßt sich an die aktuelle Fensterbreite an.

Plug-Ins zur Darstellung zusätzlicher Formate im Browser-Fenster gibt es zahlreiche – jedoch immer Browser-spezifisch. Sie stehen für ein sehr großes Repertoire zusätzlicher Formate (zumeist kostenlos) zur Verfügung – darunter auch für PDF.

Dynamik, Animationen und direkte Interaktion mit dem Anwender lassen sich bei HTML durch die Einbettung von Java-Script erzielen. Dies ist eine einfache Skriptsprache, die jedoch mit dem Namensvetter Java wenig zu tun hat. Sie gestattet es z.B., einen Hilfetext einzublenden, wenn der Benutzer seinen Mauscursor über vordefinierte Seitenbereiche führt. Greift man jedoch in JavaScript auf Funktionen des Betriebssystems zu, wird das Script stark System- und Browser-abhängig.

Nochmals erweiterte Möglichkeiten erhält man mit Techniken wie CGI-Skripten, *Dynamic HTML*, *Active Server Page*s oder Java-Applets. Dann ist man jedoch auf bestimmte HTML-Server und dort installierte Zusatzfunktionen angewiesen; das so aufgebaute Dokument ist damit für eine systemunabhängige Distribution ungeeignet. Über verschiedene Ankopplungstechniken (z.B. CGI- oder Perl-Skripten, Active ServerPages) lassen sich HTML-Seiten auch dynamisch erzeugen und dabei personalisieren oder mit aktuellen Daten versehen. Diese variablen Teile können z.B. aus einer Datenbankabfrage oder aus der Berechnung einer angekoppelten Anwendung stammen. Hierbei wird eine ansprechende, typographisch akzeptable Formatierung deutlich aufwendiger.

16.2.2 Restriktionen von HTML

Ohne spezielle Erweiterungen (z. B. über Plug-Ins) und Tricks gelten für HTML eine ganze Reihe von Einschränkungen bei der Seitengestaltung:

❏ **Keine Seitengrenzen und freies Format**
HTML-Dokumente werden als fortlaufender Informationsstrom ohne Seitengrenzen betrachtet. Man bewegt sich mit dem Rollbalken des Browser-Fensters durch längere Dateien. Möchte man die Information auf Seiten oder in kleineren Informationseinheiten darstellen, so sind die einzelnen Teile in getrennte HTML-Dokumente (Dateien) zu legen und durch Links miteinander zu verketten. Die Größe einer *Seite* im Browser des Lesers ist auch nur bedingt vom Autor definierbar, da diese unter anderem durch folgende Faktoren bestimmt wird: die eingestellte Fenstergröße, eventuell im gleichen Fenster vorhandene weitere Rahmen (Frames) und durch vom Browser oder Anwender voreingestellte Schriftgrößen für die HTML-Standardelemente. Zusätzlich beeinflußt auch die Auflösung des Bildschirms die Bild- und Schriftgröße.
Obwohl HTML-Elemente wie Überschriftenhierarchien, Absätze unterschiedlicher Art, Aufzählungen, Tabellen und Graphiken ein Dokument optisch formatieren, wird der Umbruch von Browser-Einstellungen bestimmt. Man muß dies in der Konzeption berücksichtigen und die Dokumente visuell möglichst einfach strukturieren. Möchte man die Darstellung stärker kontrollieren, so muß man auf vorformatierte Textstücke, Tabellen oder Graphiken zurückgreifen, verletzt damit aber prinzipiell die HTML-Idee.

Konzipieren und testen Sie Ihre HTML-Dokumente so, daß sie auch auf Bildschirmen mit geringer Auflösung (etwa 800 x 600 Pixel) ein akzeptables Bild ergeben. Gehen Sie von geringen Farbtiefen aus (8 Bit pro Pixel).

❏ **Farben**
HTML kennt für Hintergründe, Linien und Text das RGB-Farbmodell – schließlich ist HTML auf die Bildschirmpräsentation abgestellt. Man tut aber bei Internet-HTML-Dokumenten gut daran, sich auf spezielle Web-Farben zu beschränken.

❏ **Schriften**
HTML kennt (zumindest in den älteren Versionen) keine Schriften, sondern nur vordefinierte Absatzformate und Auszeichnungen (z. B. fett und kursiv). Inzwischen ist es auch möglich, Schriftgrößen vorzugeben – entweder in absoluten Werten oder relativ zur Standardschriftgröße, die wiederum im Browser vom Anwender festgelegt wird.

Zusätzlich lassen sich konkrete Schriften vorgeben. Dies setzt jedoch voraus, daß die Schrift beim Betrachter unter dem gleichen Namen vorhanden ist. Mit speziellen Erweiterungen – die jedoch Anfang 2000 noch nicht sehr verbreitet sind – wird es möglich, Schriften in das Dokument einzubetten bzw. auf einem Web-Server liegend zu referenzieren. Sowohl Microsoft als auch Bitstream stellen dafür Lösungen zur Verfügung.

❑ **Typographische Defizite**
Der Schwerpunkt von HTML liegt auf der Strukturierung der Information und weniger auf der perfekten Darstellung. Deshalb fehlen zahlreiche typographische Möglichkeiten wie etwa die Festlegung von Zeichen-, Wort- und Zeilenabständen, Möglichkeit von Unterschneidungen und Ligaturen, und der Einsatz unterschiedlicher Fonts ist eingeschränkt. Die Tabellengestaltung ist eher rudimentär als ausgefeilt. Lebende Kolumnentitel und Fußnoten sind nicht vorgesehen und können nur aufwendig implementiert werden. Mehrspaltiger Text läßt sich nur über Tabellen realisieren mit fehlendem automatischen Textfluß.

16.2.3 Erstellung von HTML-Dokumenten

Hier ist nur ein grober Überblick möglich. Für einen tieferen Einstieg sollte man auf eines der zahlreichen Bücher zum Aufbau und zur Gestaltung von Web-Seiten zurückgreifen.

Erstellte man in den Anfängen HTML-Dokumente mit einem einfachen ASCII-Editor, verwendet man heute spezielle HTML-Editoren, wie beispielsweise FrontPage (von Microsoft), GoLive (von Adobe) oder Dreamweaver (von Macromedia). Diese Werkzeuge erlauben nicht nur die Erstellung einzelner HTML-Dateien mit Texten, Tabellen, Hintergrund-, Vordergrund- und Navigationsgraphiken, sondern unterstützen zugleich die Verwaltung ganzer Dokumentennetze mit all ihren Komponenten. Da ein komplexeres HTML-Dokument in der Regel aus zahlreichen einzelnen Komponenten und Dateien besteht, ist dies ein erheblicher Vorteil.

Neben speziellen HTML-Editoren bieten heute praktisch alle Textsysteme und DTP-Programme die Möglichkeit, Dokumente als HTML zu exportieren. Dies dürfte für viele Autoren die bessere Lösung sein. Die Qualität der Konvertierung ist zwar noch recht unterschiedlich, nimmt jedoch zu. Die Möglichkeiten neuer HTML-Versionen und neuer Zusatzformate fließen dabei erst allmählich in diese Konvertierungen ein. Zusätzlich stehen einige kommerzielle Konverter (*Web Works Publisher*) zur Verfügung, welche verschiedene Formate nach HTML übertragen.

16.2 HTML

Ist ein Dokument für das Internet oder als HTML-Online-Format geplant – letzteres geschieht heute vielfach in Konkurrenz zu PDF für Online-Handbücher –, so ist dies bereits bei der Konzeption und beim Layout zu berücksichtigen. Formatieren Sie hier möglichst einfach strukturiert und bedenken Sie, daß (im Standardfall) die absolute Font-Größe und die Zeilenbreite vom Betrachter bzw. dessen Browser-Einstellungen vorgegeben werden. Über Tabellen fester Breite, mit vorformatiertem Text oder bei höheren Ansprüchen durch die Einbettung von in Raster-Images konvertierten, formatierten Textstücken läßt sich auch eine genauere Formatierung und Positionierung vorgeben. Über spezielle, noch wenig verbreitete Techniken lassen sich Fonts verwenden und einbetten. Mit HTML-Vorgabeseiten im CSS-Format (*Cascading Style Sheets*) wird es möglich, den Seiten ein einheitliches Layout zu geben und die Format-Interpretation an einer Stelle zu konzentrieren, statt sie über das gesamte Dokument (oder sogar über mehrere Dokumente) zu verteilen.

Die Informationseinheiten in Form einzelner HTML-Dateien sind geeignet zu wählen. Längere Text werden in separaten Dateien abgelegt und miteinander über Links verkettet. Der Inhalt der einzelnen Datei sollte maximal 3 bis 5 Papierseiten entsprechen. Rastergraphiken mit einer Pixeltiefe von 8 Bit oder weniger legt man im GIF- oder PNG-Format an. Benötigt man größere Bittiefen (mehr als 256 Farben), so greift man auf JPEG oder PNG zurück. Solange SVG (*Scalable Vector Graphics*) noch keine Verbreitung und Browser-Unterstützung gefunden hat, muß man auch Objektgraphiken in eine Rastergraphik umwandeln.

Erstellt man das Dokument mit einem DTP-Werkzeug, so erfolgt die Umwandlung (auch der zuvor erwähnten Rasterbilder) durch das Export-Modul oder einen speziellen Konverter. Rastergraphiken sollten keine unnötig hohe Auflösung und Pixeltiefe haben, da dies sonst das Übertragungsvolumen anhebt, den Bildaufbau verlangsamt und damit den Betrachter verärgert.[*] Möchte man dem Leser die Möglichkeit geben, ein Bild vergrößert zu betrachten, so sollte man zunächst ein Bild mit geringer Auflösung einsetzen und einen Hyperlink auf eine hochauflösende Version des Bildes anlegen.

* *Für geeignete Werte siehe die Beschreibung zu PDF auf Seite 321.*

**Kapitel 16
Digitale Formate**

16.3 Adobe Acrobat – PDF

Adobe *Acrobat* ist ein Format, welches sich stark an PostScript anlehnt und gegenüber diesem eine Reihe von Erweiterungen und einige Vereinfachungen besitzt. Das Acrobat-Format wird auch als PDF (*Portable Document Format*) bezeichnet. Sein Fokus ist die Portabilität formatierter Dokumente über unterschiedliche Systemplattformen und Ausgabegeräte hinweg. Neben den Konvertierungswerkzeugen gehört zum Acrobat-Werkzeugkasten ein PDF-Viewer, der sowohl in einer einfachen, kostenlosen Version angeboten wird als auch in einer erweiterten lizenzpflichtigen Form.

Der Acrobat-Viewer ist für MacOS, OS/2, Windows 9x und Windows NT sowie für verschiedene UNIX-Plattformen verfügbar.

PDF-Dokumente können auf vier Arten erzeugt werden:

❑ **Über einen speziellen Druckertreiber**
Hierbei wird (z.B. unter Windows 9x, Windows NT, OS/2 oder MAC/OS) bei der Druckausgabe statt eines Druckers der Acrobat-Treiber selektiert. Er erzeugt aus dem Druckausgabestrom das PDF-Dokument.
Dieses Verfahren gestattet aber z.B. nicht, Hyperlinks zu übergeben oder erzeugt Graphiken in einer voreingestellten Auflösung. Der Vorteil liegt darin, daß damit praktisch alle PC- und MAC-Applikationen PDF-Ausgabe produzieren können, ohne PDF selbst zu kennen.

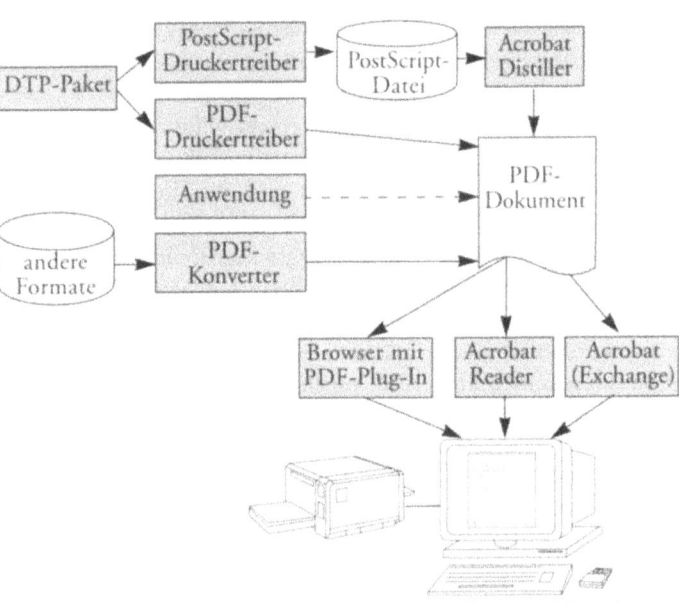

*Abb. 16-1
Möglichkeiten der
PDF-Erstellung*

16.3 Acrobat – PDF

❑ **Über eine PostScript-Datei mit einer Konvertierung**
Die Applikation erzeugt hierbei eine PostScript-Datei, die anschließend mit einem Acrobat-Konverter in PDF umgewandelt wird.
Solche Konverter gibt es nicht nur als *Distiller* von Adobe, sondern auch von anderen Anbietern (z. B. das Produkt *Niknak* der Firma 5D Solutions oder das kostelose Programm *GhostScript*). Das so erzeugte Format ist qualitativ besser als direkt über den PDF-Druckertreiber erzeugt.
Über spezielle Erweiterungen können hier in PostScript auch Zusatzinformationen an den Distiller weitergereicht werden – z. B. Hyperlinks und Lesezeichen (*Bookmarks*). Hierzu müssen die Applikationen jedoch ausgerüstet sein oder über Plug-Ins erweitert werden. Moderne DTP-Programme beherrschen dies zunehmend. Dies hat sich insbesondere im Bereich der Druckvorstufe (Prepress-Bereich) etabliert.

Das Distiller-Programm ist neben MAC/OS, Windows 9x und Windows NT auch für verschiedene UNIX-Plattformen (auch Linux) verfügbar.

❑ **Direkt aus der Applikation heraus**
Adobe stellt hierzu spezielle Bibliotheken zur Verfügung. Auch andere Anbieter vermarkten entsprechende Bibliotheken. Bisher nutzten dies nur wenige Applikationen, ihr Anteil wächst jedoch.

❑ **Über spezielle Konverter,**
die unterschiedliche Eingangsformate in PDF umwandeln und von verschiedenen Firmen angeboten werden.

Der Acrobat-Viewer gestattet die Anzeige eines PDF-Dokuments und das Drucken. Wurde das Dokument mit sogenannten *Thumbnails*[*] versehen, so zeigt der Viewer eine aktivierbare Übersicht der Dokumentenseiten in Form von kleinen, symbolartigen Darstellungen neben der eigentlichen großen Darstellung. Der Viewer gestattet die Darstellung der Seiten in wählbaren Darstellungsmaßstäben (Zoomen) und natürlich ein Blättern im Dokument. Daneben ist eine textuelle Suche möglich, was gegenüber als Rasterbilder abgespeicherten Dokumenten ein wesentlicher Vorteil ist. Über das Acrobat-Vollprodukt kann eine Volltextdatenbank über alle PDF-Dokumente eines Netzes aufgebaut werden.

* Dies ist z. B. mit Hilfe des Acrobat Exchange-Moduls möglich.

Bei Dokumenten mit Hypertext-Links ist durch Anklicken eines Links ein Springen auf die Stelle möglich, auf welche der Link verweist. Diese kann auch in einem anderen Dokument liegen oder sich auf ein Objekt im Internet/Intranet beziehen. So ist es z. B. bei einem entsprechend aufbereiteten Dokument möglich, aus dem Inhaltsverzeichnis heraus auf die einzelnen Kapitel und Abschnitte

**Kapitel 16
Digitale Formate**

zu springen oder aus dem Stichwortverzeichnis heraus auf die dort aufgeführten Seiten. Die einzelnen Kapitel können dabei in einer einzigen Datei oder in getrennten Dateien liegen.

Den PDF-Viewer bietet Adobe in drei Varianten:

❑ **Acrobat Reader**
Dies ist der Standard-Viewer. Er ist für alle unterstützten Plattformen kostenfrei verfügbar.

❑ **Acrobat** (früher Acrobat Exchange)
Dies ist ein erweiterter Acrobat Reader. Als Zusatzfunktion bietet dieses Programm Annotationsmöglichkeiten und das Anlegen von Lesezeichen (*Bookmarks*). Zusätzlich läßt sich damit ein Dokument verschlüsseln, so daß es erst nach Eingabe des Paßwortes dargestellt werden kann. Exchange ist auch notwendig, um bestimmte Informationen wie etwa Urheberrechte im PDF-Dokument einzutragen. Acrobat gestattet das Kopieren von Texten und Graphiken aus dem betrachteten Dokument in die Zwischenablage des jeweiligen Betriebssystems – sofern das Dokument dafür nicht gesperrt ist. Zusätzlich lassen sich mit Exchange neue Hyperlinks eintragen – auch auf andere Dokumente und über URLs auf Intranet- oder Internet-Objekte. Auch digitale Signaturen im PDF-Dokument sind möglich.

Adobe bietet über einen Entwicklungs-Kit Entwicklern die Möglichkeit, eine PDF-Darstellung in ihre Anzeigeprogramme (Viewer) zu integrieren.

❑ **PDF Plug-In**
für WWW-Browser (Netscape und Microsoft). Hierdurch können PDF-Dokumente über den WWW-Internet-Mechanismus distribuiert werden.*

* *In Wirklichkeit ist dies der Acrobat Reader, der das PDF-Dokument statt in seinem eigenen Fenster im Fenster des Browsers anzeigt!*

Kompakte Dokumente

PDF ist kompakt, wobei sich in dem PostScript-PDF-Konverter (Distiller) die Komprimierungsverfahren für die verschiedenen Graphikelemente angeben lassen. Im PDF kann sowohl der Text komprimiert sein, als auch bitonale Rastergraphiken (z. B. im CCITT-Fax-Format) sowie Graustufen- und Farbrasterbilder (z. B. im JPEG-Format). Objektgraphiken werden relativ kompakt als PostScript-Code angelegt. Graphiken sind im PDF-Dokument eingebettet, Fonts optional ebenso.

Wegen ihrer zumeist komplexeren Formatierung und der Einbettung von Schriften (Fonts) und Graphiken ist ein PDF-Dokument in der Regel umfangreicher als ein HTML-Dokument. Werden viele Rasterbilder verwendet, entspricht der Speicherbedarf etwa dem von HTML. Objektgraphiken wiederum werden in PDF

16.3 Acrobat – PDF

deutlich kompakter gehalten als in HTML, wo sie bisher als Rasterimage einzubetten sind. Auch längerer reiner Text ohne aufwendige Formatierung wird in PDF kompakter gespeichert, sofern man die Textkomprimierung aktiviert.

16.3.1 PDF-Erstellung für Online-Distribution

Das standardisierte Verfahren hierfür ist, aus der PDF-Anwendung heraus eine PostScript-Datei zu erzeugen (in der Regel über einen PostScript-Druckertreiber) und diese anschließend per Distiller (oder einem alternativen Werkzeug) in PDF zu konvertieren – wie bereits in Kapitel 14.2.2 beschrieben. Ist das Ziel nur die digitale Distribution und soll das Dokument dann gedruckt werden, so gelten die Einstellungen und Verfahren aus Kapitel 14.2.2*

Siehe Seite 273.

Soll das Dokument hingegen primär auf dem Bildschirm betrachtet werden (typisch sind hier Online-Handbücher), so sind die geringere Auflösung der Bildschirme und die dafür geeigneten Farbsysteme zu berücksichtigen. Die typische Bildschirmauflösung liegt bei ca. 75 dpi, für Rastergraphiken reicht also diese Auflösung. Selbst wenn das Online-Dokument zusätzlich auf einem Laserdrucker ausgegeben werden soll, reichen 150 bis 200 dpi für Farb- und Graustufen-Rasterbilder. Reine Schwarzweiß-Rasterbilder bettet man für den Bildschirm meist mit 75 dpi, für den Drucker mit 300 bis 600 dpi ein.

Verwenden Sie für Dokumente, die überwiegend am Bildschirm gelesen werden, ausreichend große Schriftgrade – etwa 12 oder sogar 14 Punkt.

Der Distiller kann Bilder mit höherer Auflösung in zuvor eingestellte Auflösungen herunterrechnen (*Downsampling* genannt). Die Ergebnisse sind jedoch teilweise unbefriedigend und daher zu überprüfen. Besser ist es, Rasterbilder mit einem Bildbearbeitungswerkzeug explizit auf die richtige Größe (so daß sie nicht beschnitten werden müssen) und Auflösung umzurechnen, dabei das Ergebnis sogleich am Bildschirm zu prüfen, und diese Bilder ohne zusätzliche Skalierung im DTP-Dokument einzubetten.

Thumbnails, Links und Bookmarks

Man erreicht eine höhere Leserfreundlichkeit, wenn PDF-Dokumente, die für die Online-Distribution und Online-Betrachtung geplant sind, mit *Thumbnails*, *Hyperlinks* und *Bookmarks* ausgestattet sind. Thumbnails gestatten das schnelle Navigieren in der Thumbnail-Sicht (siehe Abb. 16-2). Sie lassen sich nach der Erstellung mit Acrobat** in das PDF-Dokument einfügen oder gleich bei

*** mit dem Acrobat Vollprodukt*

**Kapitel 16
Digitale Formate**

der PDF-Erstellung mit dem Distiller erzeugen (zu aktivieren unter *Voreinstellungen* ›Allgemein‹ die Option ›Thumbnail erstellen‹).

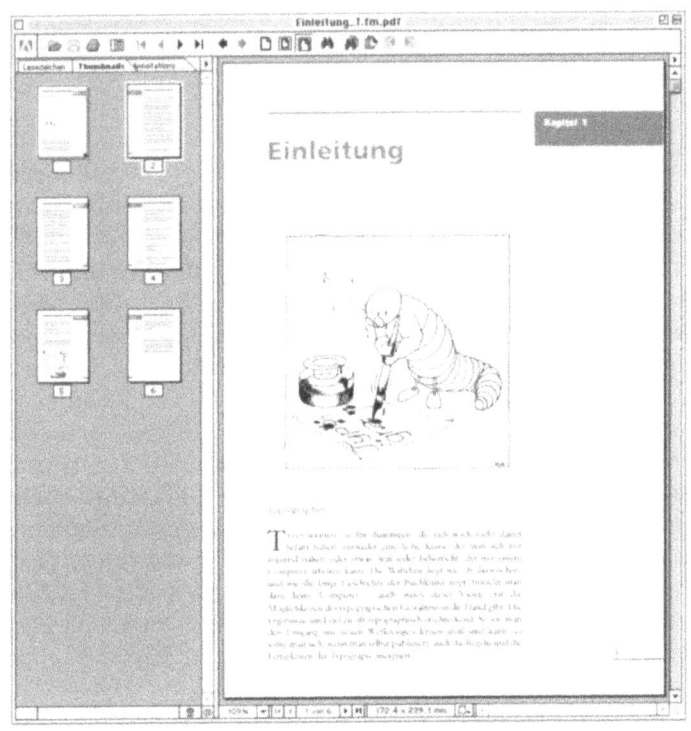

*Abb. 16-2
Acrobat-Viewer mit
Thumbnail-Sicht (links)
eines 6 seitigen
PDF-Dokuments*

Sie können in einem PDF-Dokument wie auf einer Web-Seite auf einzelne Wörter oder Textpassagen Hyperlinks setzen, so daß beim Klicken darauf zu einer Stelle im gleichen oder in einem anderen Dokument gesprungen wird. Solche Hyperlinks sind insbesondere im Inhalts- und Stichwortverzeichnis sowie bei Querverweisen nützlich. Allerdings sollte man solche Stellen entweder durch Farbe oder eine Schriftauszeichnung markieren, so daß der Leser weiß, daß ein Hyperlink existiert. Sonst ist er darauf angewiesen, auf Verdacht mit der Maus die Stelle anzufahren; der Maus-Cursor ändert dann seine Form vom Pfeil zu einer Hand.

Einige der DTP-Werkzeuge gestatten, Querverweise im Quellformat über die erzeugte PostScript-Datei und einen anschließenden Distiller-Lauf direkt in die PDF-Datei zu übergeben. Ansonsten bleibt noch die deutlich mühsamere Möglichkeit, solche Hyperlinks nachträglich mit dem Acrobat-Werkzeug manuell einzufügen.

16.4 PDF von und nach HTML

Die dritte Art von Komfort im PDF-Dokument sind digitale Lesezeichen, sogenannte *Bookmarks*. Auch sie unterstützen das Navigieren im PDF-Dokument (siehe Abb. 16-3), wobei die Lesezeichen auch mehrstufig gegliedert sein können – analog der Strukturierung eines Kapitels durch Überschriften in mehreren Stufen. So bieten einige DTP-Programme (z.B. Adobe FrameMaker) die Möglichkeit, die Überschriftengliederung in PDF-Bookmarks zu übergeben. Fehlt diese Unterstützung, so lassen sich Bookmarks über spezielle PostScript-Anweisungen im Quelldokument an den Distiller weiterreichen (detailliert beschrieben in [Merz/2]). Ein solches Zusatzwerkzeug ist z.B. der kostenlose *PDFMaker* von Adobe für Microsoft Word.

Schließlich lassen sich weitere Bookmarks manuell mit dem Acrobat-Werkzeug im PDF-Dokument anlegen.

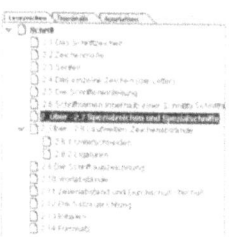

Abb. 16-3
Bookmarks (Lesezeichen) im Acrobat-Fenster

16.4 Konvertierungen: PDF von und nach HTML

Da jedes der Formate seine spezifischen Vorteile hat und sowohl PDF- als auch HTML-Dokumente von außen angeliefert oder über Internet bereitgestellt werden, entsteht zuweilen der Bedarf, diese Formate ineinander umzuwandeln – wobei man dies mit Bedacht tun sollte. Der Glaube trügt, daß die Konvertierung ganz ohne Verluste stattfindet, und eine einfache Konvertierung hin und zurück möglich sei.

Von HTML nach PDF

Das dominante Format im Internet ist HTML. Lädt man eine HTML-Datei aus dem Web, so hat man zwar die reine HTML-Seite auf der lokalen Platte, nicht jedoch die darin enthaltenen Graphiken, und die ganzen Seiten, auf welche das HTML-Dokument verweist, liegen immer noch auf dem Server.* Häufig gehen die Links zu den Graphiken sogar verloren, da sie oft relativ und nicht absolut sind. Zwar gibt es Web-Werkzeuge, die einen ganzen HTML-Baum zusammen mit allen referenzierten Graphiken auf das eigene System laden, jedoch entstehen auch hierbei zahlreiche Dateien.

Das Adobe Acrobat-Werkzeug (die Vollversion) bietet deshalb die Möglichkeit, aus dem Acrobat-Viewer heraus eine Web-Seite zu öffnen und die gesamte Seite mit allen Graphiken und allen referenzierten Seiten bis zu einer vorgebbaren Link-Tiefe auf das eigene System zu laden und dabei automatisch in ein (einziges) PDF-

* *Der Microsoft Internet-Explorer bietet eine Option, mit der alle referenzierten Graphiken auf der lokalen Festplatte gespeichert werden können.*

Dokument zu konvertieren. Die Hyperlinks bleiben dabei erhalten, so daß man weiterhin im PDF über Hyperlinks navigieren kann. Acrobat bettet dabei selbst die Verweise auf die Originalseiten ein, so daß man das PDF-Dokument aktualisieren kann, falls sich die Quelle verändert hat.

Ein primitivere Konvertierung besteht darin, die HTML-Seite im Web-Browser über die Druck-Funktion in eine PostScript-Datei umzuwandeln und diese Datei danach mit dem Distiller oder mit dem NikNak-Konverter in PDF zu konvertieren. Auch hier sind dann alle Graphiken eingebettet, Hyperlinks auf weitere referenzierte Seiten gehen jedoch verloren.

Zusätzlich gibt es mehrere Konverter (z. B. *html2ps*), die HTML nach PostScript konvertieren. PostScript wiederum kann entweder direkt gedruckt oder mit einem Distiller-Verfahren nach PDF gewandelt werden.

Zuweilen ist PDF auch ein geeignetes Format, um Einzelseiten anderer Formate zu einer Datei zusammenzufassen und mit einem Standard-Werkzeug anzeigbar zu machen. So gestattet Adobe Acrobat, einzelne Rasterdateien zu importieren und in ein neues PDF-Dokument einzubetten. Danach kann sogar eine OCR-Erkennung erfolgen, so daß im PDF-Dokument sowohl das Rasterbild (optional) als auch der über OCR gewandelte Text vorhanden ist, der mit der Textsuche durchsucht und einer Volltext-Indizierung unterzogen werden kann.

OCR = ›Optical Character Recognition‹, d. h. eine ›optische Zeichenerkennung‹

Von PDF nach HTML

Ein PDF-Dokument nach HTML zu konvertierten macht nur selten Sinn. Möchte man ein PDF-Dokument im Web publizieren, so ist dies im PDF-Format direkt möglich und setzt beim Betrachter lediglich das kostenfreie Acrobat-Plug-In für den Browser voraus. Soll dennoch ein HTML-Dokument erstellt werden, so besteht die deutlich bessere Lösung darin, die Konvertierung bereits aus dem Quellformat nach HTML vorzunehmen – in der Regel aus einem DTP-System heraus. Entsteht trotzdem der Bedarf für eine PDF-nach-HTML-Konvertierung, so lassen sich dazu z. B. die Produkte *Gemini* (der Firma Iceni Technology) oder *Magellan* (der Firma BCL Computers) einsetzen. Beides sind Acrobat-Plug-Ins.[*] Vektorgraphiken werden dabei nach GIF oder JPEG gewandelt und erhöhen das Volumen im Vergleich zum Vektorformat.

* leider nicht im freien Acrobat-Viewer einsetzbar

Tips und Hinweise

Kapitel 17

Hier sollen nochmals die häufigsten Fehler und wichtigsten Regeln verdichtet und zusammengefaßt aufgezählt werden; also das, worauf man besonders achten muß, um nicht als blutiger DTP-Laie entlarvt zu werden. Die Darstellung ist zwar vereinfacht, damit jedoch besser zu behalten; im Prinzip ist es die Reduktion des gesamten Buchs auf wenige Seiten.

Kapitel 17
Tips und Hinweise

17.1 Tips zum Thema Typographie

Einheitlichkeit, Konsistenz und die sparsame Verwendung von Stilelementen sind neben anderen Faktoren wesentliche Kennzeichen guter Typographie. Insbesondere bei umfangreichen oder mehreren gleichartig erstellten Dokumenten lohnt sich deshalb ein sorgfältiges Design des Grunddokuments, d.h. des Seitenlayouts (in den Vorlageseiten), der Stilelemente (Absatz- und Zeichenformate in den entsprechenden Katalogen) und der Festlegung von Anordnungen (z. B. die Umrandung von Tabellen). Dies bedingt fast immer mehrere Versuche und Iterationen, macht sich jedoch schnell bezahlt.

Erstellt man zunächst ein kleines Dokument mit etwa zehn Seiten, in dem die wesentlichen geplanten Elemente und Stilkomponenten vorkommen, so hat man damit eine brauchbare Basis zum Experimentieren und Begutachten.

Definieren Sie den Satzspiegel, Art, Schriftgrad und Zeilenabstand der Werkschrift (Brotschrift), die Schriftart der Überschriften und der Konsultationsschrift, die Ausrichtung der Tabellen und Abbildungen sowie Strichstärken und Schriftgrade darin.

Unterziehen Sie sich dieser Mühe, die Arbeit lohnt sich! Legen Sie das erarbeitete Produkt als Vorlage im Rechner und zusätzlich als gedrucktes Exemplar ab; dokumentieren Sie Ihre Formate, Absatztypen und Konventionen, insbesondere dann, wenn andere Ihre Vorlagen benutzen sollen.

Arbeiten Sie in der Gruppe, beziehen Sie auch Ihre Kolleginnen und Kollegen in den Entwurf mit ein, denn es nutzt nichts, wenn diese später nicht bereit sind, Ihre Konzeption zu übernehmen. Der Versuch jedoch, ein Design in Einzelelementen demokratisch in der Runde abzustimmen, führt zumeist nur zum größten gemeinsamen Mist – nicht zum besten Design!

Arbeiten Sie im Kundenauftrag, ist die Erstellung eines Probedokuments und dessen Absegnung vom Kunden eine Selbstverständlichkeit und erspart späteren Ärger.

Die Erfahrung zeigt, daß eine sorgfältig entworfene Vorlage immer wieder, unter Umständen mit kleinen Veränderungen, verwendet werden kann und dann Zeit und Mühe spart!

Natürlich gibt es immer wieder Situationen, in denen man eine typographische Regel durchbrechen muß. Dann ist Gefühl und etwas Kreativität gefragt. So sehen Worttrennung in mehreren aufeinanderfolgenden Zeilen immer noch besser aus als große weiße Lücken im Text; aber vielleicht läßt sich der Ausgleich auch mit geringfügigen Textänderungen erreichen.

17.2 Zehn typische Sünden beim DTP

Eine Reihenfolge der typischen DTP-Sünden zu finden, ist etwas schwierig. Die nachfolgend aufgeführten sind deshalb nicht ihrer Häufigkeit oder Häßlichkeit nach geordnet; sie sind alle miteinander schlimm und zu vermeiden. Verwenden Sie die Aufzählung als Checkliste für Ihre Arbeit. Die Liste ist natürlich nicht vollständig.

1. Falsche Formate

Wählen Sie bei der Planung eines Dokuments passende Seitengrößen und passende Spaltenbreiten. Die Standardzeile sollte weder zu breit noch zu schmal sein. Etwa 60 Buchstaben je Zeile fördern die Lesbarkeit. Stimmen Sie den Zeilenabstand auf die Spaltenbreite, den Schriftgrad und die Schriftart ab. Überprüfen Sie zuweilen auch, ob die bereits eingeführten Formate wirklich die besten für die Zwecke des Dokuments sind. Auch die Frage nach dem beim Druck verwendeten Papier sollte bereits hier geklärt werden.

2. Zu viele Schriften und falsche Schriftauszeichnungen

Der Anfänger tendiert häufig dazu, zu viele unterschiedliche Schriften, Auszeichnungen und Schriftgrade zu verwenden. Gehen Sie mit all diesen Unterscheidungsmerkmalen möglichst sparsam um.[*]

Als Schriftauszeichnung reichen in den meisten Fällen die kursive Version und ein halbfetter oder fetter Schnitt. Stufen Sie die Schriftgrade von Überschriften, der Grundschrift und der Konsultationsschrift sorgfältig und überlegt ab. Die Unterschiede sollten weder zu groß noch zu klein sein. Sehr große Unterschiede wirken zu extrem und unruhig, zu kleine fallen kaum auf oder wirken wie eine Ungenauigkeit oder ein Fehler.

Vermeiden Sie Unterstreichungen, Outlines oder schattierte Schriften, oder verwenden Sie dazu speziell entworfene Schriftschnitte und auch dann nur an hervorzuhebenden Stellen. Falls Sie Versaltext benutzen, muß dieser leicht gesperrt werden.

3D-Schriften mögen in alleinstehenden Graphiken passen, gehören aber in der Regel weder in den Fließtext von Dokumenten noch in Überschriften – Werbung mag hier die Ausnahme sein. Während man durchaus gezielt Farbe auch in der Schrift entsprechender Dokumente einsetzen kann, wirkt ein Farbverlauf über einen Titel nochmals als zusätzliches Stilelement und kann dann bereits zu viel des Guten sein.

Dieses Buch kommt weitgehend mit drei Schriftgraden aus: einen für den Kapitelanfang, einen für Überschriften und Werkschrift und einen für die Konsultationsschrift.

**Kapitel 17
Tips und Hinweise**

3. Unpassende Schriften

Die Schriftart kann eine Aussage verstärken oder reduzieren, in ungünstigen Fällen sogar aufheben. Die Wahl einer ungeeigneten Schrift ist, von krassen Ausnahmen abgesehen, keine absolute Sünde, in der Regel jedoch eine *verpaßte Gelegenheit*. Verwenden Sie für umfangreiche Texte vorzugsweise Antiqua-Schriften (d. h. Schriften mit Serifen). Kursiv sollte man als Schriftauszeichnung benutzen und nicht als Grundschriftschnitt. Dies gilt insbesondere für größere Texte, die in einem kursiven Schnitt deutlich schlechter zu lesen sind! Ausgefallene Schriften mögen zuweilen attraktiv und belebend sein, eignen sich jedoch in den seltensten Fällen für größere Textstücke!

Auch eine gute Schrift mit allen wünschenswerten Schnitten paßt nicht zu jedem Zweck. So verlangt ein Geschäftsbericht nach einer anderen Schrift als die Einladung zu einem Straßenfest und eine Visitenkarte eine andere als eine Kondolenzkarte und eine Firmenpräsentation eine andere Schrift als eine Reparaturanleitung.

Sollten Sie mit der Wahl der Schrift generell unsicher sein, so folgen Sie am besten den Empfehlungen der Schriftenhandbücher, wie sie beispielsweise vom Berliner Fontshop, von der Firma Linotype oder AGFA herausgegeben werden. Diese enthalten einige Anwendungsempfehlungen. Auch Kapitel 5 kann Ihnen hier eine erste Hilfe sein.

In VERSALIEN und KAPITÄLCHEN gibt es kein ›ß‹. Dies wird hier immer als ›SS‹ geschrieben!

Standardschriften sind zuweilen etwas langweilig und ihre Nutzung ist in manchen Situationen akzeptabel – etwa beim Publizieren im Internet – und am Anfang des DTP-Schaffens eine finanziell erklärbare Unterlassung. Sie demonstriert aber auf Dauer eine gewisse Gleichgültigkeit der Arbeit gegenüber. Die Standardschriften (auch Systemschriften genannt) TIMES, ARIAL und HELVETICA sind zwar beide gut lesbare und saubere Schriften, wie lang gefahrene Reifen aber abgenutzt und schon ein bißchen glatt. Schlimmer ist es noch mit der unter Windows so verbreiteten ARIAL. Sie ist zusätzlich schlecht ausgeglichen. Versuchen Sie zumindest einmal die anderen in den Systemen und Druckern bereits standardmäßig vorhandenen Alternativen wie die PALATINO, die NEW CENTURY SCHOOLBOOK, die BOOKMAN oder die AVANT GARDE. Schöner und harmonischer im Schriftbild sind die entsprechenden System-Schriftvarianten von Linotype, Agfa, Monotype, dem Fontshop oder einem der zahlreichen anderen Schriftenhersteller. Das Repertoire der dort verfügbaren Schriften und Schnitte (für den DTP-Bereich kommen hier primär PostScript- und TrueType-Schriften in Frage) ist sehr hoch, und es ist für fast jeden Zweck die passende

17.2 Zehn typische Sünden beim DTP

Schrift auf dem Markt. Dies ist zwar aufwendiger und etwas teurer, aber Sie kaufen ja Ihre Kleider auch nicht alle bei Quelle, sondern leisten sich (zumindest einige) bessere Stücke und nicht alle Autofahrer fahren den durchaus praktischen und guten Golf oder Corsa. Versuchen Sie einmal einen Brief mit der FRIZ QUADRARA zu setzen oder einen Bericht in einer der zahlreichen Schriften der GARAMOND; verwenden Sie einmal statt der ARIAL die OPTIMA mit ihren angedeuteten Serifen oder eine der ROTIS-Schriften. Ersetzen Sie die HELVETICA durch die NEUE HELVETICA mit ihrer Schnittvielfalt von *Extraleicht* bis *Ultrafett* oder durch die GILL oder die FRUTIGER mit einer ebenso breiten Stärkenvielfalt. Vermeiden sie in normalem Texten Schnitte wie *Extraschmal* und *Schmal* und heben sie diese für Datenblätter, kurze Notizen oder für fette Überschriften auf.

4. Formatieren mit Leerzeichen und -zeilen und Zeilenbruch

Ein Text ist beim Einsatz von DTP-Werkzeugen zunächst nicht eine Folge von einzelnen Zeilen, sondern strukturell eine Folge von Absätzen! Dies ist ein wesentlicher Unterschied zu anderen Verfahren. Ein Absatz hat eine einheitliche Formatierung, von der nur einzelne Worte abweichen können, beispielsweise durch eine andere Auszeichnung. Beim Arbeiten mit DTP hat ein Absatz einen linken und einen rechten Einzug, eine Schriftart mit Schriftgrad und Schriftschnitt und einen Abstand nach oben und nach unten. Beim linken Einzug unterscheidet man noch den der ersten Zeile und den aller weiteren Zeilen.[*]

[*] *Die meisten Systeme erlauben eine ganze Reihe weiterer Einstellungen im Absatzformat.*

Hat man zuvor mit der Schreibmaschine oder mit Zeileneditoren gearbeitet, so ist dieses Prinzip eine wesentliche Umstellung, die man jedoch schnell verinnerlichen sollte. Texte werden mit den genannten Absatzeinstellungen und eventuell zusätzlich mit Tabulatoren formatiert und nicht, indem man den Abstand zwischen Absätzen mit Leerzeilen oder die Einrückung durch Leerzeichen setzt!

Dies mag zu Anfang etwas ungewohnt sein und auch aufwendiger erscheinen, aber nur diese Art von Formatierung ergibt mit DTP eine akzeptable Formatierung und auf Dauer effiziente Arbeitsweise. Nutzen Sie dabei die in allen DTP-Programmen und Textverarbeitungssystemen vorhandenen Stilvorlagen und den Mechanismus der Stil- und Absatzkataloge (die Bezeichnungen dafür sind von Programm zu Programm etwas unterschiedlich). Erst dies erlaubt Ihnen eine konsistente Formatierung und das problemlose Ändern.

Spätestens, wenn ein mit Leerzeilen formatierter Text über eine Seitengrenze hinausrutscht, rächt sich die Verwendung von Leerzeilen statt Abstandsvorgaben.

Kapitel 17
Tips und Hinweise

5. Falsche Satzzeichen

Durch den kleinen Zeichenumfang von Schreibmaschinen und des ASCII-Codes von Rechnern und durch schlechte Beispiele vieler DTP-Texte haben sich viele Anwender die Benutzung falscher Satzzeichen angewöhnt. DTP bietet elegantere Möglichkeiten und fordert hier eine Besserung. 'Text' oder "Text" oder gar "Text" als Anführungszeichen sind hier ebenso falsch wie ein orthographisch falsch geschriebenes Wort! Die einfachen An- und Abführungszeichen in deutschen Texten sind ‚…' oder ›…‹, die doppelten sind „…" oder »…«. Alles andere ist falsch und kaum entschuldbar!

Als Gedankenstrich darf nur der Halbgeviert-Strich benutzt werden (–), der Bindestrich (-) ist hier ebenso fehlerhaft wie der Geviertstrich (—); das Minuszeichen (–) ist länger als der Bindestrich, und Leerzeichen kommen immer nur einzeln vor, sowohl nach Satzzeichen als auch innerhalb eines Satzes! Auch Zahlen, Telefonnummern, Abkürzungen und andere typographische Situationen sollte man korrekt und mit Sorgfalt setzen.

Mit den Regeln von Kapitel 6 können Sie in diesem Bereich die schwersten Fehler vermeiden.

6. Schlecht gegliederte Texte

Der Text einer Publikation sollte klar gegliedert sein, um den Leser nicht zu verwirren oder gar abzuschrecken. Verwenden Sie deshalb Einzüge und versuchen Sie andererseits das Seitenbild nicht zu stark durch unnötige Abstände zwischen den Absätzen zu zerreißen.

Gestalten Sie Überschriften so, daß sie das Auffinden erleichtern und durch unterschiedliche Abstände nach oben und nach unten klar zeigen, zu welchem Abschnitt sie gehören. Vermeiden Sie bei technischen Büchern zu viele Gliederungsstufen. Eine vierstufige Überschriftengliederung sollte in den meisten Fällen reichen. Dies könnten drei Numerierungsstufen (etwa in der Art: 1, 1.1, 1.1.1) und ein Überschriftentyp ohne Nummern sein. Da Nummer und Text zwei relativ separate Informationskomponenten der Überschrift sind, sollten sie optisch deutlich abgesetzt sein. Dies wäre ein Halbgeviert als Minimum.

Kapitelanfänge bei größeren Dokumenten sollten ausreichend weißen Raum aufweisen, um sie deutlich zu kennzeichnen. Bei größeren Publikationen beginnen Sie Hauptkapitel auf einer neuen Seite. Erlauben Sie sich dazu auch freien Raum und einmal eine halbleere Seite.

Überprüfen Sie das fertige Dokument auf Hurenkinder und Schusterjungen und versuchen Sie, zu kurze Zeilenausläufe zu vermeiden.

17.2 Zehn typische Sünden beim DTP

7. Zu viele Stile

Nicht nur Schriftarten, Schriftschnitte, Schriftgrade oder die Satzausrichtung sind typographische Stilelemente, sondern ebenso die Strichstärke der Linien, die zwischen Textspalten, als Abgrenzung zwischen Abschnitten oder in Tabellen benutzt werden. Ja selbst die Art, wie Strichzeichnungen angelegt, wie Abbildungen und Tabellen im Gestaltungsraster plaziert werden, sind Stilelemente. Gehen Sie mit diesen so sparsam um, wie mit den Schriftstilen. Sparsam muß nicht geizig sein.

In Graphiken sieht man vielfach zu große Schriftgrade – insbesondere im Titel der Graphik. Dies ist unnötig, aufdringlich und stört of das Auge beim Erfassen der eigentlichen Graphik.

8. Zu wenig Rand und zu wenig weißer Raum

Insbesondere bei Sach- und Fachbüchern, wissenschaftlichen Arbeiten, Handbüchern und ähnlichen technischen Dokumentationen wird häufig der Fehler begangen, daß die Seiten zu voll sind, d.h. die Zeilen sind zu lang und die Stege zu schmal. Dies ergibt zum einen ein unharmonisches Bild, und andererseits möchten sich gerade bei dieser Art von Literatur viele Leser Randnotizen ins Buch machen, wozu dann oft kein Platz mehr bleibt.

Hier gilt es sorgfältig einen Kompromiß zu finden zwischen der vom Layout her möglichen Informationsmenge und dem typographischen Bild. Auf der einen Seite steht das Interesse des Autors, ein ausreichend großes Quantum an Information möglichst zusammenhängend auf einer Seite oder Doppelseite unterzubringen. Dies ist insbesondere beim Einsatz von Abbildungen und Tabellen erstrebenswert, so daß z.B. die Abbildung und die entsprechende Erläuterung zusammen erscheinen können. Auf der anderen Seite stehen die Anforderungen und Erfahrungen guter Typographie, die ausreichend breite Stege und ausreichend Gliederungsraum innerhalb des Textes verlangen.

9. Falsche und häßliche Trennungen

Bei keinem der heute verfügbaren DTP-Pakete ist die automatische Silbentrennung fehlerfrei und perfekt. Überprüfen Sie Ihr fertiges Dokument deshalb auf falsche, sinnentstellende und zu viele aufeinanderfolgende Trennungen. Drei bis vier in Folge stehende Trennungen sollten das Maximum sein! Versuchen Sie, Trennungen möglichst zu vermeiden, insbesondere in Überschriften, in

Marginaltexten und über Seitengrenzen hinweg. Erstellen Sie als Autor das Dokument mit DTP selbst, so können Sie oft durch kleine Wortumstellungen oder Kürzungen häßliche Trennsituationen vermeiden. In Präsentationsfolien sollten Trennung ganz fehlen.

Auch zu große Lücken im Text wirken wie eine optische Trennung. Daß zwischen zwei Worten nur ein (d.h. 1!) Leerzeichen stehen darf, ist selbstverständlich. Dies gilt ebenso nach dem Punkt am Satzende.

10. Falsche Sicherheit

Ein einigermaßen korrekt gestaltetes und auf dem Laserdrucker ausgegebenes Dokument beeindruckt fast jeden, der neu mit DTP in Kontakt kommt. Der dabei zunächst entstehende optische Eindruck ›fast wie gedruckt‹ schafft leicht die Illusion, das Dokument wäre bereits perfekt. Jedoch auch ein gut gestaltetes Papier kann noch viele typographische, sachliche und orthographische Fehler enthalten.

Verlassen Sie sich nicht auf die Rechtschreibprüfung des DTP-Systems, denn keines der heutigen DTP-Systeme bietet hier eine wirklich zuverlässige Lösung! Trotzdem kann die dort eingebaute Prüfung bereits zahlreiche Fehler auffinden.

Gerade beim ersten Einstieg in den DTP-Bereich wird man verleitet, mit den Möglichkeiten der Technik und der Gestaltung zu spielen und darüber die anderen notwendigen Arbeiten wie das wiederholte Prüfen und Korrekturlesen zu vergessen.

Denken Sie daran, daß Typographie, Bilder und Zeichnungen zwar ein sehr wichtiges Tansportmittel für Information sind, jedoch die Information selbst der Kernpunkt der Dokumente ist. Diese sollte korrekt und verständlich sein, d.h., das Gesamtprodukt kann nur dann hochwertig sein, wenn alle Teilkomponenten hochwertig sind, also Form und Inhalt!

Die Schreibweise zahlreicher Begriffe ist nicht absolut eindeutig, insbesondere wenn sie mit (oder ohne) Bindestrich geschrieben werden können. Legen Sie zu Beginn Regeln für spezielle Schreibweisen fest – und dokumentieren Sie diese. Bewährt hat sich ein Blatt mit der aufgeführten Schreibweise dieser speziellen Wörter. Dies sorgt für Konsistenz im Dokument – oder sogar über einzelne Dokumente hinweg.

Arbeitet man in einer Gruppe (oder für einen Verlag) ist auch festzulegen, ob die neue oder die alte deutsche Rechtschreibung gelten soll und ob englische Begriffe nach der englischen oder der amerikanischen Schreibweise geschrieben werden.

17.3 Tips zur Effizienz

Style-Guides – Formatvorlagen

Formatvorlagen oder *Style Guides*, wie die englische Bezeichnung für Formatvorlagen lautet, sind Definitionen zu Absatz-, Seiten- und zahlreichen weiteren Formaten. Ein *Format* hat dabei einen Namen und umfaßt eine Kollektion von Vorgaben. Beim Absatzformat sind dies beispielsweise die Schriftfamilie, der Schriftgrad, der Schriftschnitt, der Zeilenabstand im Absatz, der linke und rechte Einzug und zusätzlich der linke Einzug der ersten Zeile. Ebenso gehört Abstand zum vorhergehenden und nachfolgenden Absatz bei den meisten DTP-Programm dazu. Auch Teil dieser Definition ist die Ausrichtung des Absatzes (linksbündig, zentriert, rechtsbündig oder Blocksatz) und ob eine Silbentrennung stattfinden soll oder nicht. Ist die Silbentrennung aktiviert, spielt auch die Sprache eine Rolle – gibt sie doch die Silbentrennregeln vor.

Bei DTP-Programmen sind noch weitere Attribute vorhanden, etwa der mittlere Wortabstand, die Laufweite des Textes oder in wieviel aufeinanderfolgenden Zeilen eine Worttrennung auftreten darf. DTP-Programme bieten neben Formatvorlagen für Absatzformate auch solche für den Satzspiegel von Seiten und teilweise noch zusätzliche Zeichenformate, die einzelnen Wörtern oder kleinen Textstücken zugewiesen werden können.

Diese Formate, von denen jedes einen eigenen Namen hat, werden in Formatkatalogen oder Formatlisten abgelegt und können von dort abgerufen und einem Absatz, einer Seite oder einem Textstück zugewiesen werden. Das entsprechend formatierte Element erhält damit aber nicht nur die definierten Charakteristika, sondern auch den Formattyp. So lassen sich nun durch Ändern der Formatdefinition auch alle Seiten, Absätze, Tabellen oder Zeichenfolgen die mit dem entsprechenden Format angelegt wurden, konsistent und ohne weitere Arbeit anpassen. Solche Formate gibt es für Absätze, Zeichen bzw. Textstücke, Tabellen, Formeln, ganze Seiten und teilweise sogar für graphische Attribute – abhängig vom verwendeten DTP-Programm.

In einem Dokument sollten alle Absätze und Seiten unter Verwendung solcher Formate aufgebaut sein und nicht durch einzelne Einzüge, Ausrichtungen oder gar Leerzeilen oder -zeichen! Dazu müssen natürlich solche Formate für die unterschiedlichen in einem Dokument vorkommenden Elemente wie die verschiedenen Überschriften, Absatztypen, Listen usw. definiert sein.

Zu einer vollständigen Vorlage gehören, sofern das DTP-Programm dies bietet, Formate für:
- *Dokumentenseiten*
- *Verzeichnisse*
- *Index, Glossar, ...*
- *andere Anhänge*
- *Sonderseiten*
- *Absatztypen*
- *Zeichenformate*
- *Tabellen*
- *Formeln*
- *Farben*
- *Querverweise*
- *Graphikformate*
- *Ränder und Schmuckelemente*

sowie Festlegungen zur Art der Auszeichnungen.

**Kapitel 17
Tips und Hinweise**

Dies ist eine zunächst aufwendige Arbeit, denn der Begriff *Vorlage* bedeutet nicht, daß diese Stilelemente bereits vorliegen, sondern nur, daß sie als Vorlage für die Absätze eines Dokumentes verwendet werden! Zwar bieten alle DTP-Systeme bereits gewisse vordefinierte Stilelemente, die Erfahrung zeigt jedoch, daß diese selten ausreichen und oft dem eigenen Geschmack bzw. den Anforderungen eines Dokuments nicht entsprechen. Hier steht also der Schweiß vor der Freude.

Natürlich fertigt man solche Vorlagen nicht für jedes Dokument erneut an, sondern jeweils nur für eine Klasse von Dokumenten. Danach benutzt man die Vorlagen aus anderen Dokumenten oder aus externen Katalogen in weiteren Dokumenten der gleichen Art. Oft lassen sich auch einmal sorgfältig erstellte Vorlagen mit wenig Aufwand für neue Anforderungen abändern.

Machen Sie sich früh mit dem Vorlagenmechanismus Ihres DTP-Systems oder Ihrer Textverarbeitung vertraut. Diesen Mechanismus nicht zu nutzen, mag bei Anfängern entschuldbar sein – danach ist es schlicht Dummheit und fehlende Professionalität! Nur die konsequente Anwendung von einheitlichen Formaten ergibt bei größeren Dokumenten die für gute Typographie erforderliche Konsistenz. Einmal erstellt, bringen diese Vorlagen dramatische Effizienzvorteile, insbesondere dann, wenn systematische Änderungen notwendig werden.

Schöpfen Sie die Möglichkeiten Ihres Text- oder DTP-Systems hinsichtlich der Formatvorlagen soweit wie möglich aus. Viele typographische Forderungen lassen sich damit automatisieren. So bieten z. B. viele Systeme eine Absatzkontrolle, die Hurenkinder und Schusterjungen vermeidet.

Die Verwendung solcher Vorlagen bedeutet nicht, daß in begründeten Einzelfällen auch einmal für einen einzelnen Absatz oder eine einzelne Seite davon abgewichen werden kann oder daß in Problemfällen einmal für eine Zeile eines Absatzes abweichende Einstellungen notwendig sind. Fast alle Programme erlauben im Einzelfall solche individuellen Korrekturen. Gehen Sie jedoch sehr zurückhaltend damit um. Die Erfahrung zeigt, daß man es bei Änderungen dann später erneut korrigieren muß!

Legen Sie sich Graphiken und Graphikelemente, die Sie voraussichtlich häufiger brauchen, in eine Bibliothek oder ganz einfach in eine Datei zusammen.

Verwenden Sie viele Graphiken und Bilder, so lohnt sich die Verwendung eines Bildverwaltungsprogramms wie etwa *Cumulus* der Firma Canto oder *ThumbsPlus* der Firma Cerious Software. Das Auffinden und Verwalten der Bilder wird damit effizienter.

17.3 Tips zur Effizienz

Sonderzeichen

Einige Zeichen und Zeichenfolgen lassen sich über die Tastatur nur durch längere Zeichenfolgen oder Tastenkombinationen eingeben, die man sich nur schlecht merken kann. Hierzu zählen beispielsweise die unterschiedlich langen Divis-Zeichen und die verschiedenen Anführungszeichen. Dabei ist es oft vorteilhaft, wenn man zum Erfassen des Textes ein oder mehrere direkt auf der Tastatur liegende, sonst selten verwendete Sonderzeichen (etwa das #-Zeichen oder das §-Zeichen) benutzt. Ist der Text erfaßt, werden diese Zeichen dann systematisch mit der in allen DTP-Paketen (inzwischen) vorhandenen Suche/Ändern-Funktion gesucht und durch das richtige Zeichen ersetzt. So läßt sich beispielsweise auch das in technischen Dokumenten oft vorkommende »z.B.« oder das »d.h.« zunächst bei der Eingabe ohne Abstand oder mit einem vollen Leerzeichen schreiben und später durch die korrekte Version mit dem schmalen Abstand dazwischen ersetzen.

Alternativ können solche Zeichen und Abkürzungen auch auf Funktionstasten oder spezielle, gut merkbare Tastenfolgen gelegt werden – soweit das DTP-Paket oder das Betriebssystem eine solche Zuordnung unterstützt. Falls nicht, findet man in fast allen Systemen einfache Zusatzanwendungen für die Steuerung solcher Tastaturmakros.

Und schließlich hilft auch das Anlegen eines kleinen Spickzettels, auf dem die Tastenkombinationen häufig genutzter Sonderzeichen und eventuelle spezielle Schreibweisen vermerkt sind.

Von Anderen lernen

Nach dem Spruch »*Ein Dummkopf ist, wer von anderen nichts mehr lernen kann*«, sollte man versuchen, von anderen zu lernen. Dies können nicht nur Bücher, Kurse oder das Gespräch mit Fachleuten sein, sondern man kann auch aus der extremen Flut von Informationen in Form von Publikationen, Werbungen und anderen typographisch aufbereiteten Informationen etwas lernen. Schauen Sie sich deren Layout und Typographie an und versuchen Sie sich bewußt zu machen, was Ihnen daran gefällt und was Sie stört. Diese Frage ist oft gar nicht einfach zu beantworten, hilft jedoch enorm, das Auge und unsere Wahrnehmung zu schulen.

Betreibt man dies eine Weile, wird man bald Fortschritte machen und seinen Blick automatisch stärker auf die Typographie richten.

Gute Beispiele – da mit Aufwand und Liebe gemacht – findet man immer wieder in den Jahresberichten großer Firmen.

Insbesondere sind dort oft ansprechend gestaltete Tabellen, Diagramme und andere Graphiken zu finden.

**Kapitel 17
Tips und Hinweise**

17.4 Eine letzte Anmerkung

Das Buch ist nun fast zu Ende. Hier soll nochmals die Bemerkung der Einleitung wiederholt werden: »Ein Gefühl für gute Typographie zu entwickeln, ist schwierig und bedarf sowohl einer gewissen Begabung als auch viel Erfahrung«.

Wie beim Handwerk und bei vielen künstlerischen Arbeiten ist die Beherrschung der fundamentalen Regeln und Fertigkeiten die Voraussetzung für eine gute Arbeit; beherrscht man sie nicht, kann auch Begeisterung und Einsatz dies nicht ausgleichen. Zugegeben, es gehört auch ein bißchen Fingerspitzengefühl und ein guter *Graphischer Blick* zur guten Typographie, doch auch dies kann man üben und erlernen.

Man darf auch einmal typographische Regeln brechen, doch sollte man wissen warum, und was man damit erreicht. Es ist dann erlaubt, wenn es dem Leser dient und nicht dem Typographen, um sich zu profilieren!

Vermeiden Sie also *laute* Seiten, auffällige und allzu *bunte* Gestaltungen. Typographie ist gut, wenn sie nicht auffällt, denn dies zeigt, daß sie stimmig und harmonisch ist. Sie sollte eher zurückhaltend sein, oder wie Otl Aicher es ausdrückt:

»*Gute Typographie macht keine Geräusche beim Lesen.*«

Rat vom Fachmann

Wenn Sie unsicher sind, fragen Sie eine Fachfrau oder einen Fachmann. Der Rat spart oft viel Zeit und bringt zuweilen mit wenig Aufwand deutlich bessere Ergebnisse. Er wird zumeist gerne gegeben – häufig auch kostenlos. Selbst wenn er etwas kosten sollte, ist er fast immer billiger, als viel vertane Arbeit und Zeit oder wenn die schlechte Typographie die Mühe verdeckt, die in einer Publikation steckt.

Wenn Ihnen gute Beispiele beggenen – sei es in Berichten, Zeitschriften oder im Internet –, so analysieren Sie diese und stellen Sie sich die Frage, warum sie Ihnen gefallen. Bewahren Sie solche Beispiele auf – vorzugsweise auf Papier – und versuchen Sie, bei Ihrem nächsten Projekt Ideen und Konzepte daraus zu verwenden.

Anhang A

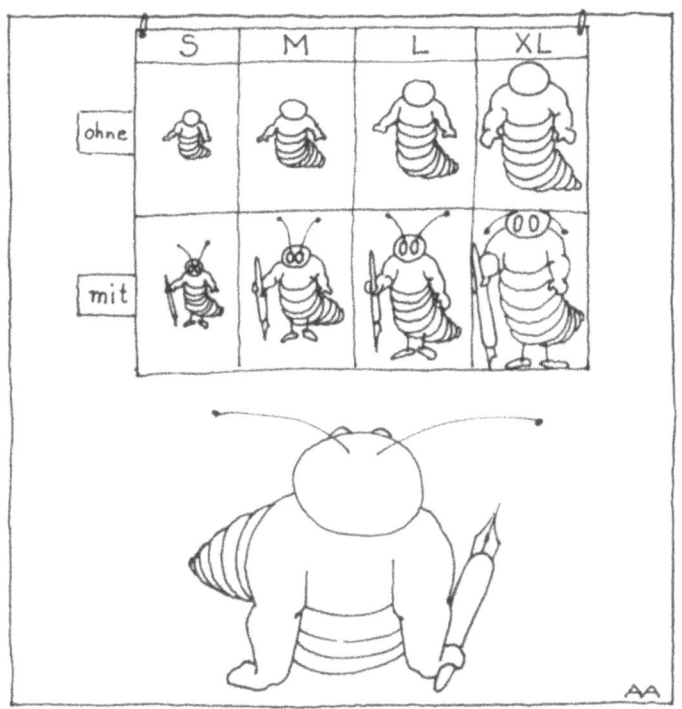

D ER Anhang enthält eine Reihe von Übersichten und Tabellen. Sie sind zum Arbeiten nützlich und ersparen dem Leser ein Suchen an verschiedenen Stellen. In den vorhergehenden Kapiteln wird wiederholt auf die hier aufgeführten Angaben verwiesen.

Anhang A
Übersichten

A.1 Alphabete

Die nachfolgende Tabelle zeigt für einige westliche Länder die Alphabete. Nicht alle hier aufgeführten Zeichen sind in allen DTP-Zeichensätzen vorhanden!

Tabelle A-1
Verschiedene Alphabete und ihre Zeichen. Die hier aufgeführte Folge gibt die Sortierreihenfolge an.

Deutsch	Englisch, Amerik.	Nieder- ländisch	Dänisch	Schwedisch	Norwegisch
A a Ä ä	A a	A a	A a	A a	A a
B b	B b	B b	B b	B b	B b
C c	C c	C c	C c	C c	C c
D d	D d	D d	D d	D d	D d
E e	E e	E e	E e	E e	E e É
F f	F f	F f	F f	F f	F f
G g	G g	G g	G g	G g	G g
H h	H h	H h	H h	H h	H h
I i	I i	I i	I i	I i	I i
J j	J j	J j	J j	J j	J j
K k	K k	K k	K k	K k	K k
L l	L l	L l	L l	L l	L l
M m	M m	M m	M m	M m	M m
N n	N n	N n	N n	N n	N n
O o Ö ö	O o	O o	O o	O o	O o
P p	P p	P p	P p	P p	P p
Q q	Q q	Q q		Q q	
R r	R r	R r	R r	R r	R r
S s ß*	S s	S s	S s	S s	S s
T t	T t	T t	T t	T t	T t
U u Ü ü	U u	U u	U u	U u	U u
V v	V v	V v	V v	V v	V v
W w	W w	W w			
X x	X x	X x		X x	
Y y	Y y	Y y IJ ij	Y y	Y y	Y y
Z z	Z z	Z z		Z z	
			Æ æ	Å å	Æ æ
			Ø ø	Ä ä	Ø ø
			Å å	Ö ö	Å å

* *Das ›ß‹ wird als ›ss‹ alphabetisiert bzw. sortiert.*

A.1 Alphabete

Die Listen zeigen nur die modernen Zeichen. Einige der Alphabete besitzen noch weitere Zeichen, die nur in älteren Texten vorkommen und hier nicht aufgeführt sind.

Lateinisch	Französisch	Italienisch	Spanisch	Portugiesisch
A a	A a À à Â â Æ æ*	A a À à	A a Á á	A a Á á À à Â â Ã ã
B b	B b	B b	B b	B b
C c	C c Ç ç	C c	C c Ch ch	C c Ç ç
D d	D d	D d	D d	D d
E e	E e É é È è Ê ê Ë ë	E e È è É é	E e É é	E e É é Ê ê
F f	F f	F f	F f	F f
G g	G g	G g	G g	G g
H h	H h	H h	H h	H h
I i	I i Î î Ï ï	I i Ì ì Î î	I i Í í	I i Í í
		J j		J j
		K k		
L l	L l	L l	L l Ll ll	L l
M m	M m	M m	M m	M m
N n	N n	N n	N n Ñ ñ	N n
O o	O o Ô ô Œ œ**	O o Ò ò Ó ó	O o Ó ó	O o Ó ó Ô ô Õ õ
P p	P p	P p	P p	P p
Q q	Q q	Q q	Q q	Q q
R r	R r	R r	R r	R r
S s	S s	S s	S s	S s
T t	T t	T t	T t	T t
U u	U u Û û Ü ü	U u Ù ù	U u Ú ú Ü ü	U u Ú ú Ü ü
V v	V v	V v	V v	V v
	W w			
X x	X x		X x	X x
Y y	Y y		Y y	
Z z	Z z	Z z	Z z	Z z

Tabelle A-2
Verschiedene Alphabete und ihre Zeichen.
Die hier aufgeführte Folge gibt die Sortierreihenfolge an.

* Æ und æ werden als ›Ae‹ bzw. ›ae‹ sortiert.

** Œ und œ werden als ›Oe‹ bzw. ›oe‹ sortiert.

Anhang A
Übersichten

A.1.1 Griechisches Alphabet

Tabelle A-3
Das moderne griechische Alphabet

Buchstabe	Name	Buchstabe	Name
Α α	Alpha	Ν ν	Ny
Β β	Beta	Ξ ξ	Xi
Γ γ	Gamma	Ο ο	Omikron
Δ δ	Delta	Π π	Pi
Ε ε	Epsilon	Ρ ρ	Rho
Ζ ζ	Zeta	Σ σ ς	Sigma
Η η	Eta	Τ τ	Tau
Θ ϑ	Theta	Υ υ	Ypsilon
Ι ι	Jota	Φ φ ϕ	Phi
Κ κ	Kappa	Χ χ	Chi
Λ λ	Lambda	Ψ ψ	Psi
Μ μ	My	Ω ω	Omega

A.1.2 Akzentzeichen

Tabelle A-4
Die in Europa benutzten Akzentzeichen

Zeichen	Name	Stellung	Beispiele
˙	Punkt	übergesetzt	İ i
´	Akut	übergesetzt	Á á É é Í í Ó ó Ú ú
`	Gravis	übergesetzt	À à È è Ì ì Ò ò Ù ù
˘	Halbkreis	übergesetzt	Ă ğ
ˆ	Zirkumflex	übergesetzt	Â â Ê ê Î î Ô ô Û û
ˇ	Haken (Háček)	übergesetzt	Ť ć
˜	Tilde	übergesetzt	Ã ã ñ Ñ Õ õ
˚	Ringelchen	übergesetzt	Å å ů
¨	Trema	übergesetzt	Ä ä Ö ö Ü ü Ï ï ÿ Ÿ
˝	Doppelakut	übergesetzt	Ő ő
˛	Cedille	übergesetzt	ģ
¸	Cedille	untergesetzt	Ç ç ş
˛	Krummhaken	untergesetzt	Ų ę
ʼ	Apostroph	nachgesetzt	ľ ď
/	Schrägstrich	durchgezogen	Ł
¯	Querstrich	übergesetzt	Ā ū
-	Querstrich	durchgezogen	Đ đ

A.1 Alphabete

A.1.3 Römische Zahlen

Römische Zahlen werden aus den folgenden sieben Bausteinen zusammengesetzt:

I = 1, V = 5, X = 10, L = 50, C = 100, D = 500, M = 1000

Das Vielfache einer dieser Grundeinheiten wird durch Nebeneinanderstellen der Zeichen angegeben, wobei maximal drei gleiche Zeichen nebeneinander stehen dürfen, also beispielsweise ›II‹ für 2 oder ›XXX‹ für 30. Danach wird die kleinere Einheit der nächst größeren vorangestellt und ist als Zahl dann von dieser abzuziehen, also z. B. ›XL‹ für 40, ›IX‹ für 9 oder ›XC‹ für 90. Hier wird maximal ein Wert abgezogen. Die Zahl 68 ergibt sich damit als ›LXVIII‹, 69 als ›LXIX‹. Die Jahreszahl 1992 schreibt sich also als ›MCMXCII‹ und die mit arabischen Ziffern geschriebene Zahl IIII als: MCXI. Zahlen über 50 000 kommen kaum vor.

Zahl	Römische Zahl	Zahl	Römische Zahl	Zahl	Römische Zahl
1	I	21	XXI	210	CCX
2	II	22	XXII	220	CCXX
3	III	30	XXX	300	CCC
4	IV	40	XL	400	CD
5	V	50	L	500	D
6	VI	60	LX	600	DC
7	VII	70	LXX	700	DCC
8	VIII	80	LXXX	800	DCCC
9	IX	90	XC	900	CM
10	X	100	C	1 000	M
11	XI	110	CX	1 100	MC
12	XII	120	CXX	1 200	MCC
13	XIII	130	CXXX	1 300	MCCC
14	XIV	140	CXL	1 400	MCD
15	XV	150	CL	1 500	MD
16	XVI	160	CLX	1 600	MDC
17	XVII	170	CLXX	1 700	MDCC
18	XVIII	180	CLXXX	1 800	MDCCC
19	XIX	190	CXC	1 900	MCM
20	XX	200	CC	2 000	MM

Tabelle A-5
Das römische Zahlensystem

Anhang A
Übersichten

A.2 Schreibregeln – Typo-Orthographie

A.2.1 Zahlensatz

sieben Mark
7,– DM

Kurze Zahlen im laufenden Text ausschreiben. Vor oder nach Abkürzungen als Ziffern schreiben. Zur Hervorhebung im Text als Ziffern setzen.

Flächenangaben

25 cm × 25 cm

Bei Flächenangaben zu beiden Werten die Maßeinheit angeben und das mathematische Multiplikationszeichen verwenden.

Ableitungen

8te, 30teilig

neue Rechtschreibung:

30-teilig

Bei Ableitungen ohne oder nur mit schmalem Zwischenraum (oder vergrößertem Zeichenabstand) setzen. Nach der neuen Rechtschreibung wird ›30-teilig‹ geschrieben!

Datumsangaben

24. 12. 92

1945/46

ISO-Norm R2014-1971:

1999-07-21

Komponenten einer Datumsangabe werden durch einfache oder besser nur durch schmale Leerzeichen separiert. Die Datumsangabe darf nicht getrennt werden. Der Jahreszahl folgt ein Punkt nur am Satzende. Von/bis-Angaben erfolgen bei Jahreszahlen durch den Schrägstrich: 1945/46.

Bei der folgenden internationale Norm (ISO R2014-1971) dürfen Stunden und Minuten entfallen; einstelligen Zahlen wird eine 0 vorangestellt: *Jahr-Monat-Tag-Stunde-Minute*

Einfache Formeln und Gleichungen

7 – 10 = –3

Bei einfachen Formeln kleiner Zwischenraum zwischen den Elementen. Vorzeichen werden ohne Abstand gesetzt und zwar **nicht** mit dem Divis (Bindestrich ›-‹), sondern mit dem etwas längeren mathematischen Minuszeichen ›–‹. Hierzu gibt man den Bindestrich

* *z. B. ›Symbol‹*

ein und setzt diesen danach in einem mathematischen Font.*

DIN- und ISO-Nummern

Bei mehr als 4 Ziffern:

DIN 75 314

DIN- oder ISO-Nummer mit mehr als 4 Stellen werden von rechts nach links in 3er-Gruppen durch schmalen Zwischenraum getrennt: DIN 16 507, ISO 75 31 4

A.2 Schreibregeln – Typo-Orthographie

Dezimalzahlen

Bei mehr als 4 Ziffern vor oder nach der Dezimalstelle, die Zahl zur besseren Lesbarkeit untergliedern; im Text durch schmales Leerzeichen (⅛- oder ¼-Geviert), in Tabellen durch ein Trennzeichen (Punkt oder Komma, je nach Sprache).

Land	Dezimal-bruch	Unter-teilung	Ordnungs-zahlen	Beispiel
Deutschland Österreich Schweiz	,	.	1., 2., 3.	1 000 000,00 1.000.000,00 3,751 2
England, USA, Kanada	.	,	1st, 2nd, 3rd, 4th 1., 2., 3., 4., …	1 000 000.00 1,000,000.00 3.751 2
Frankreich	,	.	1er, 2^e oder 1°, 2° 1., 2., 3., …	1.000.000,00 3,751 2
Italien	,	.	1°, 2° (männlich) 1^a, 2^a (weiblich) 1., 2., 3., …	1.000.000,00 3,75
Spanien	,	.	1°, 2° (männlich) 1^a, 2^a (weiblich) 1., 2., 3., …	1 000 000,00 1.000.000,00 3,751 2
Portugal	,	.	1.°, 2.° (männlich) 1.^{a}, 2.^{a} (weiblich) 1., 2., 3., …	1.000.000,00 1 000 000,00 3,751 2
Holland	,	.	1e, 2e, … 1., 2., 3., …	1 000 000,00 1.000.000,00 3,751 2
Dänemark	,	.	1ste, 2en, 1., 2., 3., …	1.000.000,00 3,751.2
Schweden	,	.	1e, 2e, … 1., 2., 3., …	1 000 000,00 1.000.000,00 3,751 2
Norwegen	,	.	1e, 2e, … 1., 2., 3., …	1 000 000,00 1.000.000,00 3,751 2

Tabelle A-6
Schreibweise von Dezimalzahlen in verschiedenen westlichen Ländern

Im deutschsprachigen Raum bei mehr als 4 Ziffern:

10 000,00
← 3 →

112,456 79
← 3 | 3 →

›‹ markiert ein schmales Leerzeichen (1/8- oder 1/4-Geviert).

Anhang A
Übersichten

Telefon-, Telefax- und Postfachnummern

bei mehr als 4 Ziffern:

(0 70 82) 6 80 04-24 6

bei mehr als 3 Ziffern:

Postfach 35 28

Telefon-, Telefax-, Postfachnummern bei mehr als 4 Ziffern von rechts nach links in Zweiergruppen mit schmalen Zwischenraum setzen. Die Vorwahl kann zusätzlich in Klammern geschrieben und durch einen kleinen Zwischenraum (mehr als zwischen den Ziffern) von der nachfolgenden Nummer getrennt werden. Die Vorwahl läßt sich alternativ durch einen Divis abtrennen: 089-6 80 04

Die Nebenstellennummer folgt der eigentlichen Nummer durch einen Divis oder Schrägstrich ohne weiteren Zwischenraum: (07 21) 6 80 04-24 5.

Kontonummern und Bankleitzahlen

(BLZ 666 118 56)
| 3 | 3 | 2 |

KT-NR. 8 800 690

Bankkonten von rechts nach links in 3er-Gruppen durch schmalen Zwischenraum untergliedern. Die 8stellige Bankleitzahl wird mit dem Kürzel BLZ in Klammern vor die Kontonummer gesetzt. Sie wird von links nach rechts in zwei 3er-Gruppen und eine 2er-Gruppe zerteilt. Zwischen Kontonummer und Bankleitzahl steht ein Viertelgeviert oder nicht-trennendes Leerzeichen.

(BLZ 700 700 10) 5 604 400
3 | 3 | 2 |

Postgiro:

2946 28-799
| 4 | 2 |

Bei Postgironummern die beiden letzten Ziffern der Vornummer durch schmalen Zwischenraum abtrennen. Diesem folgt, durch einen Bindestrich abgesetzt, die eigentliche Kontonummer. Bei der Postgironummer den Sitz der Postbank nicht vergessen.

Postbank Karlsruhe, Konto 2946 97-799
| 4 | 2 |

75210 Keltern

␣ = *nicht-trennendes Leerzeichen*

Postleitzahlen

Postleitzahlen werden in der Bundesrepublik mit fünf Ziffern ohne Untergliederung geschrieben.

Prozent- und Promillezeichen

45 %, 0,8 ‰
aber
100%iger Treffer

Prozent- und Promillezeichen im Standardfall durch einen kleinen Zwischenraum von der vorangehenden Zahl abtrennen; bei Ableitungen oder Wortbildungen entfällt der Abstand:

›3 % Alkohol, 7 ‰ Azeton ...,‹ aber: ›eine 2%ige Lösung aus ...‹.

A.2 Schreibregeln – Typo-Orthographie

Gradzeichen

Gradzeichen ° steht im Normalfall direkt hinter der Zahl. Bei Vorhandensein einer nachfolgenden Einheit wird es mit einem Leerzeichen von der Zahl getrennt und ohne Zwischenraum vor die Einheit gesetzt; also z. B.: *41␣°C* oder: *74␣°F.*

Wird die Einheit ausgeschrieben, so sollte auch Grad ausgeschrieben werden; also z. B.: *−4 Grad Celsius.*

12°␣Ost
41␣°C
72␣°F
−41␣Grad Celsius

Grad/Minuten/Sekunden
91°12' 20"

Paragraphen: §

Das Paragraphenzeichen wird von der nachfolgenden Nummer durch ein (nichttrennendes) Leerzeichen abgesetzt, diesem folgt – soweit vorhanden – nach einem weiteren Leerzeichen der Absatz. Eine Gliederung der Paragraphennummer findet nicht statt. Ist die Aussage ›*von § x bis § y*‹, so lautet die Schreibweise dafür: *§§ 415–444 ZPO.*

§␣238␣Abs.␣1␣HGB
oder
§␣238␣(1)␣HGB

§§␣415–444␣ZPO

Im Fließtext dürfen Abkürzungen, die für mehr als ein Wort stehen, nicht am Satzanfang stehen – der Satz darf also beispielsweise nicht mit ›Z. B.‹ beginnen. In Legenden oder knapp gehaltenen Fußnoten ist dies jedoch tolerabel.

Hingegen ist eine Abkürzung mitten im Satz zulässig, sollte in Aufsätzen oder ruhig laufenden Texten jedoch vermieden werden, da sie das Satzbild etwas zerteilen.

Bei Abkürzungen wie »S.« (für Seite) und »Nr.« (für Nummer), »Bd.« (für Band) oder »Anm.« (für Anmerkung) sollte die Abkürzung nur dann verwendet werden, wenn vor der Abkürzung weder ein Artikel noch eine Zahl steht.

Desgleichen darf ›Nummer‹ bei: ›*Die Nummer 8 hat …*‹ oder in dem Satzanfang ›*Die 8. Nummer …*‹ nicht abgekürzt werden; hingegen ist dies in ›*Siehe auch Nr. 3.*‹ erlaubt.

Maße, Gewichte und andere physikalische Einheiten erhalten keinen Abkürzungspunkt. Die Wertangabe wird bei ihnen in Ziffern gesetzt, wenn die Abkürzung verwendet wird und sollte ausgeschrieben werden, wenn man die Maßeinheit ausschreibt.

›*Beispielsweise schreibt man …*‹.

›*Dies wäre z. B. ….*‹

›*Siehe hierzu auch S. 128.*‹.

›*Die Seite 128 zeigt …*‹

Anhang A
Übersichten

Die nachfolgende Tabelle zeigt einige gängige Abkürzungen, weitere sind in [Duden/1] zu finden.

Tabelle A-7
Schreibweise einiger vielbenutzter Abkürzungen. Weitere sind in [Duden / 1] zu finden.

| markiert hier einen schmalen Zwischenraum (1/8-Geviert).

* neue deutsche Rechtschreibung

Abbildung	Abb.	
Anmerkung	Anm.	
Band, Bände	Bd., Bde.	
Nummer	Nr.	
Seite	S.	
vergleiche	vgl.	
und so weiter	usw.	ohne Zwischenraum
außer Dienst	a.|D.	reduzierter
das heißt	d.|h.	Zwischenraum
im allgemeinen	i.|allg.	(i.|Allg.)*
im engeren Sinne	i.|e.|S.	
und anderes, unter anderem	u.|a.	(u.|A.)*
und anderes mehr	u.|a.|m.	
und ähnliches	u.|ä.	
und vieles andere mehr	u.|v.|a.|m.	
und dergleichen mehr	u.|dgl.|m.	
über dem Meeresspiegel	ü.|d.|M.	
vorgelesen, genehmigt und unterschrieben	v., g., u.	
vor Christus	v.|Chr.	
siehe auch	s.|a.	
vom Hundert	v.|H.	oder %
vom Tausend	v.|T.	oder ‰
zum Beispiel	z.|B.	
zu Händen	z.|Hd.	
zum Teil	z.|T.	
zur Zeit (zurzeit)*	z.|Z.	(z.z. *oder* zzt.)*
geboren	*	oder *geb.*
weiblich	♀	oder *weibl.*
männlich	♂	oder *männl.*
verlobt	○	oder *verl.*
verheiratet	⚭	oder *verh.*
geschieden	⚮	oder *gesch.*
gestorben	†	oder *gest.*
gefallen	✕	oder *gef.*
begraben	⚰	oder *begr.*

A.2 Schreibregeln – Typo-Orthographie

A.2.3 Anführungszeichen

Sprache:	Anführungszeichen im Grundtext	Überschriften
Deutsch, Begriffe:	‚…'	„…"
” wörtliche Rede:	„…"	„…"
” Begriffe:	›…‹	»…«
” wörtliche Rede:	»…«	»…«
Englisch, Begriffe:	'…'	"…"
” wörtliche Rede:	"…"	"…"
Französisch, Begriffe:	‹ … ›	‹ … ›
” wörtliche Rede:	« … »	" … "
Schweiz, Begriffe:	‹…›	‹…›
” wörtliche Rede:	«…»	"…"
Italienisch:	« … »	"…„
Spanisch:	"…"	"…"
”	«…»	«…»
Portugiesisch:	«…»	"…"
Niederländisch:	"…"	"…"
Dänisch:	»…«	"…„
Schwedisch:	»…»	"…"
Norwegisch:	«…»	«…»

Tabelle A-8
Die Konventionen für Anführungszeichen in einigen europäischen Sprachen

| markiert hier einen schmalen Zwischenraum.

Apostroph (Auslassungszeichen)

Dem Apostroph als Auslassungszeichen ' am Wortanfang geht ein normaler Wortzwischenraum voran; bei vielen zusammengezogenen Wörtern steht es ohne Zwischenraum:
›Halt's Glück fest, wenn …‹, aber ›Doch 's kam ganz anders!‹.

Unterführungszeichen

Unterführungszeichen " steht in die Mitte des zu unterführenden Wortes. Zahlen nicht unterführen, sondern wiederholen:

```
 7 Einwohner von München-Perlach
 7     ”     ”    ”    Trudering
15     ”     ”    Oberpolding
```

**Anhang A
Übersichten**

A.2.4 Textstriche

Die Typographie kennt eine Reihe unterschiedlicher Textstriche:

Divis, Trennstrich	-
Gedankenstrich:	–
Geviertstrich:	—
math. Minuszeich.:	–

- ❑ Bindestrich und Trennstrich
- ❑ Gedankenstrich (auch *Spiegelstrich* genannt)
- ❑ Geviertstrich
- ❑ Minuszeichen (mathematisches Zeichen)

Der Gedankenstrich

Gedankenstrich: – Als *Gedankenstrich* wird der *Halbgeviertstrich* verwendet. Der Gedankenstrich wird zur Satzuntergliederung mit einem Leerzeichen davor und danach gesetzt:
›*Er sagte – und zwinkerte dabei – in ernsthaftem Ton, …*‹

Der Halbgeviertstrich wird auch für »von/bis« benutzt, jedoch
5–6 cm ohne oder nur mit einem sehr geringen Zwischenraum:
›*Hierzu reichen 3–4 cm …*‹

Auch als *Auslassungsstrich* bei Währungen findet der Gedanken-
DM 17,– strich Anwendung: »*DM 17,–*«.

Als *Streckenstrich*, steht der Halbgeviertsstrich ohne Zwischenraum zwischen den Streckenkomponenten:
»*Die Fahrt Hamburg–Mannheim …*«

Setzt man den Strich im Sinne ›gegen‹ ein, so wird auch hier der Halbgeviert-Strich benutzt, jedoch mit einem Zwischenraum davor und danach, wie etwa in:
»*In dem Fußballspiel Hamburg – Stuttgart gewann … *«.

A.2.5 Namen

J. H. Gulbins Abgekürze Vornamen und abgekürzte Titel vor Namen werden mit
Dr. T. Amon reduziertem Abstand (1/8-Geviert) gesetzt: *Dr. F. Mayer*.
Prof. Dr. h. c. Stark Namen – inklusiv der Titel- und Vornamenskürzel – sollten möglichst nicht getrennt werden. Ist eine Trennung nicht zu vermeiden, so sollte der abgekürzte Titel und/oder der abgekürzte Vorname zusammen mit dem ersten Teil des Namens stehen: *Prof. Dr. Obermaier*.

A.3 Maßeinheiten

Die wichtigsten typographischen Maßeinheiten sind:

Maßeinheit:	Abkürzung:	Größe:
Millimeter	mm	0,1 cm
Zentimeter	cm	10,0 mm 0,3937 Inch 28,35 DTP-Punkte 26,60 Didot-Punkte (alt) 26,66 Didot-Punkte (neu)
Inch	in oder "	25,4 mm 72 Pica-Points
DTP-Point	pt	1/72 Inch 0,3528 mm
(Pica-) Point		1/12 Pica 1/72 Inch (gerundet) 0,351 mm 0,01382 Inch
DTP-Pica	pc	1/6 Inch (genau) 12 DTP-Points 4,233 mm 0,16666 Inch
englisch/ amerikanisches Pica		1/6 Inch (gerundet) 12 Pica Points 4,217 mm 0,16665 Inch
Didot-Punkt	dd	0,376 mm (alt) 0,375 mm (neu)
DTP-Didot-Punkt*		0,376 mm 0,0148 Inch
Cicero	cc	12 Didot-Punkte 4,512 mm (alt) 4,500 mm (neu) 0,1776 Inch (alter C.)

Tabelle A-9
Typographische Maße und ihre Abkürzungen (hier in der FrameMaker-Schreibweise).
Die Abkürzungen unterscheiden sich bei den verschiedenen DTP-Programmen.

Anhang A
Übersichten

Umrechnungsfaktoren

Die nachfolgende Tabelle zeigt die wichtigsten Umrechnungsfaktoren.

Bezeichnung	Unterteilung	mm	Didot-Pt. alt	Didot-Pt. neu	DTP-Punkte	Pica-Points
Didot-Pt. alt	1,0 m / 2660	0,376	1,000	1,003	1,07	1,070
Didot-Pt. neu	1,0 m / 2660 gerundet	0,375	0,997	1,000	1,06	1,067
Cicero alt	12 Didot-Pt.	4,513	12,000	12,034	12,79	12,843
Cicero neu	12 Didot-Pt.	4,500	11,964	12,000	12,76	12,806
Konkordanz alt	4 Cicero	18,052	48,000	48,134	51,17	51,372
Konkordanz neu	4 Cicero	18,000	47,856	48,000	51,02	51,224
Pica-Point	35 cm / 996	0,3514	0,934	0,937	1,00	1,000
Pica	6 Points	2,108	5,605	5,621	5,98	6,000
DTP-Point	1/72 Inch	0,3528	0,938	0,941	1,00	1,004
DTP-Pica	1/6 Inch	4,230	11,248	11,280	12,00	12,038
Millimeter	1/1000 m	1,000	2,659	2,667	2,83	2,846
Quart	1/4 mm	0,250	0,665	0,667	0,71	0,711
Inch	2,54 cm	25,400	67,542	67,733	72,00	72,282

Tabelle A-10 Umrechnungsfaktoren

Zur Vereinfachung finden Sie auf den nachfolgenden Seiten direkte Umrechnungstabellen zu den beiden wichtigsten Maßeinheiten.

A.3 Maßeinheiten

Von Millimeter in typographische Einheiten

mm	DTP-Punkt	Pica-Point	Didot-Punkt alt	Didot-Punkt neu
1/10	0,28	0,28	0,27	0,27
1/4	0,71	0,71	0,66	0,67
1/2	1,42	1,42	1,33	1,33
1,0	2,83	2,85	2,66	2,67
1,5	4,25	4,27	3,99	4,00
2,0	5,67	5,69	5,32	5,33
2,5	7,09	7,11	6,65	6,67
3,0	8,50	8,54	7,98	8,00
3,5	9,92	9,96	9,31	9,33
4,0	11,34	11,38	10,64	10,67
4,5	12,76	12,80	11,97	12,00
5,0	14,17	14,23	13,30	13,33
5,5	15,59	15,65	14,63	14,67
6,0	17,01	17,07	15,95	16,00
6,5	18,43	18,49	17,28	17,33
7,0	19,84	19,92	18,61	18,67
7,5	21,26	21,34	19,94	20,00
8,0	22,68	22,76	21,27	21,33
8,5	24,09	24,18	22,60	22,67
9,0	25,51	25,61	23,93	24,00
9,5	26,93	27,03	25,26	25,33
10,0	28,35	28,45	26,59	26,67
20,0	56,69	56,90	53,18	53,33
30,0	85,04	85,36	79,77	80,00
40,0	113,39	113,81	106,36	106,67
50,0	141,73	142,26	132,96	133,33
60,0	170,08	170,71	159,55	160,00
70,0	198,43	199,16	186,14	186,67
80,0	226,77	227,61	212,73	213,33
90,0	255,12	256,07	239,32	240,00
100,0	283,46	284,52	265,91	266,67
200,0	566,93	569,03	531,82	533,33
300,0	850,39	853,55	797,73	800,00
400,0	1.133,86	1.138,07	1.063,65	1.066,67
500,0	1.417,32	1.422,58	1.329,56	1.333,33
600,0	1.700,79	1.707,10	1.595,47	1.600,00
700,0	1.984,25	1.991,62	1.861,38	1.866,67
800,0	2.267,72	2.276,14	2.127,29	2.133,33
900,0	2.551,18	2.560,65	2.393,20	2.400,00
1000,0	2.834,65	2.845,17	2.659,11	2.666,67

Tabelle A-11
Die Umrechnung von Millimeter in andere typographische Maße

Anhang A
Übersichten

Von DTP-Points in andere Einheiten

Tabelle A-12
Die Umrechnung von
DTP-Punkten in andere
typographische Maße

DTP-Punkte	mm	Pica-Point	Didot-Punkt alt	Didot-Punkt neu
0,5	0,18	0,50	0,47	0,47
1,0	0,35	1,00	0,94	0,94
2,0	0,71	2,01	1,88	1,88
3,0	1,06	3,01	2,81	2,82
4,0	1,41	4,01	3,75	3,76
5,0	1,76	5,02	4,69	4,70
6,0	2,12	6,02	5,63	5,64
7,0	2,47	7,03	6,57	6,59
8,0	2,82	8,03	7,50	7,53
9,0	3,18	9,03	8,44	8,47
10,0	3,53	10,04	9,38	9,41
11,0	3,88	11,04	10,32	10,35
12,0	4,23	12,04	11,26	11,29
13,0	4,59	13,05	12,19	12,23
14,0	4,94	14,05	13,13	13,17
15,0	5,29	15,06	14,07	14,11
16,0	5,64	16,06	15,01	15,05
17,0	6,00	17,06	15,95	15,99
18,0	6,35	18,07	16,89	16,93
19,0	6,70	19,07	17,82	17,87
20,0	7,06	20,07	18,76	18,81
22,0	7,76	22,08	20,64	20,70
24,0	8,47	24,09	22,51	22,58
26,0	9,17	26,10	24,39	24,46
28,0	9,88	28,10	26,27	26,34
30,0	10,58	30,11	28,14	28,22
32,0	11,29	32,12	30,02	30,10
34,0	11,99	34,13	31,89	31,98
36,0	12,70	36,13	33,77	33,87
40,0	14,11	40,15	37,52	37,63
50,0	17,64	50,18	46,90	47,04
60,0	21,17	60,22	56,28	56,44
70,0	24,69	70,26	65,66	65,85
80,0	28,22	80,30	75,04	75,26
90,0	31,75	90,33	84,43	84,66
100,0	35,28	100,37	93,81	94,07
200,0	70,56	200,74	187,61	188,14
300,0	105,83	301,11	281,42	282,22
400,0	141,11	401,48	375,22	376,29
500,0	176,39	501,85	469,03	470,36
600,0	211,67	602,21	562,83	564,43
700,0	246,94	702,58	656,64	658,50
800,0	282,22	802,95	750,44	752,58
900,0	317,50	903,32	844,25	846,65
1.000,0	352,78	1.003,69	938,06	940,72

A.3 Maßeinheiten

Weitere typographische Größenbezeichnungen

Bezeichnung	Didot-Punkte	mm	DTP-Point	Pica Points
Achtelpetit	1	0,375	1,063	1,067
Viertelpetit*	2	0,750	2,125	2,137
Brillant	3	1,125	3,189	3,205
Diamant, Halbpetit	4	1,500	4,252	4,273
Perl	5	1,875	5,315	5,342
Nonpareille	6	2,250	6,378	6,410
Kolonel, Mignon	7	2,625	7,440	7,479
Petit	8	3,000	8,503	8,547
Borgis, Bourgeois	9	3,375	9,566	9,615
Korpus, Garmond	10	3,750	10,629	10,684
Rheinländer, Brevier	11	4,125	11,692	11,752
Cicero	12	4,500	12,755	12,820
Mittel	14	5,250	14,880	14,957
Tertia	16	6,000	17,006	17,094
Paragon, 1,5 Cicero	18	6,750	21,258	19,230
Text	20	7,500	21,258	21,367
Doppelcicero	24	9,000	25,510	25,641
Doppelmittel	28	10,500	29,761	29,914
Kleine Kanon**	32	12,000	34,014	34,188
Kanon, 3 Cicero	36	13,500	38,265	38,461
Grobe Kanon	42	15,750	44,642	44,871
Konkordanz,*** 4 Cicero	48	18,000	51,020	51,282
Grobe Misal	54	20,250	57,398	57,692
Sabon (5 Cicero)	60	22,500	63,775	64,102
Grobe Sabon	66	24,750	70,153	70,513
Principal (6 Cicero)	72	27,000	76,530	76,923
Real (7 Cicero)	84	31,500	89,285	89,743
Imperial (8 Cicero)	96	36,000	102,040	102,564

Tabelle A-13
Verschiedene typographische Maßangaben (für Schriftkegelgrößen). Diese sind den DTP-Programmen unbekannt! Für die Umrechnung von Didot-Punkten in die anderen Maße wurde der neue Didot-Punkt (0,375 mm) angenommen.

* wird auch als ›Nonplusultra‹ bezeichnet.

** wird auch ›Doppeltertia‹ genannt.

*** wird auch ›Kleine Misal‹ genannt.

Anhang A
Übersichten

A.4 Schriftgrößen

Die nachfolgend angegebenen Maße haben das Format:

DTP-Punkte, Millimeter (Kegel), Versalhöhe (in mm).

Das Kegelbild zeigt vertikal die Schriftlinie (unten) und die Oberkante der Versalien. Die Werte gelten für die HELVETICA.

Abb. A-1
Die HELVETICA in unterschiedlichen Schriftgraden

Schriftbild	Kegel	Kegel		Versalh.
Hamburg		4 Pt,	1,4 mm,	1,0 mm
Hamburg		5 Pt,	1,8 mm,	1,2 mm
Hamburg		6 Pt,	2,1 mm,	1,5 mm
Hamburg		7 Pt,	2,5 mm,	1,7 mm
Hamburg		8 Pt,	2,8 mm,	2,0 mm
Hamburg		9 Pt,	3,2 mm,	2,2 mm
Hamburg		10 Pt,	3,5 mm,	2,5 mm
Hamburg		11 Pt,	3,9 mm,	2,6 mm
Hamburg		12 Pt,	4,2 mm,	3,0 mm
Hamburg		14 Pt,	4,9 mm,	3,5 mm
Hamburg		16 Pt,	5,6 mm,	4,0 mm
Hamburg		18 Pt,	6,6 mm,	4,5 mm
Hamburg		20 Pt,	7,1 mm,	5,0 mm
Hamburg		24 Pt,	8,5 mm,	6,0 mm
Hamburg		28 Pt,	9,9 mm,	7,0 mm
Hamburg		32 Pt,	11,3 mm,	8,0 mm
Hamburg		36 Pt,	12,7 mm,	9,0 mm
Hamburg		48 Pt,	16,9 mm,	12,0 mm

A.4 Schriftgrößen

Breitenbedarf verschiedener Schriften

Unterschiedliche Schriften laufen auch bei gleichem Schriftgrad unterschiedlich breit, d. h. die mittlere Zeichenbreite unterscheidet sich von Schrift zu Schrift. Dabei unterscheiden sich Schriften gleichen Namens aber verschiedener Hersteller. Die nachfolgend aufgeführten Zeichenbreiten wurden aus einem typischen Text gemittelt. Die Spaltenbreiten geben die Breite von Textspalten an, die jeweils im Mittel 45 bzw. 65 Zeichen bei 10 Punkt[*] aufnehmen können. Die Werte gelten für eine Laufweite von 0 (nicht gesperrt) und einen mittleren Wortabstand von ⅓ bis ¼ des Schriftgrads.

[*] in DTP-Punkten
Kegelmaß

Schriftart	gemittelte Zeichenbreite bei 10 Pt.	Spaltenbreite bei Schriftgrad 10 Pt. 45 Zeichen	65 Zeichen
ARIAL (MONOTYPE)	1,60 mm	73 mm	104 mm
AVANT GARDE[*]	1,84 mm	83 mm	120 mm
BAUER BODONI (ADOBE)	1,50 mm	68 mm	98 mm
BOOKMAN[*]	1,84 mm	83 mm	120 mm
COURIER[*]	2,15 mm	97 mm	140 mm
FRUTIGER (ADOBE)	1,62 mm	73 mm	105 mm
FUTURA (ADOBE)	1,46 mm	66 mm	95 mm
FUTURA CONDENSED (ADOBE)	1,07 mm	49 mm	70 mm
GARAMOND (ADOBE)	1,40 mm	63 mm	91 mm
GILL SANS (ADOBE)	1,40 mm	63 mm	91 mm
HELVETICA NARROW[*]	1,33 mm	60 mm	87 mm
HELVETICA[*]	1,69 mm	76 mm	110 mm
NEW CENTURY SCHOOLB.[*]	1,74 mm	78 mm	113 mm
PALATINO[*]	1,67 mm	75 mm	109 mm
ROCKWELL (ADOBE)	1,57 mm	71 mm	102 mm
STONE SERIF (ADOBE)	1,61 mm	73 mm	105 mm
TIMES[*]	1,51 mm	68 mm	98 mm
UNIVERS (ADOBE)	1,55 mm	70 mm	101 mm
WEIDEMANN (ADOBE)	1,39 mm	63 mm	91 mm
ZAPF CHANCERY[*]	1,31 mm	59 mm	85 mm

Tabelle A-14
Gemittelte Zeichenbreite (bei 10 DTP-Punkt) und Spaltenbreite bei jeweils 45 und 65 Zeichen je Zeile für unterschiedliche Schriften im Normalschnitt (d. h. Roman oder Book)

Bei den mit * markierten Schriften handelt es sich um die in den meisten PostScript-Druckern bereits vorhandenen Systemschriften.

**Anhang A
Übersichten**

A.5 Papierformate

Die meistverwendeten Papierformate in Deutschland richten sich nach der Norm DIN 476. Diese sieht mehrere Reihen vor: die A-Reihe für Drucksachen und Schreibpapier, die B-Reihe für Umschläge und die C-Reihe für Verpackungen. Daneben gibt es natürlich weitere Formate wie z. B. Rohbogenformate für Druckereien.

*Tabelle A-15
Größen der
DIN-476-Reihen*

Format	Reihe A in mm	Reihe B in mm	Reihe C in mm
0	841 × 1 189	1 000 × 1 414	917 × 1 297
1	594 × 841	707 × 1 000	648 × 917
2	420 × 594	500 × 707	458 × 648
3	297 × 420	353 × 500	324 × 458
4	210 × 297	250 × 353	229 × 324
5	148 × 210	176 × 250	162 × 229
6	105 × 148	125 × 176	114 × 162
7	74 × 105	88 × 125	81 × 114
8	52 × 74	62 × 88	57 × 81
9	37 × 52	44 × 62	40 × 57

Das Ausgangsformat A0 der Serie A ergibt genau die Fläche eines Quadratmeters und hat ein Seitenverhältnis von $1 : 1{,}14$ bzw. $1 : \sqrt{2}$. Die kleineren Formate ergeben sich aus den größeren jeweils durch Halbierung der Fläche.

*Abb. A-2
Unterteilungen der
DIN-Reihe A*

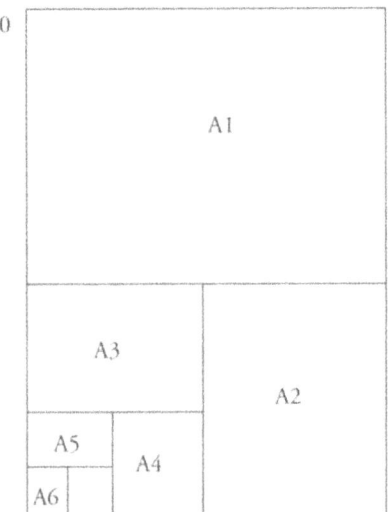

A.5 Papierformate

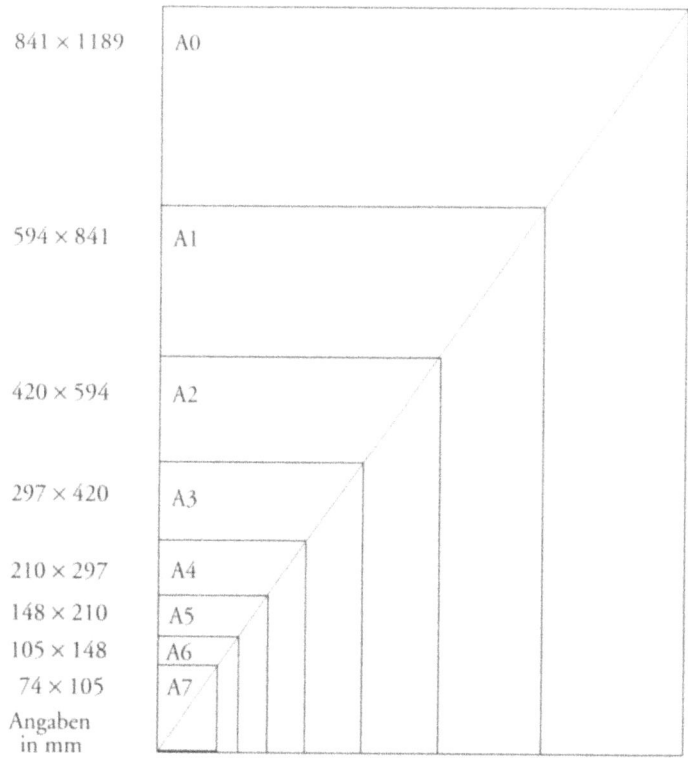

Abb. A-3
Maße der DIN-Reihe A
in Millimeter

Amerikanische Papierformate

Die wichtigsten amerikanischen Papiermaße für den DTP-Bereich sind:

Formatnamen	Größe in mm	Größe in Inch
Executive	184,1 × 266,7	7,2 × 10,5
US-Brief (Letter)	215,9 × 279,4	8,5 × 11,0
US-Lang (Legal)	215,9 × 355,6	8,5 × 14,0
Leger	421,8 × 279,0	17,0 × 11,0
Tabloid	279,4 × 431,8	11,0 × 17,0

Tabelle A-16
Größe der am häufigsten angebotenen amerikanischen Papierformate

**Anhang A
Übersichten**

Umschlagformate

Abbildung A-4 zeigt die in Deutschland üblichen Formate für Umschläge.

*Abb. A-4
DIN-Umschläge und die
Falzung des A4-Bogens*

Adreßfenster im Brief

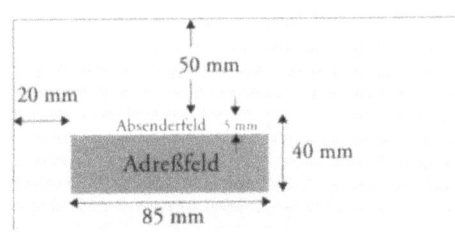

DIN-C5-Umschlag
(229 mm × 162 mm)

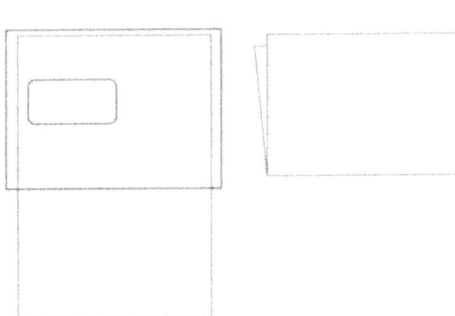

DIN-Langhülle
(218 mm × 114 mm)

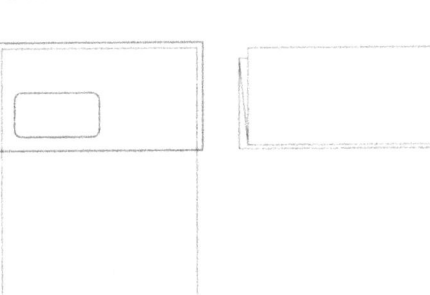

DIN-C6-Umschlag
(162 mm × 114 mm)

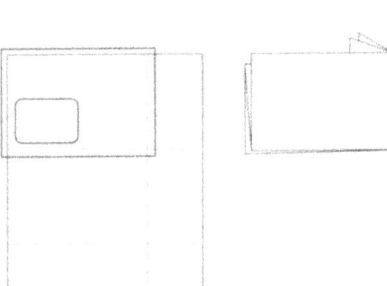

Bibliographie

Kapitel B

ZUM Thema Typographie gibt es eine ganze Reihe guter Bücher und Zeitschriften sowie zunehmend auch Informationen im Internet. In den bisherigen Kapiteln wurde bereits auf einzelne Werke und Ausschnitte verwiesen. Leider haben viele der Bücher den Nachteil, relativ teuer zu sein. Man sollte sich dadurch trotzdem nicht vom Kauf abhalten lassen, zumal sie fast immer recht aufwendig und ansprechend gemacht sind. Die Auswahl, Beurteilung und der Kommentar zu der aufgeführten Literatur wurde natürlich von den Autoren subjektiv getroffen.

**Kapitel B
Bibliographie**

B.1   Bücher

Aicher

Otl Aicher: *typographie*
Ernst & Sohn Verlag, Berlin, 1989.

Der erst 1991 verstorbene Otl Aicher war ein Typograph und Designer unserer Zeit. In seinem Buch *typographie,* das zweisprachig deutsch/englisch gesetzt ist, behandelt er das Thema Typographie von der Schriftgeschichte bis hin zur typographischen Gestaltung. Vor allem im letzten Teil sind Beispiele aus von ihm mitgestalteten Katalogen und Schriften zu sehen.

Neben der reinen Information versucht das Buch auch, die von ihm getragene und gelebte Philosophie zur Typographie und zum Design zu vermitteln. Leider ist das Buch etwas großformatig und deshalb unpraktisch beim Lesen.

Baeseler/Heck

Frank Baeseler, Bärbel Heck: *Desktop Publishing Gestaltung*
McGraw-Hill, Hamburg, 1989.

Dieses Buch konzentriert sich auf das Publizieren mit dem Rechner, ohne sich dabei auf ein bestimmtes DTP-Programm festzulegen. Es behandelt die Planung und die Arbeitsabläufe bei der Erstellung einer Publikation, befaßt sich mit den Themen Schrift, Satz, Satzgestaltung, Layout, Farbe und Materialien und geht in knapper Form auf Falz- und Bindetechniken ein.

Der Anhang enthält ein kleines deutsch/englisches Fachwörterbuch zur Typographie, was beim Studium englischer Handbücher hilfreich sein kann.

Baumann

Hans D. Baumann: *Handbuch digitaler Bild- und Filtereffekte*
Springer-Verlag, Berlin, Heidelberg, 1993.

Wer digitale Bilder bearbeiten und durch gezielte Effekte verändern möchte, der ist mit diesem Buch gut beraten. Es geht verständlich auf eine große Anzahl von denkbaren Bildeffekten ein und benutzt dabei Adobe Photoshop als Beispielprogramm.

B.1 Bücher

Blatner

David Blatner: *Desktop Publisher's Survival Kit*
Peachpit Press Inc, Berkeley, 1991.

Das Buch versucht dem Anwender im Dschungel des *Desktop Publishings* eine Überlebenshilfe zu sein. Dabei ist es auf den Macintosh mit seinen DTP-Programmen und Formaten ausgelegt. Neben der Erklärung der wichtigsten Graphik- und Schriftformate des MACs werden dem Leser zahlreiche Tips und Hinweise für das Arbeiten mit dem Rechner und den DTP-Programmen geliefert. Typische Problemsituationen werden besprochen und Auswege aufgezeigt. Das Buch enthält darüber hinaus eines Diskette mit einer Reihe nützlicher Dienstprogramme zum Konvertieren verschiedener Formate, zum Umrechnen der unterschiedlichen typographischen Maße, zur Handhabung von Schriften und einiges mehr. Das Buch steht auch in einer deutschen Fassung zur Verfügung.

Bosshard

Hans Rudolf Bosshard:
Technische Grundlagen zur Satzherstellung
Verlag des Bildungsverbandes Schweizer Typographen BST, Bern, 1980.

Das Buch ist Teil einer Reihe zur Ausbildung von Typographen und Setzern. Während sich der zweite Band von Bosshardt ›*Mathematische Grundlagen der Typographie*‹ mit der Mathematik im typographischen Bereich auseinandersetzt und eher als Mathematiklehrbuch für Setzer betrachtet werden kann, geht dieses Buch viel stärker und intensiver auf die eigentliche Typographie ein. Es verfolgt dabei den klassischen Ansatz, der mit der Schriftgeschichte und der Schriftenklassifizierung beginnt und behandelt danach ausführlich Alphabete, Sonderzeichen, die heute meist eingesetzten Schriften und die verschiedenen typographischen Maße. Auch Papier-, Bogen- und Druckformate werden besprochen. Dieses Thema behandelt es ausführlicher als alle anderen aufgeführten Bücher. Auch Satz- und Korrekturzeichen werden in diesem mit Bildern, Tabellen und technischer Information sehr dicht gepackten Buch beschrieben. Das Augenmerk des Autors richtet sich auf die klassische Ausbildung von Schriftsetzern, der größte Teil der Information gilt aber unverändert ebenso für den DTP-Bereich. Einige der hier angegebenen Regeln gelten jedoch nur in der Schweiz.

**Kapitel B
Bibliographie**

Cavanaugh

Sean Cavanaugh: *TypeDesign. Digitales Gestalten mit Schriften*
Midas Verlag AG, Zürich, 1999.

Das Buch aus der Midas-INSIDER-Reihe geht zunächst auf die technische Installation und Handhabung von Schriften auf Macintosh und Windows ein und behandelt dann die Regeln der digitalen Typographie. Danach werden Schrifteffekte und der Einsatz von Schrift in Graphiken und Postern mit den dazu verwendeten Programmen und Verfahren erklärt. Die anschließende Klassifikation der Schriften führt zahlreiche Schriftbeispiele sowie deren möglichen Anwendungsbereiche auf. Alleine die auf der dem Buch beiliegende Schriften[*] machen das Buch sein Geld wert.

* mehr als 200 Schriften sowohl im PostScript- als auch im TrueType-Format

Chicago

The Chicago Manual of Style
The University of Chicago Press, Chicago, 1993.

Dieses englischsprachige Handbuch beschreibt sehr detailliert die Regeln des Buchsatzes. Wer für den englischsprachigen Raum publizieren möchte, kommt um dieses Referenzwerk kaum herum. Auch für deutsche Publikationen kann es hilfreich sein, auch wenn sich nicht alles übernehmen läßt.

Collier

David Collier: *Desktop Design and Typography*
Addison-Wesley, New York, 1990.

Das Büchlein vermittelt auf sehr amerikanische, von der Aussage her (nicht vom Stil und der Illustration her) fast comichafte Weise die wichtigsten Grundzüge der Typographie für DTP. Jede Doppelseite hat ihr eigenes Design. Leider geht in dieser Art zuweilen die eigentliche Aussage unter. Ich würde mir die sonst gut ausgewählten Beispiele zuweilen weniger plakativ und mit mehr erklärendem Text wünschen.

Duden/1

Duden: *Die deutsche Rechtschreibung*
Dudenverlag, Mannheim, 1996.

Der Rechtschreibeduden enthält neben dem eigentlichen Lexikon am Anfang knappe und kompakte Regeln zur Rechtschreibung, Zeichensetzung, Formenlehre und Richtlinien für den Schriftsatz. Auch die Vorschriften zur Korrektur von

Manuskripten und den dabei zu verwendenden Korrekturzeichen sind hier zu finden.

Duden/5

Duden: *Satz und Korrekturanweisungen*
Dudenverlag, Mannheim, 1986.

Sachlich und recht trocken, jedoch kompetent und sehr kompakt behandelt dieses preiswerte Büchlein die Themen: Aufbau eines Manuskripts, Satzanweisungen, Formelsatz, Korrektur und Korrekturzeichen, Sonderzeichen, Schriften und Alphabete, sowie Richtlinien für den Fremdsprachensatz. Die hier aufgeführte Ausführung behandelt noch die alte Rechtschreibung.

Fontbook

Fontbook – Digital Typeface Compendium
Fontshop International, Berlin, 1998.

Dieses mehr als tausendseitige Font-Handbuch demonstriert ein enormes Font-Repertoire welches vom Fontshop angeboten wird. Es zeigt von welchem Hersteller und in welchen Schnitten die Schriften (Fonts) angeboten werden. Es gibt damit einen repräsentativen (wenn auch nicht erschöpfenden) Überblick zu professionellen Fonts. Kurze Druckbeispiele liefern einen ersten Eindruck des Schriften.*

* *Normal- und Display-Fonts, Symbol- & Pi-Fonts, Fonts mit osteuropäischen Zeichen*

Häßler

Ulrike Häßler, Frank Pfenning, Dietmar Wüller:
Digitale Fotographie. Von der Praxis zu den Grundlagen.
Springer-Verlag, Heidelberg, Berlin, 1998.

Hier wird das High-End digitaler Fotographie behandelt – sehr kompetent und doch gut verständlich. Der überwiegende Teil ist ebenso auf die Arbeit mit normalen Digitalkameras übertragbar, zumal sich die Bereiche schnell verschieben.

Hochuli/1

Jost Hochuli: *Kleine Geschichte der geschriebenen Schrift.*
Verlag Typophil, St. Gallen, 1991, Agfa Compugraphic-Reihe.

Die kleine, etwa 80seitige Publikation schildert kompakt, anschaulich und mit vielen Beispielen die Entwicklung der abendländischen Schriftgeschichte von den Römern bis ins 20. Jahrhundert.

**Kapitel B
Bibliographie**

Hochuli/2

Jost Hochuli: *Das Detail in der Typographie.*
Buchstaben, Buchstabenabstand, Wort, Wortabstand, Zeile, Zeilenabstand, Kolumne.
Compugraphic Corp., Wilmington (Mass.) USA, 1987.

Das in der Agfa-Compugraphic-Reihe erschienene, 40seitige Heftchen, beschreibt mit Beispielen die Themen, die im Untertitel aufgeführt sind und die man zur Mikrotypographie zählt. Das Büchlein ist empfehlenswert.

Hochuli /3

Jost Hochuli: *Bücher machen.*
Eine Einführung in die Buchgestaltung, im besonderen in die Buchtypographie.
Compugraphic Corp, Wilmington (Mass.) USA, 1989.

Das etwa 80seitige Heftchen, beschäftigt sich mit der Buchgestaltung und der Buchtypographie, angefangen von Überlegungen zum Buchformat über den Satzspiegel bis hin zur Umschlaggestaltung. Dabei werden auch Aussagen zu den unterschiedlichen Buchtypen gemacht. Dieses Heft stammt aus der Agfa-Compugraphic-Reihe.

Homann

Jan-Peter Homann: *Digitales Colormanagement.*
Farbe in der Publishing-Praxis
Springer-Verlag, Berlin, Heidelberg, 1998.

Ein sehr schön und sorgfältig gemachtes Buch zum Thema Farbmanagement, welches sowohl die Theorie (idealer und realer) Farben behandelt als auch auf die Farbmanagementsysteme und die Themen Druck und ICC-Geräteprofile eingeht. Auch das Thema Scannen von Farbe und die Einbettung der Farbprofile in Dokumente wird angemessen behandelt.

Khazaeli

Cyrus D. Khazaeli: *Crashkurs, Typo und Layout*
Rowohlt, Hamburg, 1995.

Das sehr preiswerte Taschenbuch führt zunächst in die Grundprinzipien der Typographie ein. Danach demonstriert es sie an Anwendungsbeispielen und zeigt schließlich, wie man sie in QuarkXPress umsetzt.

B.1 Bücher

Kraus/1

Helmut Kraus: *Digitales Fotografieren*
Mit Digitalkameras zum perfekten Bild
Addison-Wesley, Bonn, 1998.

Das Buch gibt eine verständliche Einführung in die Erstellung und Nachbearbeitung von Bildern aus einer Digitalkamera. Dabei geht Kraus sowohl ausreichend auf die Kameratechnik ein, verstärkt aber auf die nachfolgende Bildverarbeitung. Das Arbeiten mit digitalen Studiokameras – das High-End dieser Technik – ist besser in [Häßler] beschrieben.

Kraus/2

Helmut Kraus: *Scannen*
Mit Desktop-Scannern zum perfekten Bild
Addison-Wesley, Bonn, 1996.

Ein schön und kompetent gemachtes und reich bebildertes Buch zum Desktop-Scannen, welches in kompakter Form die Themen vom Scanner und Scannen über die Bildbearbeitung bis hin zur Farbseparation abdeckt. Dies alles ist nicht zu tief, dafür aber leicht verständlich beschrieben.

Luidl/1

Philipp Luidl: *Typographie, Herkunft, Aufbau, Anwendung*
Schlütersche Verlagsanstalt, Hannover, 1989.

Dieses recht aufwendig gemachte etwa 140 seitige Buch behandelt die Geschichte der Typographie, geht auf das Schriftzeichen und das Material dazu ein, führt vom Zeichen zum Satzbild einer Seite und streift die Buchherstellung. Einige Ideen und Konzepte unseres Buchs sind dem Buch von Luidl entliehen.

Luidl /2

Philipp Luidl: *Desktop Knigge*
te-wi Verlag, München, 1988.

Das Buch trägt den Untertitel: *Setzerwissen für Desktop-Publisher.* Hier wird in Form eines Nachschlagewerks versucht, das Wissen eines Setzers kurz und knapp für denjenigen aufzubereiten, der Dokumente auf dem Rechner publiziert. Dem sonst recht schön gemachten Büchlein (etwa 190 Seiten) fehlen ein wenig verbindende und erklärende Worte zwischen den Definitionen und Beschreibungen.

Merz /1

Thomas Merz: *Die PostScript- & Acrobat-Bibel*
Thomas Merz Verlag, München, 1996.

Dieses Buch ist zusammen mit dem vom gleichen Autor und Verlag stammenden Buch *Mit Acrobat ins World Wide Web* ein Muß für jeden, der sich intensiver mit PostScript und PDF beschäftigt.

Merz /2

Thomas Merz: *Mit Acrobat ins World Wide Web*
Effiziente Erstellung von PDF-Dateien und ihre Einbindung ins Web
Thomas Merz Verlag, München, 1998.

Wer im Internet mit PDF publizieren will, kommt um dieses Buch kaum herum. Es erklärt nicht nur detailliert das PDF-Format und die Werkzeuge darum herum, sondern gibt auch zahlreiche Hinweise und Tips zu Problemen.

Nöllke

Claudia Nöllke: *Präsentieren*
STS Verlag, Planegg, 1998.

Diese preiswerte Büchlein sagt kein Wort zur Typographie, befaßt sich aber recht übersichtlich mit (fast) allem anderen, was beim Präsentieren zu beachten ist, von den Präsentationsmedien über die richtige Ansprache an die Zuhörer bis hin zur anschließenden Diskussion und dem Umgang mit Fragen.

Nyman

Mattias Nyman: *4 Farben – ein Bild*
Grundwissen für die Farbbildbearbeitung mit DTP
Springer-Verlag, Berlin, Heidelberg, 1997.

Das Büchlein vermittelt verständlich, kompakt und übersichtlich das Wissen, welches man für die Ver- und Bearbeitung von Farbbildern besitzen sollte. Es vermeidet dabei allzuviel Theorie und zeigt an zahlreichen praktischen Beispielen die Möglichkeiten der Farbkorrekturen: Als Beispielprogramm wird überwiegend Adobe Photoshop verwendet.

Parker

Roger V. Parker: *Looking Good in Print*
Midas Verlag, Zürich, 1992.

Obwohl der Titel englisch lautet, liegt das Buch in Deutsch vor. Diese recht verständlich geschriebene Publikation wendet sich an den DTP-Laien. Nach einer netten Einführung in die Typographie mit ihren Grundregeln zeigt das Buch die Umsetzung der Regeln an einer Reihe von Beispielen aus dem Bereich der Hauszeitschriften, von Broschüren, Berichten und Formularen. Durch anschauliche Vorher-Nachher-Beispiele zeigt es, wie die Gestaltung verbessert werden kann, wann man die Regeln einhalten sollte und wann und wie man davon abweichen darf.

Renner

Paul Renner: *Die Kunst der Typographie*
Druckhaus Tempelhof, Berlin, 1948.

Obwohl das Buch schon recht alt ist, gelten die meisten Aussagen und Ratschläge heute so wie vor 45 Jahren. Dies zeichnet es, ähnlich wie das Buch von Tschichold, als einen Klassiker unter den Typographiebüchern aus. Obwohl sachlich, ist der Text leicht und teilweise unterhaltsam zu lesen. Leider ist die Auflage vergriffen und das Buch nur noch im Antiquariat zu finden.

Rüegg

Ruedi Rüegg:
Typographische Grundlagen: Gestaltung mit Schrift
Weltwoche-ABC-Verlag, Zürich, 1989.

Dieses großzügig und aufwendig gestaltete Buch zeigt in jeweils parallel laufenden deutschen und englischen Texten die Schrift als Designelement der Typographie. Es geht auch mit Beispielen auf den Einsatz der Schrift bzw. Typographie in der Werbung ein. Für jemand, der auch englische Schulungen oder Vorträge zum Thema DTP oder Typographie halten muß, ist dieses Buch neben der gut gemachten Grundinformation sicher eine Hilfe.

**Kapitel B
Bibliographie**

Schneider/1

Wolf Schneider: *Deutsch für Kenner*
Die neue Stilkunde
Rowohlt Verlag, Hamburg, 1994.

Nicht für Typographen, aber für Autoren, ist dieses Werk. Wer die Intoleranz Schneiders gegenüber schwer verständlichen Sätzen, Formulierungen, Ausdrucksweisen und unsinnigen Begriffen erträgt, für den ist dieses Buch lohnenswert. Man kann beim Lesen lachen, über Schneiders schneidende Kritik, über die zitierten Beispiele und über sich selbst – und sich dabei immer wieder an die eigene Nase fassen. Lehrreiches und Amüsantes sind hier vereint – ein seltener Fall bei Büchern.

Schneider/2

Wolf Schneider: *Deutsch fürs Leben*
Was die Schule zu lehren vergaß
Gruner + Jahr AG & Co, Hamburg, 1987

Eigentlich müßte es heißen *Deutsch für Schreibende*, denn Schneider fokusiert sich in diesem anschaulichen Büchlein stark auf das Schreiben und behandelt anhand von fünfzig Regeln, wie man als Autor dem Leser helfen und entgegenkommen kann. Er zeigt beispielsweise, wie Satzzeichenregeln oder Regeln zum Satz von Zahlen intelligent und leserfreundlich angewendet werden. Ein wirklich lehrreiches und trotzdem unterhaltsames Buch.

Schrader

Einhard Schrader, Joachim Biehne, Katja Pohley:
Optische Sprache
Vom Text zum Bild, Von der Information zur Präsentation
Windmühle GmbH, Hamburg, 1991.

Das als Arbeitsbuch bezeichnete Werk ist deutlich besser, als der erste Eindruck hinterläßt, der sich aus den fast ausschließlich mit Hand skizzierten Abbildungen ergibt. Das Buch geht dabei weniger auf die eigentliche Typographie, als vielmehr auf die didaktischen Aspekte einer Präsentation ein und legt sehr anschaulich dar, was bei der Kommunikation mittels Präsentationstechnik zu beachten ist. Es geht z. B. darauf ein, welche Diagrammform für bestimme Zahlen und Aussagen geeignet ist und wie wesentliche Informationen in Graphiken angeordnet und hervorgehoben werden.

B.1 Bücher

Setola

Geert Setola, Joep Pohlen: *Letterfontäne*
Fontana Verlag, 1996.

Hierbei handelt es sich um ein wunderschönes Schriftenbuch. Es gibt zunächst einen kompakten Überblick über die Geschichte der Schrift und zeigt dann sehr detailliert die Charakteristika und Erkennungsmerkmale von Schriften auf. Der Hauptteil aber besteht aus zahlreichen Schriftbeispielen mit jeweils einer kurzen Erklärung der Herkunft und Geschichte sowie Blindtext in den verschiedenen Schnitten der Schrift, die einen qualifizierten Eindruck der Schrift auch in unterschiedlichen Schriftgraden erlaubt.

Siemoneit /1

Manfred Siemoneit: *Typographisches Gestalten*
Polygraph Verlag, Frankfurt, 1989.

Manfred Siemoneit ist ein heute vor allem im Aus- und Weiterbildungsbereich aktiver Typograph. Während sein nachfolgend aufgeführtes Werk als in mancher Hinsicht veraltet betrachtet werden kann, faßt dieses Buch in sehr anschaulicher und übersichtlicher Form die heute geltenden Typographieregeln zusammen, gibt zahlreiche Beispiele, Anregungen und Hinweise. Das Buch beschränkt sich nicht nur auf die Typographie im Bereich des Desktop Publishing, sondern gilt ebenso für den Photo- und Bleisatz.

Siemoneit /2

Manfred Siemoneit, Wolfgang Zeitvogel:
Satzherstellung, Textverarbeitung
Polygraph Verlag, Frankfurt, 1979.

Dieses Handbuch wird als Lehrbuch in der Druckindustrie verwendet. Das recht umfangreiche und teilweise sehr detaillierte Buch ist auf die Ausbildung des Setzers ausgelegt. Es geht ausführlich auf Satztechniken ein. Der Teil, welcher Rechner und Rechnertechnik behandelt, ist leider sehr veraltet und in diesem Zusammenhang weitgehend überflüssig. Trotzdem ist dieses Buch für Setzer immer noch ein gutes Lehrbuch und in mancher Hinsicht eine wichtige Referenzquelle.

**Kapitel B
Bibliographie**

Spiekermann / 1
Erik Spiekermann:
Ursache & Wirkung: ein typographischer Roman
H. Berthold AG, Berlin, 1986.

Dieses Büchlein von Spiekermann, will neben der Wissensvermittlung unterhalten. Daraus ergibt sich auch der Untertitel ›Ein typographischer Roman‹. Daß Erik Spiekermann über Suppenhuhn und Gartenzaun schreibt, um Typographie verständlich zu machen, spiegelt die Urhaftigkeit des Berliner Typographen wieder. Dieses Buch liest sich entsprechend dem Titel wie ein Roman, der jedoch mit vielen schönen und überraschenden Bildelementen und Beispielen aufwartet.

Spiekermann / 2
Erik Spiekermann: *Studentenfutter oder:
Was ich schon immer über Schrift & Typografie wissen wollte,
mich aber nie zu fragen traute.*
Context GmbH, Nürnberg, 1989.

Das etwa 120seitige Heftchen von Erik Spiekermann versucht einige wichtige Typographieregeln anschaulich und in eine Art Kompendium zu verpacken. Dies wäre auch gelungen, wenn mehr über die Typographie und weniger Schriftbeispiele darin zu finden wären. Für die Schriftbeispiele ist das Format meinem Empfinden nach nicht geeignet, um die Schönheit der gewählten Schriften wirklich zur Geltung zu bringen. Dafür werden hier auch einmal etwas weniger bekannter Schriften am Beispiel von Blindtexten gezeigt.

Stiebner
Erhardt D. Stiebner: *Bruckmann's Handbuch der Drucktechnik*
Verlag Bruckmann, München, 1992.

Das Buch beschreibt recht anschaulich und ausführlich die heute üblichen Drucktechniken mit ihren technischen Randbedingungen und den dabei eingesetzten Maschinen und Materialien. Stiebner versteht es, zu viele technische Details zu vermeiden. Zahlreiche Illustrationen und Bilder machen es zu einem anschaulichen Lesestoff.
Die Informationen und Illustrationen zu den ›Drucktechniken‹ des vorliegenden Buchs stammen weitgehend aus diesem Buch des Bruckmann-Verlags.

B.1 Bücher

Tschichold / 1

Jan Tschichold: *Die neue Typographie*
Verlag Brinkmann & Bose, Berlin, 1987.

Tschichold löste 1928 mit den Aussagen dieses Buchs eine kleine Revolution in der europäischen Typographieszene aus. Leider ist das Reprint (eine Art Neuauflage) nicht sehr gut gemacht und in kleiner Schrift auf glänzendem hochweißen Papier gesetzt – eine Technik, die Tschichold selbst scharf kritisiert. Das Büchlein ist als Ergänzung zu Tschicholds Aufsätzen jedoch immer noch zu empfehlen.

Tschichold / 2

Jan Tschichold: *Ausgewählte Aufsätze über Fragen der Gestalt des Buches und der Typographie*
Birkhäuser Verlag, Basel, 1987.

Sowohl von den Aussagen zur Typographie wie auch vom Stil her ist dieses Buch ein Genuß. Es liest sich sehr leicht und die offenen und zuweilen provokanten Aussagen zur Typographie machen dieses Buch recht unterhaltsam. Obwohl bereits 1928 erstmalig erschienen, gelten fast alle Aussagen und Ratschläge heute noch – eine Eigenschaft, die einen Klassiker auszeichnet. Wer in der Typographie mitreden möchte, sollte diese Aufsätze gelesen haben.

Wagner

Anna Wagner, Guido Englich: *MAC Reiseführer, Grafik, Scannen, Typo und Layout in sechs erlebnisreichen Touren*
rororo Computertaschenbuch, Hamburg, 1991.

Dieses Buch ist für ca. 20 DM ein typographischer Leckerbissen und hat den Preis der Stiftung Buchkunst als eines der schönsten Bücher des Jahres 1991 verdient. Wenn ein Leser nicht genau weiß, wie eine Fachpublikation aussehen kann, dann findet er hier ein Beispiel: Es macht Lust auf Lesen. Inhaltlich führen sechs Touren durch die Welt des Macintoshs, begonnen beim Betriebssystem. Es geht weiter mit Graphikformaten, Werkzeugen, diversen Graphikprogrammen und deren sinnvollem Einsatz. Das Buch zeigt an Hand sehr guter Beispiele, welche Programme für welche Aufgabenstellungen zu benutzen sind. Scannen im Grundkurs gehört genauso zu den Themen wie die verfügbaren Softwareprogramme und deren Möglichkeiten. Es wird besprochen, wie Schriften am MAC entstehen, was digitalisierte Schriften sind und wie man mit ihnen umgehen sollte, ebenso was bei Farbe zu beachten ist und wie sie auf einem Macintosh gehandhabt wird.

Willberg/1

Hans Peter Willberg, Friedrich Forssman: *Lesetypographie.*
Verlag Hermann Schmidt, Mainz, 1997.

Wer lernen möchte, wie man die Lesbarkeit von Publikationen verbessern kann, der sollte sich dieses Werk zulegen. Es ist eines der umfassendsten zu diesem Thema, sehr sachlich, schön gestaltet, wenn auch etwas großformatig zum komfortablen Lesen. Das Buch geht auf fast alle Aspekte guter Typographie ein und setzt dabei die *Lesbarkeit* bzw. effiziente, dem Zweck angepaßte Informatsvermittlung in den Fokus.

Willberg/2

Hans Peter Willberg, Friedrich Forssman:
Erste Hilfe in Typographie
Ratgeber für den Umgang mit Schrift.
Verlag Hermann Schmidt, Mainz, 1999.

Dies ist ein mit etwa hundert Seiten recht kompakt gemachtes Büchlein zum Thema Typographie – eine Art Kurzversion seiner *Lesetypographie*. Durch die Kompaktheit gibt es dem Leser eine sehr übersichtliche und verständliche Form des Einstiegs und des Überblicks zum Thema Typographie, in der auf Überflüssiges verzichtet wird. Interessant sind seine Beispiele zum Druck von Schrift und Photos auf unterschiedliche Papiere.

Zelazny

Gene Zelazny: *Wie aus Zahlen Bilder werden*
Wirtschaftsdaten überzeugend präsentieren.
Verlag Dr. Th. Gabler, Wiesebaden, 1999.

Eine kompakte (ca. 160 Seiten) und gut angelegte Führung, wie man Wirtschaftsdaten in Diagrammen darstellt. Die Beispiele sind auch über Wirtschaftsdaten hinaus anwendbar, so daß dies ein nützlicher Ratgeber für den Aufbau und die Gestaltung von Diagrammen ist. Farbe wird hier als unterstützendes, nicht als gestaltendes Element eingesetzt.

PAGE

Monatszeitschrift, ISSN 0935-6274
MACup Verlag GmbH, Hamburg.

Die Page ist eine monatlich erscheinende deutsche Zeitschrift zu den Themen Typographie, DTP und Satzwesen, wobei der Schwerpunkt sicher auf dem Bereich des Desktop Publishings liegt. Die selbst für den Nicht-Typographen sehr verständlich geschriebenen Beiträge beleuchten dabei die DTP-Szene weitgehend systemneutral (PC, Macintosh, UNIX) und gehen, wenn auch seltener, ebenfalls auf Spezialsysteme ein. Die Zeitschrift berichtet über Trends, Produktneuvorstellungen und bringt auch (relativ kurze) Produktbeschreibungen.

Desktop Dialog

Monatszeitschrift, ISSN 0936-8833
Desktop-Verlag GmbH, Rödermark.

http://www.desktop-dialog.de

Schwerpunkte der systemneutralen Publikation sind ausgereifte und herstellerunabhängige Hard- und Softwaretests. Sie enthält gute Berichte von Messen und internationalen Veranstaltungen, daneben Serien über Basiswissen (z.B. PostScript, Belichter, Drucker). Der technische Bereich steht dabei im Vordergrund. Themen wie die Erstellung von technischen Publikationen, die Vorstellung neuer CAD/CAM-Programme oder Hintergründe zur besseren Benutzung der Betriebssysteme gehören zum Standardumfang. Ein immer wieder gern bearbeitetes Thema ist die Farbbildverarbeitung, die mit kritischen Augen beobachtet wird.

Publishing Praxis

Monatszeitschrift, ISSN 0948-1931
Verlag Deutscher Drucker Verlagsgesellschaft mbH & Co. KG
Riedstraße 25, 73760 Ostfildern.

http://www.publish.de

Die Zeitschrift wendet sich eher an den Profi aus der PrePress-Praxis als an den typischen DTPler. Die Testberichte zu den Prepress-Produkten sind tiefergehend als bei den obigen Publikationen. Daneben gehören Produktneuankündigungen, Produktübersichten und Erfahrungsberichte zum Themenbereich ebenso wie die Behandlung neuer PrePress-Technologien.

Kapitel B
Bibliographie

B.3 Informationen im Internet

Bitte berücksichtigen Sie, daß sich Internet-Adressen schnell ändern oder nicht mehr verfügbar sein können. Ein großer Teil der Information im Internet ist in englischer Sprache (durch ^{e} gekennzeichnet).

Das Internet ist eine wichtige Informationsquelle. Hier sind nicht nur zahlreiche Papiere, Mailing- und News-Gruppen zu Themen rund um Typographie und DTP zu finden, sondern es werden ebenso Bildmaterial und Schriften über das Web vertrieben und teilweise sogar kostenlos angeboten.

[CMS]   Informationen zu Color-Management-Systemen:
CMS Konzeptbeschreibung von Adobe:^{e}
http://www.adobe.com/support/techguides/photoshop/cms3
Guter Aufsatz von M. Has zum Thema CMS:^{e}
http://www.color.org/wpaper.html
Apple Colorsync:^{e}
http://www.apple.com/colorsync/benefits/training
Links zu CMS-Firmen und Web-Seiten:
http://www.colormanagement.de
Colorize:^{e*}
http://www.colorize.com

* mit Beispielen zur Farbgestaltung

[Fonts]   Hier finden Sie allgemeine Informationen zu Fonts, gut kommentierte weitere Links zu diesem Thema und teilweise freie Fonts.
Bei einigen Anbietern von Schriften kann man Fonts auch direkt über Internet kaufen:
Adobe:^{e}
http://www.adobe.com/type
Agfa:^{e}
http://www.agfastudio.com/agfastudio/fonts
Berthold:^{e}
http://www.bertoldtypes.com
Bitstream:^{e}
http://www.bitstream.com/products/world
Dsgnhaus:^{e}
http://www.dsgnhaus.com/fonts
Emigre:^{e}
http://www.emigre.com
Fontbureau:^{e}
http://www.fontshop.de
Fontshop:
http://www.fontshop.de

B.3 Informationen im Internet

Fontzone:[e]
http://ww2:fontzone.com
ITC:[e]
http://www.itcfonts.com/itc/fonts
Letraset:[e]
http://www.letraset.com
Linotype:[e]
http://www.linotypelibrary.com
Microsoft:[e]
http://www.micrososft.com/typography/links
Monotype:[e]
http://www.monotype.com
Precisiontype:[e]
http://www.precisiontype.com
Typeright:[e]
http:/www.typeright.com
URW++:
http://www.urw.de
Will-Haris:[e]
http://www.will-harris.com/type.htm

[PDF] Viel nützliche Information und Werkzeuge rund um das Adobe Acrobat-Format bzw. PDF:[e]
http://www.adobe.com/products/acrobat
http://www.pdfzone.com
http://www.pdflib.com

[Typo] Informationen und Links zum Thema *Typographie*
Microsofts Information zur Typographie:[e]
http://www.microsoft.com/typography
Will-Haris:[e*]
http://www.will-haris.com/sites.htm
Desktop-Publishing:
http://www.desktoppublishing.de
Digital Publisher Online:
http:/www.corelmag.co.at/Verlag/DigitalPublisher/digitalpublisher.htm
Desktop Publishers Journal:[e]
http://www.dtpjournal.com
Color Matters:[e]
http://www.colormatters.com/colortheory.html
A3W Multimedia:
http://www.a3w.de/webcolor/

* mit vielen weiteren kommentierten Links

**Kapitel B
Bibliographie**

B.4 Typometer bzw. Typomaß

Unter einem *Typometer* versteht man heute gemeinhin eine Art Maßstab in Form eines transparenten Plastiklineals, mit dem Entfernungen, Abstände, Strichstärken und auch Schriftgrößen gemessen werden. Es gibt sie für verschiedene Maßsysteme und Arbeitsumgebungen. Arbeitet man häufiger typographisch, ist ein solches Werkzeug unerläßlich!

Korrekterweise ist ein Typometer eine Schieblehre zum Messen von Bleikegeln und das oben beschriebene Gerät ein *Typomaß* – die meisten Anwender benutzen jedoch für das Gerät den Begriff *Typometer*.

Typometer werden von verschiedenen Firmen angeboten, wie beispielsweise von Aristo oder Staedler. Einige Satz- und Belichtungsstudios haben selbst solche Typometer entworfen und stellen diese ihren Kunden gegen einen Unkostenbeitrag zur Verfügung.

** siehe:
http://www.macup.de*

Ein recht gut gemachtes Typometer für den DTP-Bereich wurde vom MACup-Verlag herausgebracht.[*] Mit ihm lassen sich Größen und Abstände in Millimeter, Inch und DTP-Pica-Punkten messen, Zeilenabstände und Schriftgrade ermitteln und Strichstärken vergleichen. Ein kleines Beiheft erläutert anschaulich den Gebrauch des Typometers und faßt die wichtigsten typographischen Regeln zusammen.

*** siehe:
http://www.fontshop.de*

Ein ähnliches Typometer wird vom Fontshop vertrieben.[**] Bei ihm findet man auch ein sehr umfangreich und praktisch gemachtes Schriftenbuch, das sogenannte *Fontbook*.

Glossar

Anhang C

Abbreviatur   Abkürzung, bei der Wort- oder Zeichenfolgen zu einem Kürzel verschmolzen werden. So ist das Zeichen ›&‹ beispielsweise eine Abbreviatur für ›et‹.

Abführung   Hierunter versteht man das schließende *Anführungszeichen* der jeweiligen Sprache. Für die deutsche Sprache können dies " oder ' sein. Bezieht man die französischen Anführungszeichen mit ein, so sind es auch ‹ und « .

Absatz   Logisch und im Satzbild zusammengehöriges Textstück. Bei DTP-Programmen erhält der Text eines Absatzes einheitliche ↑*Ausrichtung*, ↑*Grundschrift* und ↑*Schriftgrad*.

Glossar Abstand

Abstand	Freier Raum ober- und/oder unterhalb eines Absatzes
Achselhöhe	Höhe eines Zeichens vom Fuß bis zum Kopf
Acrobat	Ein Softwarepaket von Adobe mit Werkzeugen zur Erzeugung, Volltext-Indexierung und Anzeige von Dokumenten im ↑*PDF*-Format.
Akzente	Strichzeichen über oder unter dem eigentlichen Buchstaben. Während die englische Schrift keine Akzentzeichen kennt, benötigen fast alle europäischen Sprachen Akzente; die wichtigsten sind:*

* Für weitere Akzentzeichen siehe Anhang A.1.2, Tabelle A-4.

´ ` ^ ¨ · ˜

Akut   Gravis   Zirkumflex   Trema   Punkt   Tilde

˚ ˘ ¯ ¸

Ringelchen   Halbkreis   Querstrich   Cedille

Akzidenzsatz	Gelegenheitsdrucksache wie Prospekte, Visitenkarten, Briefbögen. Diese benötigen in der Regel spezielle, individuelle Gestaltungen. Der Satz von Zeitschriften und Büchern wird hingegen ↑*Werksatz* genannt.
Andruck	Erster Ausdruck (im endgültigen Druckverfahren) für eine Publikation. Erst nach Freigabe des Andrucks darf der eigentliche Druck erfolgen. Der Freigabevermerk heißt *Imprimatur*.
Anführungen	Öffnendes Anführungszeichen der jeweiligen Sprache. Die senkrechten Anführungszeichen „..." werden auch als *Gänsefüßchen* bezeichnet. Bei den schließenden Anführungszeichen spricht man von der ↑*Abführung*.
Antiqua	Dies sind ↑*Serifenschriften*, deren Form sich aus der römischen Capitalis-Schrift ableitet. Die Großbuchstaben (*Versalien*) sind der römischen Schrift entlehnt, die Kleinbuchstaben (↑*Gemeine*) der karolingischen ↑*Minuskel*. Neben den ↑*Serifen* ist eine wechselnde Strichstärke typisches Merkmal der Antiqua-Schriften.

**Anhang C
Auflösung**

Auflösung Anzahl der Bildpunkte (Pixel) je Streckeneinheit. Diese wird in dpi (*dots per inch* bzw. *Punkte pro Zoll*) oder in Punkte pro Zentimeter (P/cm) angegeben. Laserdrucker haben eine typische Auflösung von 600 bis 1200 dpi, Laserbelichter von 2400 bis 3600 dpi.

Ausgleich Verändern des Abstands zwischen zwei benachbarten Zeichen oder Wörtern, so daß ein harmonisches Schriftbild entsteht. Dies kann durch ↑*Unterschneidung* oder ↑*Sperren* erreicht werden und wird auch ↑*Kerning* genannt.

Auslauf Letzte Zeile eines Absatzes. Diese hat in den meisten Fällen nicht die volle Zeilenlänge (Zeilenbreite). Typographisch ist sowohl ein zu kurzer Auslauf unerwünscht (insbesondere wenn er kürzer als der Einzug der nachfolgenden Zeile ist) als auch ein zu langer (d.h. ein Auslauf, der die volle Zeilenlänge erreicht). Der verbleibende freie Raum der Zeile wird als *Ausgang* bezeichnet.

Auspunktierung Das Auffüllen des leeren Raums zwischen zwei Einträgen einer Zeile durch Punktzeichen.
In den DTP-Programmen werden diese Punkte *Führungszeichen* genannt. Solches Auspunktieren wird häufig im Inhaltsverzeichnis eingesetzt:
Glossar 239

Ausrichtung Art der Plazierung von Textzeilen in einer Spalte oder auf einer Seite. DTP-Programme bieten hier die Ausrichtung ↑*linksbündig* und ↑*rechtsbündig*, das ↑*Zentrieren* und den ↑*Blocksatz* an, jeweils mit oder ohne Silbentrennung.

Ausschießen Anordnung der Einzelseiten einer Publikation in Druckformen. Beim Druck werden in der Regel mehrere Dokumentenseiten auf einen Druckbogen (großformatiges Papier) gedruckt. Dieser Bogen wird danach gefalzt und beschnitten. Siehe hierzu Kapitel 15.2.2.

Ausschließen Siehe *Ausschluß*.

Ausschluß Die Art, wie der Text eines Absatzes ausgerichtet ist. Üblich sind hier links- und rechtsbündige Ausrichtung, Satz auf Mittelachse (zentriert) oder Blocksatz.

Außensteg Steg einer Seite, der dem Falz gegenüber liegt. Siehe auch *Steg*.

Aussparung Eine Fläche in einem Volltonfarbauszug, die für ein Element eines anderen Farbauszugs freigelassen wird.

Auszeichnen 1. Die Angabe von Schrift- und Satzanweisungen in einem Manuskript. Nach ihnen erfolgt später der Satz. Beim Auszeichnen sollten Schriftart und Schriftgrad, Laufweite, Zeilenabstand, Spaltenbreite und Anzahl der Zeilen (der Werkschrift) auf der Seite vorgegeben werden. In den meisten Fällen kommen weitere Angaben hinzu. Siehe hierzu Kapitel 13.1.
2. Angabe der Hervorhebungen im Text

Auszeichnung Hervorhebung von Textstücken durch Modifikation der Schrift oder des Schriftschnitts. Üblich sind **fetter** oder *kursiver* Satz, S p e r r e n oder K a p i tälchen. Daneben gibt es weitere Möglichkeiten.

Auszeichnungsschrift Schriftart für Textstücke, die wie Überschriften hervorgehoben werden sollen. Häufig wird hier ein Antiqua/Grotesk-Schriftartwechsel zur Grundschrift, ein fetter Schnitt oder eine dekorative Schrift benutzt.

Belichten Übertragen des Seitenbildes aus dem Format einer ↑*Seitenbeschreibungssprache* auf einen Film, bei DTP mittels eines Laserbelichters.

Bibliotheken Hierunter versteht man im DV-Bereich eine Sammlung gleichartiger Objekte (z. B. von Graphiken, Formaten, Programmstücken) in einer Datei. Die Datei hat in der Regel ähnlich wie eine reale Bibliothek ein Verzeichnis der in ihr enthaltenen Objekte.

Beschnitt	1. Jener Teil eines Bildes oder einer Graphik, der über den Seitenrand hinausragt und später beim fertigen Buch weggeschnitten wird. In der Regel wird hier ein Überstand von 3 mm verlangt. 2. Teil des Druckbogens, der nach dem Falzen beim Schneiden wegfällt. In diesen Bereich wird beispielsweise die ↑*Bogensignatur* gelegt.
Beschnittmarke	Marke, welche die Seitengrenze anzeigt und zum Beschneiden bzw. *Trimmen* des fertigen Buchs benutzt wird.
Bildpunkt	Einzelner Punkt bzw. einzelne Informationseinheit eines Rasterbilds. Siehe *Pixel*. Die Tiefe des Bildpunktes kann von 1 Bit (bei Schwarzweiß-Strichzeichnungen) bis zu 24 Bit (3 Grundfarben zu je 8 Bit) reichen.
Bilderschrift	Dies ist eine frühe Entwicklungsstufe der Schrift. Sie ist noch älter als die Wort- oder Silbenschrift. In ihr werden Informationen, ähnlich zu den heute verwendeten Ikonen und Piktogrammen, durch Bildsymbole repräsentiert. Unsere modernen Piktogramme und Verkehrsschilder nähern sich wieder diesem Konzept, allerdings mit anderer Intention.

Abb. C-1
(Oben) Ägyptische Hieroglyphen. Dies ist bereits der Übergang zur Symbolschrift.

(Unten) Unsere heutige Bilderschrift in Form von Piktogrammen

Bindung	Zusammenfügen von gefalzten Druckbogen durch Binden, Heften oder Kleben zu einem Buchblock. Siehe hierzu Kapitel 15.7.2.

Black	Englischer Begriff für ›Schwarz‹. Im Satzwesen ist damit der extrafette Schnitt einer Schrift gemeint.
Blindmuster	Hierunter versteht man das noch leere Muster einer Publikation. Es zeigt Größe, Machart und Material des späteren Werks.
Blindtext	Nichtssagender Text, der zum Ausprobieren von Schriften oder zur Darstellung eines Layouts benutzt wird. Als Blindtext wird häufig ein sachfremder Text oder ein lateinischer Text benutzt, so daß der Betrachter nicht durch den Textinhalt von der Form abgelenkt wird.
Blindzeile	Eine Leerzeile, die durch Eingabe von <Return> in einem Textprogramm erzeugt wird. Man sollte sie möglichst vermeiden.
Blocksatz	Eine Absatzausrichtung, bei welcher der Text sowohl links- als auch rechtsbündig ausgerichtet ist. Dazu wird der Wortzwischenraum, optional auch der Zeichenabstand innerhalb einer Zeile, so verändert (in der Regel gedehnt), daß sowohl links und rechts eine glatte Textkante entsteht. Eine Ausnahme stellt die letzte Zeile des Absatzes (der ↑*Auslauf*) dar.
Bogenmontage	Anordnung mehrerer Seiten einer Publikation auf einem Druckbogen bzw. einer Druckplatte. Hierbei ist die Falzung, der Beschnitt und die Seitenreihenfolge zu beachten. Diese Montage wird auch als ↑*Ausschluß* bezeichnet.
Bogensignatur	Kurzer Text auf einem Druckbogen mit der Nummer des Bogens und dem Titel des Werks. Diese Information hilft dem Buchbinder beim Zusammenstellen einer Publikation aus mehreren Druckbogen. Sie steht im ↑*Beschnitt*.
Bold	Englischer Begriff für einen fetten Schnitt
Book	Englischer Begriff für ›Buch‹, d. h. den Standardschnitt bzw. die für Werkschrift normale Strich-

	stärke einer Schrift. Dieser Schnitt wird häufig auch ↑*Roman* genannt.
bpi (BPI)	*Bit per Inch* bzw. Bit pro Zoll
Breitschrift	Breitlaufende Variante einer Schrift
Broschur	Bezeichnung für ein dünnes, einfach gebundenes Buch. Dies wird auch *Heft* genannt. Charakteristisch ist dabei der einfache, weiche (oder gar nicht vorhandene) Umschlag (Einband).
Brotschrift	Schriftart, in welcher der Grundtext einer Publikation gesetzt ist. Sie wird auch als ↑*Grundschrift* oder *Werkschrift* bezeichnet.
Buch	Nach der UNESCO-Empfehlung: »Eine nicht periodisch erscheinende Publikation von mindestens 49 Seiten«; * für den Buchbinder: ein in die ↑*Buchdecke* eingeschlagener ↑*Buchblock*.
Buchblock	Druckbogen, die durch Heftung oder Klebebindung zusammengebunden und bereits beschnitten sind. Dieser Buchblock wird in den Umschlag (Buchdecke) montiert. Siehe hierzu auch Kapitel 15.7.2.
Buchdecke	Mit einem Bezugsmaterial überzogener Einband, der beim fertigen Buch den ↑*Buchblock* umschließt. Siehe auch Seite 307.
Buchstabe	Siehe *Letter*.
Buchstabenbreite	Siehe *Dickte*.
Bundsteg	Rand bzw. ↑*Steg* einer Dokumentenseite zur Mitte oder bei einseitigem Seitenlayout zur linken Seite hin. Hier erfolgt die Heftung, Falzung oder Bindung.
Caps	Englische Abkürzung für Capitals, d.h. Großbuchstaben bzw. ↑*Versalien*. Dieser Ausdruck ist zuweilen auch auf internationalen Tastaturen auf

* *Die Komponenten eines Buchs sind in Kapitel 15.7 beschrieben und in der Abbildung 15-18 dargestellt.*

der Umschalttaste zu finden. *Small Caps* ist der englische Begriff für ↑*Kapitälchen*.

Character   Englische Bezeichnung für *Zeichen* oder *Buchstabe*

Cicero   Typographisches Maß. 1 Cicero = 4,52 mm; entspricht 12 Didot-Punkten.

CIP   Steht für ›*Cataloguing in publishing*‹ und ist eine Buchnummer, die vom Neuerscheinungs-Sofortdienst der Deutschen Bibliothek (in Frankfurt am Main) als eine Art Bibliotheksnummer vergeben wird.

CMS   *Color Management System*, ein System aus Programmen und Systemkomponenten zu Handhabung von Farben im PrePress-Prozeßablauf. Das System sorgt dafür, daß Farben trotz der unterschiedlichen Farbeigenschaften der am Prozeß beteiligten Systeme (Scanner, Bildschirm, Belichter, Drucker) möglichst unverfälscht und realistisch dargestellt werden.

CMYK   *Cyan, Magenta, Yellow, Key* (*Black*). Die vier Farben Cyan, Magenta, Gelb und Schwarz, die beim Vierfarbendruck benutzt werden, um aus diesen Komponenten die Farben eines Farbbildes (oder einer Farbfläche) aufzubauen. Eine alternative Methode für die Farbzusammensetzung ist das bei Sichtgeräten und Scannern eingesetzte ↑*RGB*-Verfahren.

Condensed   Englischer Begriff für englaufende Schrift. Der deutsche Begriff ist *schmal*.

Copyright   Angaben zu Autor, Verlag usw. zur Wahrung der Urheber- und Vertriebsrechte. Da die Urheberrechte nach 70 Jahren verfallen, sollte der Copyright-Vermerk eine Jahreszahl enthalten. Vielfach wird als Kurzform für *Copyright* das Symbol © verwendet.

Dehnen Elektronisches Strecken einer Schrift, um eine etwas breiter laufende Schrift zu erhalten. Dabei werden sowohl die Zeichen selbst als auch deren Dickten breiter gesetzt. Beim Dehnen sollten auch die Wortzwischenräume vergrößert werden!

Dickte Breite eines einzelnen Zeichens, bestehend aus der Breite des Zeichens selbst sowie dem ↑*Fleisch* vor (der *Vorbreite*) und hinter (der *Nachbreite*) dem Zeichen. Haben alle Zeichen eines Zeichensatzes die gleiche Dickte, so spricht man von einer *dicktengleichen Schrift*; haben unterschiedliche Zeichen individuelle Breiten, so spricht man von einer ↑*Proportionalschrift*.

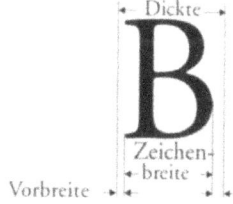

Abb. C-2
Die verschiedenen
Breiten eines Zeichens

Didot-Punkt Typographisches Maß. Der alte Didot-Punkt beträgt ca. 0,376 01 mm, der neue Didot-Punkt wurde auf 0,375 mm abgerundet. Einige DTP-Programme benutzen noch die alte Größe!

Digitalisierung Umwandlung einer Bildvorlage in eine elektronische Form. Dies kann über punktweise bzw. linienweise Erfassung mittels Digitalisierungstableaus geschehen oder durch Einlesen der Vorlage mittels eines Scanners. Die Information liegt dann zunächst als Punktraster vor.

DIN-Normen Folgende DIN-Normen, relevant für Typographie und Buchdruck, werden in diesem Buch erwähnt:

DIN 467	Papier(-end)-Formate
DIN 1421	Titelblätter und Bucheinbände
DIN 1451	Groteskschriften
DIN 16 507	typographische Maße
DIN 16 511	Korrekturzeichen
DIN 16 518	Klassifizierung von Schriften

Dithering	Verfahren zur Erfassung oder Ausgabe von Grauwerten. Der Grauwert ergibt sich dabei aus einer Ansammlung von schwarzen und weißen Punkten, die als eine Art Makropunkt betrachtet werden. Je mehr Punkte des Makropunkts schwarz sind, um so dunkler erscheint der Grauwert.
Divis	Trennstrich bei Worttrennungen am Ende einer Zeile oder bei Verbundwörtern wie z. B. ›Online-Hilfe‹. Er hat etwa die Länge eines Viertelgevierts.
doppelseitiger Satz	Satz, bei dem Vorder- und Rückseiten von Blättern bedruckt werden. Die Vorderseite bzw. rechte Seite erhält dabei immer eine ungerade, die Rückseite (oder linke Seite) immer eine gerade Seitennummer.
DPI, dpi	*Dot per Inch*. Dies gibt die Anzahl von Bildpunkten pro Zoll eines Gerätes (z. B. Bildschirm, Drucker, Scanner) an. Je höher die Auflösung, um so besser ist in der Regel die Bildqualität. Laserdrucker haben eine Auflösung von 600 oder 1200 dpi. Graphische Bildschirme haben typischerweise eine Auflösung von 75 bis 150 dpi und Satzbelichter von 1200 bis 3600 dpi. Das deutsche Maß ist *Punkte pro Zentimeter* (P/cm). 1 P/cm = 2,54 dpi.
Druckbogen	In der Regel großformatiger Papierbogen, auf den mehrere Seiten einer Publikation gedruckt werden. Ein Druckbogen enthält in der Regel eine Zweier-Potenz von Seiten (8, 16, 32). Der Bogen wird später gefalzt und beschnitten und ergibt damit einen Teil des Buchblocks. Größere Publikationen werden aus mehreren Druckbögen zusammengesetzt.
Druckfläche	Dies ist die Gesamtfläche einer Seite, die vom Drucker maximal bedruckt wird. Sie kann größer als der Satzspiegel sein.
Druckspiegel	Siehe *Satzspiegel*.
Druckverfahren	Technik, mit der die eigentliche Auflage einer Publikation erstellt wird. Die im DTP-Bereich

**Anhang C
Druckvorlage**

gängigen Druckverfahren sind das Drucken mit dem Laserdrucker oder der Offsetdruck bei größeren Auflagen und höheren Qualitätsansprüchen. Siehe hier auch Kapitel 15.1.

Druckvorlage Seiten einer Publikation, die fertig für die Reproduktion bzw. für die Übertragung auf Druckplatten sind.

DTP Kurzform für *Desktop-Publishing*, d.h. das Erstellen von Dokumenten mit Hilfe von Arbeitsplatzrechnern.

Duktus Siehe *Schriftduktus*.

Durchschuß Freier Zwischenraum zwischen zwei Zeilen. Der Durchschuß wird auch *Zeilenzwischenraum* genannt. In der Typographie wird teilweise auch der *Zeilenabstand* als Durchschuß bezeichnet; der Zeilenabstand ist jedoch der Raum zwischen den Grundlinien zweier aufeinanderfolgender Zeilen eines Absatzes. Korrekt ist der Durchschuß der Abstand zwischen der Kegelunterkante und der Kegeloberkante der nachfolgenden Zeile. Siehe auch *Zeilendurchschuß*.

Einband Die äußeren Seiten einer Publikation bzw. eines Buchs

Einpassen Verkleinern oder Vergrößern von Bildern oder Graphiken, um sie in eine vorgesehene freigehaltene Stelle einer Publikation paßgerecht einfügen zu können.

Einzug Abstand des Zeilenanfangs vom linken Rand oder der rechten Satzkante vom rechten Rand. Ist die erste Zeile eines Absatzes nicht eingezogen, so bezeichnet man dies als *stumpf beginnend*.

EPS, EPSF Kurzform für ›*Encapsulated PostScript Format*‹. Dies ist Text und/oder Bildinformation in der ↑*Seitenbeschreibungssprache* PostScript. Die Information ist dabei so aufgebaut, daß sie als Einheit in ein PostScript-Dokument eingefügt werden kann. Auf dem Macintosh enthält dieses Format neben den Text- und Graphikdaten ein Rasterbild, welches es erlaubt, das Bild der Information auf dem Bildschirm darzustellen, ohne die PostScript-Beschreibung interpretieren zu müssen. Das eigentliche Bild wird erst bei der Ausgabe auf den Drucker oder Belichter vom PostScript-RIP aufbereitet.

Extended Englische Bezeichnung für eine breitlaufende Schrift bzw. einen entsprechenden Schriftschnitt

Fadenzähler Siehe *Typomaß*.

Fahne
Fahnenabzug Rohsatz einer Publikation als lange Papierfahne ohne den später erfolgenden Seitenumbruch. Der Rohsatz wird bereits in der späteren Spaltenbreite gesetzt.

Falz Leerer Raum zwischen zwei Seiten eines doppelseitigen Dokuments. Am Falz erfolgt die ↑*Bindung*.

Farbauszug Zerlegen einer Farbvorlage in die beim Druck verwendeten separaten Druckvorlagen für die einzelnen Farben. In der Regel werden die Farben Schwarz, Rot (Magenta), Gelb und Blau (Cyan) verwendet. Man bezeichnet dies dann als Vierfarbdruck.

Fett Schrift mit einer etwas breiteren Strichstärke als der Grundschnitt der Schrift. Viele Schriften haben daneben halbfette Schnitte.

Flattersatz Text, der nur auf einer Seite an einer gedachten Kante ausgerichtet ist und auf der anderen Seite unterschiedlich lang laufende Zeilenränder aufweist. Oft wird unter Flattersatz auch links ausgerichteter Text mit einer Flatterkante rechts verstanden. Wird das Flattern des freien Randes durch manuelle Korrekturen oder durch einen dem DTP-Programm vorgebbaren Trennbereich reduziert, so spricht man vom *Rauhsatz*.

Anhang C
Fleisch

Fleisch Als Fleisch wird der freie Raum um ein Buchstabenbild auf dem ↑*Kegel* bezeichnet. Siehe auch *Dickte*.

Fließtext Endlos erfaßter Text ohne speziellen Umbruch

Font Schriftart bzw. korrekter ↑*Schriftschnitt* innerhalb einer Schriftfamilie. Die meisten Schriftfamilien besitzen die Fonts Normal (oder Roman), Fett (oder Bold), Kursiv (oder Oblique) sowie Fett/Kursiv. Im erweiterten Sinne wird im DTP-Bereich *Font* auch für die ganze Schriftfamilie benutzt, korrekt ist jedoch, daß jeder Schnitt ein eigener Font ist.

Formatlage Gibt die Richtung an, in der eine Seite im Druckbogen oder auf dem Film liegt. Die Formatlage kann entsprechend horizontal oder vertikal sein.

Formensatz Er wird auch *Kontur(en)satz* genannt. Wird hierbei die Schrift nicht als rechteckiger Textblock, sondern auf einer Formlinie oder dem Umriß einer Form folgend gesetzt, so spricht man von *Formensatz*. Während einige DTP-Programme bereits das Umfließen einer Form erlauben, ist für Satz auf einer Formlinie in der Regel ein Zusatzprogramm notwendig. Der Form- oder Formensatz wird auch als *Figurensatz* bezeichnet.

Formelsatz Hierunter versteht man das Setzen von mathematischen, physikalischen oder chemischen Formeln und Gleichungen.
Dies ist in der Regel ohne Verwendung eines entsprechenden Formeleditors recht aufwendig und sehr änderungsunfreundlich. Für mathematische und physikalische Formeln bieten inzwischen viele DTP-Pakete einen speziellen Editor an. Für die

Glossar Fraktur

Anwendung von Formelzeichen gibt es gleich eine ganze Reihen von DIN-Normen: DIN 1301, 1304, 1313 und DIN 1338.

Physikalische Formel

$$x' = \frac{x - v \times t}{\sqrt{1 - \left(\frac{v}{c}\right)^2}}$$

Chemische Formel

$$\begin{array}{c} H\ \ H \\ |\ \ \ | \\ H-C-C-OH \\ |\ \ \ | \\ H\ \ H \end{array}$$

Fraktur	Auch *Frakturschrift* genannt. Dies ist eine Schriftform mit gebrochenen Buchstaben. Siehe auch *Gotische Schriften* und das Beispiel auf Seite 24.
Fußnote	Hierunter versteht man die in einem kleineren Schriftgrad gesetzte Anmerkung am Fuß der Seite, am Ende des Kapitels oder gesammelt am Ende eines Buchs. Die Fußnote erhält im Text selbst ein Fußnotenzeichen, das auf das Vorhandensein einer Fußnote und deren Kennzeichen (eine kleine Ziffer oder Marken wie *, † oder ‡) hinweist. Siehe auch Kapitel 4.3.4.
Fußsteg	Unterer freier Rand einer Seite. Siehe auch *Stege*.
Fußzeile	Separate Zeile am unteren Rand des Seitenspiegels. Sie enthält oft das Bearbeitungsdatum, die Seitenzahl, Marken- oder Firmennamen, Revisionsnummern oder Hinweise zum Grad der Vertraulichkeit des Dokuments.
Gemeine	Kleinbuchstaben. Sie werden auch ↑*Minuskeln* genannt.
Gesperrt	Ausdruck für Text, der zur Hervorhebung mit v e r g r ö ß e r t e m Zeichenabstand gesetzt ist. Dies wird hauptsächlich für in ↑*Versalien* gesetzte Namen benutzt.
Gestaltungsraster	Ein horizontales und vertikales Raster, in dem alle Textblöcke, Abbildungen und Bilder angeordnet werden.

Geviert — Maß, welches der Höhe des Schriftkegels entspricht. Im DTP-Bereich versteht man darunter die Breite (oder den quadratischen Raum), die dem Schriftgrad (in der Höhe) entspricht. Bei der Schrift von 12 DTP-Punkten ist somit ein Geviert 12 Punkte bzw. 4,2336 mm breit. Neben dem Geviert wird häufig das Halb-, Drittel-, Viertel- und Achtelgeviert als Breite (z. B. als Zwischenräume) benutzt. Das Achtelgeviert wird auch als *Spatium* bezeichnet. Da bei vielen Schriften das Zeichen ›m‹ die Breite des Gevierts besitzt, wird im englischen hier vom ›*em-space*‹ gesprochen.

Geviert-Leerraum — Leerraum in der Größe (Breite) des aktuellen Schriftgrads. Bei einer Schrift des Grads 12 DTP-Punkte wären dies etwa 4,23 mm.

Geviertstrich — Strich in der Breite eines ↑*Gevierts*: —. Er sollte nicht als Gedankenstrich verwendet werden!

GIF — *Graphic Interchange Format*, ein von CompuServe entwickeltes Dateiformat zur Speicherung von Rasterbildern (Schwarzweiß oder Farbe). Das Rasterbild wird darin komprimiert gespeichert. Dieses Format hat sich für HTML als Standardformat für Rasterbilder etabliert. Es gestattet eine Bittiefe von bis zu 8 Bit pro Bildpunkt und ist damit für hochqualitative Farbphotos nicht geeignet, da hierzu in der Regel 24 Bit benötigt werden.

Goldener Schnitt — Seitenproportion, welche ein als ästhetisch betrachtetes Seitenverhältnis ergibt. Dabei muß sich der kleinere Teil zum größeren Teil verhalten wie der größere Teil zur Gesamtstrecke. Solche Verhältnisse ergeben sich etwa bei Seitenrelationen von 3:5 oder von 5:8.

Gotische Schriften — Diese Schriftform leitet sich aus den karolingischen ↑*Minuskeln* ab. Die geraden und gerundeten Formen der Buchstaben sind relativ steil und eckig gebrochen, weshalb sie auch als *Fraktur-Schriften* bezeichnet werden. Die bekannteste ist die Schrift ›Fraktur‹ selbst und die ›Schwabacher‹.

Zeichen aus der ›Fetten Fraktur‹ von Adobe

**Glossar
Graukeil**

Graukeil
: Als Graukeil wird ein Rasterstreifen bezeichnet, den man beim Bilddruck im ↑*Beschnitt* mitdruckt und in dem eine Graustufenskala von Schwarz nach Weiß liegt. Er erlaubt die Kontrolle des Drucks. Einen sehr einfachen Graukeil zeigt die nachfolgende Abbildung. Beim Belichten werden zuweilen deutlich komplexere Graukeile mit darunterstehenden Prozentwerten benutzt.

0%   10%   20%   30%   40%   50%   60%   70%   80%   90%   100%

Grauskala
: Rasterstreifen, ähnlich dem ↑*Graukeil*, der im ↑*Beschnitt* eines Druckbogens mitgedruckt wird und eine Kontrolle der Farbabstimmung beim Druck erlaubt.

Graustufen
: Bittiefe bei Grauwertbildern (z. B. Schwarzweiß-Photographien). Das menschliche Auge kann ca. 150 Graustufen unterscheiden. Bei Schwarzweißscannern werden 8 bis 12 Bit Graustufen (d. h. maximal 256 bzw. 4096 unterschiedliche Grauwerte) erfaßt. Bilder mit Graustufen nennt man auch ↑*Halbtonvorlagen*.

Grauwert
: Wert eines ↑*Pixels* in einem Grauwertbild. Bei einer Pixeltiefe von 8 Bit können 256 unterschiedliche Grauwerte in einem Bild vorkommen.

Grotesk
: Schriftart ohne Endstriche oder ↑*Serifen*. Sie wird auch als Linear-Antiqua bezeichnet, da sich die Schriftform aus der Antiqua (welche noch Serifen hat) ableitet. Beispiele sind die Helvetica, die Avant Garde, die Gill Sans, die Frutiger, die Futura, die Rotis Sans oder die Bauhaus. Groteskschriften werden heute vielfach ihrer fehlenden Serifen wegen als funktional und modern empfunden und entsprechend viel in Werbeunterlagen und Prospekten eingesetzt.

Helvetica
Avant Garde
Gill Sans
Frutiger
Futura
Rotis Sans
Bauhaus

Beispiele für Grotesk-Schriften

Grundlinie
: Siehe *Schriftlinie*.

**Anhang C
Grundschrift**

Grundschrift
: Die Schrift, in welcher der Grundtext eines Dokuments gesetzt wird. Sie wird auch *Brot-* oder *Werkschrift* genannt. Als Schriftgrad sind 9 bis 12 Punkte üblich.

Grundstrich
: Begriff für einen Teil eines Zeichens. Siehe dazu abbildung C-4 auf Seite 400.

Guillements
: Auch *französische Anführungszeichen* genannt (obwohl sie auch in Deutschland und der Schweiz vielfach eingesetzt werden): »…«.

Haarlinie
: Die dünnste Linie, die auf einem Ausgabegerät bei der gewählten Auflösung noch dargestellt werden kann. Bei einem Laserdrucker mit 600 dpi sind dies ungefähr 0,042 mm oder 0,125 DTP-Punkte.

Halbgeviert
: Die halbe Breite eines ↑*Gevierts* des aktuellen Schriftgrads. Dies entspricht bei den meisten Schriften der Breite des Zeichens ›n‹. Deshalb wird im Englischen auch von einem ›n-space‹ gesprochen.

Halbgeviertstrich
: Strich in der Breite eines ↑*Halbgevierts* des aktuellen Schriftgrads. Dies ist die geeignete Größe für den Gedankenstrich: – .

Halbtonbild
: Bilder, in denen Grautöne bzw. entsprechend abgestufte Farbtöne vorkommen. Die Tonwerte zwischen reinem Weiß und reinem Schwarz werden *Halbtöne* genannt. Da bei den üblichen Druckverfahren solche Grautöne nicht direkt erzeugt werden können, müssen sie durch eine unterschiedlich dichte oder unterschiedlich große Punktmenge (Punktraster) simuliert werden. Die Grautöne werden also gerastert.

Hängender Einzug
: Absatz, bei dem die erste Zeile weiter nach links reicht als der Rest des Absatzes. In der Regel steht links in der ersten Zeile ein Begriff oder kurzer Text. Die Absätze dieses Glossars besitzen einen *hängenden Einzug*.

Haupttitel — Begriff für den in der Regel auf der dritten Seite eines Buchs vorkommenden Buchtitel. Der Haupttitel besteht aus dem vollen Titel des Werkes, dem Namen des Autors und des Verlags, dem Verlagsort, dem Erscheinungsjahr, Angaben zur Auflage und in vielen Büchern dem Signet des Verlags.

Hilfslinie — Bei vielen DTP-Programmen können auf dem Bildschirm Linien zur visuellen Hilfe beim Ausrichten aktiviert werden. Diese Hilfslinien sind nur auf dem Bildschirm sichtbar und erscheinen im Ausdruck nicht.

Hochgestellt — Zeichen, die höher als die Grundlinien der Schrift stehen. Diese sind in der Regel in einem etwas kleineren Schriftgrad als die Grundschrift gesetzt. Einige DTP-Programme erlauben den Betrag anzugeben, um den hochgestellte Zeichen standardmäßig gegenüber der Grundlinie versetzt sind, und den Skalierungsfaktor der Zeichen relativ zur Grundschrift. Beispiel: m^2.

Horizontaler Keil — Siehe *Keil*.

HPPCL — ↑*Seitenbeschreibungssprache* für die Druckerserie der Firma Hewlett Packard. Diese Sprache wird auch von Laserdruckern vieler anderer Firmen emuliert.

HTML — Die *Hypertext Markup Language* beschreibt im Internet-Umfeld die Syntax von WWW-Dokumenten. HTML ist ein SGML-Dokumentenformat, wird aber stark für die Formatierung statt für die Strukturierung des Dokuments eingesetzt. Web-Dokumente sind überwiegend im HTML-Format angelegt.

Hurenkind — Erste Zeile einer Seite, die als letzte Zeile eines Absatzes (der vorhergehenden Seite) auf der neuen Seite erscheint. Siehe auch *Schusterjunge*. Eine solche Zeile wird im Englischen als *widow*, d.h. als *Witwe* bezeichnet.

**Anhang C
Image**

Image	Englischer Begriff für *Abbild*, wird zumeist im Zusammenhang mit Abbildungen in der Form von Rasterbildern benutzt. Man spricht deshalb auch von *Raster-Images*.
Impressum	Vermerk auf einer der ersten Seiten einer Publikation mit Angaben zum Copyright, Titel, Auflage, Veröffentlichungsjahr, Verlag, Setzer, Drucker und ähnlichem. Bei Zeitschriften findet man das Impressum in manchen Fällen auch auf einer der letzten Seiten.
Imprimatur	Druckfreigabeerklärung (Zeichen) des Autors oder des Verlags auf den Korrekturbögen. Früher auch Genehmigungsvermerk einer Behörde im ↑*Impressum*.
Index	1. Stich-/Schlagwortverzeichnis 2. Tiefergestelltes Zeichen (oder Zeichenfolge) im mathematischen Satz. Der Index wird kleiner als die Grundschrift gesetzt. Entsprechend kleine, tiefergestellte Ziffern werden auch als *Indexziffern* bezeichnet. 3. Verzeichnis verbotener Bücher
Initial	Buchstabe oder Zeichen am Anfang eines Buchs, Kapitels oder Absatzes, welches größer als die Brotschrift ist und schmückenden Charakter besitzt.

Fügen hiermit zu wissen, welchergestalten Wir nach der Uns angelegenen Landes-Väterlichen Vorsorge vor Unsere treu-gehorsamste Unterthanen, theils aus Antrieb derer seit kurzen Jah-

Ausschnitt mit Initiale aus ›Württembergische Land-Feuer-Ordnung‹ von 1752.

Inverse Schrift	Helle oder weiße Schrift auf dunklem Grund
ISBN	International vergebene, eindeutige zehnstellige (Standard-) Buchnummer. Aus ihr sind Nationalität, Verlag und Titelnummer erkennbar. Die ISBN ist viergliedrig. Die erste Gruppe gibt die Sprachgruppe an (BRD, Österreich und deutschsprachige Schweiz = 3), die zweite Gruppe die Verlagsnummer und die dritte die Titelnummer. Die vierte Gruppe ist eine Prüfziffer.

Glossar
ISO

ISO	Abkürzung für *International Standards Organisation*, einem internationalen Pendant zum DIN
ISSN	Hiermit werden Zeitschriften, Zeitungen und zeitschriftenartige Reihen mit einer weltweit eindeutigen Nummer versehen. Diese ›*International Standard Serial Number*‹ ist wie die ISBN vierstellig und wird zentral vom ›International Serials Data System‹ (kurz ISDN) vergeben.
Italic	Englische Bezeichnung für ↑*Kursiv*
JPEG	Abkürzung für die Komprimierung von Bilddaten nach der Empfehlung der ›*Joint Photographic Experts Group*‹. Das Verfahren ist auf die Speicherung von ↑*Halbtonbildern* und Farbbildern ausgelegt und erlaubt die Reduzierung des Datenvolumens um den Faktor 2 bis etwa 50. Mit Ausnahme einer Spezialversion ist dieses Verfahren nicht verlustfrei, d.h. ein nach dem JPEG-Verfahren komprimiertes Bild läßt sich nicht mehr vollständig in der ursprünglichn Qualität darstellen.
Kalligraphie	Kunst der Schönschrift. Hierbei erhalten Zeichen häufig über das normale Zeichensymbol hinaus Ausschmückungen.
Kapitälchen	Großbuchstaben in der Höhe von Kleinbuchstaben (bzw. deren x-Höhe) einer Schrift oder mit einer etwa 20% geringeren ↑*Versalhöhe*. Benutzt man Kapitälchen, so werden die Großbuchstaben der Wörter mit Versalien, die Kleinbuchstaben mit Kapitälchen gesetzt. ZUM BEISPIEL IN DEN KAPITÄLCHEN DER ADOBE GARAMOND EXPERT. Aus einem etwas kleineren Schriftgrad simulierte Kapitälchen werden etwas gesperrt!
Kapitalband	(oder *Kaptalband*) Verzierendes Papier- oder Stoffband am Kopf- und Fuß eines Buchs.*
Kegel	Der Kegel ist der Metallkörper, auf dem im Bleisatz das Zeichen bzw. die ↑*Letter* steht. Die eingefräste oder angegossene Nut an der Fußseite des

* *Siehe Seite 307, Abbildung 15-18.*

Anhang C
Kegelstärke

Kegels wird als *Signatur* bezeichnet. Da unterschiedliche Schriften unterschiedliche Signaturgrößen und -höhen haben, kann der Setzer daran verschiedene Schriften ertasten.

Als *Schrifthöhe* wird beim Bleisatz die Höhe des Kegels (die *Achselhöhe*) zuzüglich der Konushöhe des darauf stehenden Zeichens bezeichnet. Diese Höhe muß auch bei unterschiedlichen Schriftgraden, Schriftschnitten und Schriftarten gleich sein, wenn die Schriften gemeinsam in einem Satz verwendet werden sollen. Im Gegensatz dazu ist die *Kegelgröße* in der unteren Zeichnung die Tiefe des Kegels bzw. der Raum, der für das Zeichen zur Verfügung steht. In der Typographie wird dies als *Schriftgrad* bezeichnet.

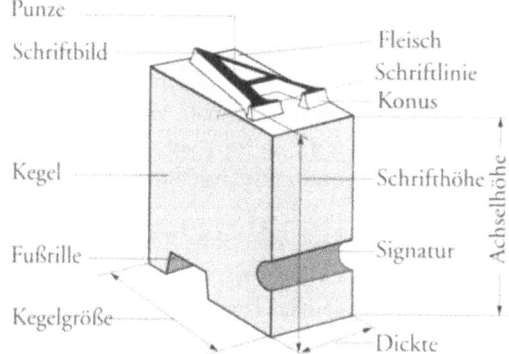

Abb. C-3

Bleisatzletter mit seinen Komponenten

Das Schriftzeichen oder korrekter das *Schriftbild*, welches im Bleisatz spiegelverkehrt auf dem Kegel steht, ist nicht senkrecht geschnitten, sondern wird zum Kegel hin etwas breiter, bildet also einen *Konus*. Der (auch offene) Innenraum eines Zeichens wird *Punze* genannt. Das *Fleisch* ist der freie Raum vor und hinter dem Zeichen auf dem Kegel. Ohne dieses würden sich zwei benachbarte Zeichen berühren

Kegelstärke — Maßeinheit (in Punkt) für die Schriftgröße bzw. den Schriftgrad

Keil — Abstände zwischen Worten (*horizontaler Keil*) oder zwischen Zeilen (*vertikaler Keil*), um Texte gleichmäßig auf eine bestimmte Breite oder Höhe auszutreiben.

Kerning   Englischer Begriff für ↑*Unterschneidung*

Kolophon   Seite eines Buchs, auf der Angaben zum Satz, zu den verwendeten Schriften und andere produktionstechnische Informationen gegeben werden.

Kolumne   Lateinisch für *Säule*. In der Typographie versteht man darunter eine Textspalte.

Kolumnentitel   Separate Zeile ober- oder unterhalb des Textes einer Seite. Diese enthält häufig die Seitennummer oder Angaben zum Inhalt des Textes auf der Seite. Enthält die Zeile (oder der Block von wenigen Zeilen) nur die Seitennummer, spricht man von einem *toten Kolumnentitel* und zählt ihn nicht zum ↑*Satzspiegel*. Enthält der Titel hingegen Angaben über den Inhalt, zum Kapitel, die Kapitelnummer o. ä., so wird er *lebender Kolumnentitel* genannt und zählt zum Satzspiegel.

Kompreß   Satz, der ohne Durchschuß gesetzt wurde, d. h. Zeilenabstand und Punktgröße sind gleich. Ein solcher Text ist bei größeren Mengen schwer lesbar. Kompresser Satz wird häufig für Überschriften verwendet.

Kontur   Begrenzungslinie, Umriß. *Konturschriften,* bzw. entsprechende Schnitte, zeichnen nur den Umriß des Zeichens. Einige DTP-Programme erlauben dies als Schriftattribut zu setzen (z.B. Kontur). Dies ist jedoch nicht von der gleichen Qualität wie spezielle Schnitte (Fonts).

Kontur(en)satz   Satz, der dem Umriß einer Kontur bzw. eines Bildes oder einer Graphik folgt. Siehe auch *Formensatz*.

Kopfsteg   Oberer Rand bzw. ↑*Steg* einer Seite

Kopfzeile	Separate Zeile über dem eigentlichen Rumpftext einer Seite. Diese Kopfzeile, die auch aus mehreren Zeilen bestehen darf, wird in manchen Fällen als *lebender Kolumnentitel* benutzt.
Korrekturzeichen	Standardisierte Zeichen, die beim Korrekturlesen von Manuskripten und Korrekturfahnen zum Markieren von Fehlern verwendet werden.*
Kursiv	Leicht nach rechts geneigte Schrift. Die meisten im DTP-Bereich verwendeten Schriften besitzen einen eigenen kursiven Schnitt. Ist ein solcher Schnitt nicht vorhanden und wird elektronisch kursiviert, so spricht man von einer *unechten Kursiven*. Die Schrägstellung hat einen Winkel zwischen 12° und 17°.
Laufweite	Abstand zwischen den einzelnen Buchstaben eines Textes. Die Laufweite kann bei den meisten DTP-Paketen nochmals elektronisch vergrößert oder reduziert werden. Dies kann erfolgen, indem man entweder den Zeichenabstand verändert oder elektronisch die Zeichen in der Breite verändert.
Layout	Anordnung oder Anordnungsskizze für die typographische Gestaltung einer Seite bzw. eines ganzen Dokuments. Im Layout wird der Satzspiegel sowie die Anordnung von Kolumnentitel und der *Pagina* festgelegt. Bei Werbe- und Graphikfirmen wird das Layout vom *Layouter* angefertigt.
Legende	Terminus für die Erklärungen oder Unterschriften bei Abbildungen, Landkarten oder Tabellen.
Letter	Bezeichnung für ein einzelnes Zeichen eines Alphabets und für eine einzelne Bleiletter. Das Wort leitet sich aus dem lateinischen ›littera‹ (Buchstabe) ab. Der Begriff stammt noch aus dem Bleisatz, wo es den Zeichenkörper (das Metallstück mit dem Zeichen darauf) bezeichnet. *Letter* wird häufig statt Buchstabe verwendet, da sie nicht nur Buchstaben, Ziffern und Punktionszeichen einschließt, sondern ebenso Ligaturzeichen, Sonder-

* *Siehe Kapitel 13.2.*

zeichen und Schmuckelemente. Die nachfolgende Abbildung C-4 zeigt einige Zeichen mit den Bezeichnungen für die einzelnen Teile.

Abb. C-4
Einige Zeichen mit der Bezeichnung der Teile. Die Namen stammen aus [Karow].

Ligatur Eigenes Zeichen, welches das Bild von zwei oder zuweilen drei Zeichen zu einem einzigen zusammenfaßt. Typische Zeichenkombinationen für Ligaturen sind: ff, fi, ffi, fl und ffl.

Linienstärke Gibt die Dicke einer Linie oder des Grundstrichs bei Zeichen an. Diese wird in der Typographie entweder in Millimetern oder typographischen Punkten angegeben.

Linker Einzug Betrag, um den die linke Satzkante eines Absatzes nach rechts verschoben wird. Man unterscheidet oft den linken Einzug der ersten Zeile des Absatzes und den aller weiteren Zeilen. Ist die erste Zeile weniger stark als die nachfolgenden Zeilen eingezogen, wie in diesem Absatz, so spricht man von einem *hängenden Einzug*.

Linksbündig	Zeilen, die bündig mit einer gemeinsamen linken Kante abschließen.
Logo	Gestaltetes Symbol oder Firmenzeichen
lpi, LPI	*Lines per Inch* bzw. Zeilen pro Zoll, ein Maß für die Auflösung bzw. Rasterweite beim Druck. Das entsprechende deutsche Maß ist ›L/cm‹ (Linien pro Zentimeter; 2,54 lpi = 1 L/cm). Für die üblichen Auflösungen bei den unterschiedlichen Ausgabegeräten siehe Tabelle 14-1 auf Seite 280.
Majuskel	Großbuchstabe; wird auch als *Versalie* bezeichnet.
Manuskript	Geschriebener Text, der Grundlage bzw. Vorlage zum Setzen einer Publikation ist. Das Manuskript kann von Hand oder mit der Schreibmaschine geschrieben oder ein Rechnerausdruck sein.
Marginalien	Randspalten oder Randbemerkungen
Mediäval	Bezeichnung für Schriften der Renaissance-Antiqua. In diesen Schriften wurden ursprünglich *Mediävalziffern* (auch als ↑*Minuskelziffern* bezeichnet) verwendet, d.h. Ziffern unterschiedlicher Breite und Höhe. Diese sind heute im DTP-Bereich leider nicht Teil des Standardzeichenumfangs der meisten PostScript-Schriften, sondern müssen zumeist getrennt in Form eines entsprechenden Expert-Fonts gekauft werden, soweit sie für eine Fontfamilie überhaupt vorhanden sind.
Mediävalziffern	Ziffern, die im Gegensatz zu den ↑*Tabellenziffern* unterschiedliche Breiten und auch ↑*Unterlängen* aufweisen. Siehe auch *Minuskelziffern*.
Minuskel	Kleinbuchstabe. Dieser wird auch *Gemeine* genannt. Großbuchstaben heißen im Gegensatz dazu ↑*Majuskeln*.
Minuskelziffern	Ziffern, die wie Kleinbuchstaben unterschiedliche Unter- und Oberlängen und individuelle Breiten haben. Sie werden auch als ↑*Mediävalziffern* be-

zeichnet. Die Standard DTP-Zeichensätze haben in der Regel nur gleichbreite *Versalziffern*.
Minuskelziffern: 1234567890
Versalziffern: 1234567890

Mittellänge   Teil eines Zeichens zwischen der Schriftlinie und der x-Höhe. Siehe auch *Schriftlinie*.

Montage   Das Zusammenkleben der Vorlagen (Filme, Diapositive, Negative, Lithographien) zu einer einzigen Vorlage für den Offset-, Licht- oder Tiefdruck. Der so montierte Bogen wird danach phototechnisch auf die Druckplatte bzw. den Druckzylinder übertragen.

Musterseite   Seite in einem DTP-Programm, in welche nicht direkt der Text oder Graphiken plaziert werden, sondern die ein Seitenlayout bzw. den Satzspiegel für eine spätere Dokumentenseite vorgibt. Beim Neuanlegen oder Ändern einer Dokumentenseite einer solchen kann das Layout automatisch oder explizit aus der Musterseite übernommen werden.

Nachbreite   Freier Raum eines Zeichens, hinter dem Zeichen. Siehe auch *Dickte*.

Neigen   Elektronisches Schrägstellen (*Kursivieren*) einer Schrift.

Normal   Hierunter versteht man im DTP-Bereich den Standardschriftschnitt einer Schrift. Dieser wird auch als *Roman, Regular* oder *Buch* (bzw. *Book*) bezeichnet

Oberlänge   Terminus für den über die Mittellänge nach oben hinausragenden Teil eines *Zeichens*. Teilweise wird auch der gesamte Teil einer ↑*Letter* oberhalb der ↑*Schriftlinie* als Oberlänge bezeichnet.

OCR   Abkürzung für ***Optical Character Recognition***, d.h. die rechnergestützte Erkennung von eingescannten Texten.

Offsetdruck	Für DTP-Publikationen überwiegend eingesetztes Druckverfahren (neben dem Laserdrucker). Nichtdruckende Bereiche werden dabei auf der Druckplatte weggeätzt und sind porös. Beim Druck nehmen sie an einer Feuchtwalze Wasser auf. Diese Stellen stoßen beim Vorbeilaufen an der Farbwalze die fetthaltige Farbe ab, während die höherliegenden glatten Druckflächen Farbe aufnehmen. Die Farbe wird danach auf ein Gummituch bzw. eine Gummiwalze übertragen und von dort auf das Papier.*
Ohr	Buchstabenteil, der beispielsweise am ›g‹ oben sitzt. Siehe *Letter*.
OPI	*Open Prepress Interface*. Bei diesem Konzept werden statt der hochauflösenden Rasterbilder nur eine niederauflösende Version sowie ein Verweis auf die hochauflösende Datei eingebettet. Erst beim Druck oder Belichten wird dann das Bild durch die hochauflösende Version ersetzt. Dies spart erheblichen Platz und Performance bei der Bearbeitung des DTP-Dokuments.
Outline	Schriftvariante, bei der nur der Umriß des Zeichens zu sehen ist; dies wird auch *Kontur* genannt.
Pagina	Typographischer Begriff für ›Seitennummer‹
Paginierung	Seitenzählung bzw. Plazieren der Seitennummern
Paßkreuz	(Passerkreuz) Linienkreuze, die bei Farbauszügen mit ausgedruckt werden. Sie erlauben das präzise Aufeinanderpassen der einzelnen Teilfarbbilder.
Pica-Point	Englisch-amerikanisches typographisches Maß. Ein Pica hat 12 Pica-Points bzw. 4,233 mm. 6 Pica ergeben (abgerundet) 1 Zoll.
Piktogramm	Symbol oder stark vereinfachtes Bild für einen Hinweis. Dies ist eine Art moderne Bildersprache. Eine Reihe häufig benutzter Symbole stehen in

* *Siehe Kapitel 15.4.*

verschiedenen Schriften zur Verfügung. Diese werden auch als Pi-Fonts bezeichnet.

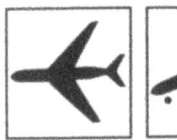  

Flughafen   Ankunft   Abflug

Pixel	*Picture Element*, einzelner Bildpunkt. Ein Rasterbild setzt sich aus einer Folge von Pixeln zusammen. Die *Pixeltiefe* gibt die Anzahl der Bits pro Bildpunkt an. Schwarzweiß-Strichzeichnungen haben eine Pixeltiefe von 1. Grauwertbilder trifft man mit Pixeltiefen von 4 Bit (16 Grauwerte), 8 Bit (256 mögliche Grauwerte) und seltener (z. B. Röntgenbilder) mit 12 Bit pro Pixel (d. h. 4 096 Grauwerte) an. Farbphotos verwenden typisch 24 Bit pro Pixel (je 8 Bit für Rot, Grün und Gelb im ↑*RGB*-Format) oder 32 Bit pro Bildpunkt (je 8 Bit für Cyan, Magenta, Gelb und Schwarz im ↑*CMYK*-Modus). Für eine sehr anspruchsvolle Bildverarbeitung geht man inzwischen auch bereits auf 16 Bit je Grundfarbe und damit 48 Bit je Pixel im RGB-Modus.
Pixeleditor	Spezieller Editor zum Erstellen bzw. Modifizieren von Pixelbildern. Man unterscheidet dabei zwischen Editoren zum Bearbeiten von Bildelementen mit der Bittiefe 1 (diese werden z. B. zum Bearbeiten von eingescannten Zeichnungen benutzt) und solchen, die ↑*Halbtonbilde*r oder Farbbilder editieren können.
Pixeltiefe	Gibt die Informationsmenge in ↑Bits pro ↑Pixel (Bildpunkt) an.
Point	Englischer Begriff für einen typographischen Punkt. Der klassische anglo-amerikanische Point – auch ↑*Pica-Point* genannt – entspricht etwa dem 72sten Teil eines Inches und beträgt 0,35147 mm.
PostScript	Von der Firma Adobe entworfene ↑*Seitenbeschreibungssprache*. Sie wird heute primär zur geräteun-

abhängigen Ausgabe von Texten und Graphiken auf Laserdrucker und Photosatzbelichter benutzt.

PoD, Printing-on-Demand Ein Verfahren, bei dem Dokumentation (z.B. Handbücher) nicht in größerer Stückzahl auf Vorrat erstellt wird. Bei Bedarf wird lediglich die benötigte Stückzahl angefertigt. Dies setzt voraus, daß die Dokumentation vorbereitet in einem Rechner vorliegt und leistungsfähige Drucker (und eventuell angeschlossene Bindemaschinen) vorhanden sind. Das Verfahren hilft, Lagerkosten zu reduzieren und vermeidet veraltete Versionen im Lager.

Proof Fachbegriff für *Probedruck,* um die Farbechtheit oder den Farbeindruck festzustellen, bevor ein großer Drucklauf gestartet wird.

Proportionalschrift Eine Schrift, bei der die Zeichen verschiedene Zeichenbreiten (Dickten) haben. Dies ist für die meisten Druckschriften heute der Standard. Schriften, die im Gegensatz dazu für jedes Zeichen die gleiche Breite aufweisen, werden als *dicktengleiche Schriften* oder englisch *monospaced* Schriften bezeichnet.

Punkt Typographisches Maß. In Europa wird der Didot-Punkt als *typographischer Punkt* bezeichnet und entspricht 0,376 006 mm bzw. nach dem gerundeten neueren Maß 0,375 mm.

Punzen Nicht-druckender Innenraum eines Zeichens. Siehe auch *Letter*.

Pseudokursive Schriftschnitt, der nicht als eigener Schnitt entworfen, sondern elektronisch aus der geradestehenden Schrift erzeugt wird.

Querstrich Ist ein ↑*Akzentzeichen,* beispielsweise bei dem litauischen ū und dem lettischen Ā. Der Querstrich wird in der Mathematik auch zur Kennzeichnung eines Zeichens bzw. zur Erweiterung des Alphabets benutzt.

**Glossar
Raster**

Raster
1. In der Reprotechnik wird darunter eine Folie oder Glasplatte verstanden, auf der ein Linien- oder Kreuzraster (Muster) vorhanden ist. Diese wird auf ein ↑*Halbtonbild* gelegt und damit das Bild aufgenommen. Das Bild erscheint damit *gerastert* auf dem Film, d.h. in reine Schwarzweißpunkte aufgelöst. Die Feinheit bzw. Dichte der Rasterlinien bestimmen dabei die Auflösung des Bildes. Die Auflösung wiederum muß an die Möglichkeiten des Druckverfahrens angepaßt sein.
2. Im DTP-Bereich versteht man unter Raster eines Bildes die Art, wie Halbtonwerte in Punkte oder Linien aufgelöst sind. Zum Charakteristikum gehören Rasterweite (in *lpi* oder *L/cm*), Rasterwinkel (in Grad) und die Rasterart (Punkte, Linien, Ellipsen, usw.).
3. Unter einem *Layout-Raster* oder *Gestaltungsraster* versteht man Bereiche innerhalb der die Layoutelemente wie Textblöcke und Abbildungen liegen müssen. Die Einhaltung eines solchen Rasters schafft eine einheitliche Gestaltung. Das Raster besteht aus Spalten und einer Art Hilfslinien, an denen die Seitenelemente ausgerichtet werden. Damit erreicht man, daß Zeilen und Bilder Register halten, auch über Spalten und Seiten hinweg.

Rastertonwert
Gibt das optische Bild von Rasterelementen an. Ein Rastertonwert von 0 % ist eine Fläche ohne Rasterpunkte, 100 % entsprechen dem Vollton, d.h. bei Schwarzweiß-Rastern die Farbe Schwarz. Bei 50 % sollte das Rasterfeld zu 50 % mit Punkten (oder Linien) bedeckt sein.

Rasterweite
Gibt an, wie fein ein Raster angelegt wird. Die Rasterweite wird in Linien pro Zoll (lpi) oder pro Zentimeter (L/cm) angegeben. Je größer dieser Wert ist, um so feiner können Details von Rasterbildern sein, bzw. desto weniger sichtbar werden die einzelnen Punkte von Rasterflächen. Der Zeitungsdruck verwendet etwa 65 bis 80 lpi (bzw. 25 bis 32 L/cm), guter Buchdruck etwa 80 bis 130 lpi (entsprechend 31–52 L/cm) und gute Bildwerke etwa 130 bis 150 lpi (entsprechend 52–60 L/cm).

	Eine hohe Rasterweite ist nur bei entsprechend hoher Auflösung des Ausgabegerätes möglich.
Rasterwinkel	Gibt die Richtung der Linien oder Punktfolgen bei Ausgabe eines Rasters an. Wird einfarbig gedruckt, so fallen bei 45° die Linien am wenigsten auf. Wird ein Mehrfarbendruck erzeugt, müssen die Rasterwinkel für jede Farbe unterschiedlich gewählt werden, um Moiré-Muster zu vermeiden bzw. zu minimieren.
Rasterzähler	Siehe *Typometer*.
Rauhsatz	Siehe *Flattersatz*.
Rechter Einzug	Gibt an, um wieviel der rechte Rand bzw. die maximale Zeilenbreite eines Absatzes vom rechten Textspaltenrand eingezogen wird.
Rechtsbündig	Gibt die Satzausrichtung eines Absatzes an. Bei rechtsbündigem Satz erhält der Abschnitt rechts eine glatte Satzkante, während die linke Kante flattert. Die einzelnen Zeilen sind also nach rechts ausgerichtet.
RGB	*Rot, Grün und Blau*. Aus diesen drei Grundfarben lassen sich (fast) alle anderen Farben durch Mischen (mit unterschiedlichen Intensitäten) zusammensetzen. Die Farben der Farbsichtgeräte werden auf diese Weise erzeugt. Beim Druck hingegen wird zumeist das ↑*CMYK*-Verfahren eingesetzt.
RIP	Abkürzung für ›*Raster Image Prozessor*‹. Dieser wandelt die Beschreibung einer Seite aus einer Seitenbeschreibungssprache wie PostScript in ein Pixelmuster um, welches dann auf das Ausgabemedium übertragen wird. Die meisten Laserdrucker und PostScript-Belichter besitzen einen solchen eingebauten RIP. Als *Software-RIP* wird ein Programm bezeichnet, daß statt auf einem eigenen Prozessor im Drucker oder Belichter auf dem DTP-Rechner des Anwenders läuft.

**Glossar
Roman**

Roman
: Die englische Bezeichnung für den gerade gestellten Standardschnitt einer Schrift. Die deutsche Bezeichnung dafür ist *Buch* oder *Normal*.

Satz
: Für die Druckproduktion verarbeiteter Text. Im Satzwesen unterscheidet man zwischen ↑*Akzidenzsatz* und ↑*Werksatz*.

Satzanweisung
: Definiert den Satz eines Manuskripts, d.h. Größe und Position des Satzspiegels, Spaltenbreite, Schriftgrad, Durchschuß und Schriftart der Werk- und der Konsultationsschrift, sowie der Überschriften. Auch spezielle Schreibweisen und Trennregeln werden darin vorgegeben. Sie ist damit die Gestaltungsvorschrift für ein Dokument.*

* Siehe Kapitel 13.1.

Satzspiegel
: Anordnung und Größe von Text und Abbildungen auf einer Seite. Betrachtet man die typischen Komponenten einer Seite in Abbildung C-5, so gehören der ↑*lebende Kolumnentitel* und ↑*Fußnoten* zum eigentlichen Satzspiegel, eine alleinstehende Seitennummer (Pagina) sowie die ↑*Marginalien* jedoch nicht.

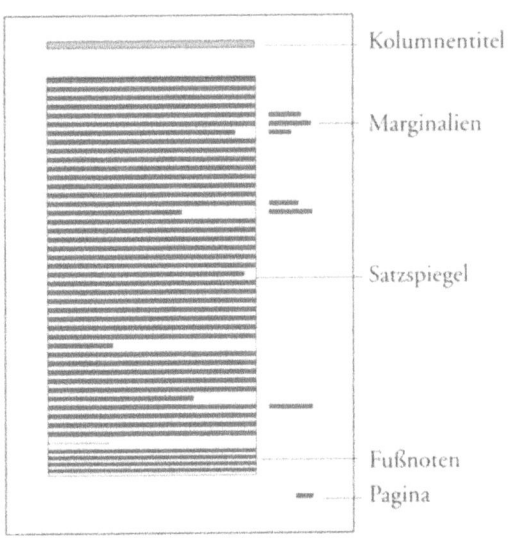

*Abb. C-5
Typische Elemente eines Satzspiegels*

Scanner
: Der Scanner liefert ein Rasterbild der eingescannten Information, d.h. das in einzelne Punkte

Anhang C
Schattierung

(Pixel) aufgelöste Abbild der Vorlage. Die typische Auflösung der preiswerten DTP-Scanner liegt heute bei 300 dpi, bei hochwertigen Scannern bei bis zu etwa 2 400 dpi. Die Anzahl der erfaßten Graustufen pro Pixel (und eventuell pro Farbe) gibt die Bittiefe (Pixeltiefe) vor. Diese liegt bei Scannern der unteren Preisklasse bei 8 Bit, bei hochwertigen Geräten bei 12 Bit (je Farbe).

Schattierung
1. Bezeichnet ein Raster oder eine Farbe, die man einem Text unterlegt, beispielsweise in Tabellen.
2. Beim Druck entstandenes Relief, das sich insbesondere beim Hochdruck durch das Pressen der Druckform auf das Papier auf der Rückseite abzeichnet.

Schmalschrift Schmallaufender Schnitt einer Schrift

Schmutztitel Erste Seite eines Buchs. Hier steht in den meisten Büchern der Kurztitel der Publikation und der Name des Autors. Die Bezeichnung geht auf die ursprüngliche Funktion des Schmutztitels zurück, das Werk vor Verunreinigungen zu schützen.

Schrift
1. Die Darstellung von Sprache (Lauten) durch formal definierte graphische Zeichen bzw. Symbole.
2. Eine kleine, gedruckte Veröffentlichung. Sie hat zumeist einen kulturellen, wissenschaftlichen oder politischen Inhalt und wird in Form eines Buchs oder einer Broschüre herausgegeben.

Schriftduktus Linienführung einer Schrift. Dies wird auch als *Schriftzug* oder als Charakteristik einer Schrift bezeichnet. Der Duktus wird stark durch das Schreibwerkzeug bestimmt, mit dem früher die Schriften erstellt wurden,

Schriftfamilie Hierunter versteht man eine Gruppe zusammengehöriger Schriftformen (Schriftschnitte), wobei die Formen den gleichen Namen tragen – beispielsweise ›Avant Garde‹. Zu einer Familie gehören bei den meisten Schriften ein Normalschnitt,

**Glossar
Schriftgarnitur**

ein Kursivschnitt, ein fetter Schnitt und ein fettkursiver Schnitt. Bei einigen Schriftfamilien existieren zahlreiche weitere Schnitte.
Eine einzelne Schriftform wird im DTP-Bereich als *Font* bezeichnet. Beim Bleisatz nennt man eine Schriftform in allen ihren Größen eine *Garnitur*.

Schriftgarnitur Alle Schriftgrößen eines bestimmten Schriftschnitts. Der Begriff stammt noch aus dem Bleisatz. Da heute bei elektronisch gespeicherten Schriften, insbesondere bei PostScript-Schriften eine Formbeschreibung gespeichert wird, aus der die verschiedenen Schriftgrößen skaliert (berechnet) werden können, spielt im DTP-Bereich der Begriff Garnitur keine große Rolle.

Schriftgrad Größe einer Schriftform. Die Größe entspricht einer Kegelgröße, d. h. sie umfaßt Ober- und Unterlänge sowie einen gewissen Zuschlag ober- und unterhalb der Zeichen.

Schriftgröße Siehe *Schriftgrad*.

Schrifthöhe Im Bleisatz die Höhe des ↑*Kegels* inklusiv der Zeichenform. Dies ist nicht der Schriftgrad bzw. die Zeilenhöhe!

Schriftkegel Höhe der Bleiletter. Siehe auch *Letter* und *Kegel*.

Schriftklassifizierung Einteilung der verschiedenen Schriften in Gruppen mit gemeinsamen Merkmalen.
DIN 16 518 sieht eine solche Unterteilung vor; es sind jedoch zahlreiche weitere Vorschläge vorhanden, wobei keiner der Vielfalt und den Gemeinsamkeiten vollständig gerecht wird.*

* *Siehe Kapitel 2.5.*

Schriftmuster Ein kurzer Text, der es erlaubt, die Gestalt und die Anmutung einer Schrift zu beurteilen. Das Wort ›Hamburgefont‹ beinhaltet beispielsweise alle wesentlichen Formen, wenn auch nicht alle Zeichen einer Schrift.

Schriftlinie Eine gedachte Linie, auf der die Zeichen einer Zeile stehen. Auch wenn in einer Zeile unterschiedliche Schriften und Schriftgrade verwendet werden, müssen alle Zeichen auf einer gemeinsamen Schriftlinie stehen.

Abb. C-6
Linien und Höhen einer Schrift.

Schriftsatz Siehe *Satz*.

Schriftschnitt Aus dem Bleisatz stammender Begriff für eine Schrift. Damals mußte für jede Variante einer Schrift wie kursiv, mager, normal, fett, extrafett eine eigene Schriftreihe angelegt werden. Dies ist auch heute beim Design noch üblich, da elektronisch erzeugte Schriftvarianten ästhetisch nicht so gut wie speziell angelegte Schriftentwürfe sind.

Schulter Formkomponente des oberen Bogens bei Zeichen wie dem ›n‹ oder ›m‹. Siehe *Letter*.

Schusterjunge Erste Zeile eines neuen Absatzes, welche als unterste Zeile auf einer Seite erscheint.

Schutzumschlag Loser, separater Umschlag eines Buchs. Während er früher dem Schutz des Buchs dienen sollte, wird er heute, soweit überhaupt vorhanden, vielfach für Werbung benutzt.

Seitenbeschreibungssprache Eine formale Sprache, ähnlich einer Programmiersprache, die eine Seite mit Schrift und Graphik beschreiben kann. Die heute am weitesten verbreiteten Seitenbeschreibungssprachen sind HPPCL von Hewlett Packard, PostScript von Adobe und Quickdraw von Apple.

Seitensteg Außenliegender Rand bzw. ↑*Steg* einer Seite

Glossar
Serifen

Serifen — Geschwungene oder rechteckige *Endstriche* einer Schrift. Schriften mit Serifen werden auch ↑*Antiqua-Schriften* genannt. Die nachfolgende Abbildung zeigt einige typische Serifenformen aus verschiedenen Stilepochen bzw. Stilrichtungen.

Abb. C-7
Serifen

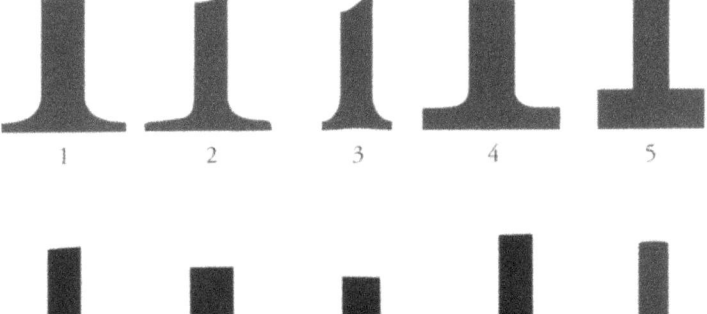

Abb. C-8
Verschiedene
Serifenformen am
Beispiel von:

Times	1
Garamond	2
Weiss	3
New Cent. Schoolb.	4
Rockwell	5
Bauer Bodoni	6
Cheltenham	7
Berhard Modern	8
Benguiat	9
Weidemann	10

SGML — Abkürzung für *Standard Generalized Markup Language*, eine im ISO-8879-Entwurf standardisierte Syntax zur Beschreibung von Dokumentstrukturen (nicht des Dokumenteninhalts).

Spaltenbreite — Gibt die maximale Zeilenbreite in einer Textspalte (*Kolumne*) an. Diese sollte so gewählt werden, daß zwischen 5 und 10 Worte bzw. zwischen 35 und 65 Zeichen der ↑*Werkschrift* darin Platz finden. Einzüge werden relativ zu diesem linken und rechten Spaltenrand angegeben.

Spationieren — Älterer Begriff für ↑*Sperren*

Anhang C
Spatium

Spatium Beim Bleisatz ist dies das kleinstmögliche Blindmaterial. Im Fotosatz und bei DTP versteht man darunter einen Zwischenraum in der Breite eines Achtelgevierts. Siehe auch *Geviert*.

Sperren Beim Sperren wird der Zwischenraum zwischen den Zeichen eines Wortes ausgedehnt bzw. beim Bleisatz zunächst ein solcher eingefügt. Benutzt man in einem Text Versalwörter oder Kapitälchen, so müssen diese etwas gesperrt werden.

Stege Freibleibende Ränder einer Seite. Man unterscheidet bei den Seiten den *Bund- bzw. Innensteg, Kopf-* und *Fußsteg*, sowie den *Außen-* oder *Seitensteg*.

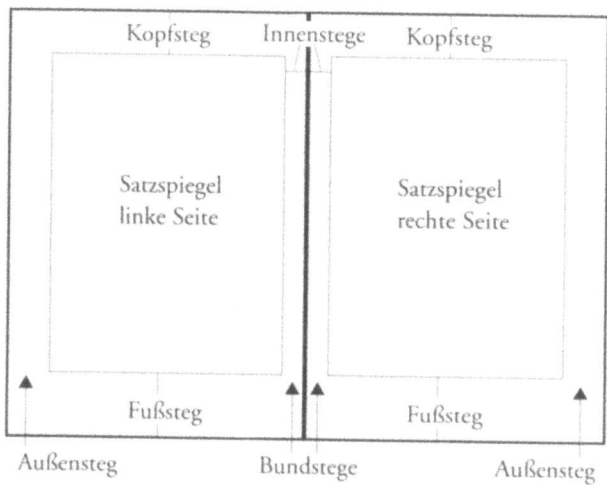

Abb. C-9
Die Stege einer Seite

Strichzeichnung Eine Graphik oder Zeichnung, die nur aus Linien oder einfachen Schraffuren besteht. Insbesondere müssen Halbtöne und Farben in der Zeichnung fehlen.

Template Englischer Ausdruck für ›Vorlage‹ bzw. ›Muster‹

Tiefgestellt Zeichen, die gegenüber der Schriftlinie nach unten versetzt werden. Dies wird beispielsweise für Indizes (z. B. x_i) oder bei Zahlen zur Angabe der Zahlenbasis (z. B.: $22_{10} = 26_{16}$) benutzt.

TIFF-Format	*Tag Image File Format,* ein von der Firma Microsoft und Aldus entwickeltes Format zur Speicherung von Rasterbildern und Graphiken. Das Format ist sehr vielseitig, erweiterbar und kann unterschiedliche Rastergrößen, Rastertiefen, Farbraster und Zusatzinformationen aufnehmen. Es hat sich inzwischen für Schwarzweiß- und Halbtonraster als eine Art Formatstandard entwickelt und wird praktisch auf allen Plattformen und von den meisten DTP-Programmen unterstützt.
Typographie	Die als Kunst oder Handwerk verstandene Gestaltung eines Dokumentes (Druckwerks) mittels Schrift, Bildern, Linien, Flächen und Farbe.
Typomaß Typometer	Unter einem Typomaß, oft auch nicht ganz korrekt als *Typometer* bezeichnet, versteht man ein Meßgerät, ein transparentes Plastiklineal, mit dem sich Entfernungen, Abstände, Strichstärken und Schriftgrade messen lassen. Einige erlauben auch bei bekannten Zeilengrößen, schnell die Zeilenzahl zu ermitteln. Es gibt sie für verschiedene Maßsysteme und Arbeitsumgebungen. Als Handwerkszeug des Typographen wird das Typomaß in der Praxis ergänzt durch einen sogenannten *Fadenzähler* und *Rasterzähler*. Beim *Fadenzähler* handelt es sich um eine Standlupe mit einem Vergrößerungsfaktor von 5 bis 20. Mit ihm werden Druckqualität, Rasterlinien, Ätzungen und Passerkreuze überprüft. Der *Rasterzähler* erlaubt in einem gedruckten Bild die ↑*Rasterweite* zu ermitteln. Er besteht aus einer durchsichtigen Plastikfolie, auf der Linien in einem festgelegten Abstand (Raster) aufgedruckt sind und zwar in verschiedenen Bereichen mit unterschiedlichen Rastern. Legt man diese Folie auf ein gedrucktes (und gerastertes) Bild, so erscheint ein Moiré, das dort im Rasterzähler verschwindet, wo Zähler und Druckvorlage die gleiche Rasterweite aufweisen. Mit einer Variante des Rasterzählers läßt sich nach dem gleichen Ermittlungsverfahren auch der Rasterwinkel des gedruckten Bildes ermitteln.

Überhang	Dies bezeichnet den Teil eines Buchstabens bzw. Zeichens, der über die Grundlinie, die Mittellänge, Oberlänge oder Unterlänge hinausragt. In der Regel ist es der Teil einer Rundung, der deshalb über das Standardmaß hinausreichen muß, um optisch die richtige Höhe bzw. Größe zu vermitteln.
Umbruch	Bei DTP wird darunter die Einteilung bzw. das Einfließenlassen von Text in Textspalten und Seiten verstanden.
Unterlänge	Betrag, um den ein Teil eines Zeichens über die Schriftlinie nach unten hinausragt. Siehe auch *Letter* und *Schriftlinie*.
Unterschneidung	Man spricht von einer Unterschneidung bzw. einem *Kerning* oder *Zeichenausgleich*, wenn zwei Zeichen dichter zusammengesetzt werden, als es ihrer Standarddickte entspricht. Bei Zeichenkombinationen wie z. B. ›Ty‹ ergibt dies ein besseres Schriftbild.
Vakatseite	Leere, unbedruckte Seite
Versal	Großbuchstabe. Dieser wird auch *Majuskel* genannt. Siehe auch *Versalien*.
Versalziffern	Ziffern in der Höhe von Versalien (Großbuchstaben). Dies sind die Standardziffern in den meisten DTP-Schriften. Hier haben zumeist alle Ziffern die gleiche Breite (etwa eines Halbgevierts). Sie werden auch *Tabellenziffern* genannt.
Versalhöhe	Höhe der Großbuchstaben, d. h. der *Versalien* einer Schrift. Als Meßwert wird die Höhe des Buchstabens ›H‹ von der ↑*Schriftlinie* bis zur Zeichenoberkante benutzt.
Versalien	Als Versalien bezeichnet man Großbuchstaben. Auch der Begriff *Majuskeln* oder der englische Ausdruck CAPS (für *Capital Letters*) wird dafür verwendet.

* *Siehe auch* ›Minuskelziffern‹.

**Glossar
Vertikaler Keil**

Vertikaler Keil — Hierunter versteht man das Vergrößern oder Reduzieren des Zeilenabstands in einer Seite, um einen vertikalen Randausgleich zu erzielen, d.h. um zu erreichen, daß der Text der Seite vom oberen Satzspiegelrand bis zum unteren Rand reicht.

Vorbreite — Leerer Raum bzw. auf dem Schriftkegel das Fleisch vor einem Zeichen. Siehe auch *Zeichen*.

Weißraum — Dies ist freier, unbedruckter Raum auf einer Seite oder innerhalb eines Textblocks.

Werksatz — Satz von Büchern und umfangreichen Periodika (regelmäßig erscheinende Werke)

Werkschrift — Bezeichnung für die im ↑*Werksatz* benutzte Grundschrift. Diese wird auch als *Textschrift* oder *Brotschrift* bezeichnet.

Widerdruck — Druck auf der zweiten (Rück-) Seite eines Druckträgers (Druckbogens). Der Druck der ersten Seite wird auch als *Schöndruck* bezeichnet.

Winkel — Siehe *Rasterwinkel*.

Werksatz — Hierzu zählen Bücher, Zeitschriften, Zeitungen und anderer *Mengensatz*. Die andere Art von Satz wird als ↑*Akzidenzsatz* bezeichnet.

Wortabstand — Gibt den (in der Regel mittleren) Abstand zwischen zwei Worten in einer Zeile an. Dieser wird in Teilen eines Gevierts oder in Punkten angegeben. Während man früher eher größere Wortabstände setzte, wendet man heute zumeist den ⅓-Satz oder ¼-Satz an, d.h. der mittlere Wortabstand beträgt ⅓- bzw. ¼-Geviert des verwendeten Schriftgrads.

WWW — *World Wide Web* – ein Dienst des Internet, mit dem Informationen einfach und graphisch attraktiv präsentiert und übertragen werden können, ohne daß vom Benutzer spezielle Kenntnisse verlangt werden.

WYSIWYG	Englische Abkürzung für *What You See Is What You Get*, d.h. einer weitgehend druckgetreuen Darstellung eines Dokuments auf dem Bildschirm.
x-Höhe	Höhe des Zeichens ›x‹ bzw. der Kleinbuchstaben ohne Oberlänge einer Schrift. Diese Höhe wird auch *m-Höhe* oder *Mittellänge* genannt.*
XML	*Extended Markup Language*, eine auf einer Untermenge von ↑*SGML* aufbauende Sprache zur logischen Strukturierung von Daten oder Dokumenten. XML kann als Ergänzung von ↑*HTML* gesehen werden, wobei HTML die Formatierung bzw. Darstellung festlegt und XML die logische Strukturierung von Dokumenten. XML findet ebenso außerhalb des Internet Anwendung beim Austausch von Daten/Informationen in einem lesbaren Format.
Zeichenabstand	Abstand zwischen zwei aufeinanderfolgenden Zeichen. Der Standardzeichenabstand wird durch die Schrift bzw. die Dicke der Zeichen vorgegeben. Wird der Abstand vergrößert, so spricht man von einem ↑*Sperren*. Wird der Zeichenabstand über mehrere Worte hinweg verändert, so sollte auch der Wortabstand angepaßt werden. Wird nur der Zeichenabstand zwischen zwei Zeichen korrigiert, so daß sich ein harmonischeres Bild ergibt (in der Regel wird er dazu reduziert), so spricht man von ↑*Unterschneidung* oder von *Kerning*.
Zeichensatz	Die Menge der Zeichen (Buchstaben, Ziffern, Interpunktions- und Sonderzeichen) eines Alphabets, Fonts oder einer Zeichencodierung.
Zeilenabstand	Dies ist der vertikale Abstand zwischen zwei Zeilen eines Absatzes, gemessen von Grundlinie zu Grundlinie (oder Versallinie zu Versallinie). Siehe auch *Zeilendurchschuß*.
Zeilendurchschuß	Abstand zwischen zwei Zeilen, d.h. zwischen den Unterlängen der oberen und den Oberlängen der nachfolgenden Zeile. Dieser wird *Zeilenzwi-*

* Siehe auch ›Schriftlinie‹.

Glossar
Zeilenvorschub

schenraum genannt. Zeilensatz ohne Durchschuß bezeichnet man als *kompresser Satz*, solchen mit Durchschuß als *durchschossener Satz*.

Abb. C-10
Zeilendurchschuß und Zeilenabstand

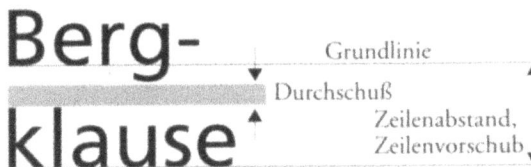

* *Siehe Abbildung C-10.*

Zeilenvorschub Abstand zwischen den Schriftlinien (oder Unterlängen) zweier aufeinanderfolgender Zeilen.*

Zeilenzwischenraum Siehe *Zeilendurchschuß*.

Zentriert Satzausrichtung, bei der jede Zeile innerhalb des linken und rechten Einzugs in die Mitte gesetzt wird. Dies wird auch als *axiale Ausrichtung* bezeichnet.

Zwischenschlag 1. Waagerechter Abstand zwischen zwei Textspalten
2. Freier Raum ober- und unterhalb einer Überschrift, einer Tabelle oder einer Abbildung

Stichwortverzeichnis

– 330
— 330
% 344
, ... ' 126
° 345
§ 123, 345
»...« 330
... 330
›...‹ 330
„ ..." 330
‰ 344

A
Abbildung 151, 177
    Anordnung 152
    Ausrichtung 155
    Gewicht 155
    Schrift in einer ~ 165
Abbildungsverzeichnis 249
Abbreviatur 377
Abführung 377
Abführungszeichen 126
Abkürzungen 124, 345
Ableitungen 342

Stichwortverzeichnis
B

Absatz 377
  -anordnung 7
  -ausrichtung 6
  -numerierung 123
  -umbruch 86
Absenderangaben 229
Abstand 378
Achse 400
Achselhöhe 378
Achtelgeviert 391
Achtelpetit 56
Acrobat 272, 378
AFM-Dateien 34
Aicher, Otl 360
Akut 340
Akzente 378
Akzentzeichen 340
Akzidenzsatz 378
Alpha 340
Alphabete 338
  griechisch 340
amerikanische Papierformate 357
Andruck 378
Anführungen 378
Anführungszeichen 126, 347
angeschnittenes Bild 166
Anhang 251
Antiqua 20, 36, 98, 378
  handschriftliche 24
  klassizistische 22
  -Schriften 20
  -Varianten 23
Apostroph 128, 340, 347
A-Reihe DIN 356
Ästhetikprogramm 90
Auflösung 170, 379
Aufreißen 176
Ausgang 379
Ausgleich 379
Auslassungspunkte 128
Auslassungsstrich 131
Auslassungszeichen 128, 347
Auslauf 379, 400
Auspunktierung 379
Ausrichtung 379
  Tabelle 138
Ausschießen 288, 379
Ausschließen 379
Ausschluß 380
Außensteg 61, 380
Aussparung 380
Austreiben 45
Auszeichnen 380
Auszeichnung 36, 380
Auszeichnungsschrift 380
axiale Ausrichtung 418

B

Baeseler, Frank 360
Balkendiagramme 196
Bankleitzahl 122, 344
Barock-Antiqua 21
Baumann, Hans 360
Beamer 211
Belichten 269, 380
Belichter 287
Belichtungsformular 270, 282
Beschnitt 381
  -marke 381
Beta 340
Bibliographie 251
Bibliotheken 380
Biehne, Joachim 368
Bild 156
  angeschnitten 166
  -ausrichtung 156
  -legende 157
  -punkt 381
  -unterschrift 157
  -zeilen 157
Bilderschrift 381
Bildschirmpräsentation 212
Binden 301
Bindestrich 130
Bindung 381
Black 382
Blatner, David 361
Blindmuster 382
Blindtext 382
Blindzeile 382
Blockheftung 302
Blocksatz 45, 382
Bogen 400
  -montage 279, 382
  -signatur 301, 382
Bold 382
Book 382
Bookmark 319, 323
Borgis 56, 353
Bosshard, Hans Rudolf 361
Bourgeois 353
bpi 383
B-Reihe DIN 356
Breite 12
Breitschrift 383
Brevier 353
Brief 227
  Adreßfenster 358
  -bögen 231
  DIN-A4 228
  Falzarten 236
  Typographie 230
  Umschlag 236, 358

Brillant 56, 353
Broschieren 308
Broschur 305, 306, 383
Broschüre 242
Brotschrift 36, 74, 98, 383
Bruchfalz 299
Bruchziffer 29
Buch 242, 306, 383
   Aufbau 307
   -aufbau 242
   -binder 307
   -block 304, 306, 383
   -decke 304, 305, 306, 383
   -druck 297
   -einband 256
   -herstellung, Ablauf 238
   -komponenten 307
   -rücken 307
   Seitenzählung 243
   -teile 242
Buchstabe 383
Buchstabenbreite 383
Bundsteg 61, 383

C

CAPS 383, 415
Cascading Style Sheets 317
Cavanaugh, Sean 362
Cedille 340
Character 384
Chi 340
Cicero 56, 353, 384
   alt 350
   neu 350
   Umrechnung 350
CIP 384
CMS (Color Management System) 384
CMYK 188, 384
Collier, David 362
Color Management System 384
compress 43
condensed 384
Copyright 384
   -Vermerke 246
C-Reihe DIN 356
CSS (Cascading Style Sheets) 317

D

Datumsangaben 121, 342, 344
Dehnen 385
Delta 340
Desktop Dialog 373
Deutsche Schrift 24, 35
Dezimalbruch 343
Dezimalzahlen 118, 343
Diagonale 400

Diagramm 148, 193
   3D-~ 202
   -arten 194
   Balken-~ 196
   dreidimensional 202
   Figuren-~ 199
   Kreis-~ 194
   Kuchen-~ 194
   Linien-~ 200
   Netz-~ 201
   Ring-~ 195
   Stab-~ 197
   Torten-~ 194
Diamant 56, 353
Diaprojektion 212
Dickte 11, 12, 385
dicktengleiche Schriften 12
Didot-Punkt 385
   alt 350
   neu 350
   Umrechnung 350
digitale Lesezeichen 323
Digitalisierung 385
DIN 385
   1421 (Titelblätter und Bucheinbände) 385
   1451 (Groteskschriften) 385
   16 507 (typographische Maße) 385
   16 511 (Korrekturzeichen) 263, 385
   16 518 (Klassifizierung von Schriften) 385
   476 (Papierformate) 356
   -Brief 228
   -C5-Umschlag 236, 358
   -C6-Umschlag 236, 358
   -Langhülle 236, 358
   -Normen für DTP 385
   -Umschläge 236, 358
Display-Schriften 100
Distiller 273, 319, 323
Dithering 171, 292, 386
Divis 122, 130, 386
Doppelakut 340
Doppelcicero 56, 353
Doppelmittel 56, 353
doppelseitiger Satz 386
doppelseitiges Seiten-Layout 61
Dot per Inch 386
DPI 386
Dr. (Leerzeichen nach) 348
Drittelsatz 129
Druck 285
   -bogen 386
   Buch-~ 297
   -fläche 386
   Hoch-~ 297

Stichwortverzeichnis E

Offset-~ 293
Probe-~ 282
Proof 282
  -spiegel 386
  -verfahren 279, 286, 386
  -vorbereitung 287
  -vorlage 286, 387
  -weiterverarbeitung 299
  -werk 293
DTP 387
  -Pica 350
  -Point 53, 350
  -Punkt 53
Duden 362, 363
Duktus 387
durchschossener Satz 43
Durchschuß 42, 387

E
Einband 256, 387
einfacher Bruchfalz 299
Einhängen 306
Einklinken 176
Einpassen 387
Einzug 387
Einzugsfehler 265
Ellipsenzeichen 128
Empfängeradresse 229
Endnoten 84
Endstrich 15, 400
Englich, Guido 371
EPS 387
EPSF 387
Epsilon 340
Eta 340
Executive 357
Extended 388
Extended Markup Language 417

F
Fadenbindung 305
Fadenzähler 388, 414
Fahne 388
Fahnenabzug 262, 388
Falz 388
Falzen 299
Farbe 181
  Auszug 388
  Einsatz 181
  gesättigte 188
  Harmonie 189
  Kontrast 187
  Separation 281
  Stimmung 183
  Wirkung 183
Farbkreis 187

Farbsystem, HLS 187
FAX-G4 177
Fett 388
Fette Fraktur 111
Fettegrad 13
Figurendiagramm 199
Figurensatz 49, 389
Filmbelichtung 279
Filmerstellung 287
Flächenangaben 342
Flattermarke 301
Flatterrand 44
Flattersatz 388
Fleisch 11, 389
Fließtext 389
Flipchart-Präsentation 212
Folien 213
  -gliederung 213
  Schrift in ~ 215
  -titel 213
Font 14, 389
  -book 376
  -Einbettung 274
Form(en)satz 49, 389
Formatlage 389
Formel 342
  -satz 342, 389
  typographisch 121
Forssman, Friedrich 372
Fraktur 390
  -schrift 24, 111
französische Renaissance-Antiqua 21
fremde Schriften 25
Frontispiz 250
Funktionsgraphiken 221
Fuß 307
  -linien 136
  -note 390
  -steg 61, 390
  Tabellen-~ 134
  -zeile 390

G
Gamma 340
Garmond 353
Garnitur 14
gebrochene Schriften 24
Gedankenstrich 131, 330, 348
Geleitwort 249
Gelenk 307
Gemeine 13, 390
gerastert 168
gesättigte Farben 188
geschlossene Tabelle 136
gesperrt 390
Gestaltungsraster 65, 72, 390, 406

gestrichenes Papier 172, 280
Geviert 391
   -leerraum 391
   -strich 132, 391
GhostScript 319
GIF 391
Gleichungen 342
Glossar 253
goldener Schnitt 58, 391
gotische Schriften 111, 391
Grad 126
   -angaben 126
   -zeichen 345
Graphic Interchange Format 391
Graphiken 155
    Ausrichtung 155
    Funktions-~ 221
    Umfließen 153
Graukeil 392
Grauskala 392
Graustufen 392
Grauwert 168, 392
    einer Seite 80
Gravis 340
Grobe Kanon 56, 353
Grobe Misal 56, 353
Grobe Sabon 56, 353
Grotesk 20, 36, 98
   -Schrift 15, 392
Grundlinie 12, 392
Grundschrift 74, 98, 393
Grundstrich 393, 400
Gruppieren 393
Guillements (» «) 393

H

Haarlinie 160, 393, 400
Haken 340
Halbgeviert 393
Halbgeviertstrich 393
Halbkreis-Zeichen 340
Halbpetit 56
Halbtonbild 168, 393
Halslinie 136
handschriftliche Antiqua 24
hängender Einzug 393, 400
Hardcover 305
Haupttitel 244, 394
Headline 100
   -Schriften 100
Heck, Bärbel 360
Heft 242, 383
Heften 301
Heißkleben 303, 304
Hilfslinie 394
Hinterdeckel 306, 307

Hintergrund 220
HLS-Farbsystem 187
Hochdruck (Buchdruck) 297
hochgestellt 394
Hochuli, Jost 363, 364
Hohlschnitt 307
Homann, Jan-Peter 364
horizontaler Keil 394
HPGL 394
HPPCL 394, 411
HTML 312, 394
    Erstellung 316
    Konvertierung von PDF nach ~ 324
    nach PDF 323
Hue 187
Hurenkind 86, 394
Hyperlink 312
Hypertext Markup Language 394

I

Image 395
Imperial 56, 353
Impressum 246, 395
Imprimatur 378, 395
Inch 350
Index 254, 395
Inhaltsverzeichnis 247
Initiale 47, 395
Innensteg 61
Internet-Adressen 374
inverse Schrift 395
ISBN 395
   -Nummer 246, 252
ISO 396
ISSN 396
   -Nummer 252
Italic 396

J

Jota 340
JPEG 173, 177

K

Kalligraphie 396
Kanon 56, 353
    Grobe 56, 353
    Kleine 56, 353
Kapitalband 307, 396
Kapitälchen 15, 112, 396
    falsche 15
Kappa 340
Kegel 396
   -bild 354
   -größe 11, 13
   -stärke 397
Keil 397

Stichwortverzeichnis

L

Kerning 33, 398
Khazaeli, Cyrus 364
Klassifizierung von Schriften 20
klassizistische Antiqua 22
Klebebindung 304
Kleine Kanon 56, 353
Kollationieren 301
Kolonel 56, 353
Kolonne 134
Kolophon 398, 430
Kolumne 70, 398
Kolumnentitel 398
   lebend 70
Komplementärfarbe 187
Kompreß 398
Komprimierung 274
Konkordanz 56, 350, 353
Konsultationsschrift 75
Konsultationstext 213
Kontonummern 122, 344
Kontur 398
Kontur(en)satz 49, 389, 398
Konturschriften 398
Kopf 307
   -linien 136
   -schnitt 307
   -steg 61, 398
   -zeile 399
Korpus 56, 353
Korrekturfahne 262
Korrekturzeichen 263, 399
   Übersicht 264
Kraus, Helmut 365
Kreisdiagramm 194
Kreuzfalz 299, 300
Kreuzraster 171
Krummhaken 340
Kuchendiagramm 194
Kuppelwörter 130
Kursive 399

L

L/cm 401
Lagen 305
Lambda 340
Langhülle 236, 358
Laserdruck 290
Laufweite 31, 399
Layout 399
   einer Seite 58
   -Raster 406
Leading 42
lebender Kolumnentitel 70, 398
Legal 357
Legende 399
   für Bilder 157

Leger 357
Legibilität (Lesbarkeit) 98
Leporellofalz 299
Lesevorgang 66
Lesezeichen 323
Letter 17, 27, 357, 399
Ligatur 35, 400
Linear-Antiqua 22
   serifenbetonte 22
   serifenlose 23
Lineatur 136
Liniatur 136
Linien 136
   -diagramm 200
   in Tabellen 136
   -raster 171
   -stärke 160, 161, 162, 400
      in Diagrammen 160
      in Tabellen 139
Linienstärke 160
linke Seiten 61
linker Einzug 400
linksbündig 45, 401
Literaturverzeichnis 251, 359
Lochmarke 229
Logo 401
lpi 401
Luidl, Philipp 365
Lumbecken 304
Luminanz 187
LZW 177

M

Majuskel 13, 401
   -ziffern 29
Makrotypographie 72
   in Präsentationsprogrammen 217
Manuskript 401
Marginalien 85, 401
Maßangaben 120
Maßeinheiten 52, 120, 349
mathematisches Minuszeichen 132
Mediäval 401
   -ziffern 29, 111, 401
Merz, Thomas 366
Mignon 353
Mikrotypographie 72, 217
   in Präsentationsprogrammen 217
Minuskel 13, 401
   -ziffern 29, 112, 401
Mittel 56, 353
   -länge 13, 402
   -marke im Brief 229
moderne Schriften 25
Montage 402
MultiMaster-Schriften 103

Stichwortverzeichnis

N

Musterseite 402
My 340

N
Nachbreite 11, 402
Namen 348
    Abstände bei ~ 348
Neigen 402
Netzdiagramm 201
NikNak-Konverter 319, 324
Nöllke, Claudia 366
Nonpareille 56, 353
Normal 402
Nutzen 289
Ny 340
Nyman, Mattias 366

O
Oberlänge 13, 400, 402
OCR 324, 402
ODA, ODIF 403
offene Tabelle 136
Offsetdruck 293, 403
Ohr 400, 403
Old Style Figures 112
Omega 340
Omikron 340
Open Prepress Interface (OPI) 403
OpenType 99
OPI (Open Prepress Interface) 278, 403
OSF (Old Style Figures) 112
Outline 403
Overhead-Folien 211

P
Page 373
Pagina 70, 243, 403
Paginierung 403
Paperback 304, 305
Papier 172, 280
    -abstimmung auf Druckverfahren 172
    -formate 356
    gestrichenes 172, 280
Paragon 56, 353
Paragraphen 345
Parker, Roger 367
Passerkreuz 166, 403
Paßkreuz 166, 403
PDF 271, 272, 289, 308, 318
    Konvertierung von HTML nach ~ 323
    nach HTML 324
PDFMaker 323
Perl 56, 353
Petit 56, 353

Phi 340
Pi 340
    -Fonts 404
Pica 53, 350
    -Point 53, 350, 403
Piktogramm 403
Pixel 404
    -editor 404
    -tiefe 168, 404
Plakatschriften 75
PNG 173
PoD 405
Pohley, Katja 368
Point 404
Postbanknummer 122
Postfachnummer 122, 344
Postleitzahl 122, 344
PostScript 271, 404
    -Datei 271
Präliminarien 242
Präsentation 208
    mit Folien 211
    per Flipchart 212
    über Beamer 211
    über Bildschirm 212
    über Diaprojektion 212
Präsentationsfolien 193, 207
    Typographie 217
Präsentationsmedien 211
Principal 56, 353
Printing-on-Demand 308
Probedruck 282, 405
Prof. 348
Promillezeichen 344
Proof 282, 405
    -Drucker 284
Proportionalschrift 405
Proportionen der Seite 58
Prozentzeichen 344
Pseudokursive 405
Psi 340
Punkt 340, 405
Punze 11, 400, 405

Q
Qualitätsfaktor 174
Quart 350
Quellenverzeichnis 251
Querstrich 340, 400, 405

R
Rakel 295
Randbeschnitt 166
Randlinien 136
Raster 168, 406
    beim Belichten 280

Stichwortverzeichnis
S

-Image-Prozessor 407
-linien 170
technische 175
-tonwert 406
-weite 280, 406
-winkel 169, 407
-zähler 414
-zerlegung 168
Rauhsatz 44, 407
Real 56, 353
rechte Seiten 62
rechter Einzug 407
rechtsbündig 45, 407
Register 253
    Sach-~ 254
    Stichwort-~ 254
Reihensatz 134
Renaissance-Antiqua 21
    französiche 21
    venizianische 21
Renner, Paul 367
RGB 407
Rheinländer 56, 353
Rho 340
RIFF 407
Ringdiagramm 195
Ringelchen 340
RIP 407
Roman 408
römische Zahlen 341
Royal Fonts 408
Rubriken 100
Rücken 307
    -deckel 307
    -einlage 306
    -schild 307
    -stichheftung 301
Rüegg, Ruedi 367

S

Sabon 56, 353
    Grobe 56, 353
Saccaden 66
Sachregister 254
Sattelstich 302
Saturation 187
Satz 408
    -anweisung 258, 408
    -ausrichtung 44
    -ausschluß 44
    durchschossen 43
    -spiegel 58, 408
SC (Small Caps) 112
Scanner 408
Schattierung 136, 409
Schaugrößen 75

Schautafeln 212
Schlagzeilen 100
Schleife 400
Schmalschrift 409
Schmutztitel 244, 409
Schneider, Wolf 118, 368
Schnitt 307
    -marken 166
    unterer 307
    vorderer 307
Schöndruck 288
    -bogen 288, 289
    -seite 294
Schrader, Einhard 368
Schraffur 136
Schrägstrich 340
Schreibregeln 218
Schreibschriften 20, 24, 98, 110
Schrift 6, 409
    -art 42
    -auszeichnung 6, 36
    -breite 26
    Breitenbedarf 355
    Brot-~ 98
    Display-~ 100
    -duktus 409
    Einsatzmöglichkeiten 106
    -einteilung 20
    -familie 14, 409
    fremde Schriften 25
    -garnitur 410
    gotische 111
    -grad 11, 13, 26, 354, 410
    -größe 11, 13, 42, 74, 354, 410
    Grund-~ 98
    Headline-~ 100
    -höhe 410
    invers 395
    -kegel 410
    -klassifizierung 20, 410
    -lage 14, 26
    -linie 12, 411
    moderne Schriften 25
    MultiMaster-~ 103
    -muster 410
    OCR-~ 25
    -satz 411
    -schnitt 14, 411
    Schreib-~ 98, 110
    Script-~ 110
    Serifen-~ 98
    -stärke 13, 26
    Symbol-~ 98
    -type 27
    Werk-~ 98
    -zeichen 10

Schulter 400, 411
Schusterjunge 86, 411
Schutzumschlag 256, 411
Schwabacher 24, 111
Schwanz 400
Script-Schriften 110
Seitenbeschreibungssprache 411
Seitennummer 70
Seitensteg 61, 411
Seitenzählung 243
Serifen 15, 400, 412
   -betonte Linear-Antiqua 22
   -betonte Schriften 15
   -lose Linear-Antiqua 23
   -schrift 98
SGML 412
Siemoneit, Manfred 369
Sigma 340
Small Caps 112, 384
Spaltenabstand 68
Spaltenbreite 412
Spaltenzwischenraum 72
Spationieren 412
Spatium 129, 391, 413
Sperren 31, 32, 36, 413
Spezialschnitte 28
Spezialzeichen 28
Spiegel 306, 307
   -strich 348
Spiekermann, Erik 370
Spieß 268
Spiralbindung 302
Sporn 400
Stabdiagramm 197, 199
Stege 60, 61, 400, 413
Stichtiefdruckverfahren 296
Stichwortregister 254
Stiebner, Erhardt 370
Streckenstrich 131, 348
Strichzeichnung 413
Style Guide 333
Supérieur 29
Superior 29
SVG 312
Swash-Font 102

T
Tabellen 134
   -ausrichtung 138
   -feld 134
   -fuß 134, 136
   geschlossen 136
   Hauptspalten 134
   -komponenten 134
   Konzeption 137
   -konzeption 137

   -kopf 134, 136
   -legende 135
   Lineatur 136
   offen ~ 136
   -rand 136
   -titel 134
   -verzeichnis 249
   -zelle 134
   -ziffern 29, 111
Tabloid 357
Tau 340
technische Raster 175
Telefaxnummer 122, 344
Telefonnummer 122, 344
Template 413
Tertia 56, 353
Text 56, 353
   -korrektur 262
   -spaltenbreite 65
   -striche 130, 348
Thesaurus 254
Thesis 97
Theta 340
Thumbnail 321
Tiefdruck 295
tiefgestellt 413
TIFF 173, 414
Tilde 340
Titelei 242
Titelkürzel 348
Titelzeilen 100
Tortendiagramm 194
Trema 340
Trennlinien 138
Tschichold, Jan 371
Typographie 4, 414
typographische Einheiten 349
   Umrechnung 351
typographische Maße 349
typographischer Punkt 52
Typomaß 376, 414
Typometer 376, 414
Typo-Orthographie 117, 220, 342

U
übergesetzt 340
Überhang 13, 415
Umbruch 415
Umschlag 256
   Formate 358
   -formate 358
unterer Schnitt 307
Unterführungszeichen 128, 347
Unterlänge 13, 400, 415
Unterschneidung 33, 415
Unterteilungslinien 136

Stichwortverzeichnis

US-Brief 357
US-Lang 357
US-Legal 357

V

Vakatseite 243, 244, 415
venezianische Renaissance-Antiqua 21
Verdickung 400
Versal 415
    -höhe 13, 400, 415
    -ziffern 29, 111, 415
Versalien 13, 37, 415
vertikaler Keil 416
Verzeichnis 249
    Abbildungen 249
    Inhalts-~ 247
    Literatur-~ 251
    Schlagwort-~ 254
    Stichwort-~ 254
    Tabellen-~ 249
Viertelpetit 56, 353
Viertelsatz 129
Vorbreite 11, 416
Vorderdeckel 306, 307
vorderer Schnitt 307
Vorlagen 333
Vornamenskürzel 348
Vorsatz 306
    -blatt 306, 307
Vorspalten 134
Vorwort 249

W

Wagner, Anna 371
Waisen 86
Warenzeichen 247
Weißraum 416
Werksatz 416
Werkschrift 36, 74, 98, 416
Wickelfalz 299
Widerdruck 288, 416
    -bogen 289
    -seite 294
Widmung 249
widow 86
Willberg, Hans Peter 372
Winkel 416
Witwe 86, 394
Wortabstand 40, 416
Worttrennungen 87
WWW 416
WYSIWYG 417

X

x-Höhe 13, 400, 417
Xi 340

XML 417

Y

Ypsilon 340

Z

Zahlen 118, 342
    Dezimal-~ 118
    römische 341
    -satz 118, 342
Zeichenabstand 31, 417
Zeichensatz 417
Zeilen 42
    -abstand 42, 417
    -durchschuß 417
    -länge 42
    -zwischenraum 418
Zeilenvorschub 42, 418
Zeitungsdruck 280
zentriert 45, 418
Zeta 340
Zickzackfalz 299
Ziffern 111
    Majuskel-~ 29
    Mediäval-~ 29, 111
    Minuskel-~ 29, 112
    Tabellen-~ 29, 111
    Versal-~ 111
Zirkumflex 340
Zulaufen 176
Zusammentragen 301
Zwischenräume 129
Zwischenschlag 68, 72, 418

Zum Schluß bleibt nur noch, uns bei all jenen zu bedanken, die uns so fleißig und hilfreich bei der Erstellung dieses Buches unterstützt haben. Ein solcher Dank mag zuweilen dem Leser als überflüssig erscheinen; man sollte jedoch bedenken, daß erst die Hilfe Vieler ein Buch entstehen läßt. Der Dank an sie ist also verdient!

Neben dem Springer-Verlag mit Herrn Engesser gilt unser besonderer Dank der Korrektorin Frau Angelika Obermayr. Bei der Korrektur tauchten manchmal überraschende Probleme auf. Wie korrigiert man beispielsweise falsche Korrekturzeichen? Herr Stückle der Firma *Stückle Druck und Verlag* unterstützte uns bei der Korrektur des Kapitels zum Druck und Frau Schupfner (Pforzheim) führte uns in die erste Schicht der Buchbinderei ein.

Die Photographie auf Seite 170 wurde uns freundlicherweise von dem Photographen Wolfgang Pankoke (Karlsruhe) zur Verfügung gestellt; für weitere Vorlagen gaben uns folgende Firmen dankenswerterweise ihre Zustimmung für die Publikation: CitySatz (Berlin), COW, Lindhorst (Freiburg), Klett-Cotta Verlag (Stuttgart), PDFlib (München), Rover (München), Six (Leinfelden), Stokke (Dänemark), tech.doc (Grafing) und Toca LLC.

Eine Reihe von Verbesserungsvorschlägen kamen von Herrn Karow, von Herrn Sarkowski vom Springer-Verlag, Heidelberg, und Frau Christine Wolfinger. Auch ihnen gilt unser Dank.

Kolophon

Layout. Das Layout dieses Buches entstand bei Künkel+Lopka, Heidelberg. Es wurde gegenüber dem ursprünglichen, im Auftrag des Springer-Verlags erstellten, Entwurf geringfügig modifiziert.

Schriften. Werkschrift ist die ADOBE GARAMOND in 11/13 (11 Pt., 13 Pt. Zeilenabstand). Die Kapitälchen entstammen der ADOBE GARAMOND EXPERT; auch die Minuskelziffern sind aus dieser Schrift. Für die Überschriften kommt die ADOBE FRUTIGER BLACK und als Konsultationsschrift (überwiegend in den Marginalien) die FRUTIGER LIGHT ITALIC zum Einsatz. Im Glossar sind die Stichworte in der FRUTIGER Light gesetzt.
Die zahlreichen Schriftbeispiele entstammen unterschiedlichen Quellen. Sie sind überwiegend separat gesetzt und anschließend als PDF oder EPS mit eingebetteten Fonts in das FrameMaker-Dokument importiert.

Umschlag. Der Umschlagsentwurf stammt von Alexandra Jakob aus der Werbeagentur Künkel+Lopka, Heidelberg.

Abbildungen. Der überwiegende Teil der Abbildungen wurde mit dem Graphikwerkzeug von FrameMaker erstellt. Einige wenige Abbildungen (z.B. der Formsatz auf einem Kreis) wurden mit Macromedia Freehand gefertigt und per EPS importiert.

Illustrationen. Die Graphiken mit dem Wurm *Typix* jeweils am Kapitelanfang stammen von Angela Amon, die auch zahlreiche andere Bücher des Autors illustrierte.

Photos. Die Photos stammen, soweit nicht anderweitig angegeben, von der Frau des Autors. Sie wurden eingescannt, mit Adobe Photoshop bearbeitet und als TIFF- oder JPEG-Image importiert.

Satz und Belichtung. Die Texterfassung und der Satz dieses Buches erfolgten mit Adobe FrameMaker auf einem Macintosh. Die PostScript-Ausgabe wurde mit Adobe (Acrobat) Distiller nach PDF konvertiert.

Druck. Mercedesdruck in Berlin druckte von den PDF-Daten, die direkt (*Computer to Plate*) auf die Druckplatte belichtet wurden.

Binden. Der in Fadenheftung ausgeführte Festeinband wurde von der Binderei Lüderitz & Bauer in Berlin ausgeführt.

GPSR Compliance

The European Union's (EU) General Product Safety Regulation (GPSR) is a set of rules that requires consumer products to be safe and our obligations to ensure this.

If you have any concerns about our products, you can contact us on

ProductSafety@springernature.com

In case Publisher is established outside the EU, the EU authorized representative is:

Springer Nature Customer Service Center GmbH
Europaplatz 3
69115 Heidelberg, Germany

www.ingramcontent.com/pod-product-compliance
Ingram Content Group UK Ltd.
Pitfield, Milton Keynes, MK11 3LW, UK
UKHW020657050526
12271UKWH00003B/5